方志學研究

陆振岳 著

齊魯書社

图书在版编目(CIP)数据

方志学研究／陆振岳著．—济南：齐鲁书社，2013.12

ISBN 978-7-5333-3029-3

Ⅰ．①方…　Ⅱ．①陆…　Ⅲ．①方志学—研究　Ⅳ．①K290

中国版本图书馆 CIP 数据核字(2013)第 285046 号

方志学研究

陆振岳　著

出版发行　齊魯書社
社　　址　济南市英雄山路 189 号
邮　　编　250002
网　　址　www.qlss.com.cn
电子邮箱　qilupress@126.com
印　　刷　日照日报印务中心
开　　本　880mm×1230mm　1/32
印　　张　14.125
插　　页　3
字　　数　355 千
版　　次　2013 年 12 月第 1 版
印　　次　2013 年 12 月第 1 次印刷
标准书号　ISBN 978-7-5333-3029-3
定　　价　**49.00 元**

自　序

我对方志学，以前没有作过认真的研究，只是在教学和作点研究工作的时候，需要从方志中获取史料，因而稍稍涉猎于若干善志。1981年起，开始有全国规模的修志盛举。顺应需要，来新夏主编《方志学概论》，我应约参与其中部分的编写。不久，苏州大学历史系和有些高校一样，决定要开设方志学，我又被分配讲这一课程。我当时确是心中无底，只能摸索着备起课来。在浩瀚的方志海洋中，我从目录入手，先读几种基本的目录著作和专目，再读几种类型的志书和前人的方志理论篇章；而后对方志的名实、源流、类别及其科学属性等方面略事探索；进而对历史有争议的问题寻求原委，择善而从，力求得到持之有故、言之成理的解释。探索所得，曾于《文史》、《群众论丛》、《苏州大学学报》和《江苏地方志》等先后刊出若干篇论文。

由于课程名为方志学，就不能只是一两个或几个专题，必须要建立起方志学较为完整的体系。而先秦至汉魏六朝的方志和相关论著几乎全部亡佚，所剩仅是吉光片羽。隋唐、两宋，虽然志书的修纂面广量大，出现有多种名志，并有贾耽、李吉甫、乐史、李宗谔等方志名家，但流传下来的也不多。明清的志书，传世的比起任何一个前代要多得多。清代章学诚的方志学说，比较起来，可说蔚为大观，被公认是方志学史上的里程碑。然而究其实，是以方志编纂为基点，是从当时尤其是他自己的修志出发的。民国时期，方志学的专著在数量上超过以往任何一个时代，其科学性也是后来居上。但是，除傅振伦的《中国方志学通论》略见方志学的体系之外，瞿宣颖的《志例丛话》、李泰棻的《方志学》、甘鹏云的《方志商》、黎锦熙的《方志今议》以及吴宗慈、张其昀等多人的论著，也大多是以编纂志书为旨要的。诚然，方志编纂学是方志学的重要内容，但方志学又不能仅是方志编纂学，两者之间不能是等号。所以，如何确定方志学的体系，没有可资借鉴的完整模式。近来，已有人对方志学的构成提出种种设想，但不仅其所主张大有可商榷之处，而且还不是系统地撰成著述。已经出版的三两种专著，似乎也欠周全。为此，在汲取前人成果的前提下，我反复地思考，愿做一次努力。

我这样构思，将方志学缕分为四个组成部分：第一，方志学的基础理论；第二，方志与方志学的源流；第三，方志文献；第四，方志编纂。四者既有相对独立性，又联结成一个整体，其次序是为了行文的方便，当然也考虑结构的逻辑性。本书共分5章23节，因为是适应讲课的需要，不得不服从这个现实。即向教科书的形式靠拢，篇幅又不宜太大，并要注意章节之间的必要的平衡。如第五章讨论新修方志的问题，倘使要展开的话，是有丰富的内容的，然而只能这样加以限制。所以，确凿是方志学的大纲而已。

关于方志学的基础理论，涉及方志学研究对象、方志的名实、类别、体例和性质。首先是方志的名和实。方志的得名及历史的流传，不但要追寻其源之所在，从文献与训诂的角度探明其确切的含义，还应循名责实，钩稽各个不同历史阶段的志书实体，从而辨明方志的起源、演变、性质以及志书体裁的嬗递。首先是在方志这个总名之下，辨明各个不同历史时期、不同的名目及其演变脉络。

对任何一个学术问题的探讨，不能是先验的，不能据其一点任意作解，也不能取决于时行的论断，而是依赖客观事实，寻求经得起检验的结论。

方志一词，最早见于《周礼》。据汉人郑玄的注释，它是诸侯国国史（即国别为史）的总称，如见于先秦载籍的鲁《春秋》、燕《春秋》、晋《乘》、楚《梼杌》、《郑志》、《周书》等类。这些国史，由专设的史官记述。这类史官的活动，《左传》、《史记》以及别种典籍有一鳞半爪的载叙。可惜因为种种原因，志书大多没有流传下来。而西晋时得之于魏安釐王墓流传迄今的《竹书纪年》，就是战国时魏国的国史。这样，方志起源的问题，于众说纷纭中就有了雄辩的证据，证实它源于先秦。由于方志就是国史，所以，梁启超说我国最早的史籍是方志，是有据有理的。这样，早期方志的科学属性似乎也就迎刃而解了。再对以后方志作历史的考察，其发展演进，总名之下派生出许多名目。只要不是株守某一个阶段，执着于某几种志书，而是从方志全部的历史总和作整体的寻根问底，由定量分析而至定性的判别，都顺理成章地汇成方志属史的结论。

对于方志和方志学的源流，在于寻求不同的历史阶段及其特征和发展规律。由先秦到民国，稍作认真考核，则在方志和方志学的发展过程中，首先是志书所呈现的由合到分、从分转合的过程，体例则由粗到精而渐趋完善。相应地，方志学也由初级而逐步地一层一个台阶进展，有时还出现了某些重大的转折，如秦汉、两宋、清代和民国等几个时期，都带有这种转折的现象。由先秦进入秦汉，郡县制取代了周代“封同姓（包括功臣）、建诸侯”的封建制。方志适应了这个转变，不但记述的对象从诸侯国转向州郡（国）县，而且在内容上也由先秦的综记社会政治史事转向专记地理、人物的志书，名目也有书、记、图经等新的开拓，并影响及魏晋南北朝，形成方志的一个繁荣时期。虽然，因了自然和战争以及其他人为的原因，又受到流传形式的局限，汉魏六朝志书的绝大多数遭到毁灭性的灾厄而不复存在，可是，亡佚是一回事，并不能因此而无视它们曾经客观存在的事实。这在过去多种目录著作的著录、类书和各种史、文注释的引文中可以找到痕迹。经过清代辑佚学者的努力，辑成汉至唐前的佚志，已有相当可观的数量。这都是毋庸争议的明证。所以，先秦与秦汉以至魏晋南北朝，虽是两个不同阶段，而方志承前启后的延续性是一以贯之的。隋唐以下诸阶段，尽管各有自身的特点，但作为方志和方志学史绵延不断的整体，是不能分割的。而且这种历史的整体性是由各个阶段修成的志书和方志学说来体现的。

方志的历史还显现了志书的名目繁多和体例的多样，正视这个事实而不是先入为主地抱着定见，那么，那种以为只有宋元以来官修的府州县志才是方志的见解是失之偏颇的。同样，那种以为只有并列门目和以纲(类)统目的志书体裁才是志体的认识也是不全面的。所以，对于方志和方志学历史源流的认识愈深化，就愈能把握方志和方志学发展的特征及其规律性，并且对方志的起源、科学属性等基础理论，得心应手地获取丰富而无可辩驳的佐证。只有这样，有了坚硕的事实依据的理论，才经得起任何的检验。

方志文献是方志学的又一重要组成部分，其内涵应包括：方志目录、方志史料、旧志整理和佚志辑录。

目录学是我国一门古老的学科，有较强的学术性，又具有实用性。古人把目录之学看做是治学的入门途径，方志学当然也应如此。因为方志学是以方志为研究对象的，方志目录是方志的信息总汇，如果对各个历史时期以至全部方志的成书、流传及散佚无所了解，就无从“辨章学术，考镜源流”，也就无从着手研究方志；就不可能系统地总结方志和方志学的历史及其成就、特点和缺失，也就不可能全面窥见方志宝库的特有遗产。方志目录在很长的一段时期中依附于传统分类经、史、子、集的史部，杂见于历代的公私藏书目录、史志(正史的《艺文志》、《经籍志》)目录。到明代,首创有方志专目,直到清末民国以后,尤其在近半个多世纪,全国性的、地区性的以及公私图书馆、高等学校、科研机构等所藏的方志专目乃至流散于国外的方志目录,蜂起并作,几乎是无所不有。其体式有普通目录、考证目录(包含佚志)、提要目录,版本附见于上述三种,有不少著述成就突出,足以传世。但如若在前人已架起已取得成绩的阶梯之上,或拾遗补缺,或纠谬订误,乃至另辟蹊径,都是可以有作为的;还有不属于目录学的范围而起着使用价值的索引,尚有很宽广的余地,甚而还留下空白,有待于从各个方面加以补足。

旧方志的数量,据一种统计有九千多种,实际不止此数,如二百多种辑录的佚志就不被计入,近来各地于不见于著录的孤本、稿本时有发现。还有因对方志体式的所见不同,有的本属方志,而被排除在外。但有这么多的志书,本身就是了不起的,是我国文化遗产的重要组成部分。

关于方志文献,除了修志和方志学研究的需要而外,因为它蕴含有异常丰富而多样的并且是不见于别的载籍的史料,所以一向受到地方史、国史以至其他学科的研究者的重视。古往今来的学者,在他们的论著中,出自志书的引文,历历可指。如郦道元的《水经注》,裴松之的《三国志注》,颜师古的《汉书注》,张守节的《史记正义》,李贤的《后汉书注》,李善的《文选注》,司马光的《资治通鉴》以及近人陆心源的《宋史翼》等。欧阳询的《艺文类聚》,徐坚的《初学记》,李昉的《太平御览》以及《永乐大典》、《古今图书集成》,引自方志的也多。顾炎武的《天下郡国利病书》、《肇域志》,几乎全部取材于方志。至于后来修纂志书,部分或大量地引及前志的实在是更仆难数。如果说上列种种还只是社会科学和人文科学的范畴的话,那么,进入现代,社会科学与人文科学继续有所发展,历史学还出现了地方史热。值得注意的是,又拓展到自然科学的领域。于天象、地震、气候、水系、科学史等多方面的研究,都取得了长足的进展。例如竺可桢所撰的著名论文《中国近五千年来气候变迁的初步研究》,援引近两千种方志的资料,文中的分期,特设一个"方志时期"。不仅如此,在果树栽培、鱼类饲养、矿藏开发、基本建设基地的选择等等,都从志书的记载获取有价值的参考资料。为满足各种学科研究的需要,有方志的多种专题资料辑编问世,已出版的有天文、地震、古矿、物产、自然灾害、太平天国、风俗、戏曲人物等。这项工作方兴未艾。由于我国幅员辽阔,历史悠久,史籍和其他载籍所载常有缺漏,而方志是以一地为记述对象,修纂时间的间距又较短,恰恰补充了史籍等的不足。宋元以后的志书,人物占有很大的篇幅。许多历史文献难以解决的问题,从志书中都能找到满意的答案。这足以证明,方志确是古代史料的渊薮之一。方志史料的研究开发,就成为方志学的重要任务。

整理旧志和辑录佚志,则是古籍整理的一个不可忽视的内容。辑佚能使已经亡佚的志书显现一个大体的面貌。整理和出版旧志,或据原版影印,或搜罗多种版本加以校勘标点,或广征博引评点校注,使善志及各种有代表性的稀见版本较广泛地流传,当然也是方志学不可少的工作之一。

方志编纂是方志学根本性的任务。一个时代方志学的水平通常是因修纂方志而有所发展,并且最终还是由修成的志书来体现的。方志编纂之学,包含两个方面:一是对旧志编纂的传统作全面的历史总结,为新修志书提供继承的根据;一是从当今的时代出发,汲取各种科学的成就及其先进手段,着眼于创新,从而使继承和创新融为一体,恰如其分地与时代的脉搏相吻合。

方志编纂,从宗旨、体裁到搜集与鉴别资料以及编次等,有极为丰富的内容。

关于修纂方志的宗旨,现今志界大都归结为存史、资政和教化，其实，所说的只是方志的功能。要恰当地揭櫫修志的宗旨或者说目的、任务，还是应从其质的规定性而作深入的考察而得。

既然方志是史，方志学自然是史学的一部分。它们是局部和整体的关系。

先秦以还，史家一再揭示《春秋》之义。《左传》有所谓《春秋》"五志"，司马迁于《太史公自序》一再论证"《春秋》之义"，欧阳修更倾倒于"《春秋》笔法"。至于"义"的具体化，史迁撰《史记》，又意存"穷天人之际，通古今之变"(《汉书》司马迁本传《报任安书》)。司马光作《资治通鉴》，在于"关国家盛衰，系生民休戚，善可为法，恶可为戒"(《进资治通鉴表》)。别的论说还有，上述二说常常被人引用，因而可视为具有代表性的前人的一种史观。

与前述的史论相适应，方志学者也有类似的议论。例如唐代方志家贾耽纂《贞元十道录》，权德舆为其作的《序》称：所记"制万方之枢键，出千古之耳目"，足以"体国驭远，不出户而知天下，亲百姓，抚四夷"(《权载之文集》卷三五)。宋人宋敏求纂《长安志》，赵彦若作《序》说："府县有政，官尹有职，河渠关塞有利病，皆干于治而施于用。"周应合纂《景定建康志》，马光祖于进《表》称："序列编摩……皆聚此书……辨山林川泽之名物，萃衣冠礼乐之风流，善有劝而恶有惩，往者过而来者续。"明清人修志，大都凸显修志是为保存和经纪一方的文献。所示可达的作用，大致不出上述的范围，这与存史、资政、教化是可以吻合的。章学诚的修志主张对前代志家的立论有所突破。他不但把方志的属性定位于史，而且将修史与纂志连通起来，认为修纂方志也要讲求史裁、史法，进而指明："其事其文之外，必有义焉，史家著作之微旨也。"论定："州县有志，国有史，其义一也。"(《章氏遗书·方志略例·为张吉甫司马撰大名县志序》)并且将这个"义"回归于"《春秋》之义"，他说："孟子曰：其事、其文、其义，《春秋》之所取也。即簿牍之事，而润以尔雅之文，而断之以义，国史、方志，皆《春秋》之流别也。”(《章氏遗书·方志立三书议》)这是章学诚对方志理论的重要发展的一点。

对于前人的史和方志的理论，必然应有所继承。历史的存在就在于在传承中前进。昨天是今天的过去，今天则是昨天的延续和发展，其间有不能割裂的轨迹，但它又不是原封不动地传承。史论与志论当然也是如此。对前代的继承，只有它所显现的内在质素与当今现实社会的需求合拍，并能动地促进社会的前进，才有立足的可能，才能被人们自觉地接受；否则就不可能继承，甚至会被扬弃。固然由于多种原因，对事实真相的认识会有一个过程，其间难免要走弯路，甚而会有曲折，但最终总是能够辨明白的。并且，继承也不是全部照搬，而是根据社会发展的新实际要有新发展，以至于开创。

显而易见，今天修纂志书的义，当然不能停留于旧史家的“微旨”，也不是服膺于“《春秋》之义”，而是必须坚定不移地以历史唯物主义为指导，研究、探索、记叙人类社会自然的和社会的种种事物本质的个性特征及其发生发展的历程和规律性，乃至各种事物的相互关系、相互促进、相互制约的内在联系性。如果要说义的话，那么，这就是今天修纂方志所阐发的义之核心所在。

对修志宗旨的确定是极为重要的。而纂成志书的根本要求是质的保证和精益求精。切实地实现这一要求，必须是在整个过程中对各个环节自始至终注重和加强科学性。

首先是资料的搜集、整理和检核。资料是修志的基础，必须占有充足的又是信而可征的资料。譬如营造建筑物，没有足够的质量上好的多种建筑材料，要造成的物体质好体美，恐怕是无从建造的。

资料的载体统称文献。文献一词，最早见于《论语·八佾》“……文献不足故也。……”宋人朱熹作的《注》说：“文，典籍也；

献,贤者也。”意为:文献系经典载籍和贤者论著的综合。马端临《文献通考·自序》对文献的内涵予以扩展:“凡叙事则本之经史,而参之以历代会要,以及百家传记之书,信而有征者从之,乖异传疑者不录,所谓‘文’也。凡论事则先取常时臣僚之奏疏,次及近代诸儒之评论,以至名流之燕谈,稗官之纪录。凡一话一言可以订典故之得失,证史传之是非者,则采而录之,所谓‘献’也。”明清的文献学者对文献又不断增加。近代以还,随着社会的前进、文化的发展,文献也日益增扩,不再限于成册的图书。宋代兴起的金石学演进而为近代考古学而有的以实物为主体的考古资料以及口述资料,均属于文献,又机关团体、研究机构的一切档案、家谱以至多种诗文,各种报刊、影像、光盘等信息载体都是文献。文献还析出分支地方文献。修志应尽可能广收各种文献所有的资料。可设专人负责采访、调查、整理资料。

对于资料的占有是多多而益善。志书不是资料汇编,不可能也不应该对占有的资料全部抄录,而是要择其精当者纂入。这样就要根据史料学的原理极其细致而审慎地对资料作检核。这是攸关志书质量和科学性的又一重要环节。

修志是一项系统工程,当即将进入具体的修纂时,应依据方志编纂学的原则,对修纂对象的全局作精心的规划和设计:从体裁、凡例、立目、断限以至文体等,由名目至全志,都需确立规范;并勾勒出整体与局部,由微观到宏观,融通合成、逻辑严谨的一幅蓝图。有必要汲取前人尤其是最近一次修志的经验、得失,使得后来居上。

需要特别提出的是关于体裁。在悠久的历史传承过程中,体裁呈现为多样性,有的研究者列出有近10种。传世的唐宋以来的志书,以并列门目和以纲统目二体最为多见。近次修志,几乎千篇一律地继承并列门目体,又融入通行的源于西方的章节著述体,只是将宋人高似孙纂《剡录》所创的“县纪年”(县志设纪年一类目的不多)继承民国时修志改为“大事记”的办法,再吸收近人黄炎培纂《川沙县志》增创“概述”一目。所立篇目,比以往任何时期的任何志书都要多。这是符合社会生活日益繁富的现实的。

用这个体当然是可以的,但不要认为只有这个体最好。以类统目体(又称纲目体)就有并列门目不具备的优点。这一体裁由宋人周应合纂《景定建康志》为首,清人章学诚予以继承和发扬,民国时修志袭用此体的颇多。由此纂成的志书,类别清晰,层次分明,结构紧密,连成统一整体。续修志书应当考虑采用此体,而后匠心别运,各显其能。至于别的体裁,如纪事本末体,在我国的欠发达地区也是可采用的。当然还可另创新体。关于设目,从名称到排列次序,都要遵循分类学的原理。对前次志书的目及次序,有的应作调整。尤其是要依据社会发展的现实,认真地立新目。比如现阶段,要多注意国民经济的第二产业、第三产业,其中绝不能忽视私营的成分。

志书还应采用现代绘制图、表的技术。较多地设附图,诸如地质、地貌、物产分布、工厂分布、方言分布、学校分布等。表也是如此,无论是描述型还是推断型的表,在不少门目里应尽可能地附设。图、表这种载体,形象直观,有文字记载所不能起的作用。有了图、表,可以省去不少文字。文字与图、表配合,使志书显得形式多样,较为生动活泼,增强了志书的可读性。

由于志书是学术性很强的著述,所以,修志的一个班子应当是一个学术群体。修纂志书的全过程,应成为学术活动的全过程。不仅要敞开胸怀汲取相关学科的新成果,而且还必须按照分工和自己的志趣,对每一学科作切实而较深入的研究。

应当说明,此作只是对方志学的体系及修纂应注意之点提出个人的思考所得。倘使对方志学的建设起到抛砖引玉的作用,在某些地方对初学者能够略示门径,本书的目的就已达到。希望大家不吝指正,更需要严肃的批评。没有相互的论争、批评,就不可能有方志学的新进展。

最后,感谢年届九十高龄的学长冯其庸题写《方志学研究》书名。

陆振岳

2013年10月

目 录

第一章 方志学的基础理论

方志学研究的对象是方志。方志和与之互依存、相表里的方志学，在我国至少已有两三千年的历史，可以说源远而流长。其积累的方志载籍和方志学论著汗牛充栋，浩瀚如海洋，成为我国文化遗产中的特有宝库。方志史料的开发和利用，不仅愈来愈受到国内学术界的普遍重视，而且也为世界的中国学者所瞩目。方志理论的研究，唐宋以来，逐渐摆脱其附庸于地理的地位，清至民国，不断取得新的成就，它在史学里的独立地位日趋巩固。当今，摆在方志学界面前的任务，首先是方志基础理论研究，进而使编纂志书及方志学的建设赶上时代科学前进的步伐，进入一个更高更新的领域，无愧地列于世界先进文化科学之林。

第一节 方志与方志学

方志与方志学是互相关联、密切结合着的，但又是内涵各别的两个不同概念，不能相互取代。简明来说，方志是我国传统文化典籍中一个类属的总称，它是记叙一个特定地方历史的载籍，在漫长的历史长河中不断地发展：由起先的泛记社会政治史事，演进而为对自然的和社会的种种现象作全面的记述，被称为“一方之全史”。

而方志学则是以旧有的方志和正在编纂的方志作为研究对象的一门学科。

一、方志的名与实

方志,也叫地志,又称地方志或地方志乘。西方的中国学者(或作汉学者)在译成英语时,起先使用 local records 一词,近年来大都译为 local encyclopedia 或者是 regional encyclopedia。也有人认为这样的意译不完全恰当,就干脆音译为 fang zhi。

关于方志的名称,最早见于《周礼》(又名《周官》)。其《地官司徒》有:"诵训,掌道方志,以诏观事。"《春官宗伯》有:"外史,掌书外令,掌四方之志。"又,"小史掌邦国之志。"古代汉语的语词很多是多义的。由语言结构和语法多变的角度看,"方"和"四方"的意义是相同的。如《诗·大雅·大明》:"厥德不回,以受方国。"《笺》:"方国,四方来附者。"《国语·周语下》曰:"方不顺时。"三国时吴人韦昭注:"方,四方也。"所以,古时,"方志"和"四方之志"原是一回事。"方"与"国"同义,"邦国之志"也就是方志。

《周礼》的作者和成书年代,目前学术界公认:绝不是周公制礼,而是撰成于战国时代,并有汉人的补苴。因此,《周礼》所记是战国及以前的事。那么,据此可知,战国以前便有方志。如果《周礼》确是反映周代的官制的话,那么,可以上推到西周。东汉人郑玄为《周礼》作注,于"方志"和"四方之志"之下都有明晰的说解,"诵训"条下注:"说四方所识久远之事以告王,观博古所识,若鲁有大庭氏之库,殽之二陵。""外史"下注:"志,记也。谓若鲁之《春秋》,晋之《乘》,楚之《梼杌》。"这自然是代表了东汉人对先秦方志的肯定。到西晋时,著名的文学家左思说:"余既思摹二京而赋三都,其山川城邑则稽之地图,其鸟兽草木则验之方志。"(《文选》卷四《三都赋序》)这就证明此时确有许多属于方志的典籍存在。南朝刘宋时史学家范晔在《后汉书》卷八八《西域传》里说:“至于佛道神化,兴自身毒。而二汉方志,莫有称焉。”可见他曾读过为数不少的两汉方志。其后,北魏卓越的地理学家郦道元有“因其方志所叙,就记缠络焉”(《水经注》卷二二《沙水》)。唐太宗李世民赞誉其子魏王泰组织僚属所纂的《括地志》是“博采方志,得于旧闻”(《资治通鉴》卷一九六《唐纪一二》“贞观十六年”)。颜师古于《汉书·地理志》注中有:“中古以来,说地理者多矣:或解释经典,或撰述方志。”宋人如方志大家李宗谔说:“览山河之形胜,酌方志之前闻。”(《玉海》卷一四《祥符州县图经》引李《序》)朱长文于《吴郡图经续记·序》也有:“方志之学,先儒所重。”元、明、清直至现代,方志的称谓,依然一脉相承地被继承下来,这是人人熟稔的,无需列举。

由此可见,方志的名称,无论是从远到近顺向地去辨认,还是由今及古逆向地来追溯,存在着一贯的连续性。既是历史的又是现实的通行称谓,而且如此广泛地为人们所认可。至于地志、地方志或地方志乘,显然是从此演变而来的。辨明这个渊源,不仅有助于认识方志名称的来龙去脉,而且对于研究方志发展演变的历史也是极为必要的。

然而,名称只是事物的外壳,人们不能仅仅依据固定的名称便可清楚地了解它的内涵,何况事物的量又是处在动态的变易之中,方志当然也是如此。所以,循名必须质实。那么,《周礼》所载的方志,究竟是怎样一个实体,以后又是如何演进的?要解决这个问题,第一步是要对早先“方志”的含义进行切实的考释。

先说“方”也就是“四方”。《周礼》之外,先秦的典籍如《尚书》、《礼记》、《左传》、《论语》、《国语》等的记述中,“方”或“四方”是屡见不鲜的。以往经学家们的注释,“四方”解为“四方诸侯”或“四方诸国”。如《诗·大雅·烝民》:“赋政于外,四方爰发。”唐孔颖达疏:“政教明美,所为合度。四方诸侯被其政令,于是皆发举而应之。"《左传·哀公二十六年》:"《诗》曰:'无竞惟人,四方其顺之。'"孔颖达疏:"《正义》曰:'竞,强也。无强乎,唯得贤人也。若得贤人,四方诸国皆顺从之矣。'""诸侯"与"诸国",是从不同的角度表达一个共同的对象的:"侯"系指各个封域的领主,"国"乃是各个领主的封域。侯离不开所领的封域,一个特定的地域又是归属于一个封君的。因此,这里的"诸侯"和"诸国"含义一致,是西周时"封同姓,建诸侯"的封国。所以,"方"、"国"意义也就相同。《诗·大雅·崧高》:"四国于蕃,四方于宣。"从语法上说,"国"和"方"成了同义对应词。有时"方"、"国"连叠成一词,如《礼记》卷五四《表记》:"以受方国。"以至东汉人仲长统的《昌言·损益》篇有"馆舍布于州郡,田亩连于方国"。如同"方"、"域"可合成一词,《汉书·地理志》曰:"方制万里。"颜师古注:"方制,制为方域也。"

本来,"国"(繁体为"國")的本义,在古代并非指那时大一统的王朝(统一政权称"天下"),更不具有近代民族国家这种"国"的概念,而是地域的"域"。东汉人许慎于《说文解字》的《口部》有"国,邦也"。又,《戈部》"或,邦也"。"或"又从土作"域"。"或"的小篆字形,与甲骨文、金文近似。"口"象地形,"一"示疆界,"戈"以武装守土之义。清人段玉裁在《说文解字注》"或"下说:"盖或、国在周时为古今字。古文只有或字,既乃复制国字。"这就是说,"或"、"域"、"国"是同义的异体字,三个字的形体源出于"或",也就是语源是"或"。再展开一点说,《说文解字·邑部》:"邦,国也。""邑,国也。"段玉裁根据《说文》"同义互训"的原则,在"邦"字下注道:"《周礼》注曰'大曰邦,小曰国',邦之所居亦曰国,析言之也。许(慎)云:'邦,国也;国,邦也。'统言之也。……此谓统言,则封竟(境)之内曰国、曰邑。析言则国、野对称。《周礼》'体国经野'是也。古者城郭所在曰国、曰邑,而不曰邦。邦之言封也,古'邦'、'封'通用。《书序》云'邦康叔,邦诸侯';《论语》云

‘在邦域之中’,皆‘封’字也。”“邦”、“封”在甲骨文、金文里字形也极为相似,可作段说的佐证。《说文·土部》说解“封”的本义是“爵诸侯之土也”。

从对“方”、“国”、“封”等形义的辨析便足证明:“方”就是“国”,是一个地理概念。具体来说,“方”为西周时天子分封同姓和功臣的领地。这个大小不等的诸侯国,在秦统一建立郡县制后,自然就成为由郡县取代的不同地域了。只是汉时也有封国,最初刘邦曾封异姓为王,后来只有王室的刘姓才能封王,王的封域也还称国,开始的封域是不小的。七国之乱后,王国权力削弱,官吏由中央任免。这时的“国”与“郡”的地位已相同,但还是郡国连称。汉武帝实行“推恩令”,国境渐小。魏晋南北朝沿袭郡国并置,实际毫无区别。

再说“志”。《周礼·保章氏》郑注:“志,古文识。识,记也。”《外史》注:“志,记也。”“志”、“识”的本义是记载,就是《汉书·艺文志》所说的“左史记言,右史记事”一类的“记”(《礼记·玉藻》:“动则左史书之,言则右史书之。”“动”便是《汉书·艺文志》所说的“事”。两书所说左右史的执掌不同,但对有史官主记言和事是一致的)。引申而把记载下来的言和事称“志”,又发展为将与此类似的著述也称“志”。从语言学的词性讲,即由原来的动词转化成为名词。如《汉书》中的“十志”,就是记叙天文、地理、经济、学术文化以及各种典章制度的篇章。以至陈寿所撰魏、蜀、吴三国的史书,合称《三国志》。再说“史”,《说文·又部》曰:“史,记事者也。”引申而将史官所记称“史”。所以“方志”就是“国史”。发展为统一国家的史籍也称“史”,如《宋史》、《明史》等。

通过上述考释所能得到的认识是:从现代历史文献学的观点判别,方志是以一个地域为记述对象的地方历史文献。而在战国以前,就是郑玄为《周礼·小史》“掌邦国之志”作注所说的:“《春秋传》所谓《周志》,《国语》所谓《郑书》之属是也。”“外史”下注:“谓若鲁之《春秋》,晋之《乘》,楚之《梼杌》。”实际上就是那时“国别为史”的国史。晋人杜预于《春秋经传集解序》中说:“《周礼》有史官,掌邦国四方之事,达四方之志。诸侯亦各有国史。”《隋书·经籍志二》有相似的记载:“《周官》‘外史掌四方之志’。则诸侯史记,兼而有之。”清人孙诒让的《周礼正义》,以为“(小史)掌邦国之志者,谓掌王及畿内侯国之史记;列于外史掌四方之志,为畿外侯国之志也”。

郑、杜、孙三家的解释大体上是一致的。孙诒让把小史和外史所掌分别为王直属与畿内诸侯国的史记和畿外诸侯国之志,周代恰是分诸侯为畿内和畿外不同等差的。杜预所说的周天子有史官掌各国方志,诸侯国又各有国史。这种状况与《隋书·经籍志》所载,在汉代州郡既要将郡国地志上于太史,由太史掌管,而各州郡又有各种样式的方志,颇为相同;又与北宋时诏修天下图经,州县要将修成的图经进呈于中央政府,并规定每逢闰年要进一次,州县可以抄录保存,乃至另行纂修,也极其相似。这不能当做是偶然的巧合,恰恰是由赓续不断前后相承的历史源流所决定的必然产物。发展而又有朝廷修纂的总志。

方志的载述,是随着时代的不同步伐而不断地演变和进化的。在漫长的历史运动中,总的趋势是:沿着从粗到细、由简及丰、自低级阶段向高级阶段有规律地前进的。以记述的对象而言,从先秦的国别为史,到秦汉的全国性的志和州郡(国)的志书,魏晋时出现有县志;宋元之后,逐渐拓展而有关隘、乡镇的方志,以及山、水、寺观、桥梁、盐井、水利、胜迹、经籍、人物、风俗、方言等志。从记述的内容看,最早只是以概叙一个方国的社会政治史事为主,秦与西汉有侧重记叙一方的地理,东汉又新辟有主记地方人物以至物产、风土等。魏晋南北朝至隋唐,与记地、记人、记物产、记时令同时,已有综合地理、人物等志书的雏形。宋代的方志在继承前代的传统、汲取丰富的经验的基础上进入了一个重要的发展阶段,不仅体例愈趋完备,而且记叙的量也越来越多,越加充实,诸如疆域、建置沿革、山、水、津梁、关隘、气候、自然灾害、物产、民族、户口、宗教、职官、科举、政事、军事、风俗、人物、艺文、胜迹、奇事、异闻等自然的和社会的现象,几乎无所不包。这样的体式对后世产生了深远的影响。明清以来,尤其是清代,是我国方志史上的一个鼎盛时期,修出志书的数量和质量,都远迈前代。进入近现代,由于中西文化交流中带来的积极因素,修志者将先进的科学知识及手段引进志书之中,渐次地扬弃了那种陈旧的不合乎科学的成分,从而使得方志又进入了历史的新台阶。20 世纪 80 年代,全国范围内有领导有组织地修纂方志,目前又正在续修,今后也会续下去,经过若干时期的努力,必将迎合时代而展现出一个更新的阶段。

时代在前进,志书的体例和内容也随之而进步,而方志的名称依旧,学科性质也还没有变。

二、方志学的研究对象及其内涵

方志学是研究方志的修纂宗旨、体例与内容及其特有的运动形态、特征和规律性的学科。与任何一门科学研究一样,方志学必须把握住所要研究对象的本质属性,不是个别地、凝固地满足于现象的罗列和辨认,而是应当完整地、辩证地从历史的动态中寻求它的产生、发展的种种特征和规律性。

无论哪一种科学的产生和发展,都是由社会实际的需要所决定的。作为一种专门学科的方志学,扎根于人们长期的修志实践。所以,既要对过去的志书反复总结,又要对正在修纂的志书认真探索。只有修志的实践,才能给方志学提供丰富的素材。同时,方志学的任何一种观点、主张是否合乎科学,又有待于修志实践的检验。所以,频繁的修志活动,才是方志学赖以存在和发展的本源,也是方志学研究的基础。当然,又不能流于实证主义,不注重全部的而是一两个人乃至一两次修志的狭义实践,忽略理性的思维和升华。

这是因为,方志学不能被动地依附于修志,更不能以为修志的个别具体经验就等于方志学的全部。原因至少有两点:

第一,方志学这门独立的学科,在它成长的过程中,还与别的学科尤其是相邻的学科相互影响、相互渗透。方志学的建设,除了修志直接提供的素材之外,又必须善于从其他学科的成就中吸收有益的养分,以丰富和充实自己。事实也是如此,任何一位有建树的方志学家所提出的理论主张,不论是对资料的征集与鉴别,还是对体例的改进,以至理论体系的建立等,都存在这种痕迹。如秦汉时将地图引入志书;清中后期又将西方的测绘地图的方法用来制图以及引进先进的科学文化。清代方志大家章学诚,他的方志学是以史学作为核心的。如此等等,无须备举。所以,方志学要顺应时代潮流,无愧地并列于先进学科,就不能封闭于修志的天地,而是应放眼于整个文化学术界,撷取一切真正有益的东西为己所用。

第二,修志最根本的要求在于修出优质的志书。一部志书的善与不善,决定性的条件是修纂者的才、学、识、德,不仅是志才、志学、志识,而且延伸至才、学、识的整体,另外,还必须有志德的驾驭。当然,首先是方志学的素养,加上强烈的事业心与孜孜不倦的努力。志书质量的高下,与修纂者的才、学、识是成正比的。一个时代的志书所达到的水准,又与那个时代的方志学的水平和形成的风尚密切相关。所以,方志学的能动的指导作用,使修志实践有赖于方志学的建设。方志学与方志的这种相成相因的关系,相得而益彰。因此,方志学推陈出新的建树,对修志的实践的重要性是不言自明的。

关于我国方志学的创建，近人梁启超于《中国近三百年学术史》中第一次作了论述。书中的《清代学者整理旧学之总成绩(三)》"方志学"的一节里提出："方志学之成立，实自实斋(章学诚字实斋——笔者)始也。"的确，章学诚数十篇方志专论和修志序例之类的文章，隐约可见地勾勒了前所未有的方志编纂及其相关理论体系。但是，不能因此而误解为到了乾嘉时代才有方志学。

一般来说，只要有客观的事物存在，必然随之而产生人们对它的认识。可是，这种认识是否准确地反映了客观事物，并且已升华为一种理论体系，又不是那么简单的、轻而易举的。尤其在文化领域里，一种文化形态的形成和发展与它的理论建设常常不能齐头并进。以文学为例，从《诗》三百篇的产生到六朝，无论是有韵之文，还是无韵之文，代有足以传之千古的鸿篇巨制。然而，并非伴随创作成果的出现，便有与之相适应的文学理论。自觉地进行各种文学理论的探索并有所建树的，《诗》的毛亨《传》、郑玄《笺》之外，著名的有曹丕的《典论·论文》、挚虞的《文章流别论》和陆机的《文赋》等。到南齐的刘勰撰《文心雕龙》，才建立起完整的理论体系。再以史学为例，自《尚书》的成书年代起直到盛唐，不朽的名著层见叠出。在这漫长的岁月里，虽然各种史著已蕴涵有史学理论资源并有部分的理论阐述，如《春秋》"五志"、司马迁《太史公自序》、班固《汉书叙传》，但史论专著仅见班彪的《史记论》、《文心雕龙》的《史传篇》等寥寥数种。直到唐代刘知几著《史通》，才够得上称之为史学巨著。班彪、刘勰尤其是刘知几所取得的成就，又不是凭空而来的。重要的缘由是他们的才识加之踏上前人史学著作及其所含的、所架起的阶梯才登上高楼的。没有前人的创作和部分研究，也就不可能有《文心雕龙》和《史通》。

方志学也是如此。诚然，自方志的产生到章学诚之前没有建立起系统的理论，但并不是没有方志学。

寻究我国方志学的渊源,应当肯定,方志的产生,必然有方志学的萌发。因为第一部方志的修纂,必然要涉及撰写的宗旨、资料的征集与取舍、如何创立体例等问题。毫无疑问,这些都寓有理论的意义。不管是自觉的还是不自觉的,有没有单独形成文辞,事实是必定存在的,就寓于方志之中。虽然这是原始的或是很粗疏的,但它是方志学的滥觞。

以后,每一个不同的阶段,每一次修志,以及方志的研究者,或总结前人修志的得失,或借鉴别的学科的进步,而后在方志学的各个方面有点滴的以至较大的创新。每前进一步,都包孕了方志学程度不等的进展。

先秦的方志,几乎全部亡佚,流传的《竹书纪年》也不是全书。方志学的论著,更无以查考。秦汉以来,方志的纂修及其流传迄今的越来越多。就是已经失传的部分,也有种种线索可供钩稽。唐宋的志书有着不少的《序》、《跋》、《表》、《凡例》、《修志本末》、《序录》,以及公、私目录著作中有关方志的评述、学者的论著中论及方志的,如百川汇海一般,集合于方志学的领域。在汉魏六朝时期,方志依附于史部地理;唐宋以后,到了清至民国时期,方志学所取得的成就,超越了以往任何一个时期,方志学才取得稳固的独立地位。

沉寂了一段时期的方志学,正迎合着新的修志实践而成为一个热点。但又毋庸讳言,方志学与纂修方志要取得突破性的进展,还要经过一代人长时间的共同努力,才能有经受得起历史检验的崭新面目的方志学。

立足于我们这个时代的基点,回顾过去源远流长的方志学说史。方志学的建设,面临着两方面的任务:

一是经过准确总结,从而继承和发扬方志学的优良传统,即使是旧志和以往方志论著中的某一点合理的成分。要做到这一点,既不能对旧志和过去的方志学抱历史虚无主义的态度，轻率地否定一切，或简单地一概贴上诸如“封建”的、“唯心主义”的标签，不作切实的分析，又不能以“国粹主义”的立场，一切皆好，无批判地全盘接受。应当从我们这个时代的要求出发，历史唯物主义地实事求是地去判别旧志的是非得失。这样做，对于开创方志学的新局面是有益无害的。历史的特点是延续性，新是相对于“旧”而言的，不了解“旧”的，也就无所谓创新。

二是研讨方志学与修志的实践相结合。任何一种理论，其所以有价值，关键在于实践的考验。方志理论是否有创新的意义，当然有待于纂修志书的全部活动加以验证。但是，又不能局限于经验主义的圈子。因为志书本身有质量的优次问题，不能以为凡修成的志书便可用它为标准来肯定或否定一种理论主张。有时对一种方志理论，虽然众口一词予以推崇，但学术问题上的进步与陈旧、准确与谬误，并不完全决定于一时赞成的人数多少。因此，完整地说修志实践，应包括后继的修志实践。而且一门学科是否标志着与时代同步前进，极为重要的是：它能不能达到与同时的其他学科首先是相邻学科所具有的先进水平，至少应当是近似的水平。所以，方志的理论研究，不能忽略与当今各种学科的比较鉴别。这两者又应当统一起来，使之有机地结合，从确认方志的内涵入手，进而建立起完整的方志学体系。具体说来，大致应从以下几个方面研究：

第一，方志史与方志学史。研究方志和方志发生、发展和演变的历史，首先是确认方志的类属及其名目、方志学的内涵，而后辨明它的源流。不了解其源，就无从剖析其流；不清楚方志的最早形态及其学说的起立，也就不能认识方志以及方志的继承与创新的总过程。其次是探求方志与方志学在各个历史时期的不同特征，进而恰如其分地区分不同的历史阶段性：每个阶段有哪些开创，对后一阶段有哪些影响，辨析每个阶段各自的地位和作用。然后概括出迄今为止方志与方志学历史全貌的种种特征和规律。

这是方志学的始发点。这个课题可以独立成为方志学的两个分支，就是中国方志史和中国方志学史，或将二者融成一体，合称中国方志学史。

第二，方志目录。从古到今的方志，著述如林，名目繁多，体式又多样。历来分别收藏于各个层次的公私藏书单位以及私人家里，还有流传到国外，如日本、美国、英国、法国等有关图书馆收藏的数量很多，并有稀见的孤本和珍本。如何把这些分散的志书汇编成方志总目，这是研究方志的基础。因为不清楚究竟有多少志书，是无法展开研究的。已经散佚的众多志书，也有不少渠道可以粗知梗概，这又是方志考证目录应负担的任务。

由于方志的数量浩繁，一个人穷毕生的精力，也不可能全部读完，何况有些志书还不易见到。所以，分别编写历代方志要录和方志提要，是必须的。

这样，方志学又派生出另一个分支，即方志目录学。方志目录必然要涉及方志的类分和类分原则与方法，这又构成了方志分类学的特殊研究内容。

第三，方志的性质与特征。方志的科学属性，是方志学研究的一个重要问题。对于修志也不能忽视。因为只有把握住方志的性质，才能自觉地修出合乎要求的志书来。

对方志性质的确定，不是随心所欲地任意加给的，而是决定于它本身所具有的构成质的因素。在确认方志的属性时，还要考虑它和同类学科的共性，与相关学科的联系性，从而缕析它固有的个性或特殊性。

第四，方志的整理和利用。整理方志是对旧方志而言的，这是我国古籍整理的一个方面。整理的目的在于利用，既是方志学自身研究的需要,又应着眼于有关学科研究的需要,确定整理的原则和取舍标准。而后或影印,或校点,或加注释排印出版。

整理旧志的另一个工作是辑佚。对已经散佚的志书,通过各种途径,把分散保存于各种书籍的引文辑录成卷,有条件时汇编出版,数量较多的可以单独出版。

利用旧志的重要任务,是汇编各种专题资料,或分编索引,全面地开发方志宝藏。这应成为方志史料学的特定任务。

第五,方志编纂。方志编纂理论和方法的研究,是方志学的一个根本课题。因为方志学直接的任务,在于推进修志事业的前进和志书质量的提高。只有修出的志书不断地前进,才有方志学的繁荣旺盛。方志的编纂,既要对旧志作全面的探索与总结,又要和正在进行的修志实践紧密结合。

研究方志编纂的内容应分四个方面:一是修纂宗旨,二是编纂体例,三是资料的征集和鉴核,四是编纂方法。这四个方面应有机地结成系列。对方志编纂的历史和现状的研究,又构成了方志编纂学的特殊任务。

上列四项的集合,成为方志学的完整体系。它们有各自的相对独立性,每一项都可以分离成为方志学的一个支脉或分支。有些还可以结合成一个类系,如目录、辑佚、史料等便可合成为方志文献学,成为历史文献学的一个组成部分。

还应注意到,随着科学日新月异的发展,一门学科析出几门学科的现象在不断发生。同时,这一学科与别一学科交叉结合,又会产生一门新学科。或者由于学科间的互相渗透,大大地充实了原有的内涵,方志学也将是如此。由于史学的微观研究受到重视,一个明显的迹象是近年来出现的"地方史热",诸如地方革命史、地方党史、地方文化史、地方经济史以及城市史、园林史等,乃至区域地理、区域经济、区域文化、区域人口、区域民俗学,加上原有的方言、地方歌谣、地方戏曲等,均与方志和方志学有着不可分离的血缘关系。这样,方志和方志学的地位,必将愈来愈显得重要。

综上所述,方志学的体系当如下表所示:

- 方志学
  - 方志学基础研究
    - 方志的正名考实
    - 方志的性质与特征
    - 方志的名目与类别
    - 方志学的内涵
  - 方志与方志学史
    - 方志与方志学的起源与初期形态
    - 方志与方志学的阶段划分与其特征
    - 方志与方志学的发展和规律
  - 方志文献
    - 方志目录 (信息总汇)
      - 目录研究
        - 史志目录
        - 各种公私目录
        - 外国方志目录
        - 佚志目录
      - 目录编著
        - 方志书目
          - 综合性
          - 地区性
          - 阶段性
        - 方志要录
          - 综合性
          - 地区性
          - 阶段性
        - 方志提要
          - 综合性
          - 地区性
        - 方志考证
          - 综合性
          - 地区性
    - 方志史料
      - 旧志整理与出版
      - 佚志辑录与研究
      - 资料汇编
        - 天文
        - 矿藏
        - 地震
        - 经济
        - ……
      - 检索
        - 人名
        - 专题人物
        - 地震
        - 经济
        - ……
  - 方志编纂
    - 旧志编纂研究
    - 修志的资料征集鉴核与管理
    - 新志编纂宗旨
    - 新志编纂原则
    - 新志编纂体例
    - 新志编纂方法

第二节 方志的名目和类别

旧有(20 世纪 80 年代以前)的方志载籍,现在能见到的,据《中国地方志联合目录》著录,计有八千二百多种。但这并不是囊括无遗的,不仅流散在民间的抄本、稿本没有收录,有些还因不藏于联合目录所列的藏书单位而缺漏。何况它所收录的范围,还有可讨论的余地。并且,有的志书已经不见了。由于历史上的天灾人祸、虫蠹水渍等种种原因,亡佚与失传的方志,委实无从估量。姑不论周代的国别为史,两汉的舆地图、图经,魏晋南北朝时,仅湖广地区的图经、地记,见于记载的就有三十多种,如今完全不存。北宋全国规模修纂的《祥符州县图经》,是由各府、州、军、监、县修定后总纂而成的。据《玉海》卷一四"祥符州县图经"条列有:"京府二,次府八,州三百五十二,军四十五,监十四,县一千二百五十三。"按照规定,这些图经至少有两套:一套留藏在原修单位,一套进呈北宋中央。如此众多数量的图经逐渐散失,残存的极少。再以苏州一地而言,见于记载的苏州的方志,自唐至清,前后共修 18 次(不包括私修的"志余"、"补遗"、"补乘"),可是,现仅存 10 种,亡佚的已经近乎一半。

在大量亡佚的方志中,现在仍然能知道一些。其渠道有:第一,历代公私目录的著录。如《隋书·经籍志》,《旧唐书·经籍志》,《新唐书·艺文志》,《宋史·艺文志》,《明史·艺文志》,《清史稿·艺文志》,《太平御览·经史图书纲目》,焦竑的《国史经籍志》,姚振宗的《后汉艺文志》,钱大昭的《补续汉书艺文志》,顾櫰三的《补后汉艺文志》,姚振宗、侯康二种《三国艺文志》,文廷式、丁国钧、秦荣光、吴士鉴、黄逢元五种《补晋书艺文志》,陈述的《补南齐书艺文志》,徐崇的《补南北史艺文志》,张鹏一的《隋书经籍志补》,倪灿的《宋史艺文志补》,倪灿、黄虞稷、钱大昕等十种《辽金元艺文志》,曾朴《补后汉艺文志并考》,章宗源、姚振宗二种《隋书经籍志考证》,王应麟的《玉海·艺文》,尤袤的《遂初堂书目》,杨士奇的《文渊阁书目》,朱睦㮮的《万卷堂书目》,黄虞稷的《千顷堂书目》,汪宪的《振绮堂书目》,徐乾学的《传是楼书目》,以至晁公武的《郡斋读书志》、陈振孙的《直斋书录解题》等。第二,有关经、史、文各种注的引文。如《尚书释文》、《诗疏》、《周礼疏》、《汉书解诂》、《春秋地名》、《尔雅疏》、《史记索隐》、《史记正义》、《汉书注》、《后汉书注》、《正字通》、《文选注》、《离骚注》、《世说注》等。第三,类书、政书、专著以及各种方志的书目和引文。如《艺文类聚》、《初学记》、《北堂书钞》、《永乐大典》、《古今图书集成》、《通典》、《通志·艺文略》、《文献通考·经籍考》、《水经注》、《太平寰宇记》、《舆地纪胜》、《天下郡国利病书》与各地方志叙述该地区修纂方志的沿革等,不一而足。此种有关引文,以《永乐大典》和《古今图书集成》为最丰,有的是仅见的,有的可以互相参证,有的还有考证、评价,为我们对散佚旧志的了解提供了线索和依据。

它们所涉及的佚志,大致有三种情况。其一,是仅仅标明书目,而没有著者及撰作年代;或虽有作者,而年代不详。如《隋书·经籍志二》有《幽州图经》一卷,鲍至撰《南雍州记》六卷。据此无从知道作者身世和时代条件及其体例,只知有这么一种志书而已。其二,书名、作者和撰著时代都有著录。如《新唐书·艺文志二》有贾耽的《皇华四达记》10卷。但仅止于此,它的内容、体例如何,不得而知。第三,不但注明书目、作者,而且多少不等地引及条文,因而能约略地了解它的记述内容。尤其是引文较多的,还能大体上窥见该书的基本面貌。如唐初李泰令萧德言等人所撰的《括地志》就是如此,《史记正义》、《太平御览》、《坤元录》、《初学记》等引自该志的有八百二十多条。亡佚的志书有迹可寻的,据张国淦《中国古方志考》所录,元以前约有二千多种。

一、方志的名目

现存的和已亡佚的方志有着众多的名目,如入名园,百花争艳,形成一派绚丽多姿、丰富异彩的景色,美不胜收。它们的得名,基于自身的特点和历史发展的阶段性等多种原因,是较为复杂的一个问题。

首先,是时代的因素。历史上修纂方志的情况,和《史记》、《汉书》等修史的情况不一样。唐宋以下,尽管在王朝专门设有修史的机构,并不断地在做起居注、实录一类的撰述,然而修出一部完整的断代国史,要经过较长的时间。它的修定,通常是在旧王朝覆亡新王朝建立之后。而修纂地方志则不同,《隋书·经籍志·地理类序》称:"武帝时,计书既上太史,郡国地志固亦在焉。"可见,汉武时郡国已撰纂方志。成帝时,"刘向略言地域,丞相张禹使属朱赣,条记风俗"。时君和达官有意于修志,如《晋书·裴秀传》记:"文皇帝(司马昭)乃命有司,撰访吴蜀地图。"隋炀帝曾下诏修志。《隋书·崔廓传》:"(大业)五年,受诏与诸儒撰《区宇图志》二百五十卷。"北宋用皇帝的名义下诏修纂天下图经重要的有三次,太祖开宝间、真宗大中祥符间、徽宗政和间。元、明两代的《一统志》,都以府、州、县志作为基础。以清代而言,清康熙十一年(1672 年)七月,诏各省纂辑通志,康熙二十二年旨催限三月完成。巡抚还饬令所属府、州、县纂辑志书。到雍正七年(1729 年),又颁布各省府、州、县志 60 年一修的命令。这些诏令,各地未必严格地贯彻执行。但宋以来,修志之风,恰是一代盛过一代。在明代,江苏常熟的县志于 270 多年中修了 7 次。清代更为频繁,如苏州石韫玉纂道光《苏州府志》,其后只隔 46 年,冯桂芬又纂同治《苏州府志》。还有的府、州、县志,相间只有二三十年,乃至只有数年的。

为区别一个地方这些陈陈相因、重见叠出的志书，除了标明修纂者姓名而外，还突出表明撰著的年代。这种习惯是由来已久的。最早以朝代标名的，如《秦地图》、《汉舆地图》、《晋地记》、《后魏州地图记》、《隋区宇图志》、《隋陈州图经》、《唐汉阳图经》、《元遂安县志》等。这些原来并不冠以朝代名称，是后人为了识别方便而加上去的。继而又因同属一个朝代，产生几种志书，所以在前面加以年号，如《泰始郡国图》、《太康地道记》、《永初山川古今记》、《永明郡国志》、《贞观郡国志》、《贞元十道录》等。宋以后格外盛行，如《开宝诸道图经》、《祥符州县图经》、《宝庆四明志》、《嘉泰会稽志》、《嘉定镇江志》、《至正金陵新志》等。这有后人加的，也有本来就有的。明清而后，纂修者常冠以年号以示区别，《苏州府志》就有洪武《志》、正德《志》、崇祯《志》、康熙《志》、乾隆《志》、道光《志》、同治《志》等称谓。别的省、府、州、县志也都是如此。

其次是地名。方志，由于它记述的空间对象是一个特定的地域，所以必须标以地名，而地名所包含的地域概念又应与它所记述的范围相一致。明、清以后，《一统志》之外，省是省（严格来说，明朝没有省的建置，只有布政使司，清也是到晚期才有的），府是府，州是州，县是县，而省、府、州、县又有特定的名称。宋以前还有大于以后一个省或相当于几个省的方志，如《三吴地理志》、《三吴郡国志》等，但时间不长，数量也较少。

关于地方的建置，历代有变迁，分合废置升降，极为分歧。即使说秦汉以来虽大体上确定于郡、县两级，但东汉末已是郡上设州，唐设道，宋元设路、省。县的变化更大，甚至同一王朝，前后也有几次的变更。所以，一个地方在历史上有着多种的名称。以苏州来说，它自春秋时吴始建的名为阖闾城算起，曾有吴、吴地、吴州、吴郡、苏州、平江等不同的名称，还有姑苏、吴门、吴中等别名。因此，同是这个地区的方志，就有《吴地记》、《苏州图经》、《吴郡志》、《吴郡图经续记》、《苏州府志》、《姑苏志》等不同的题名。一般来说，地称的改变应与那个时代的建置有关。具体来说，题名的变化应是该地区建置更迭的反映。所以把握这种变化，能够透视一地建置的源流。再以苏州为例，明清两代，以苏州命名的府成为稳定的建置，无论是洪武《志》、康熙《志》、乾隆《志》、道光《志》、同治《志》，都题称《苏州府志》；民国初，有废府的建置，其后修纂的方志称《吴县志》。这都反映了时代的真实。但是，也有一种情况，当人们根据客观实际形成一种认识之后，或者受到一种有影响的认识的制约，会产生习惯的力量。这就是虽然客观实际已发生了变化，但原有的已过时的观念并不立即随之消失。尤其是旧时代的文人，出于恋旧的心理，喜爱沿用旧称，范成大纂《吴郡志》就是如此。徽宗政和三年（1113 年），升苏州为平江府，终两宋之世，从未有吴郡的设置。也有出于尚典雅的心情，采用别名，王鏊的《姑苏志》就是这样。整个明代，从没有以姑苏名府。范、王二志的题名都是不符合历史的实际，而是以旧名和别称代替。这种情况并不少见，如宋杨潜的《云间志》、梁克家的《三山志》、项公泽的《淳祐玉峰志》、卢镇的《琴川志》，清汪中的《广陵通典》等。这些也都不是反映当时实际的府、县名的，而是以旧名、别称、山水名来替代，如云间是华亭，三山是长乐，玉峰是昆山，琴川是常熟，广陵是扬州。这方面还可以举出不少例子，所以在遇到这种情况时，应当辨别清楚。还应注意，实际是两个地方而用同一地名，如戴震纂《汾州府志》时，曾指出历史上同名汾州的便有几处。倘使不加辨别，就将闹出笑话。

再次，方志的名目之所以采用许多不同的称谓，很重要的一点就是体现了方志历史发展的前进痕迹。就是说，这与统治者的倡导和一时形成的风尚以及它们各自记述的内容与所运用的表述手段有着密切的关系。因此，从它们的名目可以寻见其所代表的不同的时代印记。

方志的名目很多,如先秦时期的“春秋”、“乘”、“梼杌”、“志”、“书”等。其中,“乘”、“志”、“书”后来还有用的,尤其用“志”的特别多。

(1)志或识。这个名目先秦便有,魏晋至唐也常看到,而在南宋、元以来最为通行,特别是在清代,志发展到鼎盛时期,在方志中处于绝对主导的地位,也是方志载籍中数量最大的一种,类别也多。

先秦时总名方志,其中也有单称志的,如《郑志》。魏晋时记载一个较大地区或全国而内容广泛并称作志的,如晋常璩的《华阳国志》。同时,又有专记州郡而以志命名的志书,如汉陈术的《益州志》,吴韦昭的《三吴郡国志》,晋张勃的《吴录地理志》,佚名的《永宁地识》。还有全国性的,如晋乐资的《九州志》等。南北朝时,刘宋有佚名的《永初郡国志》,何承天、徐爰各有《州郡志》,萧齐有佚名的《永明郡国志》,陈有顾野王的《舆地志》,北魏有阚骃的《十三州志》等。隋唐也屡有所见,如虞世基的《隋区宇图志》、许心善的《方物志》、唐佚名的《贞观郡国志》、魏王泰的《括地志》、梁载言的《十道四蕃志》、李吉甫的《元和郡县图志》等。宋以下更为多见,如王存的《元丰九域志》,范子长的《皇州郡县志》等,是属全国性的。刘甲的《蜀人物志》,佚名的《江南地志》等,相当于省区。至于记述郡县的,则有如范成大的《吴郡志》、罗濬的《宝庆四明志》、罗愿的《新安志》、宋敏求的《长安志》、史能之的《咸淳毘陵志》、陈耆卿的《嘉定赤城志》、蒋佑的《绍熙仪真志》等。明清时代的省、府、州、县志,更是层见叠出,繁不胜举。以不同的地域范围而言,有一统志、省志、都会志、路志、郡志、府志、州志、厅志、乡土志、镇志、乡志、里志、村志等。以记述的对象而言,有综合的,也有分记的人物志、风土志、书院志、亭志、桥志、泉志、盐井志、胜迹志、金石志等。以体制而言,有总志、分志、合志、大志、小志、散志、续志、补志、志略、志余等称谓。

在现存的志书中,以“志”命名的占绝大多数,别的称谓是无法比拟的。

(2)地图、图经、图志或图记。秦有《秦地图》,两汉有《郡国舆地图》,《后汉书·光武帝纪下》、《后汉书·陈敬王羡传》都记载及此。这是方志吸收了周代“图”的成分演变而来的。

东汉在继承郡国舆地这种样式的同时,又有所创新,出现了方志的新名目,这就是图经。姚振宗于《后汉艺文志》中以为:“图经之名,起于汉代。诸郡必皆有图经,特无由考耳。”其实,据《华阳国志·巴志》,巴郡太守但望上疏有援引《巴郡图经》的文字。章学诚在其《为张吉甫司马撰大名县志序》一文中论及图经的产生时,认为:“按天官司会所掌书契、版图。注:版谓户籍,图谓土地形象,田地广狭,即后世图经所由仿也。”据此,从“土地之图”到《秦地图》,再到《郡国舆地图》,又发展到图经,联系起来看,是一脉相承地贯通着的。

晋、宋、齐、梁、陈间,图经已是方志的通行名目。不但南朝有,北朝也有。南朝的如《雍州图经》、《上谷郡图经》、《洛阳图经》、《弘农郡图经》等;《隋书·经籍志》有《幽州图经》、《冀州图经》、《齐州图经》,而幽州、冀州、齐州,南北朝时隶于北朝,它们应是北朝的产物。

由隋到宋,由于王朝的直接提倡,以至于下令限期完成修纂图经,特别是在宋代。所以,图经在北宋发展到一个鼎盛时期。南宋以下,图经逐渐趋向下坡,到了明清,如清江藩纂《扬州府图经》、刘宝楠纂《宝应图经》等,已寥寥无几,它的地位已被“志”所取代了。

图经,在有的目录著作和引文中,称《古图经》、《旧图经》,或省称《旧图》、《旧经》;相对应的,又有《新图经》、《新图》之称。所谓

"古"、"旧"或"新",乃是相对的时间概念,以之标识修纂年代的前后。广义地说,凡以前的图经都可以称"旧"、"古"。狭义地说,"旧"则专指一种或几种早于当时正在修纂或已经修纂好的图经,同时把后者称之为"新"。如乾道《四明图经》的修纂者称大观《明州图经》为"旧",自然他所纂的就是"新"了。

图经又有称作"图副"的。从陈运溶《麓山精舍丛书》所辑的《荆州图副》来看,它与别的图经在内容和表述形式上没有什么重大的差别。因此,它也应从属于图经一类,或是附着于图经之后的。

图经因何而得名?《祥符州县图经》的主修者李宗谔在《序》文中曾说:"图则作绘之名,经则载言之别。"载言之所以名"经",可能是从《山海经》和挚虞的《畿服经》而来的。因它是由图和文两个部分所组成的缘故,并且图在前,文在后,所以定名为图经。王存的《元丰九域志》,本来是要仿以前的《九域图》的,为什么称志而不称图经呢?作者的《序》文有交代,因为"旧名图而无绘事,乃请改曰志"的。没有图,就不符合图经的条件,就只能名为志。

至于图志,如唐李吉甫的《元和郡县图志》;图记,如宋吕大防的《长安图记》。考其体例、内容,与图经大同小异,它们与图经本来是同一名目。经既然是"载言"之谓,而志、记从训诂的角度讲都是文字记载的意思,因此,图志、图记无非是图经的变称。

(3)传。是后汉时确立的名目,流行及魏晋。传,本是古代解经的一种体式,而纪事、立论也可称传,并用传记作叙人物事迹的名称。《隋书·经籍志》说:"后汉光武,始诏南阳,撰作风俗。故沛、三辅有耆旧、节士之序,鲁、庐江有名德、先贤之赞。郡国之书,由是而作。"以《南阳风俗传》为滥觞,群相效尤,相继而作的很多,门类也较广。汉有《海内先贤传》、《沛国耆旧传》、《陈留耆旧传》、《陈留风俗传》、《京兆耆旧传》等。魏晋时代,以耆旧、先贤等作一地传名的，为数甚夥。南北朝也有，如北魏刘芳的《广州先贤传》、北齐宋孝王的《关东风俗传》、刘宋刘义庆的《江左名士传》、无名氏的《武陵先贤传》等。隋唐以下，传也偶有所见。这种主记人物、风俗的传可能是从“正史”纪传的“传”脱胎而来的。伴随着方志体例的发展，它被新兴的体例所囊括而逐渐地湮没。原有的这一种传，因年代的久远，也已全部散失。偶有散见于类书、注文的片段条文。如《通典》的两条《关东风俗传》文字，还常被引用。清朝到民国初，还有人撰著这种传，如顾沅的《吴郡名贤图传赞》、马其昶的《桐城耆旧传》、徐世昌的《大清畿辅先哲传》等。

(4)记。是魏晋到隋唐较为流行的名目，如魏张晏的《地理记》，吴朱育的《会稽土地记》、顾启期的《娄地记》，晋佚名的《太康三年地记》、王隐的《晋书地道记》、周处的《风土记》，刘宋山谦之的《吴兴记》，梁吴均的《十二州记》、任昉的《地记》、陈姚察的《建康记》，后魏徐之才的《宗国都城记》，北周薛寘的《西京记》，隋代的《诸郡物产土俗记》，唐陆广微的《吴地记》、韦述的《两京记》、赵珣的《十道记》等，数量是不少的。这一阶段的州郡地记，只有陆广微的《吴地记》还大致保存着原来的面貌，其余全部亡佚。记，唐以后也有，只是少数，如乐史的《太平寰宇记》、欧阳忞的《舆地广记》。

记又作纪，是互通的。其实，它与志的意义一样。郑玄《周礼·春官》注有：“志，记也。”孙诒让《永嘉郡记》辑本的《跋》语说：“或称《永嘉地记》，或称《永嘉记》，亦作志。斯并文偶媘易，谊相通假。”因此，记与志的名称不同，并不寓有特别的意思，但又不是毫无意义的。正如二十四史的名称，成书于宋以前的分别称记（《史记》的得名还有一个过程，原名为《太史公书》，一变为《太史公记》，再变为《太史记》，三变为《史记》）、书、史，元以后通称史。它表明了一个特定历史阶段的时尚。

(5)录。在方志的总量中，录所占的比重比较小。以录为名目的方志大约始于魏晋，如吴韦昭的《吴兴录》。以后历代时有所见，如晋虞豫的《会稽典录》，后魏刘芳的《徐地录》，隋无名氏的《京师录》，唐韦述与贾耽两种《十道录》，宋杨均的《海昌先贤录》、程大昌的《雍录》、高似孙的《剡录》，清朝还有陈廷桂的《历阳典录》等。其中，宋代的《雍录》和《剡录》流传迄今，《雍录》还一向被看做是方志中的上乘之作。

录，并不是一种特殊的体例，它和当时流行的方志没有明显的差异。具体地说，宋人的录和当时的志同属一个类型。以《剡录》为例，该书记述的目录，有县纪年、城境图、官治志、古今长社志、学志、修学碑、渊源堂、进士登科题名、舣雪楼、戴溪亭、版图、兵籍、山川志、人士、列女、仙道、高僧、古奇迹、古阡、书、文、诗、画、纸、古物、道馆、僧庐、草木禽鱼诂等。它和志的体例完全相似，名之为《嵊县志》，未尝不可。

录的字义，《说文》："借钞写字也。"《正字通》："誊写曰录。"它与志、记也是相通的。因此，录就是志、记的另一称谓。

(6)乘。方志的名为乘，是因袭先秦国别为史的《晋乘》而来。所以，与把史籍泛称为史乘一般，地方志也有概称作地方志乘的。然而，这种取法古雅的"乘"，在方志载籍中寥寥可数。

秦汉以来，方志以"乘"取名的，始于元于钦的《齐乘》。明有王齐、唐功的两种《雄乘》，耿定向的《黄安初乘》。清有陈弘绪的《南昌郡乘》等。它们的体例和当时通名的志是别无二致的。例如《齐乘》，共分八目：沿革、分野、山川（山、水）、郡邑、古迹（城郭、亭馆、丘垅）、风土、人物。以之和别的省、府、州、县志相对照，大体上类似。《齐乘》改称《齐志》，也未始不恰当。所以，这仅仅是一个名称的差异。

另外，还有经、书、通典、史、簿、论、志科、谱、续志、续记、志余、补遗、补乘、要略等的名目。或沿用旧史的名称，或因袭古籍的篇目,或因增补旧志而得名。如此等等,但并不通行,数量也很少,有的甚至是仅见的。其中志科一目,大率是清末到民初使用于县志的,并不个别。

方志中不乏较高价值的撰著。如《畿服经》,王谟的《畿服经辑本》称:"晋世,挚虞依《禹贡》、《周官》,作《畿服经》。其州郡及县分野,封略事业,国邑山陵水泉,乡亭城道里土田,民物风俗,先贤旧好,靡不具悉,凡一百七十卷。"这是历史上早期的比较完备的方志,因而有人认为这是我国最早的志书,可惜早已失传。

还有《蛮书》(又作《云南志》),唐樊绰撰。是现存云南的最古方志。它为司马光作《资治通鉴》、宋祁作《新唐书·南蛮传》、程大昌作《禹贡图》、蔡沈作《书集传》等所取材,更是我们研究云南地方史事及少数民族历史不可缺少的资料。

清人汪中的《广陵通典》,在体裁上别有创造,是用编年体撰写的方志。康海的《武功志》,又是首创运用纪事本末体修纂方志的。整理和研究旧方志,上述这些方志著作都是不能忽视的。

对于方志的内涵,应否包括这些名目,历来有不同的认识。值得重视的是:章学诚在他的《为张吉甫司马撰大名县志序》里说:"图经之用,乃是地理专门。……方志之与图经,其体截然不同,而后人不辨其类。"又以为:"郡县志乘,即封建时列国史官之遗也。而近世修志诸家,误仿唐宋州郡图经而失之也。"(《章氏遗书·方志略例》)这种把"郡县志乘"与"图经"对立起来,从而把"图经"排斥于方志之外的论断是不足取的。

的确,图经和府、县志是存在着有图和无图的差异的,但更为重要的是二者的历史进程与所寓的时代特征各有不同之点。图经在宋经王朝的提倡而全盛,志则继明和清政府的再次倡导而发展为压倒一切的主流。但是,它们在发展过程中又交相影响。自宋代起,志是继承了图经的传统而逐渐又有创新的。所以,有的学者说图经是志的前身。从某种意义上讲，这是允当的。如果我们不是固定地看，而是从动态即方志的发展总过程去考察，那么是不难明了的。方志史上有不少类似的事实，便是确凿的可资佐证的论据。

以志命名的志书，如周代的"四方之志"，即章学诚所说的"封建时列国史官之遗"，已不能详知其底细。魏晋至宋，以志为名的志书不少，《华阳国志》流传到今天。以"图经"或省称"图"的志书，宋以前也有。宋王存的《元丰九域志》，据作者在《序》文里说，其编辑大体是仿唐的《十道图》和本朝的《九域图》，但因为省却了图，所以改名为志的。楼淳在给潘景夔《海昌图经》所作的《序》称，他的祖父楼璩作《括苍志》，"绘郡境及城府为图，以便观鉴，遂不失图经之旨。后有作者，虽或加详，实本于此"。陆游的《嘉泰会稽志序》对此书所以取名为志也有说明："书虽本之图经，图经出于先朝，非藩郡所可附益。乃用长安、河南、成都、相台之比，名《会稽志》。"可见宋代修的志，题名为"图经"或"志"，是没有实质的差别的。而且，后来的"志"还都加了"图"。

为了便于考核图经与志的关系，不妨列举它们各自的记述和学者的评价加以对照。现存最古的唐《沙州图经》残卷，有"水渠到"歌谣等十多目。被《四库全书总目提要》誉为"记载始详、体例大变"的宋《太平寰宇记》，其中有"艺文"一目，而早在《沙州图经》已有"歌谣"一门了。司马光给宋敏求的《河南志》作《序》曾说："周官有职方土训、诵训之职，掌道四方九州之事物(即指方志)，以诏王知其利害。后世学者，为书以述地理，亦其遗法也。"他以为述地理是方志的遗法。元卢镇的《重修琴川志》，戴良于所作的《序》中说："尝以古者郡国有图，风土有记，所以备一方之记载。今之志书，即古之图记也。"他对志书的源流，又作如是观。因此，如果说模仿的话，那么是图经与志相互模仿，相互渗透。这种渗透或模仿，恰恰给方志的发展产生了积极的有意义的作用，而不是什么失误。

事实早已如王存的《元丰九域志》中所说："臣闻先王建国，所以周知九州封域与其人民之数者，诏地事则有图，诏观事则有志，比生齿则有籍。近世撮其大要，会为一书，趣时施宜，文约事备，则唐之《十道图》、本朝《九域志》是也。"岂止是模仿，简直是融合于一体了。但是唐《十道图》、宋《九域志》、唐《元和郡县图志》，又何尝不是这样！

二、方志的类别

数量如此众多、名目又如此繁杂的方志，对它进行科学的恰如其分的分类，以利于对旧方志的整理研究并发挥其作用，是极为必要的，也是方志研究的一个课题。方志如何分类，属于分类学的范畴。分类的根本之点，在于掌握类例。宋人郑樵在他的《通志·校雠略》中曾说：

> 学之不专者，为书之不明也；书之不明者，为类例之不分也。有专门之书，则有专门之学；有专门之学，则有世守之能。人守其学，学守其书，书守其类。人有存没而学不息，世有变故而书不亡。……类例分，则百家九流各有条理，虽亡而不能亡也。

这段话启示人们确立恰当的类例是分类的关键。虽然这是讲一般文献的分类，方志分类也应纳入这个轨辙。但类例又不是千古不变的，恰恰相反，随着学科的孳乳进展，类例必然相应地充实完善，否则就不能准确地反映现实。

分类有学术分类与目录分类之别，两者既是相对独立的，又是相互渗透的。

在我国古典目录学中，对于方志的类属，有迹可寻的，最早有刘宋时人王俭的《七志》。据《隋书·经籍志》载，其中的《经典志》列有史记、杂传，《图谱志》有记地域及图书，略可窥见作者对方志的类分与归属。齐梁人阮孝绪的《七录》，据《广弘明集》所保存的分类表，《纪传录》下有旧事、伪史、杂传、土地传录等，也必然杂有志书。这是古典目录学者给方志的归类。另外，唐人刘知几给史家的流别分为十类，显而易见，其中的"逸事"、"郡书"、"地理书"、"都邑簿"大都是方志(《史通·杂述》)。这反映了史学家对方志的类属。在四部分类确立后的《隋书·经籍志》，将收录的方志分别隶属于史部的地理(又称郡国地志)、杂传(又称郡国之书)以及杂史、霸史。到《四库全书总目》，方志析入史部的地理、传记和载记三类，而以地理类为最多，下列子目：宫殿疏、总志、都会郡县、河渠、山川、古迹、杂记、游记、外记，每目下都收有志书。这实际上反映着方志没有独立为专科目录前的分类的变化与发展。

明代前期，朱睦㮮的《万卷堂书目》将方志在史部下独立成类。由此经过清代到民国，焦竑的《国史经籍志》、汪宪的《振绮堂书目》以及柳诒徵的《江苏省立国学图书馆图书总目》等，都立方志为专类，这是方志目录史上的一大发展点。但因为仍然是综合型的目录，所以没有根本性的突破。只有在方志专科目录的产生和不断发展之中，方志的分类才逐渐地自成体系。这些目录著作较为完备而有代表性的，当推缪荃孙的《清学部图书馆方志目》。张国淦的《中国古方志考》，于方志的内涵比缪著有所扩展，而最大的特点是有详尽的考证，难能的还在于对大量佚志的考索。其他研究者也有所贡献，尽管存在着差异，可都既继承《四库全书总目》等的分类法，又有所开创，值得借鉴和汲取。

方志在文献中的分类，由依附于别的属类而到独立成类。由于方志数量众多，自身也要分类。方志的类别，大体说来，应依据记述对象的不同即所记地域的大小，也就是政区的级次区分；也可以根据记叙内容的广狭区分；又可以分别志书的体裁区分。

（一）以记述对象为标准，而不论名称、内容和体例，可区分为11类：

（1）总志。这是因袭《四库全书总目》和以往目录学者的传统而来的。此类志书，是秦汉以后国家实现了大一统的产物，是继承了"国（即区域）别为史"发展而为合记全国的地方各级行政建置及其所辖区域的自然与社会的各种事物。尽管它的科学属性是史，但与《史记》、《汉书》等纪传体史和编年体史是不同的，因而以源之所在的方志定称，现存的如唐李吉甫《元和郡县图志》，宋乐史《太平寰宇记》、王存《元丰九域志》、王象之《舆地纪胜》、祝穆《方舆胜览》，元、明、清的《一统志》，清洪亮吉《乾隆府厅州县图志》等。还有已经亡佚的如《秦地图》、《汉舆地图》、朱赣《地理书》、晋挚虞《畿服经》、南齐陆澄《地理书》、陈顾野王《舆地志》、隋虞世基《隋区宇图志》、唐贾耽《贞元十道录》、宋李宗谔《祥符州县图经》等。再有原书已经散佚，后人又有辑佚本传世的，如北魏阚骃《十三州志》、唐李泰《括地志》、元札马剌丁《元一统志》等。明代虽以"总志"题名的方志如《河南总志》、《湖广总志》、《四川总志》等却不在此列，因为它们是相当于省一级的志书。清代州一级的志书也有以"总志"命名的，如《郴州总志》。

（2）省志。"省"作为地方最高层次的行政建置，是元代开始的。以此作为记述对象的为省志。从元迄今，各个时期省的建置处在变动之中，因而省或相当于省的先后辖境就有变化。元代分全国为11省，明代为13布政使司（相当于省）。清初除直隶之外有14布政使司，它们没有称省，但时人和后人因为辖境和元代的省的建置差不多，所以习称为省。后经改置，至清末有27个省区。民国迄今，不断地发生变化，目前分为30个省、区和相当于省级的4个直辖市。

元代的省志，可说是绝无仅有，于钦的《齐乘》勉强能算一种。因为此志所记，只是元益都路、般阳府路、济南路与宁海州、德州，属元的山东东西道及宣慰司，既没有全述当时的行省所属，更不包括明、清时山东省的全部。明代的省志，名称颇不同，如魏朴《万历四川总志》、郭棐《万历广东通史》、赵瓒《弘治贵州图经新志》、何乔运《闽书》、谢肇淛《滇略》等。清代和民国时的官修志书称"通志"的居多，也有名为"通史"的，如连横的《台湾通史》。其他边远省区也有称"记"、"图识"、"志略"的，各省都有，有些省还修过多次。

既然元才有省的建置，那么在此以前上溯到两汉，相当于省的地区方志，自然应当列入省志。

西汉武帝时，全国将京畿三辅以外分为13州。这还不是实际的地方行政区划，而是给督察地方的官员划定巡视的范围。到东汉末，开始州设州牧，地方行政便由郡（国）、县二级变成州领郡（国）、郡领县的三级制。西晋承东汉旧制，六朝时州包括侨州数量不断增加。隋文帝废汉以来的封国制，又废郡存州，炀帝又改州为郡，地方行政又成二级。唐、宋又在州（宋初把大的州升为府）郡之上加"道"和"路"，地方又是三级制了。这样，有关东汉末叶至六朝的州、唐宋道、路的志书，自应归属于省志。

由汉至宋的州、道、路和所记地域，与此相近的方志，略如汉司马相如《蜀本纪》、陈术《益州志》、吴韦昭《三吴郡国志》、晋裴秀《冀州记》、南朝宋盛弘之《荆州记》、梁萧绎《江州记》、北魏王遵业《三晋记》、唐贾耽《关中陇右山南九州别录》、宋佚名《两浙路图经》等等。这些志书大都已亡佚，只有极少量的几种辑本。而现存的晋常璩《华阳国志》、唐樊绰《云南记》（又作《蛮书》）、陆广微《吴地记》等，可入省志。东汉袁康、吴平《越绝书》、赵晔《吴越春秋》，则是跨越两省的志书。

(3)州郡府厅志。这个“州”既是汉魏六朝时的大州,又是改制后与郡相当的级次。郡为秦始建,唐代改郡为州后,就不再有此名称了。府作为地方一级建置的名称,是从汉的三公、大将军、将军的开府,魏晋时放宽增多,至隋唐又发展至文散官的第一阶的“开府”(成立府署,自选属僚)演变而来的。唐代的州在道下,分上、中、下三等,并开始在道下设少量的府,如关内道的京兆府、凤翔府,河南道的河南府,河东道的河中府、太原府,山南道的兴元府,剑南道的成都府等。北宋起逐渐将州升为府,到明代确立了以布政使司、府、县的三级制,清代不变,又增有厅的建置。也有州的存在,而这种州有两种:一是直隶州,直属于省,领有二三个县;一是散州,其地位只相当于县。所以,这些郡(废郡之后,仍有以郡名志的)、州(直隶)、府的志书,应当同属一类。

郡、州、府方志,如东汉佚名的《巴郡图经》、南朝宋郭仲产的《湘州记》、北朝佚名的《齐州图经》、隋郎蔚之的《陈州旧图》、唐曹宪的《扬州记》、北宋李懋诚的《大观明州图经》。府志到明代才有,如明沈应文等修、张元芳等纂《万历顺天府志》,程嗣功修、王一化纂《万历应天府志》,卢熊纂修《洪武苏州府志》,李端修、桑悦纂《弘治太仓州志》,清阮元修、江藩、焦循纂《扬州府图经》,王继祖修、夏之蓉等纂《直隶通州志》等。本是府志,但仍沿用旧名的,如朱长文的《吴郡图经续记》、范成大的《吴郡志》;还有用别的地名的,如明王鏊的《正德姑苏志》、盛仪的《嘉靖维扬志》等。

还应提出的是厅志。厅是清代在开发地区时的一种政区建置。它与州有直隶和散一样,也有直隶厅和散厅的分别,直隶厅与直隶州一般与府同层次。所以记述直隶厅的方志,自当与府志同级。这种志书,有温承恭的《嘉庆松潘直隶厅志》,周玉衡等修、杨瑞珍纂《同治永绥直隶厅志》,曹昌祺等修、覃梦榕等纂《光绪普安直隶厅志》。有的虽未署“直隶”字样,但实际上是直隶厅的,如李梦皋的《道光拉萨厅志》、佚名的《归绥厅志稿》等。

(4)县志。县是秦建郡县制的基层行政区划的建置称谓。自秦之后,从名称上看,它不像郡一级那样屡有改易,始终保持不变。但一个县的名称和具体辖境是分合废置、代有更迭的。如江苏的吴县,秦属会稽郡,东汉顺帝四年(129 年)起改属新设的吴郡。到唐武则天万岁通天间分出一部分建长洲县,隶于苏州。清雍正二年又从吴、长洲两县析出另建元和县,属苏州府。民国废府,吴、长、元三县又合于一,称吴县。至于县名的改变,更是指不胜屈。如江苏的昆山,汉晋时为娄县,萧梁时改昆山县。河北汉有信成县,北齐时合清阳县地为武成县,隋改清河县,如此等等。

最早的县一级的志书,据缪荃孙光绪《昌平州志·序录》说:"邑志始于《娄地》。"《娄地》即三国时吴人顾启期的《娄地记》。唐宋之后,除了极偏僻的地区外,各县都修有志书。在经济、文化较发达或有修志传统的地区,方志还一修再修。县比府多,修得又勤,因此,任何一个藏志单位总是以县志为最多。此处无需举例,也举不胜举。

县志中还有两种特殊情况:

一是合志。原为一县析成两县,而地理、物产、社会结构、风土民情相似,许多历史事件又相互关联着,所以,两县合修一志。清代著名地理学家李兆洛于《武进阳湖合志议》论析说:

> 县本一也,至国朝雍正四年(1726 年)始析置。既须分而志之,不能不稽求故事以实之,即不得不张门别类以求其赅尽。而两县者:壤地相同也,风俗相似也,著籍相牵也,又不能纤悉而分之。千百年之前,而一一析之,则混合两邑而约略举之矣。既合两邑而约略举之,则不能偏归诸一邑。若两邑并载,则雷同重置,繁猥而无谓。不若稽考故事,比而合之。惟于分县以后,各详其地域之所守,财赋之所课,占籍之所分,而

各著之。此系一得二，珠连璧合之道也。(《养一斋文集》卷一七)

这是很有道理的。这种合志，都是清人纂修的，如江苏有王锦等修、言如泗等纂乾隆《常(熟)昭(文)合志》，张予介等修、顾登等纂乾隆《昆山新阳合志》，宣统时有佚名《吴长(洲)元(和)三县合志初编》，民国时有翁柽修、宋联奎纂的陕西《咸宁长安两县续志》。

一是分县志或称县丞志。清代在有些省实行分县制，因而修成的志书称分县志，如杨学震的甘肃光绪《陇西分县武阳志》。因为分县附治于大县，由大县的县丞兼理政务，所以又称县丞志，如廖丙文修、陈希魁等纂甘肃光绪《打拉池县丞志》。

(5)乡土志。为县志的另一种样式。以往没有这个名称，是清光绪间戊戌变法时下令编纂而新兴起来的。虽然以县为记述单位，但内容与清代通行的县志不同，侧重于记叙一县的经济。纂修乡土志的活动，一直持续到民国初，共纂成一千多种。由于大多数是抄本和油印本，排印或石印的数量不多，所以流传不广。志科也属于此类，体式近似。

(6)都会志。是记述当时首都和其他都会的志书。已佚的如汉佚名的《西京黄图》、唐韦述的《两京新记》、韦机的《东都记》、北宋宋敏求的《河南志》(宋的河南府府治在洛阳)等。现存的如宋敏求的《长安志》，南宋程大昌的《雍录》，清孙承泽的《天府广记》，民国叶楚伧、柳诒徵主编的《首都志》等。

(7)关镇卫道志。是记述边境要塞和重要关隘的志书。内容以关镇的地理沿革和武备、兵务为主，也有的兼述物产、风俗、人物、古迹等。有明一代，极其重视北方的边防，设镇置关，相应地修出方志。著名的有明刘应节等修、刘效祖纂《四镇三关志》，詹荣的嘉靖《山海关志》。卫又名卫所，是明代于军事要冲所设的机构。道系指明清两代所设的兵备道。卫、道志的内容与关镇志相似，只是地域范围比关镇志广，如明张奎修、夏有文等纂正德《金山卫志》，清薛柱斗修、高必大纂康熙《天津卫志》，鲁之裕修、靖道谟纂《湖北下荆南道志》等。

(8)司志。明清时曾在边远少数民族地区设土司司所，由土司(当地头人)管理政务。以一个土司为记述对象的志书称司志。现存仅有清王言纪修、朱锦纂广西道光《白山司志》。

(9)盐井志。元代起设有盐井官，官制与散州、县同。本来专理盐务，明清时兼理民刑政务。盐井有志，始于清康熙时，如沈懋价修云南《黑盐井志》，又有孙元相纂修乾隆《琅盐井志》，为数很少。

(10)屯志。明及清初，屯田制逐步废弛。后来清又在边疆地区新设屯田，数量不多。屯内除民户外，还有守卫兵丁。有的隶属州县，有的独立存在，相当于县。屯也有志，如清李涵元修四川《绥靖屯志》、兴元编《懋功屯志略》等。

(11)乡镇志。是记述县以下的乡或镇，有时以场、里、水、湖等题名的方志。这一类志书，最早出现的是宋代常棠的《澉水志》，名为澉水，实际上是浙江海盐县澉浦镇。以后乡镇志有所发展，明清以来，长江三角洲的江苏、浙江为数最多。据《中国地方志联合目录》所收，现在苏州市所属吴、常熟、太仓、昆山、吴江五市县计有76种，这还不能说是搜罗完备了，漏收的有相当的数量。乡镇志中不少是很有价值的，如素称“丝绸之乡”的吴江盛泽镇，有仲沈洙纂、仲枢增纂、仲周霈再增纂和仲廷机纂、仲虎腾续纂的两种《盛湖志》和《志补》。浙江吴兴名镇南浔，有汪曰桢纂《南浔镇志》。有些著名学者也纂修乡镇志，如清焦循有江都《北湖小志》。

至于主记一个地区的某一事物的志书，如北宋单锷《吴中水利书》、清王树枏《新疆山脉志》、高泽生《颍上风物记》、胡文英《吴下方言考》、徐世昌《大清畿辅先哲传》以及山、水、寺、庙等，都应分别归属于所在的行政区域。

(二)以记述内容为标准而区分,着眼于范围的广狭,大致可分为三类:

(1)综合类,即综合型方志。这类志书所记,虽在广度和深度上有差异,但大体上都是较全面地包孕自然的社会的多种事物。现存的早期方志《华阳国志》比起当时的地记、人物传之类,已具有综合的因素,《越绝书》、《吴越春秋》也可入此类。至于宋以后大量以纲(类)统目和并列门目的各级志书,如乐史的《太平寰宇记》、范成大的《吴郡志》、周应合的《景定建康志》等,更是典型的综合类。另外,如冯甦的《滇考》、汪中的《广陵通典》等纪事本末体和编年体的方志,也具有综合型的条件。

(2)专科类,即专门型的志书,又可称专志。"专门"与"综合"是相对而言的,系指单一记一个专项或主记一项而兼及别的内容。

在我国方志史上,自东汉到六朝,专志极为风行,尤其是记地和记人两类,成为那个阶段的时尚,撰著大量问世。如东汉佚名的《后汉舆地记》、魏张晏的《地理记》,晋王隐的《晋书地道记》,东汉圈称的《陈留耆旧传》、吴陆凯的《吴国先贤传》、晋习凿齿的《襄阳耆旧传》等。两宋以来,综合型志书盛行,专门型骤然渐衰,但并没有就此绝迹,依然不绝如缕地有专志的撰作,而且内容有所扩大:如清刘盛堂的《云南地志》、宋伯鲁的《新疆建置志》、杨同桂的《盛京疆域考》、金鳌的《金陵志地录》,宋陈舜俞的《庐山记》,明张莱的《京口三山志》,王宾的《虎阜志》,清翁澍的《县区(太湖)志》、傅王露的《西湖志》,唐莫休符的《桂林风土记》,清吴汝纶的《深州风土记》,宋宋祁的《益部方物略记》,清廖世英的《荣县物产志》,明归有光的《三吴水利录》,清毕沅的《关中胜迹图志》、徐崧的《百城烟水》,明谢肇淛的《支提寺志》,清顾沅的《重印玄妙观志》、蒋吟秋的《沧浪亭新志》、叶昌炽的《寒山寺志》、罗景的《卧龙寺志》、赵之璧的《平山堂图志》、顾沅的《吴郡名贤图赞传》、李恩绶的《杭州艺文志》、孙诒让的《温州经籍志》、民国王謇的《宋平江城坊考》等。

(3)杂志。这一类著作,不出自官修,纯粹是私人的撰述,而且既不以官府修志通用的名目题名,又没有一般志书那样有较完备的体例。但他们所记,都是有关一地的舆地、政治、经济、文化等种种事物。这种杂志的数量远远比不上专志,更不用说综合志了。常见的如宋孟元老的《东京梦华录》、周密的《武林旧事》、龚明之的《中吴纪闻》,元高德基的《平江纪事》,明谢肇淛的《长溪琐语》、王鏊的《震泽编》、沈榜的《宛署杂记》、曹学佺的《蜀中广记》、佚名的《江汉丛谈》、佚名的《苏州杂志》,清厉鹗的《东城杂记》、孙廷铨的《颜山杂记》、顾禄的《清嘉录》、张焘的《津门杂记》等。

(三)以志书的体裁区分。失佚的最早志书的体制结构已无法辨认。从现存志书的体裁来看,通行的大致有如下六类:

(1)史志体。因为和纪传史体的"地理志"(也有作"州郡志"或"地形志")的体例大体相同,与习惯上把这种正史的"经籍志"或"艺文志"概称为"史志"一样,可称为"史志体"。这种体裁,并不能绝对地说方志效法史志,恰恰是史志先取材于方志。《隋书·经籍志》曾缕述其关系说:"史迁所记,但述《河渠》而已。其后刘向略言地域,丞相张禹使属朱赣条记风俗,班固因之作《地理志》。其州国郡县,山川夷险,时俗之异,经星之分,风气所生,区域之广,户口之数,各有攸叙,与古《禹贡》、《周官》所记相埒。"刘向的"略言地域",不清楚是指哪一种书籍,朱赣的"条记风俗",显然系指他所著的《地理书》。可见,班固是把方志的成果引进正史的。当然,史志体经过班固的改铸而成为纪传体的一部分之后,又反过来对方志产生了影响。

传世的史志体志书主要是综记全国的总志,如《元和郡县图志》、《太平寰宇记》、明清《一统志》以及洪亮吉的《乾隆府厅州县图志》等。

(2)并列门目体。只有目(或称门)的并立而不分类的这种体裁,唐代已出现,现存《沙州图经》的残卷就是如此;到宋代已广泛采用而趋于定型。现尚传世而比较典型的要推范成大的《吴郡志》,全志自沿革至杂志共有39门。在此之前,北宋宋敏求的《长安志》只分总叙、分野、土产、土贡、风俗、四至、管县、户口、杂制,以及雍州、京都、京兆尹、府县官、宫室、唐皇城、唐京城和有关各县,比不上范《志》的详备。明代绝大多数的官修方志沿袭这个体裁。清初依旧是这样,并为帝王所倡导。顺治间,贾汉复修成《河南通志》,康熙间开馆修明史,特命督抚各修省志,并规定以贾《志》的成式为准。而《河南通志》设有:图考、建置、沿革、星野、疆域、山川、风俗、城池、河防、封建、户口、田赋、物产、职官、公署、学校、选举、祠祀、陵墓、古迹、帝王、名宦、人物、孝义、列女、流寓、隐逸、仙释、方伎、艺文、杂辨31门。雍正间又重申前令。所以各省、府、州、县修志都模仿贾《志》的体例,如宁云鹏、卢腾龙等修、沈世奕、缪彤纂《苏州府志》,钱见龙、吴朴《泰兴县志》,章曾印、曾倬的《常熟县志》,陈玉璂的《武进县志》,尚新民的《定兴县志》,工胤芳、邵秉忠的《文安县志》等。康熙间修成的志书都一脉相承,并且对乾、嘉的影响不小,以后还有用此体修志的。因此,这个体裁的志书在清代方志中占有很大的比例。

(3)以纲(类)统目体。这类志书体制分类设目,统属于类。现存最早的较为完备的当推南宋周应合的《景定建康志》。全书分录、图、表、志、传五类,每类下又分立细目。到明代又有人纯粹地仿效正史,如雷礼的《嘉靖真定府志》,为四纪、九志、十传。史朝富的《隆庆永州府志》,是一纪、七志、五传。清代修志,首先是一些名家,也继承这一体裁而又有所发展。如洪亮吉纂澄城、淳化、长武三《志》,分记、簿、志、略四类;以后纂《登封县志》,又分记、表、簿、志、传、录六类。章学城纂志,也大致用纪、表、考、书、图、略、传及掌故、文征、丛谈等类。如《永清县志》分:一、纪;二、皇言;三、舆图、建置、水道;四、书六:吏、户、礼、兵、刑、工;五、略一:政略;六、列传十:乡贤、义门、列女等。不能归入上述各类的,又分别为文计五:奏议、征实、论说、诗赋、金石。卷首有叙录,总序大指。《湖北通志稿》还有掌故、丛说,分述考古、轶事、琐语、异闻。章学诚的主张对后世影响很大,《嘉庆广西通志》、《道光广东通志》以至较多的府县志都采用此体而稍有变化。

(4)编年体。以编年体编纂方志,应当说渊源有自。而现存的志书中恰是为数不多。如明颜木的《随志》、陈士元的《滦州志》,清佚名的《临朐编年录》、汪中的《广陵通典》,民国王晋卿的《冀县志》等。

(5)纪事本末体。这是晚起的一种旧史体裁,对修志也有影响。如宋郭允蹈的《蜀鉴》,明康海的《武功志》、韩邦靖的《朝邑志》,清冯甦的《滇考》等,数量也不多。

(6)杂记体。宋以来的有关一地掌故,凡与方志记述内容一致的随笔、杂志等,都属于此类。有一些被列入笔记,其实也是方志,如清顾禄的《清嘉录》之类。《清嘉录》之得名,系本于陆机《吴趋行》的"土风清且嘉"诗句而来;而所记内容,以月系事,从元旦到除夕,将十二月中的节候、习俗、掌故详晰备载,溯源往事,博引群籍,实际上是一部苏州的风土记。所以,光绪间上海乐善堂据日本刻的翻刻本,封里别署《吴门风土记》,《小方壶斋舆地丛钞》第六帙所收顾禄的《吴趋风土记》,就是它的节本。顾颉刚、王伯祥、俞平伯等拟编印《吴门风土丛刊》中便列有此书(参阅王伯祥《度稼偶识》)。

关于目录分类。这里所说的目录分类,并非指方志目录的类别，而是制订方志目录的分类方法。

民国以来的多种方志专科目录，通行的分类可以《中国古方志考》、《中国地方志综录》和《中国地方志联合目录》为代表。这三种全国性的方志总目，采用总志、省、府（地区）、县四级或三级类分，即以方志的地域性为标准的分类法。这种分类办法有着一个很大的优点，就是一地的志书，不论年代的远近，体裁的异同，都能集中于一处。这样，对查找一地古往今来以及现有多少志书，一览无余。再附以索引，寻检更为方便。有较强的实用性，是可取的。因此，直到目前，国内外联合型的和一馆一家所藏的方志目录，都如此分类。

第三节　方志的性质与特征

方志的科学属性是什么？这是修纂方志和方志学研究必然要遇到的一个带有根本性的问题，有着头等重要的意义。因为只有认识并把握住它的本质，修志时才能纲举而目张，自觉地深化其科学性；研究者才能有立足的基点，从而恰当地评价是非得失，促进方志学科的发展和前进。

方志的特征与方志的科学属性，二者既有区别，又有着内在的联系。方志的种种特征及其根本特征，是方志性质的外向体现；准确地归结方志诸特征，又有助于对方志性质的认识升华。同时，辨清了方志的科学属性，对恰如其分地勾勒方志诸特征又能顺理而成章。

一、方志的性质

由于方志的历史源远流长，志书的体裁和记述的内容始终处在动态的演变之中。或出于研究者的着眼点不同，或出于研究者个人的倾向性以及受到历史学的和别的学说的影响，在我国方志学说史上，对方志科学属性见仁见智，到目前有着不同的认识。大致说来存在着：

（1）地理说。方志属地理的这种主张，在清及以前很普遍，影响最大。如唐贾耽是一位方志大家，撰著了多种方志名著。而他在进呈的《海内华夷图表》中自称："篮仕之辰，注意地理。究观研考，垂三十年。"（《旧唐书·贾耽传》）李吉甫于《元和郡县图志序》中将以往的方志撰著概称"古今言地理者凡数十家"。宋乐史在《太平寰宇记表》里自诩："职居馆殿，志在坤舆。"元许有壬于《大元一统志序》评此书曰："（虞）应龙谓比前代地理书似为详备。"直到清代中期，阮元说："余考地理类总志之书传于今者，以《元和郡县志》为最古，其次则《太平寰宇记》。南宋人地理之书，以王氏仪父象之《舆地纪胜》为最善。"（《舆地纪胜》刊本《序》）如此等等，难以备列。反映过去许多公私目录的分类以及目录学者的著述，大都持这种主张。自从确立了四部分类之后，从《隋书·经籍志》到《四库全书总目》、《清史稿·艺文志》，由晁公武的《郡斋读书志》到周中孚的《郑堂读书记》等，都把大部分方志归属于地理类。这种认识一直影响到近代，20世纪二三十年代的研究者仍有沿袭此说的。

（2）史说。方志属史，一提到这种主张，多数的研究者不期而然地以为这是章学诚的创见。其实，这不是章氏的发明。早在东汉时，郑玄就将方志认同于"国史"。唐刘知几《史通·杂述》篇所列正史以外"史氏流别"的十类，其中有几类便是方志。宋郑兴裔以为："郡之有志，犹国之有史也。"（《郑忠肃奏议遗集》卷下）宋以后持此说者更是屡见不鲜，如明王世贞《通州志序》说："窃谓今志，犹古史也。"清李孔阳《康熙扬州府志序》以为"郡之有志，犹方舆之史也"。还有的不仅以为方志是史，还进一步指明它在史学中所处的地位。如纪昀在《嘉庆安阳县志序》里说:“今之志书,实史之支流。……故修地志者,以史为根柢,而不能全用史;与史相出入,而又不能离乎史。”朱彝尊根据传统的正史观,指出:“正史之外有别史,别史之外有野史。正史书大事,别史记隐微。至于野史,乃一家之私言。……若夫志乘,虽不伦于别史,然以补其未逮,匡其讹谬,取信征实,殆与正史互相表里者也。”(《天府广记序》)反映在目录学方面,明朱睦㮮《万卷堂书目》第一次把方志从地理类中分离出来,独立成为史部的专类。由此可见,章学诚的“志乃史裁”、方志为“一方之全史”是前有所承的。但章学诚并非简单地剿袭旧说,而是于理论和方法都赋予方志属史这个命题以新的意义,建立起较为完整的理论体系。

(3)类书。或许因为方志记叙的内容很广泛,又是分目编纂的,因而把它认作类书。清傅王露以为:

志书与类书,亦何所区别乎?班固十《志》,原于史迁之八《书》,而历代史氏因之。若律、历、礼、乐、刑法、仓货之属,皆类也。唐杜佑《通典》,而刘昫志《经籍》列之类家。宋郑樵辑《天文》、《地理》、《职官》、《选举》等二十《略》,而统名之曰《通志》,则类书之称志,有由来矣。(雍正《浙江通志序》)

以往持这种主张的人绝无仅有,近来却有人提出相似的观点,以为方志是“百科全书”。百科全书是一个外来语,源出于古希腊文 enkyklios(各方面的)和 paideia(教育),合起来是全面教育的意思。世界通行的百科全书有广、狭两类,大都是以辞书分列各目的形式编排的大型参考书,和我国古代的类书或资料汇编相似。

(4)人地学。全称为人文地理学,与我国古代的地理之学内涵不同。这是 20 世纪 30 年代张其昀根据法国人白兰士(P. Vidal de Blane)等为代表的一个地理学派的理论提出来的。张其昀在《方志月刊》上撰著专文,加以倡导。当时,除了张其昀创建的地理学会(后改方志学会)的成员外,接受这个观点的人并不多。近来,在台湾、香港等地的有些学者,仍有继承并发扬这种学说的。

(5)史地兼备。这是黎锦熙《方志今议》中的主张,他认为方志是:“史、地两性,兼而有之。”一方面是“地志之历史化”,一方面又是“历史之地志化”(《方志今议·次立两标》)。

(6)史、志有别。以为史是史、志是志,不相统属。这是近几年提出来的一种新认识,赞同的人越来越多。先是有人把过去公认的方志分成两类:一是地方史,一是地方志。隋唐以前的典录、实录、耆旧传、先贤传、人物志、风俗传,唐樊绰的《蛮书》、宋郭允蹈的《蜀鉴》、明杨慎的《滇载记》、清汪中的《广陵通典》等都是地方史,只有以志命名的以纲统目和并列门目的志书才是地方志。有人并有新的发挥,诸如“同源异体”、“史有史体,志有志体”,“史纵志横”,史是“较强的学术性著作”,志是“综合性、资料性的史书”等。

另外,又有人提出:方志应是一门政治性、实践性很强的应用科学。有的主张方志要从历史学的附庸地位中解放出来,成为一门独立的地方信息学,这和另一种主张即认为方志应转变为地方年鉴颇为近似。

如此种种,正是见仁见智,众说纷纭。然而,事物本质的规定性只能是一个,不能既是这个又是那个。至于在现代科学的发展中则有这样的情形:一门学科与另一门学科交叉结合成一门边缘学科;或者由一门学科分立出一门独立的新学科。这样,边缘学科和新学科又必然具有自身的新质。

探讨方志的性质,应当注重从数量分析入手。因为没有量,就无从构成特定的质。对方志作数量分析,既要客观地从历史发展的全过程形成的总量,包括各种名称、体裁、内容以及各个不同阶段的风尚,全面地作动态的判断,而不是孤立和静态地执其一点,只看到某一阶段、某一种志书,又要微观地辨析各阶段各种类型有

代表性的方志。两者结合,而后才能找出方志所具有的本质属性。具体地说,应当在下列四个方面作切实的考察:

(1)修志的宗旨或者说目的。历来修志,都是自觉地寓有撰著意图和宗旨的。姑不作久远的历史追溯,且看唐以来的志乘家及其评论者,无不直陈其用心。如唐贾耽作《贞元十道录》,权德舆为之作《序》称:“公之意,岂徒洽闻广记,以学名家而已哉。盖体国远驭,不出户而知天下,亲百姓,抚四夷,真宰相之事也。”(《权载之文集》卷三五)李吉甫撰《元和郡县图志》,他在《序》文中说明,目的在于“佐明王扼天下之吭,制群生之命。收地保势胜之利,示形束壤制之端”。宋乐史作《太平寰宇记》,在所上《表》里说:“万里山河,四方险阻,攻守利害,沿袭根源,伸纸未穷,森然在目。不下堂而知五土,不出户而睹万邦,图籍机权,莫先于此。”李宗谔《序》他所纂的《祥符州县图经》:“举《春秋》笔削之规,遵史臣广备之法,立言之本,劝戒为宗。”元许有壬的《大一统志序》说:“是书之行,非以资口耳博洽也,垂之万世,知祖宗创业之艰难。播之臣庶,知生长一统之世,邦有道谷,各尽其职,于变时雍,各尽其力,上下相维,以持一统。”明商辂的《重修保定志序》认为凭借志书:“可以考古证今,可以惩善劝恶。诚有益于治道,有补于风化。”王珣作《宁夏新志序》说:“志书,一方之史也。所以备纪载,便历览,使人得以观感于前而兴起于后,关系攸大,岂曰小补之哉!”清徐嘉炎于《黔书序》说:“尝考读古今舆地疆域之书,历载山川之隆,财富之丰,与夫士马、甲兵、人材、风俗之备详,诚有资于治术矣。”李奉翰《乾隆永平府志序》曰:“吾闻一代纲纪之所立,德泽之所被,以及人物之兴替,守令之贤否,能详史所未详,使览者观感起,得以因地制宜,因民善俗,则皆于志是赖焉。是志者,固辅助之书也。”何廷凤《乾隆六合县志序》曰:“邑之有志,所以备一邑掌故,纪政治之利弊。使官于此者,得有所借,以相土宜、考风俗、察民情、监成宪也。”李兆洛《嘉庆凤台县志序》曰："山川、都邑、宅屋、祠墓，名贤轨躅之所寄。书史图籍之所志，可以见时令之盛衰，地势之险易，陵谷之变迁，政治之得失，风俗之淳薄。以之斟酌条教，风示劝惩。览一隅知天下，其所裨甚巨。"如此之类，他们所说的因各种现象的盛衰、得失、变迁、利弊，从而观感兴起，条教劝惩，就是章学诚所说："志者，志也。其事其文之外，必有义焉，史家著作之微旨也。"（《为张吉甫司马撰大名县志序》）这种概括是贴切的。的确，修志家所要表示的这种"义"，与史学家撰史的主张是一致的。

旧史学家在阐述撰史的主旨时，总要上推到《春秋》，《左传·成公十四年》有所谓《春秋》五旨，即"微而显，志而晦，婉而成章，尽而不污，惩恶而劝善"。司马迁于《史记·太史公自序》里称，《春秋》"上明三王之道，下辨人事之纪。别嫌疑，明是非，定犹豫，善善恶恶，贤贤贱不肖，存亡国，继绝世，补敝起废，王道之大者也"。东汉荀悦作《汉纪》，说："立典有五志焉：一曰达道义，二曰彰法式，三曰通古今，四曰著功勋，五曰表贤能。"（《汉纪·高祖纪第一》）刘知几于《史通》反复讲"史义"，如《自叙》篇说："夫其为义也，有与夺焉，有褒贬焉，有鉴戒焉，有讽刺焉。"司马光撰《资治通鉴》："专取关国家盛衰，系民生休戚，善为可法，恶为可戒者。"（《进书表》）

由此可见，传统的史学和方志学表现在这一点上是完全相同、别无二致的。那么，如今修志又如何呢？从上次已经修成出版的多种县志的序例和许多专论来看，较为一致的意见是，都把修志的目的归结为资政、存史和教化。由它的全部含义而论，一点也没有超越上述传统史学与方志的范围。不过，有些论者对此作有新解，对资政、教化似乎无从发挥，便在"存史"上另做文章，以为"存史"便是"志中有史"之谓。这种解释是极其勉强的。其实，所谓"存史"的"史"，不应是通常所说的史学或者历史，而是史料的简称，也就是旧志家所说的文献。这种事例很多，如章学诚说"经纪一方之文献”(《方志立三书议》)的文献,就是指的地方史料。又如光绪五年(1879 年),山西巡抚曾国荃署发的修志檄有这样的话:“事关文献,岂可任其湮没。”于此可知,以往修志是极注重文献的。一部志书之所以称“善”,所以受人重视,原因之一就是它保存了丰富的文献,也就是史料。因此,“存史”云云,并未对旧志有任何突破。

(2)志书体裁。如前节所述,方志的体裁表现多样,有并列门目、纲目(以类统目)、编年、纪事本末、杂记等。倘使拿它和以往史著的体裁相比照,人所共知,旧史于编年、纪传、纪事本末三大体裁之外,还有别史、野史等多种。史与方志虽不完全相符,但大体上是同其类型的。编年体、纪事本末体、史志体已无须赘述。另外几种还需稍加说明。

纲目体,实际上是由并列门目演化而来的,而又以纪传史体为模式。为了便于对照,纪传体史籍以《汉书》为例,全书设纪、表、志、传四类,每类下有细目:本纪有十二,表有八,志有十,列传有七十。旧志以类统目以《民国吴县志》为例,设有图、表、考、传四纲(类),图有七,表有二,考有五,传有八,后有杂记。并列门目,是由早期的地志进化为图经而逐渐发展起来的,到宋代更为详备而盛行,再进而为以纲统日。在这个运动过程中,有一些并列门目体隐约地藏有以类相属的影子,如北宋宋敏求的《长安志》、南宋高似孙的《剡录》。以《剡录》为例,所列的 27 目中,首为县纪年,下可归属为官治、社学、版图、人物、古迹、工艺、祠庙、物产诸类。虽然这种分类并不严格,也不十分清晰,却是立类的先导或者说是初具雏形。所以,以类统目和并列门目二者的渊源十分明白,不能绝对地分别开。至于杂记体,它和旧史上所称的“野史”在体裁上又是如出一辙,至少是近似的。

所以,从总体上考核,方志的体裁与旧史的体裁完全合拍,称之为“史裁”,是毋庸置疑的。

史志有别论者，通常是在体裁问题上立论，很重要的一个论据是“史纵志横”；并进而加以发挥，以为“横排竖写”才是方志之体。按照这种逻辑思维，将陷入难以自圆其说的矛盾之中。因为旧史的纪传体，纪是经，志、传等是纬，是经纬分明的。其纪的部分，以至志与传等，借用创新的语言说，何尝不是“横排竖写”呢？照此推导，几十部纪传体史籍，岂不是也应归入志或另外别的什么体裁了吗？并且，应当指出：不要因为现在修志采用的较为可行的体裁，就说成是唯一的，从而排斥其余，只见树木，不见森林。

其实，当今修志，由中国地方志指导小组制订《新编地方志工作条例》所规定的“应有记、传、图、表、录等体”的志书体裁，就其渊源来说，是继承从周应合到章学诚的纲目体而来的。章学诚先在理论上撰著《方志立三书议》等文予以提倡，又在多次修志实践中加以发展。可是他从来没有认为只有这种体裁才是志体，并由此而否定其余的一切。恰恰相反，他曾不止一次地提到：以往的地志、人物传等类比起纲目体虽不完备，却也是方志，如在《为张吉甫司马撰大名县志序》中曰：“汉人所为《汝南先贤》、《襄阳耆旧》、《关东风俗》诸传说，固已偏而不备。”既然承认它们属于方志一类，那么，作为表述手段的体裁，当然也就是志体了。

(3)志书内容。方志的记述，不管是综合型的或者是专记一二项的，以至杂记诸项的，都是关于它所记的对象即社会的以及自然的种种现象。以之和史著比较，虽然各自的具体对象有所差异，但从总体上说，史书的内涵离不开时间、地理和人物，由时、地、人结合而产生政治的、经济的、文化的多种活动，也有综、专、杂之分。因此，归结起来，史籍与志书的内容没有实质性的差别。元人张铉有一段论述，颇值得注意，他在《至正金陵新志·修志文移》中阐说方志渊源时说：“窃谓古者诸侯置史以纪国政，采诗以观民风，此国有史记、诗有国风之所由也。后世州郡各为志书，亦此之遗意。”张铉又在《修志本末》里论及周应合的《景定建康志》说:“修《景定志》者,用《春秋》、《史记》法,述世年二表,经以帝代,纬以时、地、人事,开卷了然,与《建康实录》相表里,可谓良史。”应当说是从记述的内容揭示了方志的实质的。

由此可见,方志这种著述,它的本质属性只能是史,而不是别的,乃至与美国的区域研究(regional study)也不相同。从整体上看,确乎如章学诚所说,是“一方之全史”。

(4)方志在史中的地位。方志是史是指其科学属性而言的,而史是一个大概念,包含有多种分支。概略地说,举凡研究和记叙人类社会发展史包括世界各国、各民族从远古到现代所作的综合和分类以及分期的论著都是史。史学的范围还要广,还应包含史论、编纂、史料等支脉。所以,仅仅指明方志属史是不够的,又必须分辨它在史中所处的位置。

方志是史只说明它与其他史的共性 ,但它又和别的支系一样,有着自身的特点即个性。这就是在史的广阔领域里,方志占有特定的地位。如果说中国史在世界史中是属于国别史的一种,那么,方志就是中国国史之中的各个支系中的地方史:省志就是省史,市、县志就是市、县史,乡镇志就是乡镇史。本来,“志”与“史”这两个名称在训诂上是意义相通没有区别的。正如二十五史中有的名志,如《三国志》,有的名史,如《宋史》,但并不妨碍它们都是纪传体史书。

地方史(志)有全、专、杂之分,《景定建康志》、《吴郡志》、《滇考》、《广陵通典》等综合型志是全史;《吴中水利书》、《温州经籍志》、《大清畿辅先哲传》等是专史,《中吴纪闻》、《津门杂记》等是杂史。近一时期以来,随着史学界地方史热的兴起,省史已相继出现,并有各种地方专史问世,诸如党史、革命史、经济史、风俗志、工业志、水利志、人物传等等。这些专史虽有相对的独立性,却是地方全史的组成部分,构成地方全史的各个支系,一旦独立成为专史,当然就有自己的体例。特别是在内容上必然比全史更为详尽而有深度,否则便不称其为专史,也无需这种专史。如果把这种专史任意夸大到不恰当的地位,甚至超脱于全史,只能造成分类学上的逻辑混淆,或者是自我作故。

应当附带地作简要说明的是:方志学界有把地理与史二说截然地对立起来的,章学诚便是如此。实际上,并不是这样绝对。

我国古代的地理学和现代的地理学的内涵是不相同的。现代地理学是地学科学的一个门类,是以地球表面作为研究对象,即研究人类生活在其中的地理环境的科学,包含有自然地理、经济地理、部门地理、区域地理等支脉。而方志所记的地理,究其实际,虽也有山系、水系等地形地貌以及矿藏、物产等,但主体则是区域地理的沿革,应归属于现代形式的历史地理。传统目录分类是把它从属于史部的,所以沿革地理最终也是史。所不同的在于:史说主张方志不仅要摆脱地理独立出来还要涵盖地理于其中,而地理说则主张将方志依附于地理。方志由地理的附庸而于史学中独立成类,这是方志学地位的一大进步。客观地说,地理说是不为无因的,汉魏六朝时的方志确有以记地为主体的,因而把方志称为地志,当做地理之书。这种陈陈相因的习惯影响是可以理解的,但仍以此种观念来概括一切方志,就不恰当了。

至于后来将地理看做是方志的一个派别,人们所持的论据往往是因了章学诚《与戴东原论修志》中提到戴震说的一句话:"志以考地理,但悉心于地理沿革则志事已竟。侈言文献,岂所谓急务哉?"(《章氏遗书》卷一四)于是便把戴震说成是地理学派的代表。其实,这是不足凭信的。因为这只是章学诚的一面之词,遍读戴震有关方志的论文,是没有此种论断的。恰恰相反,他所纂修的《汾州府志》和《汾阳县志》,既认真考证地理沿革,又很注重文献,尤其重视有关民生利病的记述。他所设的门目和内容,完全是综合型的;并在两《志》的《例言》中均提到"史例",从未说方志只是地理之书。

认定方志属史,又不要完全无视其他诸说,因为其中有合理的因素可以吸收。如人地说,现代人文地理的成果及其方法是值得当前修志者认真地予以汲取的。而且,方志是史,也绝不是停留于前人如章学诚等所说的窠臼之中,而是要在新的历史条件下赋予新的意义,这在论及方志编纂时要重点加以申述的。

二、方志的特征

阐述方志的特征,是对方志作内在的个性研究的任务。这在前面探讨方志性质的时候已经有所涉及。这里再就其较为重要的几点分述于下:

第一,阶级性。需要说明的是,阶级观点是马克思主义的一个重要原理。在阶级社会里,任何的文化形态都是为阶级服务的,首先是统治阶级无例外地用来为他们的统治服务。在前述的编纂方志的意图和宗旨时,已能觉察这一点;表现在志书所起的作用上,也有力地证明了这一点。如先秦的国别为史的《晋乘》之类。《史记·蔺相如列传》载:秦、赵渑池之会,"秦王饮酒酣,曰:'寡人窃闻赵王好音,请奏瑟。'赵王鼓瑟,秦御史前书曰:'某年月日,秦王与赵王会饮,令赵王鼓瑟'。"这当然是对赵国君臣的侮辱,透示了秦企图压赵的霸气。赵国一方自然不甘罢休,做出有力的回击,秦王被迫当着赵王"为一击缶,(蔺)相如顾召赵御史书曰:'某年月日,秦王为赵王击缶'"。由此可知,在国与国的政治斗争中,主记"国史"的史官,都是鲜明地站在维护本国利益的立场上的。又据《汉书·萧何传》载,刘邦攻克咸阳,"(萧)何独先入,收秦丞相、御史律令、图书藏之。沛公具知天下厄塞,户口多少,强弱处,民所疾苦者，以何得秦图书也"。刘邦得秦图书，其中包括有方志的《秦地图》所获得的实效，正好说明这些图书在秦王朝也发挥着同样的作用。汉《郡国舆地图》，《史记·三王世家》、《后汉书·光武帝纪》及《后汉书·陈敬王羡传》等都有记载，从封建皇子划疆界到"令诸国户口，皆等租入"，都需要用它。唐李吉甫纂《元和郡县图志》，把他反对藩镇割据的谋划和筹边御侮的意图贯彻其中。宋人程大昌作《序》称："宪宗经略诸镇，吉甫实赞成之，其于河北、淮西悉尝图上地形。宪宗得以坐览要害，而隃定策画者，图之助多也。"张铉称《景定建康志》："地理有图，人物有传，溪山之胜靡不载，风土之宜罔或遗。可以知群贤出处之机，可以见六朝兴亡之迹。……不特可备观览于邦人，亦足以垂监戒于天下。"（《至正金陵新志·修志文移》）明人宋濂为卢熊《苏州府志》作《序》说："后之人览此书，治身居官，取前人之成宪以为法，将见道德兴而习俗美。句吴之区，与邹、鲁无异矣。则是书之为教，不亦大哉！"清末曾国荃巡抚山西，发文要求修纂山西方志，其中说："资观摩于往事，垂文献于来兹，实于三晋吏治民风，良有裨益。"

因此，地方官吏在莅任之初，都要备阅该地的方志，如唐韩愈谪贬潮州，南宋朱熹就南康军任，均这样做。明清之后，这种做法更为普遍。明代的许多地方官离任时还把志书带走，造成一些孤本失传。

正因为如此，所以方志在记述的内容上，阶级倾向性也是突出的。一方面为统治者歌功颂德，如章学诚竭力宣扬"皇恩庆典宜作纪"，清代的几种《苏州府志》，设专目叙述康熙、乾隆所谓南巡的盛典。另一方面，对于反抗统治的活动，贬称为"寇"、"乱"、"匪"、"贼"。如《乾隆济宁直隶州志·杂缀》有"明季流寇"事，《民国临县志》记有"同治四乱"，《同治陕县志·杂事》有"纪土贼"、"纪教匪"；或者对历史上极为重要的事件缺而不载。如清初，苏州曾激起民众自发的抗清斗争，巡抚土国宝隐藏起来不敢露面。诗人赵执信作的《氓入城行》便是反映这一事件的。然而，官修的康熙、雍正、乾隆、道光四种《苏州府志》，隐晦不载。又，南京是太平天国政权的天京，天津曾发生多次有很大影响的教案，山东曹县曾是捻军活动的一个据点，但是，南京、天津、曹县的志书，都蓄意不载。苏州曾是太平天国苏福省省会，有许多关系重大的事迹，然而《同治苏州府志》尽付阙如。相反，镇压太平天国的事实，包括有功之臣乃至功绩并不显著者都连篇累牍地名列"忠烈"。此外，如山东的《曹州府志》不详述黄巢的事迹，河北的《栾城县志》没有为韩林儿立传，可是牵强附会地将被儒者理想化了的人物添入志书，如《康熙新城县志·人物》篇以鲁仲连冠首，《乾隆行唐县志》标为许由隐居地。诸如此类，不一而足。

从此可知，古代到近代的一切方志，从理论到实践，所表现的阶级政治倾向性，是彰明较著的。如果不能从千姿百态的变易中把握住这一特征，就不可能准确地判别以往的方志，从而恰当地利用旧方志，也不可能立场鲜明地修纂方志，自觉地为今天社会主义物质文明和精神文明建设所用。

第二，时代性。方志自身的历史表明：它始终是迎着时代的步伐不断前进的，如体例渐次的更张和演进，门目和内容的越加扩充和丰富。因此，每一种志书都将程度不等地留有时代的印记。倘使不与时代一起前进，修出的志书必将黯然失色。

以体例而言，汉魏六朝盛行地志、人物传与图经。宋代综合型志书通行，而有并列门目体和以纲（类）统目体，同时又有编年体、纪事本末体、笔记体等。清人章学诚将纲目体又予以理论化。民国时黄炎培修《川沙县志》，首创"概述"，并增加了表的分量，全志有"大事年表"（附有国际、国内大事）、"户口表"、"财赋表"、"工商表"等数十种。"户口表"、"财赋表"、"工商表"都是创新，"大事年表”记大事；虽然高似孙《剡录》中已有《县纪事》，章学诚也倡导要纪年，但和这“大事年表”已不能作同日语。

从内容来看，随着社会生活的愈趋复杂和繁荣、人们的认识愈发进步与深化。汉魏六朝单记一二项的地志、人物传，唐时的图经已开始综合。综合型志书成为方志的主流以后，具体的内容又是因时而异的。试择宋代和民国时有代表性的两志作对照：罗愿的《新安志》为宋代名志之一，设目详细，“州郡”下有沿革、分野、风俗、坊市、官府、庙学、贡院、放生池、馆驿、仓库、刑狱、营寨、邮传、祠庙。“物产”下有谷粟、蔬茹、药物、木果、水族、羽族、兽类、畜扰、货贿。“贡赋”下有税则、杂钱、夏税物帛、小麦、秋税糙米、折帛钱、进贡、供物帛、上供纸、酒课、税课、茶课、盐课、公用。而后分叙歙、休宁、祁门、婺源、绩溪、黟六县，细目略同，增有桥梁、津渡、山阜、水源、古迹、丘墓、碑碣、贤宰等。再往下有先达、进士题名、义民、仙释、牧守、杂录（人事、诗话、杂艺、砚、纸、墨、定数、神异、记闻），可以说是很详备的了。

到20世纪40年代，顾颉刚等修纂《北碚志》，纲目为大事编，地理考（疆域沿革、政区、地形、水文、气象、地磁、地质、土壤、矿产、生物、人口），政治略（官制、庶政、地政、粮政、财政、警卫、兵役、市政建设、乡村经营、礼制、司法、党团、参议、迁建事业、外事），经济略（农业、土地利用、森林、畜牧、蚕桑、渔业、交通、水利、工业、矿冶、电力、商业、金融、民富、合作事业），文教略（学校、社会教育、学术事业、新闻事业、艺文、方言方音、民间艺术、古迹古物），社会略（族系、社会组织、社会事业、社会运动、社会生活、生活方式、宗教信仰、礼俗岁时、社会灾害、社会病态、医药卫生），列传（名宦、乡贤、流寓），聚落记、别录（文征、丛谈、丛录、机关社团名录、索引）。

两相比较，表现在体例上，尤其是所记的内容上，不仅反映了社会生活的不同，而且文化科学的水平也大相悬殊，这是一望即知的，用不着仔细深究。

不但如此，民国时修纂的方志，大部分也把宣扬封建伦理道德的贞妇、节妇之类尽行删汰，并把从维护清王朝统治的立场出发而使用的褒贬内容及其用词予以纠正。如柳诒徵修纂《江苏通志稿》，主张将旧志的天章、诏谕除掉。还有人提出应把太平天国都称为太平军，不应再用"发逆"、"粤匪"等称谓。

当帝国主义列强入侵，由此而民族危机日益严重时，有识见的修志家，或者以为应把修志的目的着眼于爱国和反对帝国主义，如张其昀主张修志在于激发国人增强富国强兵的意识，黎锦熙把修志当做抗日战争的一项具体任务；或者翔实地记载其事，以激励世人同仇敌忾、奋发图强的爱国心，如《佛山忠孝乡志》记载了鸦片战争中人民起来开展反英斗争的英雄事迹，《黑龙江志稿》和《瑷珲县志》都记有反抗沙俄暴行的史实。

与此同时，方志重在揭露烟毒的危害："鸦片流毒无穷，三四十年来，吸食者不特城市殆遍，即乡僻亦然。计邑城每日所进烟土，其费倍于米粮。又有花烟馆，名为夫妻店，勾引良家子弟，尤为藏奸之所。"（《光绪南汇县志·风俗》）又有洋货侵入的恶果："外来物品都为大规模机械制造者，其价廉，其物美。因此内地手工业都被搀夺，几无存立之余地。"（《大埔县志·民生》）另一方面，有民族工商业者起而兴办现代工业，以抵御帝国主义的经济侵略。如《南海县志》记有继昌隆缫丝厂的创办与发展情况，此为我国学术界所公认中国最早的一家民族资本兴办的现代工业企业。又如《江苏通志稿·货殖志》载："迨光绪以后，我国为减少洋布之输入漏卮起见，始渐有机械厂之设立。"

上述诸点，足以大致明了方志的时代特征。任何一部志书包括现在的新修志书，它的价值原则之一，就是能够准确地反映时代特色。而在评论一部志书时，应当遵循历史主义的原则，在指出它的不足时，又不能苛求古人。

第三，地方性。由于方志是以一级行政区划或一定的地域作为记述对象，这就规定了地方性的特征。基于这一特征，修纂方志，比起修整个国家的历史来，有很多的方便。要搜集资料，无论是已形成的各种文献载体，还是需要对故老的访问和对事实的调查勘测，可以不出范围；考订核实也无须及远。因此所需的人力和物力较为有限，并有较大的灵活性；又不受唐以来后代修前代史书习惯的限制，如有需要与可能，相隔不长的年月，便能续修或重修。以清代初期为例，为满足修史和纂辑一统志的取材需要，曾几次下令各省修纂方志。雍正间还有 60 年一修的规定。事实上，清代的有些志书根本不是等到满 60 年再修，而是隔十多年、数十年甚至几年就再修。

因为方志只记一个有限的地区，修纂的时间间隔较短，搜集资料又较便利，所以，给修志产生了积极的作用。章学诚于《修志十议》里曾指示："地近则易核，时近则迹真。"这是切中肯綮的。一般地说，方志记载的翔实程度，省志不如府志，府志不如县志。如《江南通志》所载三吴水利涉及吴江、震泽的部分，远不如《吴江县志》和《震泽县志》详细。记述的史实，记当时的和追记以前的，县志往往比府志详备而可信。如康熙《苏州府志》在记及明后期的人物时缺略很多，而乾隆《苏州府志》的"人物"，因得崇祯《苏州府志稿》的"人物"部分作为参考，就比康熙《志》充实。但这不是指所有的志书，某些劣志无足与议，而且，方志是整个国家历史的一部分，个性必然要受到共性的制约。有些记载还得从全局估量，特别是摘引别的文献和转抄自旧志的资料，必须严谨地校核，不能轻易置信。至于歪曲、虚妄之词，自然更应注意。

还应当提出一个问题，这就是雍正曾下令要每隔 60 年一修方志，可是各地真正严格执行这个命令的很少。这是为什么呢？各省巡抚以下的地方官敢于玩忽职守吗？专制主义的淫威和升官晋爵的利诱，是不会有人敢冒此大不韪的。所以，问题的关键在于对属于学术范围的修志，用行政的手段予以约束是行不通的。而且那种因赶任务而完成的志书，未必能保证有较好的质量。事实证明：康、雍两朝尤其是康熙时修成的志书，占清代方志数量很大的比例，但比起乾、嘉时代志书的质量相差较远。有清一代的方志名家，大都在乾、嘉以后出现的。他们之所以成为方志名家的一个决定性条件，是他们有较高的学养从而修出了有较高价值的志书，如章学诚、洪亮吉、李兆洛、缪荃孙等。有不少渊博的学者参与修志，无意间存在竞争。离开了种种条件，首先是参与人选的恰当遴择和资料的广泛搜罗，并且操之过急，是无济于事的。

第四，不平衡性。这种不平衡性表现在三个基本点上：

(1)产生时代的不平衡。据《中国地方志联合目录》所收，现存有八千二百多种方志。以修纂时代区分：清代有六千五百余种，明代有一千二百余种，民国因时间短而少于清代，元以前则为数很少。从这个数据大致上可以得到一个模糊的概念，即方志经过了漫长的历史进程，由明至清，趋于鼎盛。其所以只是"模糊概念"，是因为不能把上列的数字当做可靠的确数。实际的状况是旧志亡佚的很多，距今的年代愈远，散佚的就愈多。以宋代为例，在北宋时，朝廷曾三次下诏修志，仅大中祥符一次，州县都修成了图经，但因种种原因，只有几种能流传至今。明代也有不少方志失传，如河北蓟州共修 4 次，其中一次没有成书，但已完成的成化、嘉靖、崇祯三志都已不存。江苏六合，有明二百七十余年先后修纂 6 次方志，现只存崇祯《志》。有的府县，明修志书不比清少，如苏州府清修 4 次，而明有 5 次。清代方志也有亡佚的，如山西《长子县志》，嘉庆前曾修 5 次，现只留下二种了。要说清代志书超过明代志书五倍以上，是不可信的；但清代一定比明代多，这是合乎事实的。

弄清楚因时代不同而产生的不平衡性，对于研究方志的历史是有益的。

(2)地区的不平衡性，把现存的方志以省为单位进行统计，河北省(包括北京、天津两市)占第一位，江苏(包括上海市)、浙江、山东、四川次之，河南、江西、福建等又次之，黑龙江、新疆、西藏等边远省区最少。这种以省为单位的统计方法虽然可行，但不见得精当。如河北省有旧志约750种，江苏省有旧志约690种，可是以各省的管辖范围而论，如以实际面积和属县数平均，江苏是应超过河北的。

这种不平衡的状态，是因为各地的政治、经济、文化等条件的差别所导致的结果。凡国都所在，一省的首府所在，一府的首县所在，该省、府、县修志的次数就比别的府、县频繁。一省、一府、一县的经济较为发达，不但府、县等志修纂较多，一些乡镇也能独立修志。而文化先进，文人荟萃，文献积累较丰富，也是促进修志的有利因素。这些政治的、经济的、文化的条件交相作用，加上修志传统等原因，一同决定着该地修志的进展。以苏州为例，汉魏以来被称为东南第一都会，宋为军府，明是雄府，清代成江苏巡抚的首府，经济、文化又比别地优越。所以，苏州及其属县现存的志书超过150种，不仅数量多，而且质优善，允为江苏全省各市之冠，就是在全国各市也是屈指可数的。

全国地区与地区之间的不平衡性是一个绝对的存在，就是同一个省的不同府县之间也是不平衡的。同属江苏省，镇江、扬州、常州、南通、淮阴、徐州都存在差异。在全国范围内没有修过志书的县并非个别，尤其是边远地区的县。

(3)志书质量的不平衡。从现存的八九千种旧志看，良窳不齐，优劣差等。被誉为“良志”、“善志”、“良史”、“志乘上品”的，代不其乏。而差的志书：有体例混淆，杂乱无章的；有繁简失当，漫无要领的；有内容荒诞不经，错误百出的。或者兼而有之，极少数的志书称其是“秽书”，是一点也不过分的。

这种不平衡性，一般地说，后起的总要比早前的好一些，如元俞希鲁《至顺镇江志》比宋卢宪《嘉定镇江志》要强。但又不能予以绝对化，前期的志书不一定比后继者弱，如宋周应合《景定建康志》与元张铉《至正金陵新志》的关系便是这样。有些同是善志，很难有一个标准评定它们的名次，因为它们各有特色，不能相互替代。如苏州的明卢熊的洪武《志》、王鏊的正德《志》，清习寯的乾隆《志》、石韫玉的道光《志》、冯桂芬的同治《志》就是如此。

再就一部志书来说，也不能看做一切皆好，没有问题。恰恰相反，总是存在着不足的。以《元和郡县图志》为例，它是公认的一部名志，然而洪亮吉就指出它的不当和错误有 7 处（《洪北江先生遗集·乾隆府厅州县图志序》）。洪亮吉又在《太平寰宇记序》中批评乐史“性嗜杂家小说……意在征奇，罔知传信，是又非史例矣”。朱彝尊也以为《太平寰宇记》不如《元丰九域志》和《舆地纪胜》简而有要。章学诚对范成大的《吴郡志》、康海的《武功志》、王鏊的《姑苏志》、韩邦靖的《朝邑志》、陈士元的《滦州志》、陆陇其的《灵寿县志》都作有《书后》，评其是非得失，言之成理。

方志之所以造成这种不平衡性的低劣的一面，有着客观和主观的原因。要而言之，从客观方面说，或因地处偏远，文献资料较少，以往又很少有志书或者从未修过志书，无从参证。这样，草创修志，粗糙、疏漏和缺点是难以避免的。也有的志书受到官府的控制以至于改篡。如洪亮吉参修的《宣城府志》，在刊刻时，“改窜处极多……刊工虽集于宣城，而底本则来于榷署。局中总修、分校诸人，皆若有不得预闻者。遂至一卷之内，前后径庭；半部之中，各相矛盾。而奉行者又复过当，以为自芜湖来者，无一字之可更。自局中定者，无片言之足信。”“虚设总修之号。……足下既取独断而独行，又何须群策而群力。加以官事孔繁，高斋少暇。足下既假他人之手以代辛勤，他人亦既假足下之名以逞威福。”(《更生斋文乙集·志事将竣与宁国太守及诸同事书》)又，《康熙青浦县志》，据《光绪青浦县志·序例》揭露：“秉笔者殳山夫、叶岳心也。稿成，魏令(知县魏球)解任。索稿于退署中，与二三不学之人，窜易增成，遂成秽史。此二三人者，任意私于其亲厚，事不核实，言乖体例。……轻信眩听，为人所卖。此雕板，又为有力者收板于家，刊落旧文，窜入祖父之传，愈失其初。其后又有私增私减。大抵假公事嵌入祖父亲戚之姓名事实，尤为猥冗。”此种私改和请托的事情，早有发生。如范成大修成《吴郡志》后，“守具木欲刻矣。时有求附某事于籍而弗得者，因哗曰：‘是书非石湖笔也。’守惮莫敢辨，亦弗敢刻。”(赵汝谈《吴郡志序》)因不愿随和，引起谣诼滋事，连书也刻印不成。

从主观条件上说，修纂志书的人，虽然才学俱佳，但亦难免尺有所短，同时还有因个人的擅长与偏爱而重此轻彼，从而导致一志的得与失。可是从总体上说，修志者只有才、学、识、德毕备，又能竭诚于事业，才能修出善志。那种闻寡见陋、不学无术、不了解历史、不懂得著述之体、不熟悉掌故而厕身志苑，自然是写不成好志的。也有的自以为是，既没有敢于开创的勇气，随波逐流，人云亦云，又没有实事求是的学风，不调查，不考核，粗滥成篇。必然将错误百出，无足传信。

总之，在汗牛充栋的志书中，它们的精粗、虚实、真伪，必须认真而切实地鉴别。它们价值的大小、作用的多少，是不能等量齐观的。因此，对于旧志轻率地持否定态度，一概贬为“陋志”、“非著述之体”、“不足供大雅之考”等观点，当然是不足为训的，今天抱这种态度的人是不多的。但不作实际的辨析，以为一切皆好，也是要上当的。

第五，资料性。方志和别的史籍一样，除了它的撰作意图以及表述手段等能感染读者外，它所运用和保存的资料，又是后人进行各种研究所需要的，有些还极为珍贵，并对当前的物质文明和精神文明建设有作用。而方志所叙，内容广泛，顾颉刚曾这样说："纪地理则有沿革、疆域、面积、分野，纪政治则有建置、职官、兵备、大事纪，纪经济则有户口、田赋、物产、关税，纪社会则有风俗、方言、寺观、祥异，纪文献则有人物、艺文、金石、古迹。"(《中国地方志综录序》)事实上，还不止于此；因为编纂方志，征集资料的面必定很广。对于征集所得到的有价值的资料，大都如实记叙，较少加工润色，接近于第一手资料，有一些还是原文照录。有许多正是史籍所缺，即使是"祥异"的记述，撇开迷信荒诞的成分，披沙拣金，也有用处。因此，从史料学的角度，称方志是我国文化遗产中特有的宝库，是"地方百科全书"，完全当之无愧。所以，它历来受到著作家的重视。如我国第一部编年史《春秋》，相传就是在鲁史《春秋》的基础上，"藉资于百国宝书"(章学诚《方志立三书议》)而成的。班固撰《汉书·地理志》，《隋书·经籍志》说他是因为朱赣的《地理书》等而作的。石晋刘昫撰《旧唐书》，清赵翼《廿二史劄记》论述它的原委，说是当时史馆曾派人到荆湖两浙等处搜罗野史和银台事宜，内外制词、百司簿籍等(其中必然有方志)以充取材。周中孚《郑堂读书记》在论及《华阳国志》的《李特雄期寿势志》时说："全记当时之事，即《晋书》载记所取资也。"其他如顾炎武的《天下郡国利病书》、朱彝尊的《日下旧闻》等，都于方志中获取资料。以方志的史料，经过考证，以补史籍的不足，早已受到人们的普遍重视。外国的中国文化研究者，如日本学者的《蒲寿庚考》、《南北朝时期地志的中国方言汇录》，英国李约瑟的名作《中国科学技术史》，都大量取材于中国方志。

近来研究历史，考证史事，借助于方志的，更不可胜数。如《元史》关于职官的记载，府以下极为简略，而《至顺镇江志》则具体详细。又如关于历史小说《李自成》的讨论,从《杞县志》等论证明末并无李岩其人,又从《常熟县志》等而得到陈圆圆其人其事的部分事迹。在《红楼梦》的研究中,对于作者曹雪芹的身世,从康熙《山西通志》到康熙、乾隆、道光三种《上元县志》与康熙《江宁府志》、《江都县志》等以及有关家谱,相互佐证,曹雪芹原籍辽东辽阳,是以后迁入北京的。又如《红楼梦》对"白玉为堂金作马"等所谓四大家族的描写,是否有所本?而从河北的几个县志所载清初官商的资料,完全可以证明这一伟大现实主义艺术创作的社会生活的源头。旧史籍记叙的人物,不但编年史与纪事本末史的短头少尾,就是纪传体也是极其简略,有些在政治上不显重要而在别的方面有成就的人物,往往缺而无传。而地方志所传人物要广泛得多,历史人物有赖于方志是更为突出的。

又如封建统治者对人民的勒索掠夺,要钱派差,一般史籍都语焉不详,疏落而不具体。明沈榜的《宛署杂记》,虽然作者表白:"上于宫禁,则有齿马之耀,吾不敢记也;下关貂珰,则有投鼠之忌,吾不必记也;外涉部府,则有越俎之嫌,吾不暇记也。"诸如此类,"即见闻有据,不得不遗"。但就是这种不敢尽记的《杂记》:"皇庄、宫庄之占地,檀庙、宫苑之需求,徭赋、力役之摊派,皇家、官府之勒索,奢侈繁汰,历历可数。"其《地亩》章内有这样的记载:"嘉、隆前,地亩无可考。嘉靖末年官民田地共三千四百二十七顷……万历二十年,征粮地二千八百六十五顷……乃嘉、隆至今,曾几何时,宛地遽少额六百余顷。"嘉靖末年到万历二十年,仅不过二十多年,宛平一县就被皇室贵戚赐田占地,农民耕地减少了六百多顷。这确实是研究明史对土地兼并的有价值的史料。又如道光《蓟州志》的《赋役志》户丁一门,记顺治元年,原额人丁一万一千九百十一丁半,内节军编审开除、逃亡、故绝、投充、优免人丁一万另四百四十一丁半,实存人丁仅一千四百七十丁。足证清朝户口隐匿的情况非常严重。又如《任城县志》载军屯差役的沿革:“军屯始隶正定卫管束,田亩赡足,户各安业。康熙二十八年,裁卫归县,被任邱、易州拨去十分之七。一粮四派,代粮纳租,以补任、易二处。且有漕运差徭,屯丁独办地少粮多,屯民之困极矣。乾隆十一年,县令批谕,每逢杂差,无得混派,惟兵差一体充当。”此种兵差的负担,是史籍所不见的。再如《怀来县志》土贡门称,一种产于宝凤山的杨木长柴,燃烧时,柴烟直上,所以专供皇家坛庙祭祀之需。别处的杨木都不能用。旧记载说,明朝万历间,一年贡 900 斤,清康熙初增加到 3200 斤,道光十二年以后,加成 1.1 万斤。吸脂吮膏,愈演愈烈。还有陆陇其《灵寿县志》的田赋一门,几占全书的四分之一;沈世铨的《惠民县志》附有光绪时“田赋役全书”等。赋役的繁重,在这些记载中可见一斑。

我国旧史籍对于社会习俗几乎一无所载,有,也少得可怜,这又是研究和剖析旧时社会的一个重要侧面。各种地方志有专记社会习俗的,如宗懔的《荆楚岁时记》、顾禄的《清嘉录》,别的也零星地有所道及。如乾隆《林县志·风土篇·器室记》载,此处建造房屋,用山石做材料而不用木,有墙没有壁柱。正厅用隔扇,其余都是一门二窗。只有大屋才有筒瓦,别的只有底瓦没有盖瓦。草屋用黄蓓草苫盖,用麦秸和泥作墙。日用器物用荆条编制,席用高粱秆织成。棺椁以柏木做的为上等,一般都是杂木。康熙《宣化县志》记有宣府左卫军官里宅的情形:“县城内故宣府左卫地方,其内街巷房屋,多有脊兽。半属故明左卫指挥千户所居。在(天)启、(崇)祯时,尚有门楼或一进房屋。迨至己巳、辛巳饥荒,世禄阙给,世官遂有行乞者。其屋多毁,后渐更为园畦。”“考昔城镇,人烟辐辏,虽僻街小巷,亦似通衢。盖驻防军官不下二万,而附郭前、左、右三卫,兴和一所之指挥千百户,镇抚又八百余员。气象郁葱,真名区也。迨明启、祯而后,饥馑师旅,前后频仍。其后军官裁减,而里宅寥落尤多。”这恰是该里宅盛衰面貌的生动描绘。同治《苏州府志》载有太湖中六桅渔船的结构、布置以及在胥口、西山、五龙桥、光福、冲山等的营造场所。渔民“以水面作田地,以网罟代耰锄,以鱼鳖为衣食。其父子兄弟食粗衣恶,无膏粱纨绮之费;其母妻子女椎髻操作,无金珠首饰之费。其冠婚丧祭无繁文”。这种详述太湖渔民的生活是独一无二的。别的像乾隆《永清县志》记北街的贾氏由女真部族而汉化的经过,光绪《曲阳县志》记石工杨、王两家同业世婚的事情,康熙《新城县志》记明中叶的风俗及物价,至顺《镇江志》载有也里可温教的传播,嘉庆《禹城县志》记漯川人民世奉西洋教的情况。光绪《五台新志·生计篇》有记农工商贾的生活状况,同治《盛湖志》有婚姻礼俗的翔实记叙以及火葬、水葬等情况。如此等等,都是研究中国社会史难得的资料。

方志中还有人民起义、反抗外来侵略的斗争的记载。浙江吴兴《双林镇志》记有太平天国的事迹;河南同治《陕县志·杂事志》有“纪流贼”、“纪土贼”、“纪鲁山土匪”、“纪教匪”、“纪皖匪”诸篇,事实颇为丰富;民国《临县志》记“崇祯治寇”、“顺治姜瓖”等也较为详细;乾隆《济宁直隶州志》杂缀门记载有关“明季流寇”事;光绪《雷波厅志》载有少数民族起义的事迹;《黑龙江外纪》有关于抗击沙俄的“雅克萨战争”胜利后,“库贮”的“神威无敌大将军”铜炮的记载;民国《感恩县志》记有日本志贺氏于清季光绪年间,带其徒弟数人游历我琼州之黎峒,并绘其山川州势以归的侵略行径。这些都是有裨益于有关专题研究的。

我国的物产主要是农业与手工业方面,方志也有记载。如江苏的《姑苏志》、《吴县志》、《吴江县志》和《震泽县志》,浙江的《湖州府志》和《乌青镇志》,记述水田耕作的工具和技术,既具体又细致。光绪《於潜县志》载有耕织图46幅。《盛京通志》和山东、云南的部分县志,记叙农具,有图有说。民国《新昌县志》附农事调查,分蚕、桑、烟、茶、木、矿6篇。湖北的《武昌县志》、《江陵县志》等有种植棉花以及养殖鱼类的名称、品种、生长、收获等情况。福建的《八闽通志》、《霞浦县志》等也有关于渔业的多种资料。《庐山续志稿》记载了多种花卉和药用植物。光绪《永城县志》载有种桑、养蚕、拈丝织绸与染色的资料,又有贡枣的事实。乾隆《博山县志》称该地产铁及石炭,又有淄石、黄丹、白矾、绿矾,并有利用上述原料发展了早在汉时就传入我国的制玻璃的特殊工业,博山最精于这种工艺。同治《上海县志》有考证,以为有名的顾绣始于缪氏。乾隆《震泽县志》、《盛湖志》不仅载有丝绸的手工业,而且还有明清之际丝绸的价格及其运销。所有这些,无疑是研究我国旧时农业、手工业与社会经济的不能忽略的史料。

至于地震、地质、气象、水旱灾、方言等,方志中都有较系统的记载。

对于当代经济建设,方志也蕴藏有有益的或可资参考的依据。如江苏镇江新建火车站,铺轨后发现地基下沉,不得不采取补救措施。其实,《丹徒县志》明确记载,此处原是大运河分支伊娄河身的南端。倘使查阅一下志书,那么,选择站址就能避免这个麻烦。此外,四川什邡近年来提高了烤烟质量,陕西延长油矿的开采并逐步扩大开采,江苏沭阳论证蓝晶石的开采价值,常熟开拓鳗鱼苗的养殖,海门编《县志拾遗》介绍该地土特产,为对外贸易提供信息。如此等等,都是从方志中提取依据。

上述种种只是笔者从方志中所得的一部分,因篇幅限制,不可能全引,加之个人见闻有限,必然是挂一而漏万。

第四节 方志学与其他学科的关系

方志的记述是非常广泛的,方志学的研究领域又具有完整的体系,这就决定着方志、方志学与多种学科之间有着程度不等的关系,有些则是极为密切的。研究旧志,需要以当时的和现代的各种科学知识去衡量。尤其是现代修志,自觉地处理好种种关系,了解各种科学所需开发方志史料,汲取各学科的成就以充实志书,这是体现志书和方志学之科学性的极其重要的一环。与方志学有关的学科,历史学自不必说,其他如档案学、地理学、考古学、气象学、水文学、人口学、姓氏学、生物学、矿物学、政治学、经济学、教育学、社会学、民俗学、语言学以及文学艺术等,无不有关。可以这样说,凡方志记述的一个专门,都和该专门的学科有关。而要对相关学科的关联性作全面的叙述,几乎是不可能的。下面略举几种为例:

(1)方志与档案学。档案这个词,迄今所知,见于《康熙起居注》(康熙十九年即1680年《起居注册》汉文正本)的"部中无档案"。稍后,杨宾于《柳边纪略》说:"边外文字,多书于木。往来传递者曰牌子。以削木片若牌故也。存贮年久者曰档案,曰档子,以积累多贯皮条挂壁若档故也。然今文字之书于纸者,亦呼为牌子、档子矣。"这就是说,档案的名称、原来的形态及其演变,渊源于清朝统治者。以这个界说为准,那么,档案及其工作,中国很早就有,古代典籍中的册、典、简策、卷轴、简牍、文案、案牍、文牍、文书、簿书等都属于档案。

在我国,档案成为一门独立的学科是近代的事。发展到现在,凡是政府机关、政党、团体和个人在一切社会活动中形成而作为历史纪录保存的文字、图像、声响以及其他各种形式的载体,相当的部分归属于档案,都是档案学的研究对象。而各种档案都是修志所需资料的重要来源,因为它们都是原始的第一手资料。并且,档案学的已有成果及其进展,对方志学的建设都是有裨益的。同时,修志所征集的资料,尤其是调查和勘测所得,又将充实和丰富档案,方志学的有关成果,对档案学也有可借鉴之处。

古代修史纂志,无不借重于档案。如《史记》的作者司马迁,因世为史官而继任太史公,因而直接"紬史记、石室、金匮之书"(《史记·太史公自序》),能见到国家藏书和汉初的档案如诏会、记功册等。《史记》有多处明白地讲到源于档案的史料,如《惠景间侯者年表》:"太史公读列封至便侯。"《儒林列传》:"余读功令,至于广历学官之路。"撰史是如此,纂志又何尝不是如此,例如:"隋大业(605~617年)中,普诏天下诸郡,条其风俗、物产、地图,上于尚书。故隋代有《诸郡物产土俗记》一百五十一卷,《区宇图志》一百二十九卷。"(《玉海》卷一五《隋区宇图志》)诸郡上于尚书的资料,自然要归档成卷的。唐宋以后的修志也都是这样。至于府、县志的疆域、户口、土贡、职官、科第、赋役等等,无一不借助于档案。章学诚总结了多次修志的经验,极其重视于档案取材。他指出:"令史案牍,文学之儒,不屑道也。而经纶政教,未有舍是而别出者也。……州县有荒陋无稽之志,而无荒陋无稽之令史案牍。志有因人臧否、因人工拙之义例文辞;案牍无因人臧否、因人工拙之义例文辞。盖以登载有一定之法,典守有一定之人,所谓师三代之遗意也。"(《州县请立志科议》)

现在修志,不仅档案的内涵更为丰富,档案的管理愈趋先进,而且自1980年以来,国家档案局和有关单位先后三次联合发出文件,强调各级档案馆参与编纂地方志。档案全部向修志工作者开放。不仅如此,又规定凡方志修成之后,归同级档案馆收藏。这种亲密关系,意味着方志学与档案学将产生某种程度的交叉。

(2)方志与地理学。旧志中记地理占有相当的比重,并且有专记地理的志书。新修方志自然也不例外,既有人文地理、经济地理,又有自然地理。具体说来,有地形、山系、水系、土壤、地质、植被、矿藏、物产,还有建置沿革、地图等。为使志书的记述有较强的科学性,必须汲取现代地理学的成果以及运用先进的手段。如在设置类目时，应当从记述的实际内容出发，参照现代地理学的分类体系而定，既要注意类目的科学性，又要注意逻辑结构和相互间的顺序，从而使类目得体，结构合理，层次清晰。

再如关于地貌的记叙，以苏州郊区的天平山为例，它是一个著名的风景区。这座山属假岩溶（又称假喀斯特）地貌。人们在没有获得科学的认识之前，因山身露出岩石的形态与某种物体相似，由此而附会出多种传说，最有名的是被称为“万笏朝天”，并载入旧志。今天，对这种纯属臆想的传说当然不应全部否定。因为其中有的具有文学性，有些从民俗学的观点看还是有价值的。但无论如何，首先必须就地貌作出科学的说明。

又如建置沿革，属于历史地理学研究的内容。由于我国历史悠久，地方的行政建置代有改易。秦建郡县两级制，西汉大体上沿袭了下来，只是多了与郡相当的封国。东汉末，在汉武帝划定13州为中央官吏督察巡视范围的基础上，各州设州牧，这样，州便成了郡县之上的一级建置，地方政权就有三级。六朝承东汉旧制，隋唐除京府之外改称道，宋改路，元又设行省，地方政权成了四级，明清改为布政使司、府、县三级。六朝时又有侨州郡，还有州、郡、县的名称相同的，而辖境因为不时地分合废置，不是一回事。这只是个大概，实际情况要复杂得多。以现在的扬州的沿革为例，公认为我国最早的地理书《禹贡》就有扬州，范围包括今江苏、上海、安徽、江西、浙江、福建等省、市的广大地域。这是一个地理概念，不属行政建置，与现在的扬州毫无关系。南北朝的扬州，治所在建康（今南京），也和现在的扬州不相干。现在的扬州，由西汉初改为江都国，元狩三年（前120年）改广陵国，东汉建武（25～56年）时为广陵郡。南北朝时，侨置的南兖州几经迁徙，最后定于广陵。隋初改南兖州为扬州，这是扬州得名之始。炀帝又改扬州名为江都郡，唐宋为扬州府（两朝的级别又不同），元置扬州路，明清为扬州府，民国废府为江都县，中华人民共和国建扬州市。这种情况并非个别，戴震于《汾州府志》记汾州沿革的变迁，也极为繁扰。不懂得一些历史地理学，就会搞错。旧志中在这方面的差错屡见不鲜，这是在利用方志资料时必须要注意的。

还有地图，是地理的语言，它能够形象直观、准确地反映制图对象的空间位置和形态的精确性，有文字记载所不能达到的效果，旧志中一般绘有疆域、形势、城郭等图。这个传统要继承，但又应有突破。在数量上要增加，首先是绘总图，而后分别绘制疆域、政区等图；并视该地的实情，配置如土地构造分布图、土壤分布图、山水系图、作物分布图、工厂分布图、交通图、学校分布图、人口分布图、方言分布图、名胜古迹分布图等。

仅此几点，足证没有现代地理学的相关知识是不行的。

(3)方志与经济学。人所共知，古代的方志是不重视经济的记载的，即便有，也是范围狭、内容少。其所以如此，是因为一方面那时有关经济的内容本来不丰，另一方面与修志者的观念有关。从前的学者不注重经济以致不懂经济的比比皆是，自然就疏于经济的记载，因而有可以记的也被忽略了。苏州自明清以来，城镇手工业生产和商品经济已有一定的规模和发达程度，然而明清除《姑苏志》外的多种《苏州府志》，对此或失之于略，或干脆不记载。如苏州的机户、踹坊以及雇工和雇主之间的斗争，都语焉不详或付之阙如。民国时修成的志，虽有所改观，但并非尽如人意。

新中国成立以来，前所未有地逐步建立起现代工业的体系。进入20世纪80年代，又纠正了对外的封闭状态，国内的生产关系进行了改革和调整，国民经济得到了长足的发展。因此，在修纂方志时，理所当然地要对经济的各个门类翔实地记叙。对于经济的记叙，必须汲取现代经济学的理论与方法，而后才能提高科学性。首先是类目的设置要符合经济科学的分类原理，不能仅株守于方志的理论。内容的记叙，当然要真实而全面，但又不可满足于此，还应着眼于修志的目的，自觉地昭示一地经济的特征和规律性以及成绩与缺失的问题。因此，每一门类又与那一门的经济学有关，如农业与农业经济学、工业与工业经济学、商业与商业经济学、旅游业与旅游经济学以及政治经济学、财政学、金融学、会计学、统计学、企业管理等。只有纳入先进的科学轨道，才能提高志书的科学性。不但如此，有些记叙还会涉及多方面的知识，如判断一个企业的进步和落后，不能局限于一时产品和利润的增长与否，而是应当综合地考察它文明生产的水平、新技术开发的进程、能源的消耗量、品牌效应、对生态环境的影响、成本的高低、资金周转的迟速等，这就得借助于多种学科的应用。

(4)方志与考古学。我国早就有对古器皿、金石等的研究，北宋时发展成为一门学科，当时称为欧(阳修)赵(明诚)之学，即金石学。现代考古学是在中西文化进一步交流中发展起来的，研究的对象扩大，方法也更加科学化。考古的发现及其研究成果，对于古代人类社会的物质文明面貌以至没有文字记载的原始社会和少数民族的历史研究的贡献是尽人皆知的。同样，地方志在对古代的追溯时，必须从考古的成就中去吸收养分。固然，考古所得的实物资料应与文献资料参照、结合，相互印证，但有些文献无征，自然实物就弥足珍贵了。还有的文献与实物有抵牾，那么，宁舍文献而信从实物。例如，长江三角洲的苏、浙地区，随着苏州的三山文化、浙江河姆渡文化、马家浜文化、良渚文化、上海崧泽文化、江苏青莲岗文化以及安徽和县猿人化石等的发现以及近年来这一地区各种文化的不断出现，雄辩地证明：这个地区的人类历史，比起旧史籍所载的“禹东巡狩，至于会稽”(《史记·夏本纪》)的传说、《史记·吴太伯世家》的“太伯奔吴”以及土著的“百越”的历史时限，至少要提前上万年。而且，长江下游的文化渊源获有新的论据，传统的中华民族文化源于黄河流域说也就动摇,多元说已是毋庸置疑的了。

又如太湖的成因,以往"泻湖说"似已成定论。但由于太湖周围以及湖内遗址和实物的发现,此说已受到挑战。有的论点明显站不住脚了。再如湖南长沙马王堆三号汉墓出土的一张属于汉初长沙国西南部的地图,其中泠道(今湖南宁远东)、南平(今湖南蓝山东)、舂陵(今湖南宁远东北)三县的位置明晰可辨,而光绪《湖南通志》和20世纪60年代新修的《湖南省志·地理》所记三县故址与此不同。考核《水经注》以及《元和郡县图志》、《太平寰宇记》等的记载,与此地图大体是相符的。毫无疑问,两省志是错误的。

由此可证,方志的有些内容是不能忽视考古发现的,当地考古的任何一点发现,都不能忽视。

(5)方志与人口学。旧志大都有户口的记载,然而这些户数和口数并不反映历史户口的实际,古代只是记载当时负担赋役的户口。民国以后,虽有过户口统计,但失之于粗疏,方法不科学,因而是不精确的。人们不能将史籍和志书所载的户口数认作是确信无疑的。在今天,人口数量和质量的现状以及对此作出科学的预测,是地方乃至整个国家制订物质文明和精神文明建设的重要依据之一。由于我国是世界上第一人口大国,计划生育和优生优育成为一项基本国策。因此,新修方志对人口的记述,必须摆脱旧志的窠臼,应当以国家统一的人口普查结果为准,于出生率、死亡率、计划生育、增殖率、净减率、低能率、伤残率、平方公里密度、年龄组成、性别构成、教育程度、职业、家庭结构、民族构成、迁徙分布、平均寿命、劳动力资源、老龄问题以及人口预测等等,分别作出翔实的记叙,进而探求人口规律。这就需要借助于现代人口学的理论和方法,否则就谈不到科学性。

(6)方志与方言学。语言是人类最重要的交际工具。即使以国内而论,从纵向说,要接受数千年历史物质和精神文明的优秀传统和经验,必须要借助语言(各种载籍的记述是书面语言);从横向说,不同远近、大小地区之间,为传递物质文明、精神文明乃至人与人之间的生活、感情等多种信息,也必须要通过口头的和书面的语言。我国不仅各民族的语言有差异,就是以汉语而言,因幅员辽阔,相对于雅言(即普通话),也存在着多种方言。又因为历史的久远,各个时代的雅言、方言又有变化。并且,历史上雅言和方言交相影响,因而产生了多种现象,如有的雅言已逐渐失传,或者说已成了死语言,却仍保存在某一方言中。例如"狼藉"一词,在古汉语的雅言里较为通行,现在普通话里已不再多见,而在吴方言区的上海、嘉定、苏州等市县的普通农民的口中,则是极普通的。也有本来是方言,而被雅言所吸收,例如吴方言中"宁馨"(或作能亨)(nǎ hǎ)一词,早就存在,今天仍在普遍使用。"宁馨"在南朝时曾进入雅言,《晋书·王衍传》记山涛对衍嗟叹说:"何物老妪,生此宁馨儿。"宋人周密《癸辛杂识》:"天台徐渊子词云:'他年青史总无名,我也能亨,你也能亨。'注:'能亨,乡音也。'今吴语犹有之,读如'捺哈',义为'怎样'。……'能亨'与'宁馨'一音之转。"京剧的程派名戏《锁麟囊》就有"宁馨"一词,演唱时都误作直音,这就是不解方言的原因。再有古语的字形虽依旧,而读音已变。例如唐金昌绪《春怨》诗:"打起黄莺儿,莫教枝上啼。啼时惊妾梦,不得到辽西。"其中的"儿"字,如照现在的普通话读,就和"啼"、"西"不叶韵。原因就在于"儿"在古音中读 nǐ。汉代有一位人物倪宽,倪又作儿。"儿"音变之后才发生不叶韵的。"儿"之仍读古音,在方言中可以找到,例如吴方言的口语就是如此。还有此方言受彼方言的影响,语音发生差异。例如杭州话与周围的吴语系方言比较,明显地可以追溯到南宋时来自中州语渗入的因素。又如吴方言中"星"、"兴"等的尖、团音字一向是清楚有别的,现在常州、无锡、苏州一带因受江淮语的影响而尖、团不分了。方言还与别的民族语言有渗透性。诸如此类,记载和研究一地的方言,必须从纵向及横向作比较,而后能寻求一地方言的发展变化的轨迹。同时,又只有把语音、声调、语法甚至声、韵、俗语、谚语等的记叙纳入现代方言学,才能恰当地辨认各种发言的具体特征,有助于汉语语言学的研究。

此外的各种学科,都有类似而又特殊的问题。乃至动植物的名称,由于存在着一物多名的现象,因此应加上拉丁学名,尤其是方志将进入国际文化交流的行列,更是不能疏忽。如世界各地都栽种马铃薯,各国的名称不相同,我国各地区也有不同的名称,如土豆、山药蛋、洋番薯、洋芋艿、洋芋、山蔓等,为了不致产生误解,应统一称马铃薯,附以该地通行的称谓,再用二名法注明习惯用属和种组成的学名 solanum tuberosum。诸如此类,全在于举一反三,求新务实。

第二章 方志与方志学的源流

我国的方志和方志学从产生以来，在至少三千年的历史长河中，伴随着物质文明和精神文明的不断发展，伴随着社会生活的越来越丰富以及自身的经验积累等因素。以记录社会各种形态为功能的方志，其数量和质量、理论和方法都继续在发展、演变和进化着；而且，不同的时代又有不同的特点。这样，既构成了方志与方志学的历史整体，又呈现出明显的阶段性。

第一节 先秦——方志与方志学的产生时期

源远流长的方志和方志学，产生在什么时代，最初阶段的状况如何，这是研究方志和方志学首先遇到的课题。因为研究任何一门学科尤其是人文社会学科，都应“辨章学术，考镜源流”。

一、方志的起源

关于方志的起源，自唐以来，方志学家与评论者就聚讼纷纭，大致有两种情况：一是直接确认的方志，自然被认为是方志之祖；一是虽没有明白地说是方志的开端，但从所论述可以推断出他主张的方志始源所在。具体来说：

——以为起源于《禹贡》。唐代方志大家贾耽，著有《贞元十道录》等5种有名的志书。他在进《海内华夷图》表里谈到所撰《古今郡国县道四夷述》时说："中国以《禹贡》为首，外夷以《班史》(指《汉书》——笔者)发源，郡县纪其增减，蕃落叙其衰盛。"(《旧唐书·贾耽传》)这就是说，最早纪郡县的是《禹贡》。元张铉于《至正金陵新志·修志本末》中称："古者九州有志尚矣：书存《禹贡》，周纪职方，春秋诸侯有国史，汉以来郡国有图志。"二说都认为《禹贡》是最早志九州的书。持此说的不止二人，此不备举。

——以为源出于《山海经》。最先提出此说的是《隋书·经籍志》，"史部"的"地理之记"收有《地理书》，称："陆澄合《山海经》已来一百六十家，以为此书。"有些志家并模仿《山海经》而扩充其记叙内容，如《通典》"州郡"注："(汉)辛氏《三秦(记)》……之类，皆自述乡国灵怪。"这当然与《山海经》相似。傅振伦还认为："在我国封建社会初期，方志已有萌芽，树立了封建社会方志的雏形。《尚书·禹贡》和《山海经》即是这时的典型著作。"(《傅振伦方志论著选·中国方志学》第二章，浙江人民出版社1992年版)

——以为滥觞于《越绝书》、《吴越春秋》或《华阳国志》。清人洪亮吉在《澄城县志序》里说："一方之志，始于《越绝》，后有常璩《华阳国志》。"近人范文澜认为："东汉会稽郡人赵晔著《吴越春秋》，又有无名氏著《越绝书》，两书专记本地典故，开方志之先河。"(《中国通史简编》第二编)傅振伦于《中国方志学通论》(第十二章)中说："《越绝》、《华阳》二书，皆为方志之类，率述一地偏霸历史沿革及其掌故、风土、人物。自古志逸，而此遂为地方志之所自昉。"李泰棻也说："志即史也。故如《吴越春秋》、《越绝书》以及能传世之百二十国宝书等，皆可称为方志。然最古以志名书者，首推常璩《华阳国志》。"(《方志学·概论》)

——以为源出多门。《四库全书总目》曰:“古之地志,载方域、山川、风俗、物产而已,其书今不可见。然《禹贡》、《周礼·职方氏》,其大较矣。《元和郡县志》颇涉古迹,盖用《山海经》例。《太平寰宇记》增以人物,又偶及艺文,于是为州县志书之滥觞。元明以后,体例相沿。”(《史部·地理类叙》)近来颇有主张多源说并加以发挥者。

——以为发源于《周礼》所载的方志。宋司马光说:“《周官》有职方、土训、诵训之职,掌道四方九州之事物,以诏王知其利害。”(《温国文正司马公文集·河南志序》)马光祖《景定建康志序》曰:“郡有志,即成周职方氏之所掌。”明王志坚《崇祯苏州府志序》曰:“郡邑之有志,盖原本于列国之史。”(《乾隆苏州府志·旧序》)清章学诚《方志立三书议》又说:“方志之由来久矣。……余考之于《周官》,而知古人之于史事,未尝不至纤析也。‘外史掌四方之志’,是一国之全史也。”持此种主张的人很多,于明清人的方志《序》、《跋》是径见的。

任何一种事物的始源只应是一个,那么,方志的源头究竟何在?

探讨方志的起源,应当注意的有三点:

第一,应于动态中寻根究源。方志从古迄今的历史,是一个发展变化的运动过程。方志又是存有不同名目、不同体例的多姿多态的一种文化典籍。要探究并认定它的开端,也就是方志最早的形态,就不能单纯地静止地从后期的某种志书模仿什么或者类似什么来判断,也不能凭一种名称、一种体例去论定标准。否则,就有可能数典而忘祖。

第二,应历史主义地考证求实。在我国文献史上普遍存在这样的事实,那就是许多文化典籍由于自然和人为的灾祸,不断有大量的典籍遭到毁灭或者散佚,方志也不例外。但是,亡佚和失传是一回事,它曾经确凿地存在又是一回事。不能因为已经失传而无视它曾经是客观存在的事实,何况它可能留下不止一鳞半爪的线索。只要细心去钩稽,事实总是可知的。不然,就将导致割断历史,误流做源。

第三,要区别方志自身的源流和它汲取以至于模拟别的学科典籍成分的关系。一切科学的学科包括方志,它们在发展前进中,不只是对本学科传统的继承,还善于从多种学科的成就和长处中吸收有益于自己的营养,充实和丰富自己。只有这样,才能有所创新,才能有旺盛的生命力,才能和时代一起前进。反之,故步自封,墨守成规,就不可能发展,甚至被历史的车轮所抛弃。因此,如果认为只要与方志有一点关联,便以为是源之所自出,那么,源就必然会很多,源愈多,恰恰混淆了始源的所在。

笔者认为,以此作为考察方志起源的根据和思维方法,对上述诸说加以慎思明辨,应当说,方志的始源为《周礼》所载的方志,其余都是不可取的。

关于《禹贡》说。众所周知,《禹贡》是《尚书》中的一篇,从前附会为夏代的撰作。篇中把全国按自然分区的方法,分成冀、兖、青、徐、扬、荆、豫、梁、雍九州(《周礼·职方》和《尔雅·释地》各列九州,与此有异),假托是夏禹治水后的政区。经清考据学派及当代学术界的考证,大都认为它的成书约在战国时。从战国上推,根本不存在九州的政区,所以,九州只是地域概念。那么,从《禹贡》的成书年代方志就已普遍地存在、《禹贡》是方志之源云云,又从何说起?

再说,方志基于质的规定,所记述的对象是一个大小不等的政区。《禹贡》九州既然不是政区,当然也就不成其为方志。

至于《禹贡》按州详略不等地记述山岭、河流、泽薮、土壤、物产、贡赋、交通等,因而被公认为我国最早的地理著作。而方志中恰也记有这方面的内容，甚至有些主记地理的志书，恰是仿效《禹贡》的形式。不同学科之间的相互渗透，这是正常的，也是多见的。因为总不会以为研究古代史吸收了许多考古史料，就成了考古学吧。总之，《禹贡》的质的属性绝不能定位于方志，既然不是方志，理所当然地不能成为方志之源。

《山海经》说，也只能得到与《禹贡》说相同的结论，而且更为明显。《山海经》的成书年代，尚无定论，多数学者认为最早不出战国，有些还是汉初写成。后人对它性质的认识不一，司马迁说："所有怪物，余不敢言也。"(《史记·大宛列传》)《四库全书总目》说："道藏收入太玄部竞字号中，究其本旨，实非黄老之言。……诸家并以为地理书之冠，亦为未允。"认为它是"小说之最古者尔"。近来对《山海经》的研究正步入一个新的天地，而对它的科学属性没有定论，然而它不是方志是不会有异议的。因此，说《山海经》是方志的发端，也是说不通的。

《四库全书总目》的多源说，是经不起推敲的。如以为《元和郡县图志》用《山海经》例，该书作者李吉甫在《序》文里对纂此志的渊源有明白的交代："久而伏思，方得所效，以为成当今之务，树将来之势，则莫若版图地理之为切也。所以前上《元和国计簿》，审户口之丰耗。续撰《元和郡县图志》，辨州域之疆理。时获省阅，或裨聪明。岂欲希酂侯之规模，庶乎尽朱赣之条奏。"酂侯规模，系指萧何收秦图书而知天下厄塞、户口多少的规模；朱赣条奏，即条记风俗的《地理书》，根本没有提到和《山海经》有什么瓜葛。《四库全书总目》又说《太平寰宇记》是州、县志的滥觞，那么，东汉的《广陵郡图经》，三国时吴人顾启期的《娄地记》，唐代的《沙州图经》、《西州图经》等，还算不算方志？论据不能成立，结论当然不足凭信了。

《越绝书》固然是早期的方志，但原作可以追溯到先秦。《吴越春秋》和《华阳国志》分别在汉晋时成书，而在此之前，早已有志书的存在,自然也就不成其为方志的源之所起。

方志的起源,迄今为止,从古文献得知,只能是《周礼》所载诵训、外史、小史所掌的方志即国别为史。本书第一章第一节已详加论证。《周礼》又名《周官》,汉以来,曾有人对它怀疑,但事实是不容否定的。囿于篇幅,这里不可能展开详细的论证。它的成书年代,前代的研究者和当代学术界大都认为作于战国时代,又经汉人的补苴。这样,《周礼》所记最早的应是战国及以前的事。

考查别的先秦载籍,"诵训"可能职位卑下,事迹不见于他书。而"外史"、"小史"为周代的史官,与大史、内史、御史并称五史,周天子和诸侯都设有此官。《尚书》、《左传》、《国语》、《晏子春秋》等都载有各国史官的活动,有的泛称史,有的径称大史、小史……有的与人名连载,如史佚、史嚚等等。关于外史、小史的事迹,《左传·襄公二十三年》有:"臧纥致防而奔齐,其人曰:'其盟我乎?'臧孙曰:'无辞。'将盟臧氏,季孙召外史掌恶臣,而问盟首焉。"《仪礼·大射》曰:"唯公所中,中三侯皆获。释获者命小史,小史命获者。"《仪礼》的小史是周天子的属官,《左传》的外史是鲁国的属官。其实,外史和小史在周室和诸侯国都有。而《周礼》外史的"掌四方之志"与诵训的"掌道方志"可以互相佐证,方志又与小史的"掌邦国之志"同是国别为史。可见,方志在春秋战国时已是普遍存在了。

二、先秦志书的形态

东周以前是否有方志,因为没有文献和考古资料可证,还不能实指。如以周代的官制而论,东周之于西周并无重大变革,由此推断,可能在西周早已有方志了。

据《周礼》的记载,周天子通过诵训、外史、小史掌管畿内外的方志,诸侯也设史官,有自己的国史,又称史记,而且是"诸侯皆有史以记事”(《史记正义》)。周室东迁,王室的势力日趋衰微,诸侯的势力通过兼并而日益膨胀,王室所能掌的方志必然大不如前,而诸侯的国史,如司马迁所说,也因“诸侯相兼,史记放绝”(《史记·太史公自序》)。虽然如此,还有剩下的大国在,定然撰有国史。但诸侯史记的自然递减是绝对的。不但如此,原有的国史又受到人为的毁坏,战国时人孟轲在回答北宫锜问周室班爵禄的事说:“其详不可得闻也,诸侯恶其害己也,而皆去其籍。”(《孟子·万章下》)班爵禄的典籍是如此,方志于诸侯兼并的过程中也不能例外。到秦统一之后,在著名的焚书之役中,又以“诸侯史记尤甚,为其有所刺讥也。……独有《秦记》”(《史记·六国年表序》)。《史记·秦始皇本纪》载李斯建议:“非《秦记》皆烧之。”非《秦记》自然是秦之外的诸侯史记。

尽管如此,方志是无可置疑的客观存在,到今天还是有不少的痕迹和信息可证的。《孟子·离娄下》有“晋之《乘》,楚之《梼杌》,鲁之《春秋》,一也”。《左传·昭公二年》:“晋侯使韩宣子来聘……观书于大史氏,见《易》、《象》与《鲁春秋》。”《春秋公羊传》原署徐彦《疏》引闵因《叙》称孔子修《春秋》时,“使子夏等十四人求周史记,得百二十国宝书”,又称“百二十国史”。另见于《左传》、《国语》等先秦文献记载的有《周书》、《郑志》、《燕春秋》、《宋春秋》、《齐春秋》等。这是当时人亲眼看到并且加以利用的。《春秋》及其现存的《左传》及《国语》等书,尤其是《左传》记各国史事最多。《春秋》和《左传》是否为孔子和左丘明所作,是一个有争议的问题,姑置勿论。它们的内容,以记鲁国的史事为主,又不限于鲁国,春秋时的几个大国和有关的小国都有涉及。据苏轼《春秋列国图说》列举见于《春秋》经传的有 224 国,有些事件详记其过程,年代的跨度又达二百四十多年,没有足够的资料是不可想象的。而这些史料的来源,离不开各国史记,不论它是什么名称。

方志的确凿存在，还有另一方面的证据，这就是从古籍中约略可知它记些什么内容，由何人记述。

东汉人郑玄为《周礼》"诵训，掌道方志，以诏观事"作注："说四方所识久远之事以告王，观博古所识，若鲁有大庭氏之库，殽之二陵。"关于"鲁有大庭氏之库"，《左传·昭公十八年》："宋、卫、陈、郑皆火，梓慎登大庭氏之库以望之。……"杜预注："大庭氏，古国名，在鲁城内。鲁于其处作库，高显，故登以望气。"关于"殽之二陵"，僖(《史记》、《汉书》均作釐)公三十二年，秦国要对郑国进行突然偷袭，蹇叔送他的儿子出征时说："晋人御师必于殽。殽有二陵焉：其南陵，夏后皋之墓也；其北陵，文王之所辟风雨也。必死是间，余收尔骨焉。"这是记述有关的古迹。

又有记国内发生的重大事件的。如《左传·宣公二年》，晋国的赵穿杀死国君灵公，"大(太)史董狐直书：'赵盾弑其君。'以示于朝。(赵)宣子曰'不然'。对曰：'子为正卿，亡不越竟(境)，反不讨贼，非子而谁！"又，襄公二十五年，齐国的国君光被崔杼杀掉，"大史书曰：'崔杼弑其君。'崔子杀之。其弟嗣书，而死者二人，其弟又书，乃舍之。南史氏闻大史尽死，执简以往。闻既书矣，乃还。"

有记国与国之间政治斗争的。如前引《史记·廉颇蔺相如列传》载秦赵渑池之会，两国的御史各自为自己的国君以鼓瑟、击缶凌辱对方而记入史册。读《史记》的《世家》诸篇，其中以第一人称记事的有十余处。如《鲁周公世家》：哀公八年，"齐伐我，取三邑。"《燕召公世家》："武成王七年，齐田单伐我，拔中阳。"《魏世家》：文侯"二十四年，秦伐我，至阳狐"。《韩世家》："昭侯元年，秦败我西山。二年，宋取我黄池。"如此等等，司马迁不可能也不会站在各国的立场上记叙，而只能是史公运用史料时照录了原文。而这些"原文"就是从各国的国史也就是方志而来的。

如果说这些都是由大(太)史、御史等史官记的,还只是国别为史记的少量内容,那么,《竹书纪年》就是一部战国时魏国的国史。《晋书·束皙传》载:

> 太康二年(《隋书·经籍志》作元年),汲郡人不准盗发魏襄王墓,或言安釐王冢,得竹书数十车,其《纪年》十三篇,记夏以来至周幽王为犬戎所灭。以事接之,三家分,仍述魏事至安釐王之二十年。盖魏国之史书,大略与《春秋》皆多相应。

《隋书·经籍志》说得更具体:"《纪年》皆用夏正建寅之月为岁首,起自夏、殷、周三代王事,无诸侯国别。唯特记晋国,起自殇叔,次文侯、昭侯,以至曲沃庄伯。尽晋国灭,独记魏事,下至魏哀王,谓之'今王',盖魏国之史记也。其著书皆编年相次,文意大似《春秋经》。诸所记事,多与《春秋》、《左氏》扶同。"《四库全书总目》也以为"考平王东迁以后,惟载晋事。三家分晋以后,惟载魏事,是魏承晋史之明验"。这部书的原本没能流传下来,明代出现了据说是由萧梁沈约注释的《竹书纪年》(习惯称《今本竹书纪年》),清代学者除顾炎武外,大都指责这是伪书。姚振宗《隋书经籍志考证》卷一二更明确地判定辑录、删削作伪者是明人范钦。近人朱右曾辑成《古本竹书纪年》,王国维作有校辑、疏证,范祥雍又有补订,古本比今本更接近真实。

还有《越绝书》,此书的作者及写作年代,需要多费一些笔墨,作一番考核。此书的主要部分作于先秦。关于此书的写作年代,明以前没有人提出它是作于东汉的。明杨慎的《丹铅录·越绝书跋》,据书末《叙外传记》的庾词,求得隐名。他说:

> "以去为姓,得衣乃成,厥名有米,覆之以庚,禹来东征,死葬其乡(原作疆——笔者),不直自斥,托类自明。文辞属定,自于邦贤,邦贤以口为姓,承之以天,楚相屈原,与之同名。"此以隐语见其姓名也。"去"得"衣",乃"袁"字也。"米"覆

"庚",乃"康"字也。禹葬之乡,则会稽也。是乃会稽人袁康也。其曰:"不直自斥,托类自明。"厥旨昭然,欲后人知也。"文辞属定,自于邦贤",盖所共者,非袁康一人也。"口"承"天","吴"字也。屈原同名,"平"字也。与康共著此书者,乃吴平也。……东汉人也。何以知之?曰:东汉之末,文人好作隐语,黄绢碑其著者也。

从而认定《越绝书》为东汉袁康著,吴平定。胡侍、田艺衡、焦竑和清四库馆臣承袭此说,逐渐为多数学者所接受。可是,这其中并不是天衣无缝、全然可信的。

诚然,隐语破得合理。但既然庾词是东汉人的一种风尚,时人不会不清楚。如所举的"黄绢碑",就是《世说新语·捷悟》载杨修答曹操所解曹娥碑背"黄绢幼妇,外孙齑臼"八字为"绝妙好辞"。《越绝书》的隐语并不比此难解。何以前人在多种目录著作中却署另外的姓名?这就值得研究。

《隋书·经籍志》载:《越绝记》(即《越绝书》,古人对书名不甚严格,常有变称)16 卷,署子贡撰。《旧唐书·经籍志》作《越绝书》16 卷,子贡撰。《新唐书·艺文志》著录"子贡《越绝书》16 卷"。郑樵《通志·经籍略》等沿袭而无异议。

《隋志》著录为子贡撰,是有根据的。《越绝书·外传本事》于回答作者为谁的问题时说"吴、越贤者所作"。又在回答吴、越贤者究系何人时,提出两种说法:一是子贡,一是子胥。

说子贡作的理由是:"是人有大雅之才,直道一国之事。不见姓名,小之辞也。或以为子贡所作,当挟四方,不当独在吴、越。其在吴、越,亦有因矣。此时,子贡为鲁使,或至齐,或至吴,其后道事,以吴、越为喻。国人承述,故直在吴、越也。……《越绝》小艺之文,固不能布于四方焉。有诵述先圣贤者,所作未足自称,载列姓名,直斥以身者也。"《隋志》等本此。

以为是子胥作的理由是："夫人情，泰而不作。穷则怨恨，怨恨则作。犹诗人失职，怨恨忧嗟作诗也。子胥怀忠，不忍君沈惑于谗，社稷之倾，绝命危邦，不顾长生，切切争谏，终不见听。忧至患致，怨恨作文。不侵不差，抽引本末，明己无过，终不遗力。诚能极智，不足以身当之。嫌于求誉，是以不著姓名，直斥以身者也。"宋王尧臣等的《崇文总目》"杂史类"兼采两说，著录为"原释子贡撰，或曰子胥"。

此二说想当然的成分居多。南宋赵希弁持谨慎态度。他说：《越绝书》"或以为子贡所作，或疑似子胥所作，皆无所据。故曰：'《越绝》谁所作？''吴、越贤者所作也。'"（《读书附志·拾遗》）从子贡、子胥又回到吴、越贤者。陈振孙《直斋书录解题》"杂史类"于否定子贡、子胥作的同时，提出了新说，以为"《越绝书》十六卷，无撰人名氏。相传以为子贡者，非也。其书杂记吴、越事，下及秦、汉，直至建武二十八年(52年)。盖战国后人所为，而汉人又附益之耳"。这是颇有见地的，解决了一书中《外传本事》并存二说的矛盾。吴、越贤者不是吴、越国存在的时代，而为战国后人吴、越之地的贤者。

近人余嘉锡赞同陈振孙所说，于考评徐时栋和洪颐煊所论时，得出结论：

> 自来以《越绝》为子贡或子胥作者，固非其实。而如《提要》(《四库全书总目》)及徐氏(徐时栋《烟屿读书记》)说，以为纯出于袁康、吴平之手者，亦非也。余以为战国时人所作之《越绝》，原系兵家之书，特其姓名不可考，于《汉志》不知属何家耳。要之，此书非一时一人所作。《书录解题》卷五云……斯言得之矣。(《四库提要辨证·史部五》)

顾颉刚也说：

> 此书非出一人所著，乃辑集众篇而成。其始为"各辩士所

述"之零星记载，最后则《越绝》之作者为之"删定复重，以后'中'、'外'篇"。(《苏州史志笔记·越绝书编次》)

今本《越绝书》只有15卷，《崇文总目》已作15卷，与《隋志》等著录不同。对于这个问题，赵希弁《读书附志·拾遗》曾作解释，以为第一卷有所谓"《越绝外传本事》一篇，此其为十六卷欤"，容或可信。但今本已非本来面貌，有散佚，《四库全书总目》指出有几点。如《崇文总目》称："《越绝书》旧有内记八、外传十七。今文题阙舛，裁二十篇。是此书在北宋之初已佚五篇。"今传本只有19篇，分经、传二类，传又有内、外的区别。内经2篇：《计倪内经第五》，《内经九术第十四》。内传4篇：《荆平王内传第二》、《吴内传第四》、《请籴内传第六》、《陈成恒内传第九》。外传13篇：《本事第一》、《吴地传第三》、《记策考第七》、《记范伯第八》、《记地传第十》、《计倪第十一》、《记吴王占梦第十二》、《记宝剑第十三》、《记军气第十五》、《枕中第十六》、《春申君第十七》、《德序外传记第十八》、《叙外传记第十九》。而编次伦类不明。

据《吴地传》载："楚考烈王并越于琅邪，后四十余年，秦并楚；复四十年，汉并秦。到今二百四十二年。句践徙琅邪到建武二十八年，凡五百六丨七年。"如果以为此书由袁康著、吴平定，那么，下限迄建武二十八年，其间秦、汉史事应当很详。但所有以人物名篇的没有一个是秦、汉时人，书中记到的人物，如阖庐、夫差、伍子胥、伯嚭、勾践、范蠡、文种、计倪、西施、伍奢、黄歇等，都不是秦、汉时人。倘使是专记吴、越两国史事，那就不应渗入汉事。有人指出"越绝"一词，本是古越语。因此，这只能证明此书原作于战国时，著者不可能是子贡或子胥，当另有其人。《四库全书总目》说："如《计倪内经》、《军气》之类，多杂术数家言。皆汉人专门之学，非后来所能依托也。"顾颉刚也指出："本书作者为一《春秋》学家，故好据《春秋》说以论事。"(《苏州史志笔记·越绝书内容》)《春秋》之学,也是汉世才有的。所以,此书又经过汉人增补改删是可以肯定的;而且,也不一定仅仅是袁康、吴平,可能还有别的人,不过没有留下姓名,无从稽考。这种情况,在流传至今的先秦载籍中是常见的。

据此,《越绝书》自当进入先秦方志之列,记的是越与吴国史事。其名为"书",当时国史中就有名"书"的;并且,还是迄今所知的最早一部私撰方志。

三、方志学的萌芽

既然方志在先秦时期已是普遍的存在,而且数量多,名目繁,体例也杂,那么,战国已绝不是方志的初起时期了。与此相适应,方志学也已经初具端倪。尤其是从流传至今的《竹书纪年》和《越绝书》,虽已是残体并经后人增删、校定,但提供了实际的根据。

第一,方志的产生。撰述者总是出于现实生活的需要而撰书。最为突出的是他们所依附阶级的政治实体的需要,也就是为一个特定的政权或势力集团服务;或者是作者基于自己的立场,来宣扬他的学说或思想倾向性。秦、赵御史记渑池会上的斗争是如此,别的诸侯国史官又何尝不是如此。至于宣传个人的学说,最终还是与社会政治有关。所以,方志从它产生的时候起,就深深地镌刻着阶级性的印记。这就是说,方志的作者已经渗入了主观意图,即撰写方志的宗旨,虽然并没有明白宣示。

第二,志书的名目,呈现了众星闪光的局面。到战国时止,春秋、乘、梼杌、书、志、纪年等竞放异彩,而没有束缚于统一的陈套。反映于体例上也不局限于一种模式,《竹书纪年》和《越绝书》便是两种不同的体例。《竹书纪年》是编年体。被列为六经之一的《春秋》,先秦以来都以为是因《鲁春秋》而作,至今无人提出异议。《春秋》为以年月系事的编年体,那么,《鲁春秋》自是编年体,是不会有问题的。当时的诸侯国史，名为《齐春秋》、《燕春秋》、《宋春秋》等，也不会例外。因此，可以得到这样一个概念，即编年体是当时方志通行的一种体裁。《越绝书》则是分传、记，这种体裁与编年体不同，而与后来的纪传史体有相同之点，又有不同之处。纪传史体的记与传都是依人而设，地、事又另有专篇，而《越绝书》的传、记，为人、地、事三个内容。这还只是现象，因为编年体也不可缺地要记事。编年体与《越绝书》的传记体最根本的不同点在于编年以时间为线索作纵向的叙述，而传、记则以人、地、事作横向的铺陈。值得注意的是，这种传、记体，已是后世综合型志书的先导。首先是《吴越春秋》、《华阳国志》由此脱胎，再往后的并列门目，也可以从此寻找渊源。

第三，在内容方面，值得重视的有两点。一是《竹书纪年》所记述的。据亲自参与整理汲冢竹书的束皙称："纪夏以来至周幽王为犬戎所灭。以事接之，三家分，仍述魏事至安釐王二十年。盖魏国之史书，大略与《春秋》皆多相应。其中经传大异，则云夏年多殷；益干启位，启杀之；太甲杀伊尹，文丁杀季历。自周受命，至穆王百年，非穆王寿百岁也。幽王既亡，有共伯和者摄行天子事，非二相共和也。"(《晋书·束皙传》)据古本，还有"舜囚尧，复偃塞丹朱"的记载，不但与"经传大异"，与《史记》也有差别。特别是将被儒家理想化了的禅让制与相关的人物舜、益、启以及伊尹、季历等作了完全相反的记述，无异是对儒学的一种挑战。其实，儒家所说，臆想之外的根据是传说，《竹书纪年》记的是来源于另一些的传说，对研究我国古代史留下了珍贵的资料。所以，《竹书纪年》在汉代确立了儒学的一尊地位之后，迭遭冷遇，却又屡屡为古代史研究者所征引，原因就在这里。同时，这种敢于和儒学抗衡的行为，恰从一个侧面反映出春秋列国时百家争鸣的状况。

《越绝书》所记的吴、越史事，要比别的史书广泛得多。如人物的有西施、郑旦，地理的有山川、湖泊、城郭、宫馆、冢墓等，都是一般史书所缺载的。这就显示了此时的作者已注意到方志与一般史书的区别，重着于地方性这个特点。这在方志编纂史上也有开拓的意义。

第二节　秦汉——方志与方志学的转变时期

秦始皇（嬴政）翦灭六国，建立起中央集权的统一国家，重大的措施之一就是废封建，设郡县。两汉有封国，除西汉初年一段很短的时间之外，得封王者限于皇族刘姓。在景帝时发生七国之乱以后，武帝实施"推恩令"的策略，"国"的地位愈来愈削弱，这和先秦时的诸侯国不能相提并论。虽郡国并称，但多数"国"的地位远不如郡。东汉末，又将武帝时所设的州的刺史改为州牧，而掌一州的军、政大权，于是州就成了地方政权的实体。这样，地方行政建置就成了州、郡（国）、县三级制的格局。

地方建置发生的重大变化，对方志有直接的影响。先秦的方志是以诸侯国作为记述本位的。郡县制确立之后，方志转而以行政区划的州、郡、县为记述的对象。虽然地方性的实质没有变，但名称已不相同，以至所含的具体地区也有所变化。如先秦的《鲁春秋》、《竹书纪年》与汉的《冀州风土记》、《广陵郡图经》，名目变了，地区也不一样。广陵郡是汉设置的一个郡，而在春秋后期，它先是属于吴国，后归越，不久又属楚。但是，虽有这些变化，并没有妨碍方志的历史继承。因为秦汉的各种志书与先秦方志的渊源关系是明晰可辨的。当然，秦汉的方志不是对先秦方志简单的因袭，而是有所开创，有了新面貌，具有阶段性的特征。

一、志书的类型

秦的统治很短暂,有多少志书,《汉书·艺文志》没有著录,也不见于其他目录著作。《史记·秦始皇本纪》所载的《秦记》可能是统一之前的秦国史记,后来也失传了。《汉书·地理志》引有《秦地图》的文字,这是现在唯一的还保存有秦朝零星资料的志书。

两汉是我国封建社会进入中央集权制以后的第一个鼎盛时期,统治时间前后长达四百多年;而且,在一些时候,社会比较安定,经济有发展,政治上也有建树。反映在文化学术方面,经学、史学、文学、语言学、自然科学、医学等都取得了较高的成就。方志顺应这种文化科学的前进潮流,比起秦代有长足的发展。但除《吴越春秋》、《越绝书》之外,都没能流传到今天,最早的目录著作《汉书·艺文志》,又不见著录(《汉志》设目,尚无史和地理,史附于《春秋》,地理归属“形法”)。《后汉书》没有艺文志,《晋书》和《三国志》也缺。清至近代,颇有几位文献目录学者,根据《史记》、《汉书》的记载、群籍的引文以及时人和后人的专论等,撰成补目,如姚振宗的《汉书艺文志拾补》、《后汉艺文志》、侯康的《补后汉书艺文志》等。章宗源和姚振宗两家的《隋书经籍志考证》也有少量的收录。张国淦的《中国古方志考》根据前书所著录,列有 46 种,其中有辑本的 16 种。如辛氏的《三秦记》,有王谟、张澍、张国淦 3 个辑本;佚名的《三辅黄图》,也有毕沅、孙星衍、张国淦 3 个辑本。

秦汉的志书,有如下三类:

第一,因袭先秦国史的“传记体”。传世的有《越绝书》和《吴越春秋》。东汉人赵晔的《吴越春秋》,《隋书·经籍志》以下的史志目录和别的公私目录大都列入史部杂史或载记之类,其实这是方志。它的体式与战国人作、汉人增删改定的《越绝书》相似,是追记春秋后期吴、越两国史事,属先秦的国别为史一类。春秋的吴、越两国地域的大部分，秦、汉属会稽郡（汉初有一度设吴郡），到东汉顺帝时析为会稽、吴二郡。赵晔约为章帝时人，此时吴郡尚未分置。此书只记吴、越国史，不及汉事，而且以“春秋”命名，显然是继承先秦方志而来。

《吴越春秋》现传本为10卷，已不是足本。《隋书·经籍志》著录有12卷，《郡斋读书志》、《文献通考·经籍考》等同，而《宋史·艺文志》作10卷，可知其中2卷在元末已亡佚，《四库全书总目》还举出佚文多条。此书的记载，与《越绝书》有不同之处，特别注重吴、越争霸，而且从标题中便可看到，存在内吴而外越的倾向性。晁公武《郡斋读书志》就指出：“吴起太伯尽夫差，越起无余尽勾践。内吴外越，本末咸备。”现书10卷10篇，吴5篇：《吴太伯传》、《吴王寿梦传》、《王僚使公子光传》、《阖庐内传》、《夫差内传》；越5篇：《越王无余外传》、《勾践入臣外传》、《勾践归国外传》、《勾践阴谋外传》、《勾践伐吴外传》。依人立传，所记人物大体和《越绝书》相当，并有少量的增益。没有设记地的专篇。

对于此书的评价，《隋书·经籍志》说它“属辞比事，皆不与《春秋》、《史记》、《汉书》相似，盖率尔而作，非史策之正也”。四库馆臣说它“多所附会”，“近小说家言”。李慈铭《越缦堂读书记》指责它“纪述疏舛，辞意芜塞”，然而又说：“其云越王无疆传子王尊、孙壬亲，始为楚所并；与《史记》言无疆以争霸为楚灭者大异。长君（赵晔字）越产，习于故老传说。东汉时，周末记载多有存者，必非无因之言。况其时《史记》已盛行，长君博学，岂未之见，故为此异说？此必实有所据，较《史记》自然可信耳。”李慈铭此说是否准确，有待考核，但这种不盲目信从《春秋》、《史记》的态度是可取的。事实上，《春秋》和《史记》中的疏漏以至差错是不少的。关于吴、越的史事，先秦文献记载中留下不少空白，《史记》也是如此。《吴越春秋》和《越绝书》恰是在某些方面填补了不足，因此它被过去不少的史、文注所引。对于方志学来说,它的流传,有助于人们从一个侧面去认识汉代方志著述之体。

第二,总志型的志书。如《秦地图》、《汉郡国舆地图》、朱赣《地理书》、应劭《十三州记》等。

《秦地图》已不传,《汉书·地理志》有注明出自该书的两条引文:第一条,卷上"琅邪郡长广县"下:"有莱山莱王祠,奚养泽在西。《秦地图》曰:剧清地,幽州薮,有盐官。"第二条,卷下"代郡班氏县"下:"《秦地图》书班氏,莽曰班副。"章宗源《隋书经籍志考证》称:"《汉书·地理志》又引秦厉公、秦惠公、秦孝公、秦惠文王、秦武王、秦昭王、秦文王、秦宣太后、秦始皇,又数称'故秦'、'秦改'、'秦曰'各若干条,似皆《秦地图》中语也。知其书东汉初尚存。"章宗源所列的《汉志》引文,恐不完全出于《秦地图》,其中可能会有《秦记》一类的文字。但《秦地图》确凿存在,班固撰《汉书·地理志》必有所本,而所引文字的内容,恰是和以后的地志是同一类型的。

汉有郡国舆地图,姚振宗《汉书艺文志拾补》"形法"中收有《汉舆地图》、《地理图簿》,《后汉艺文志》收有《司空郡国舆地图》,《玉海》相同,顾櫰三《补后汉艺文志》收有《舆地图》。这些分别题名的《舆地图》、《汉舆地图》和《司空郡国舆地图》,名异而实同。汉时本为《舆地图》,后人加"汉"字以志时代的区别。据姚振宗《汉书艺文志拾补》:"《史记·淮南王列传》:'王日夜与伍被、左吴等案《舆地图》。'《索隐》曰:'《志林》云,《舆地图》,汉家所画。'……又《匈奴传》注:臣瓒曰:'浮苴井去九原二千里,见《汉舆地图》。'"这便是明证。如此之类的书名变称,在古文献包括方志中是习见的。据《隋书·经籍志》载,汉代郡国要向中央进"地志",《舆地图》当然是地志。而司空的职责"主土"(《汉书·百官公卿表》),《舆地图》当然归司空掌管,因了这种关系而加"司空",也是自然的。再就所记的内容来看,《史记·三王世家》载,丞相庄青翟与列侯萧寿成等27人议立皇子为诸侯王。“令史官择吉日,具礼仪上,御史奏《舆地图》,他皆如前故事。”此时《舆地图》的作用,无非在于划疆域、定国名等。《后汉书·光武帝纪》载,建武十五年(39年),巴蜀既平,大司马吴汉等上书请封皇子,重奏连年,经群臣议定:“请大司空上《舆地图》,太常择吉日,具礼仪。”二者是完全相同的,只是内容有详略的差异。郑玄《周礼·地官大司徒》“地图”下注“若今《司空郡国舆地图》”。可能两汉《舆地图》详略有所不同,但它们的实体没有什么不同。值得注意的是,郑氏在这里提供了一个信息,即作为方志之一的《舆地图》与《秦地图》相同,已经吸收了“图”这种形式进入志书。而且这种志书与先秦的国别为史以及《越绝书》、《吴越春秋》不一样,是以主记地理为主的。这种有图有文的志书,直接影响了“图经”的产生。

与“地图”兴起的同时,有朱赣的《地理书》、应劭的《十三州记》等,也是方志中的地记之属。这些志书虽已不存,但据《隋书·经籍志》称,班固因了朱赣的书以及其他而作《汉书·地理志》,《地理志》没有图,魏晋南北朝的许多地记也未见有图的痕迹。由此可见,由朱氏书开始,又因无图而成为方志的另一种体式。

第三,州郡志书。州正式成为行政建置的实体,是东汉末期才开始的。在此之前,也有比郡大而略同于州的志书,如辛氏《三秦记》。而郡一级的志书较为普通。以现存的信息而言,终两汉之世,没有出现县一级的方志。

在州郡的方志中,以内容来区分,重要的有三类:一是记地的,《隋志》称为“地理之记”;一是记人的,《隋志》称为“郡国之书”;三是记物产的。主记地理的,如辛氏的《三秦记》,陈术的《益州志》、佚名的《巴郡图经》等。以人物为主的,如圈称的《陈留耆旧传》,佚名的《三辅耆旧传》、《沛国耆旧传》,陈术的《益州耆旧杂传记》等。

有记物产的，如杨孚的《异物志》、《交州异物志》。另有记都邑的，如佚名的《三辅黄图》、《三辅宫殿名》，杨修的《西京图》。此外，还有其他的专志，如应劭的《地理风俗记》、卢植的《冀州风土记》、李恂的《幽州山川屯田聚落》、赵宁的《蜀郡乡俗记》、袁汤的《会稽贡举簿》、王粲的《荆州文学记官志》、崔瑗的《南阳文学官志》、杨震的《关辅古语》等。名目也多样，如春秋、书、记、志、传、图、簿、图经、图簿等。两汉的方志，于《隋志》和两《唐志》以及姚振宗、侯康、章宗源等作的汉书、后汉书的几种补志和《隋志》的考证等著录，可以粗知大概。

对于两汉方志的演进，《隋书·经籍志二》在著录了一百多种志书后，有一段揭示其源流的论述，先据前代的统治术，称“先王之化民”，在于“疆理天下，物其土宜，知其利害。达其志而通其欲，齐其政而修其教”。因此，在周时，分别由夏官“司险，掌九州之图，以周知山林川泽之阻，而达其道路”。地官“诵训，掌道方志以诏观事……以知地俗”。春官“保章，以星土辨九州之地，所封之域……”夏官“职方氏掌天下之图……司徒掌邦之土地之图，与其人民之教……”但这些“分在众职”的事归冢宰“总其事”，而由太史“典逆冢宰之治”，“其书”乃是“总为史官之职”。到汉时，虽然《史记》有《河渠书》，《汉书》有《地理志》，但在此前后，已有州郡的多种方志产生。武帝时，规定“计书”要上于“太史”，其中便有“郡国地志”，尽管被指责为“管窥末学，不能及远”。其实，这是符合社会发展的趋势的，是现实的需要。如果不是这样，不用说《史记·河渠书》的模式，就是《汉书·地理志》的体裁，也是不能将各州郡的“山川夷险，时俗之异”、“经星之分，风气所生”以及“区域之广，户口之数”做到“各有攸叙”(《汉书·地理志》)的。而方志恰好能较好地完成这一任务。

二、方志学的成就

论述秦汉主要是两汉方志学的成就，志书和有关的理论阐述表明，只有《越绝书》与《吴越春秋》硕果仅存，此外已散失殆尽。从现存的志书、多种目录著作的著录、群籍中的志书引文以及后人的研究所得，虽不能清楚地了解秦汉方志学的全貌，但可以略知其梗概。

概括地说，由于地方行政建置的改变，政治、经济和文化发展的时代条件不同，修纂方志必然是与之相适应，因而在记述对象、内容和体例等方面，既清楚地有着对前期志书继承的轨迹，又有所创新，从此走上方志发展史的一个新阶段。具体说来，分别为：

第一，反映于修志目的方面，秦汉方志比起先秦的志书，有着不同之点。春秋战国时的诸侯国史，都是为着维护侯国的利益，所记的只是一国史事。而秦汉的志书，又回到《周礼》所着眼于周天子的需要上来。首先是总志型的志书，本身就是所谓"太一统"的产物，是维护中央集权制的统治为指要的。如朱赣撰《地理书》，是因了"汉承百王之末，国土变改，民人迁徙。成帝时刘向略言其地分，丞相张禹使属颍川朱赣条其风俗"，目的在于"崇恩德，行简易，以抚海内"(《汉书·地理志》)。《宋书·志序》称："朱赣博采风谣，尤为详洽。"《史通·杂述》篇说："朱赣所采，浃于九州……言皆雅正，事无偏党。"班固因为它"犹未宣究，故辑而论之，终其本末著于篇"(《汉书·地理志》)而撰成《地理志》，对山川、时俗、风气、区域、户口等都有记载。从记叙的内容可知，它起到与萧何得秦地图同样的作用，这是符合汉中央政府的需要的。尽管班固有所"宣究"，但基础是朱赣提供的。因而唐李吉甫撰《元和郡县图志》，还把"尽朱赣的条奏"与"希酇侯之规模"作为理想的榜样。《舆地图》的客观作用，如封皇子，"令诸国户口皆等租入"(《东观汉纪·明帝纪》)。这就很明白了。

州、郡(国)的志书,当然要受到全国总志的制约。尤其是主记地理的地志,要随同计书上于中央政府。它记些什么,是可以想见的。如《三辅黄图》,所谓“三辅”,武帝“太初元年(前104年),以渭城以西属右扶风,长安以东属京兆尹,长陵以北属左冯翊,以辅京师,谓之三辅”(毕沅《三辅黄图》辑本周中孚《跋》,见《郑堂读书记补逸》卷一一)。《三辅黄图序》称其撰作意图:

> 汉高祖有天下,始都长安,实曰西京,欲其子孙长安都于此也。……至孝武皇帝,承文、景菲薄之余,恃邦国阜繁之资,土木之役,倍秦越旧。斤斧之声,畚锸之劳,岁月不息,盖骋其邪心以夸天下也。

似乎对刘彻颇有微词,究其用心,仍在于为刘家子孙能长安地都于此。

另一类主记人物的“耆旧”、“先贤”,一开始提倡的是刘秀,“始诏南阳撰作风俗”(《隋书·经籍志二序》)。刘秀开创东汉的基业,其主干力量是西汉末的南阳势力集团。刘秀此举,显而易见,是为了标榜南阳的地灵人杰以及和他一同打天下的一班功臣,还是为了自己。从此,群起效尤,“耆旧”、“节士”、“名德”、“先贤”一类的“传”、“赞”、“序”、“论”蜂起并作,形成一时的风气,《隋志》著录的便有二百余种,并影响于后世。

仅此数例,对秦汉修志的目的便可见一斑了。

第二,反映于体例,一方面继承先秦的国史,又有脱胎于《越绝书》的《吴越春秋》;而且《越绝书》中的依人立传,对于“耆旧传”等主记人物的志书又有启示的意义。另一方面则是根据时代的特征而富有开创的活力,最为突出的表现是冲淡先秦综记社会政治史事为主的国史,分离为主记一二项事物为主的地记、人物传以及关于物产、都邑等志书。这就显示了方志发展的一种趋向,即由合到分。并且以地记而论，记叙的对象又有全国的与州、郡之分。这为后代方志的层次创立了格局，明显地影响于魏晋直到隋唐。

这时，志书体例之所以获得如此的变化与发展，究其原因，固然是与统治者的倡导有密切的关联，如朱赣的条记风俗，是受丞相张禹之命，耆旧传一类的人物志，是因为刘秀的诏令起了作用，但绝不能由此得出结论，这是由某些人的意志所决定的。恰恰相反，决定的因素是社会历史在前进，包括方志编纂的经验的积累，客观上提供了可能性，这才是第一位的。人的意愿只有顺应了客观的条件，方能成为现实。人类社会的历史，人是主体，但人类的活动总是离不开生存空间、前后相承的时间以及物质的精神的生活资料。而物质和精神的资料，伴随时代的进展必然愈来愈丰厚。以此为记述内容的方志，在自身经验总结的基础上，要求得出新的出路和生命力，只有把自己扎根于那个时代的实际生活中去。修志者较好地发挥了自己的才能，结合历史的实际和统治者的意图，从而使秦汉的方志别具时代的特色。

合与分是相对的。综合型的志书，寓有分的内容；而分离的专志，事实上恰是较深入而充足地记述了专项的历史和现状。二者会集起来，又丰富了地方志的内涵。因此，它成为这一阶段方志编纂学的成就而留存于史册。

第三，汲取别的学科的有益成分，为我所用。最为重要的是秦汉的志书在记叙地理时，利用了地图这个表述手段，并增入版籍的内容。人所共知，地图是地理学的语言，它能形象而直观地表述复杂的地理形态。地图又自成文化形态的一种类型，如疆域图、军事图等。《周礼·地官司徒》曰："大司徒之职，掌建邦之土地之图。"又："土训掌道地图，以诏地事。"郑玄注："说地图九州形势、山川所宜，告王以施其事也。若云荆、扬地宜稻，幽、并地宜麻。"大司徒所掌的土地之图，在于"以天下土地之图，周知九州之地域广轮之数，辨其山林、川泽、丘陵、坟衍、原隰之名物。而辨其邦国都鄙之数，制其畿疆而沟封之”。这种地图，概属疆域地形之图。

秦汉方志中的图和上述的图有相同之处，又有差异。以《汉舆地图》为例，《史记·三王世家》、《后汉书·光武帝纪》、《后汉书·明德马皇后纪》、《后汉书·陈敬王羡传》等都载及它的作用。如《后汉书·陈敬王羡传》曰：“陈敬王羡，永平三年封广平王。建初三年，有司奏遣羡与钜鹿王恭、乐城王党俱就国。……明年，案《舆地图》，令诸国户口皆等，租入岁各八千万。”可见，《汉舆地图》不仅有疆域、地形的描述，还有户口、租赋的记载，这就与周代的“地图”不同。周代的户籍，由小宰所掌：“以官府之八成，经邦治。……三曰听闾里以版图。”郑注：“版，户籍，图，地图也。”（《周礼·天官·小宰》）不但如此，《汉书·淮南王传》载刘安图谋不轨时，“日夜与左吴等按《舆地图》，部署兵所从入。”这已有军事地图的作用了。于此可见，秦汉方志中的地图绝不是先秦即《周礼》所载地图的因袭，而是吸收先秦地图的长处，充实着自己。这种地图，虽名为地图，但绝不仅仅是图，而是有相当数量的文字。正是这个缘故，后来就署名为“图经”，这就显得名实相符了。因为图是地图，经是文字。用宋李宗谔的话说：“图则作绘之名，经则载言之别。”事实的确如此，《华阳国志·巴志》有引《巴郡图经》的一段文字便是明证。该文这样说：

> 孝桓帝以并州刺史泰山但望字伯阖为巴郡太守。永兴二年（154年）三月甲午，望上疏曰：谨案《巴郡图经》，境界南北四千，东西五千，周万余里。属县十四，盐铁五官，各有丞史。户四十六万四千七百八十，口百八十七万五千五百三十五。远县去郡千二百至千五百里，乡亭去城或三四百或及千里。

这样记叙一地的境界和属县、四至和距离、户数和口数、盐铁和丞史等职官，是以后方志中无不记载的。因此，这是方志汲取别的学科成就的第一次成功的经历。

第三节 魏晋南北朝——方志与方志学的第一个发展时期

我国历史上的魏晋南北朝时期,除西晋维持了短时间的统一之外,一直处于分裂的局面。从东汉末群雄割据算起到隋文帝(杨坚)平陈,前后有三百六十多年。其间虽有一段时间的相对稳定,但战乱和动荡是经常的。因为有短暂的稳定,所以南北方的经济都有一定程度的恢复与发展。六朝的统治区又有得天独厚的地理、气候条件,全国的经济中心有开始南移的趋势。

反映在经学方面,当时有所谓南学与北学之称。在南朝,汉以来的经学今古文之争渐趋偃息,玄学风靡一时,史学出现了极为繁荣的局面,文学也有独特的风格。北朝也有名作,如郦道元的《水经注》、颜之推的《颜氏家训》。魏收的《魏书》,也能差可列于著述之林。方志在这一时期里,上承两汉的余绪,也有新的发展。

一、编纂方志的兴盛

这一时期的方志,大体上继承两汉的体式,以记地、记人为主。方志的撰纂以私人撰著最为普遍,其中尤以六朝为多。这与当时的社会条件有关,因为频频的战争,统治者无暇发动修志。而当时的学术风气,个人著述盛行,包括注释经典。连国史也以私修为多,修志自不例外。修成的志书,张国淦的《中国古方志考》据《隋书·经籍志》,《旧唐书·经籍志》,《新唐书·艺文志》,姚振宗《三国艺文志》,沈家本《三国志注所引书目》,丁国钧、文廷式、秦荣光、黄逢元四种《补晋书艺文志》,吴士鉴《补晋书经籍志》,徐崇《补南北史艺文志》,李正奋《补后魏艺文志》,《太平御览·经史图书纲目》,章宗源《隋书经籍志考证》等所著录,收录有各类志书303种,绝大部分已亡佚,有各种辑佚本162种。流传至今的仅《华阳国志》等六七种,而且大都已不是完书。值得注意的是,有专记山、水、寺庙、冢墓、寺塔的志书,为这一时期的新创。

1. 流传至今的地志

《华阳国志》,晋常璩撰。历代的公私目录著录分别为10卷、13卷、15卷、20卷不等。今本为12卷,定有散佚和脱漏,四库馆臣并指出有被人改篡的痕迹。

其所以以"华阳"命名,有人以为系据《蜀志》"五岳则华山表其阳"而来,或以为本于《禹贡》"华阳黑水惟梁州"。因所记地域大部属后来四川省境,所以,可以看做是最早的四川省志。

据作者《自序》,全志分《巴志》、《汉中志》、《蜀志》、《南中志》、《公孙述刘二牧志》、《刘先主志》、《刘后主志》、《大同志》、《李特雄期寿势志》、《士女总赞论》、《后贤志》、《序志》12目。李垕重刊本、廖寅校刊本各有不同。

南宋人李垕于《重刊〈华阳国志〉序》中说:

> 予尝考其书,部分区别,各有条理。其指归有三焉:首述巴、蜀、汉中、南中之风土,次列公孙述、刘二牧、蜀二主之兴废,及晋太康之混一,以迄于特、雄、寿、势之僭窃;继之以两汉以来先后贤人,梁、益、宁三州士女总赞,序志终焉。就其三者之间,于一方人物,尤致深意。虽侏离之氓,贱俚之妇,苟有所取,在所不弃。此尤足以弘宣风教,使善恶知所惩劝。岂但屑屑于山川物产,以资广见异闻而已乎!

刘知几于《史通·杂述》中称:

> 郡书者,矜其乡贤,美其邦族,施于本国,颇得流行,置于他方,罕闻爱异。其有如常璩之详审,刘昞之该博,而能传诸不朽,见美来裔者,盖无几焉。

北宋吕大防也称：

> 此书虽繁富，不及承祚（陈寿字）之精微（盖指寿所著《益部耆旧传》，《隋书》经籍志和两《唐书》经籍志、艺文志均著录，可见此书宋时尚存），然议论忠笃，乐道人之善，蜀记之可观，未有过于此者。（《华阳国志序》）

常璩，字道将，江原人。李雄时官至散骑常侍。蜀人记蜀事，许多人事是他所见所闻的；又遍考旧籍，如司马相如、严君平、扬雄、阳城子玄、郑廑、谯周等著多种方志及陈寿《益部耆旧传》等，并验以《汉书》。《华阳国志》取材宏富，翔实可信，历来受到学术界的重视，如裴松之注《三国志》、唐修《晋书》的李特等诸"载记"，都取资于此。

此志在体例方面，与同时通行的记地、记人的模式不同，别树一帜，把地理、人物、史事融于一篇，虽与《越绝书》相类，其间渊源有自，但又有发展，无论地理、人物、史事，都极为详尽。尤为可贵的是："于一方人物，丁宁反复，如恐有遗。虽蛮髦之民，井臼之妇，苟有可纪，皆著于书。"（吕大防《华阳国志序》）为这些名不见经传的人物给予一席地位，常璩有开先河的作用。

《荆楚岁时记》，1卷，《文献通考·经籍考》作4卷。旧题晋宗懔撰。《直斋书录解题》署梁人，四库馆臣据《梁书·元帝本纪》、《南史·元帝本纪》载有宗懔任职及其事迹，考其应为南朝梁人。又唐、宋史书的《艺文志》都作1卷，《文献通考》作4卷，盖误。

全书记荆楚岁时风物故事，自元旦到除夕计36条。南宋周密《癸酉杂识》转引《荆楚岁时记》文，为今本所无，可见现在流传的已不是足本。虽所记不多，但关于岁时风俗，旧史缺载，以往的志书也没有专篇。此志却拓展及此，带有开创的意义。

此外，《说郛》本有晋张僧鉴《浔阳记》2卷，何晏《九江志》不分卷，南朝宋雷次宗《豫章古今记》1卷，刘澄之《鄱阳记》不分卷，邓德明《南康记》不分卷。这些志书,或有散佚,或经后人羼入,没有多大特色。

佚志与辑本。这个时期亡佚的志书,数量最多的是记地、记人两大类。现就此两类中的辑本选择几种较有代表性的分别介绍于下:

(1)总志类的《舆地志》30卷,陈顾野王撰。王谟《汉唐地理书钞》有辑本。《隋志》说它是"抄撰众家之言"而成。顾野王,字希冯,吴郡吴县人,《南史》和《陈书》有传,江东望族,是一位著名的学者,先后任撰史学士、大著作,掌国史。其职务的方便,必能见到魏晋以来大量的文献,因而能取众家之长。宋代的目录著作如《太平御览·经史图书纲目》、《玉海》、《通志·艺文略》等均收录,而《文献通考·经籍考》已不录,大概在元代书已亡佚。王辑本出于《史记》注28条,《后汉书》注4条,《文选》注5条,《初学记》注28条,《元和郡县图志》注1条,《太平御览》注65条,《太平寰宇记》注191条,《一统志》注13条,《路史》注2条,《岳阳风土记》注1条,《闲窗括异志》注1条,共339条。这足以说明它历来受到学者的重视。

这些条文所记的内容有:

——郡县建置沿革。如吴郡,"(东汉)顺帝时,阳羡人周嘉上书,请分浙江以西为吴郡,东为会稽郡"。又"晋陵县,春秋时吴之延陵邑也。季札让位,耕于此,因以封之。汉改为昆陵。东海王越世子名昆,中宗为越所表遣渡江,故改此为晋陵"。

——地名的由来。如江宁,"晋永嘉(307~313年)中,帝初通江南,以江外无事,宁静于此,因置江宁县"。又"松江东泻海口,名曰扈渎。扈业者,滨海渔捕之名。插竹列于海中,以绳编之,向岸张两翼,潮上即没,潮落即出,鱼随潮碍竹不得去,名之云扈"。此即今上海之由来。

——山水。如"（北固山）天景清明，登之望见广陵城如在青霄中，相去鸟道五十余里"。又"汴水自荥阳受睢水，东至陈留、彭城。南入泗水，经县界入雍丘界"。

——物产。如"海滨广斥，盐田相望。吴煮海为盐，即盐官县境也"。又"吴大帝以陆逊为华亭侯，以其所居为封也。华亭谷出佳鱼莼菜，故陆机云：'千里莼羹，未下盐豉。'"

——古迹。如"七里濑，在东阳江下，与严陵濑相接，有严山。桐庐县南有严子陵渔钓处。今山边有石，上平，可坐十人，临水，名为严陵钓坛"。又"石门，在褒中之北，汉中之西。今按其山，两边有石壁相对，望之如门，邓艾伐蜀至此"。

——传说。如"后汉周敞为交趾刺史，伐龙山木以为鼓。以下分鼓给桂林郡，上分鼓给交趾郡。击一鼓，则二鼓皆鸣"。又"（储潭，）咸和二年（327 年），刺史朱伟所立。常（可能为'尝'之误——笔者）有渔者钓于此潭，得金锁，萦引舟中，向数百丈。忽一物随锁而来，其形如水牛，眼赤角白。及见人，惊骇拽走，而渔以刀断得数尺。不知其所由然也。"

（2）州郡志的《荆州记》3 卷，南朝宋盛弘之撰，《隋书·经籍志》收录。盛弘之于《宋书》无传，事迹未详，据《隋书·经籍志》称，他曾任临川王侍郎。刘知几于《史通·杂述》中所称的"地理书"，首列盛弘之的《荆州记》。晋和南朝人作有同名的《荆州记》，现能知道的有晋范汪、刘宋庾仲雍、郭仲产、南齐刘澄之和佚名的 5 种，都已亡佚。《直斋书录解题》称："唐吴从政（中宗时人）删盛弘之《荆州记》诸书为《襄沔记》。"清和近人对盛《记》的辑本，有王谟、曹元忠和陈运溶三家，另有《说郛》本，以陈辑本为审慎。陈辑本收于《麓山精舍丛书·荆湖地记》。陈氏于辑本《序》说："盛氏《荆州记》，至唐末已佚，故新、旧《唐志》均未著录。而《太平御览》引此书独详，殆沿《修文御览》之旧也。"陈本辑自《北堂书钞》32

条,《初学记》16 条,《艺文类聚》26 条,《世说新语》1 条,《史记索隐》1 条,《史记正义》1 条,《汉书注》1 条,《后汉书注》5 条,《文选注》12 条,《太平御览》106 条,有些是重复的。宋以后书籍(除了《御览》)的引文概不辑,而入附录。摘引《水经注》文80 多条,以为系出于盛《记》而隐其名。

陈辑本也分3 卷,并有附录。州属郡县的次序,依《晋书·地理志》的格局排列。辑文涉及的内容,大略与顾野王《舆地志》近似,又有自己的特点:

——地理形势。如卷二新城郡新陵县:"郡西溯江六十里,南岸有山,名曰荆门;北岸有山,名曰虎牙。二山相对,楚之西塞也。虎牙,石壁红色,间有白文,如牙齿状。荆门上合下开,开达山南,有门形,故因以为名。"又宜都郡宜昌县:"自三峡七百里中,两岸连山,略无阙处。"

——古迹。如卷三长沙郡罗县:"北带汨水,汨水源出豫章艾县界,西流注湘。沿湘西北,去县三十里,名为屈潭,屈原自沉处。"又蒲圻县:"沿江一百里南岸,名赤壁,周瑜、黄盖于此乘大舰,上破魏武兵于乌林,乌林、赤壁,其东西一百六十里。"苏轼《赤壁赋》的"赤壁"系于黄州,其实不是曹、孙赤壁之战所在。

——奇特山水。如卷一南阳国宛城:"南阳郡城北有紫山,紫山东有一水,无所会通,冬夏常温,因名汤谷。"又卷二顺阳郡筑阳县:"西有粉水,源出房陵县。取其水为粉,鲜洁异于锦(一作余——笔者)水,故因名粉水。巴郡临江县亦有此水,取以为粉,旧常献之。"

——物产。如卷二顺阳郡永阳县:"隋郡永阳县有龙石山,山上多石斛,精好如金环也。"又卷三桂阳郡枣阳县:"枣阳县百许步蔡伦宅,其中具存。其傍有池,即名蔡子池。伦,汉顺帝时人,始以鱼网造纸。县人今犹多能作纸,盖伦之遗业也。"

(3)县级的方志,《隋书·经籍志》著录有《娄地记》1卷,吴顾启期撰,已佚。这是最早的记述对象为县的志书,没有人作辑。章宗源《隋书经籍志考证》卷六“《娄地记》”条录有数则。《文选》谢灵运《游赤石进帆海》注:“浪山海中南极之观岭,穷发之人,举帆扬越,以为标的。”《艺文类聚·草部》:“娄门东南有华墩,陂中生千叶莲花。”《太平御览·地部》:“太湖东边别小山,名洞庭,其山有三穴,东头北面一穴……西头南面一穴……西北一穴……”并引顾启期《娄地记》。

上述的几种方志,都是六朝南人所作。出于北朝的志书,现在能知的有十几种,其中以阚骃的《十三州志》较有名。刘知几称誉它“殚于四国”,“言皆雅正,事无偏党”(《史通·杂述》)。阚骃,字玄阴,敦煌人,《魏书》有传,曾任秘书考课郎中,加奉车都尉。注王朗《易传》,撰《十三州志》。他所记的十三州是承袭汉制,包孕全国而不限于北魏的实际疆域。但毕竟偏处北方,对南方不熟悉,所以,书中所记详于北而略于南,与别的北朝方志一样。《十三州志》已失传。清人王谟和张澍各有辑本,辑出自《史记》、《汉书》、《后汉书》等注以及《水经注》、《初学记》、《北堂书钞》、《太平御览》、《太平寰宇记》、《路史》等引文。王辑本收入《汉唐地理书钞》,张辑本收入《二酉堂丛书》。从辑录的文字看,《十三州志》与《舆地志》、《荆州记》大体上是相似的,不再析述。

2. 人物传一类的方志

此类方志的数量很多,且有不少名作,如陈寿的《益部耆旧传》等,但已全数亡佚。辑佚的有王谟辑魏苏林的《陈留耆旧传》、宋刘义庆的《徐州先贤传》,晋华高的《广陵烈士传》等数种,远比不上地志之多。辑本中较为完整的要推《襄阳耆旧记》。

《襄阳耆旧记》,5卷,晋习凿齿撰。凿齿,字彦威,襄阳人,历任州从事、别驾、襄阳都督、荥阳太守,著有《汉晋春秋》等,《晋书》有传。《隋志》、两《唐志》、《宋志》、《崇文总目》、《郡斋读书志》、《文献通考·经籍考》等都有著录，可见宋代还流传，以后就散佚了。明代至今，替它辑校的有陶宗仪、吴琚、胡价、任兆麟、王谟、王仁俊、吴庆焘等人。其中，清人任兆麟整理成4卷辑本，吴庆焘在此基础上恢复了5卷原数，并作了简注和《考异》。1986年荆楚书社出版了舒焚、张林川以吴本作底本的《襄阳耆旧记校注》，新增有几条佚文，有注释、校记和古汉语今译。

吴本比任本有增加，但有一些失之于滥。习书有时简称《襄阳记》，而南朝刘宋人郭仲产《南雍州记》，也有称为《襄阳记》的。吴本所辑，卷四有录《水经注》“淯水”：“又屈南过淯阳县东”下出于《襄阳记》的一段引文，前面明明有“郭仲产”三字，这就误郭作习了。至于卷二“大中正”以下，是齐、梁乃至唐人，更不可能为习凿齿所记。虽然如此，这个辑本还是应予以肯定，因为它大致恢复了《襄阳耆旧记》的面貌。

辑本卷一、二是人物，卷三是山川，卷四是城邑，卷五是牧守。其中3卷为人物，2卷为地理。这就证明，这类方志是以人物为主但又不是只记人物。所记的人物，时代跨度自东汉至晋，大都是正史所不载。有的人物正史虽有传，但志书不是抄袭旧史，而是有新的内容，文简而事赅，受到人们的重视。其所记地理，被《水经注》大量征引。关于人物，裴松之注《三国志》多有采用，如《蜀书》中的向宠、黄承彦、庞林之妻习氏、马谡、董恢、向朗、杨颙、习祯、习忠、习隆等人的事迹，或引一部分，或引一大段，最多的达六百多字。

此外，有记风土、风俗的，如晋周处的《阳羡风土记》3卷、后魏陆恭之的《后魏舆地图风土记》、北齐宋孝王的《关东风俗传》30卷。有记物产的，如三国吴人万震的《南州异物志》1卷、晋嵇含的《南方草木状》3卷，以及记山水的，如晋袁山松的《宜都山川记》、刘宋刘澄之的《司州山川古今记》等，数量虽不多，恰是分记、专志的扩大。其中有名家名作，如周处的《风土记》、宋孝王的《风俗传》、袁山松的《山川记》。它们都有人为之辑佚。但有的辑本辑录无多，难以知其体例与内容的大略。如宋孝王之作，《史通·书志》称："宋孝王《关东风俗传》亦有《坟籍志》，其所录皆邺下文儒之士。雠校之司所列书名，唯取当时撰者……语曰：虽有丝麻，无弃菅蒯。'于宋生得之矣。"这还只是说到书的部分。王谟《汉唐地理书钞》辑本仅从《通典》录得 2 条有关于社会风俗者，但毕竟太少，难以据此作判断。

周处的《风土记》又作《阳羡风土记》，有《说郛》本、王谟辑本、严可均辑本和张国淦辑本，现在能见的仅是《说郛》本和严辑本，辑录的文字较多。周处，字子隐，阳羡人，曾任新平太守，御史中丞、建威将军，《晋书》有传。严可均于《周处风土记辑本》有介绍："引见各书者尚多，采得二百三十余事。省并复重，定著一卷。其正文协韵如古赋，而故实皆载于注。……征用者多取注文而略正文，故今所辑注居十九。……惜其久亡，所得者仅十之二三，然而亭邑、古迹、山水、节候、风俗、舟车、器服、物产、果实、草木、鸟兽虫鱼，品类略备。"参照章宗源《隋书经籍志考证》，所及品类，完全一致。

虽然从众书所引辑录不算少，但终究有缺漏。《史通·补注》对此书评价说："若挚虞之《三辅决录》、陈寿之《季汉辅臣》、周处之《阳羡风土》、常璩之《华阳士女》，文言美辞列于章句，委曲叙事存于细书。"那么，《风土记》应该还有关于人物的叙述；而且，注文所涉及的品类，并不代表正文的分类。因此，《风土记》正文所叙是什么，还有待于考核。但有一点当是肯定，由于它的文体是韵文，卷帙又不多，绝不可能设那么多的细目。

还应提到图经、图记和图副，它们属于同一类型。魏晋南北朝时期的图经一类，《隋书·经籍志》著录有 5 种，章宗源《隋书经籍志考证》据《文选注》引不收于《隋志》的有 11 种，这些志书均早亡佚。王谟辑有《冀州图经》、《周地图记》、《荆州图副》。另,《并州记》附有《并州图经》文,辑而未刊的《金陵图记》、《洛阳图记》和附于相关志、记的《辰州图经》、《歙县图经》、《怀宁图经》、《寿春图经》、《恒山图经》,均未见于《隋志》和章宗源的《考证》。陈运溶《麓山精余辑本》的《荆湘地记》有4种。以辑文较多的《荆州图记》为例,录自《文选注》4条,《艺文类聚》2条,《初学记》4条,《太平御览》21条,文字与一般地理之记无甚差别。如:

澧阳县,盖即澧水为名也。在郡西南,接澧水。

鱼复县西北赤甲城,东南连白帝城,西临大江。

羊叔子与邹润甫尝登岘山远望,后参佐为立碑著故处。百姓每行,望碑,莫不悲感,因名为堕泪碑。

郑县东百步,有县故城。县南里名伍伯村,有白榆连理树,异根合条,高四丈余,土民奉为社。

永阳县西北三百三十里厉乡县东,有石穴。昔神农生于厉乡县,《礼》所谓烈山氏也。后春秋时为厉国,穴高三十丈,长二百丈,谓之神农穴。

由此可见,此时的图经,与汉的舆地志图和图经是一脉相承的,而文字部分则显著地增加了。

二、方志学的发展

魏晋南北朝时期的方志学与方志的修纂相适应,并且相互起着作用。在这一时期,方志学的名家众多,如韦昭、陈寿、挚虞、常璩、习凿齿、刘澄之、盛弘之、郭仲产、陆澄、任昉、顾野王、阚骃等,成就卓著,于两汉方志学的基础上向前迈出了新的步伐。具体说来,重要的有:

第一,志书的体例和规范。就整体而言,这一时期比起两汉虽没有重大的变化,仍沿着以前分别以记地、记人为主的体式,但在数量和质量上是后来居上的。以南朝最为显著，北朝也并不沉寂。其中寓有创新意义的是以下四点：

(1)总志、州郡志而外，第一次以县为单位修志。这就是吴人顾启期的《娄地记》。

(2)专项记述的门类有所拓展。于记地、记人、记物产、记风土之外，首次出现了专记山、水、冢墓、寺塔的志书。如徐灵期的《南岳记》、葛洪的《幕阜山记》、庾仲雍的《汉水记》、李彤的《圣贤冢墓记》、释昙宗的《京师寺塔记》等。

(3)开始有标以年号的地记。最早的是西晋的佚名的《太康地记》，由此而有《元康地道记》、《永宁地志》、《永初山川古今记》、《永明郡国志》，乃至有《太康三年地记》、《元嘉六年地记》、《永元元年地志》等。缪荃孙于《光绪昌平州志·序录》里说："地志之书，断代始于《太康》，邑志始于《娄地》。"关于"断代"，这是志书多产的现实反映，也是为区别成书年代很近的方志提示了一种极其恰当的处理方法。这种方法被后来唐、宋至明清的修志家普遍采用，其事例拈来即是，无须列举。

(4)出现有综合型志。在分记专项蔚为时尚之中，《华阳国志》上承并发展了《越绝书》的体式，汇地、人、风土等于一编，实开宋以后综合型志书的先河。

这样，就使得这个时期的方志编纂学浸透着撰纂者创造性的劳动，从而造成方志的多姿多彩，又为后继者提供了多种多样的经验。

第二，方志在我国文化学术史上的地位渐次确立。反映在目录学上，尽管先秦和秦、西汉时方志已是客观存在，但《汉书·艺文志》不仅将史附于《春秋》，而且根本没有著录方志。《汉志》是根据刘歆的《七略》删要而成的，而《七略》是刘歆继乃父刘向校理群书所作。这就证明：西汉末刘氏父子这两位目录学大家校理群书时，还没有给方志应有的地位。东汉初期的班固仍其旧贯。

到了南朝，发生了变化。著名的目录学家南朝刘宋王俭作《七志》，体略虽仿刘歆的《七略》，内容却有所调整。书已失传，已不知其详。据《隋书·经籍志》称："俭又别撰《七志》，一曰《经典志》，纪六艺、小学、史记、杂传。……七曰《图谱志》，纪地域及图书。"史记、杂传、地域，其中必定包含有方志。另一位目录名家是梁人阮孝绪，著有《七录》，书也亡佚，唐释道宣的《广弘明集》卷三保存有《七录》的分类表，其《纪传录·内篇二》的"伪史部"、"杂传部"、"土地部"等也必将收录方志。唐初李延寿等撰《五代史志》即《隋书·经籍志》，史部的"杂史"、"霸史"就收录有方志，"地理记"和"杂传"著录的则大部分是志书。此可作《七录》著录的内容佐证。

再者，南朝刘宋人史学家范晔、北朝的地理学家郦道元，都注重从方志取材。唐刘知几的《史通·杂述》所分史学10个流派中的"逸事"、"郡书"、"地理书"、"都邑簿"，所举的书名绝大多数是方志。所有这些充分证明，南北朝时方志的地位已得到公认。这个情况的出现，证明了方志与方志学有长足的进展。但此时的方志还依附于史的分支学科，尚未取得独立地位。

第二，关于修志思想和方法论。由于这一时期的方志大都亡佚，仅据辑佚难以窥其全豹，但现在流传的《华阳国志》，在其《序志》里所称，恰是代表了晋代志书的较高水平。

常璩撰《华阳国志》，是因为对两汉以来纪蜀事的方志，于"三州土地，不复悉载"，"郡县分建、地名改易……犹未详备"，深感于"曩遭厄运，函夏滔湮。李氏据蜀，兵连战结。三州倾坠，生民歼尽。府庭化为狐狸之窟，城郭蔚为熊罴之宿。宅游雉鹿，田栖虎豹。平原鲜麦黍之苗，千里蔑鸡狗之响。丘城芜邑，莫有名者。嗟乎三州，近为荒裔。桑梓之域，旷为长野。反侧惟之，心若焚灼……乃考诸旧纪、先宿所传并《南裔志》，验以《汉书》，取其近是；及自所闻,以著斯篇”。一腔强烈的爱乡热忱,溢于言表。把蜀地的地理、人物、史事完整地记载下来,视为责无旁贷,其目的在于:“夫书契有五善:达道义,章法式,通古今,表功勋,而后旌贤能。”(《华阳国志·序志》)对所记11篇的旨要,又有概括的阐述。这篇文字,十分明显,是具体模拟司马迁的《史记·太史公自序》的。

值得注意的是,将刘先主(备)、后主(禅)与刘二牧(焉、璋)以及李特、雄、期、寿、势并列,这是突破了《三国志》以后正统史观的。又,一方人物,“虽蛮髦之民,井臼之妇,苟有可纪,皆著于书”(吕大防《华阳国志序》)这样的记叙,在某种程度上是对从魏晋曹丕建立九品中正制以来逐渐形成的门阀等级制度观念的突破和冲击。

对于资料的搜集,《华阳国志》不停留于已有的文献和自己的见闻上:“广访博咨,流离困瘵。方资腐帛于颠墙之下,求余光于灰尘之中。翦灭者多,故有所阙。”(《华阳国志·序志》)可说是备历艰辛。最后不隐晦仍有缺漏,足证作者态度的谨严。这对后来的修志者无疑是有启迪作用的,或者说是一次示范。

第四节 隋唐——方志与方志学的再发展时期

隋的历史很短,后续的唐代,是我国封建社会的又一个强盛的王朝,从李渊于长安称帝起到朱温灭唐前后近三百年。在初唐和盛唐的阶段,政治较清明,经济较繁荣,对外经济文化交流极为频繁,作用于文化学术方面,在哲学、宗教、史学、文学等诸领域取得了空前的辉煌成就,这是尽人皆知的。方志与方志学也随同这个历史潮流一起前进。

一、方志的编纂

隋承北周统一北方的威烈，南向灭陈，从而结束了东晋以来的分裂局面。文帝杨坚是一位有作为的帝王，而炀帝杨广用阴谋手段攫取帝位，因淫乱失度而覆亡，是我国历史上著名的暴君之一。然而，不能以人废言，杨广虽残暴，却颇有文化素养，并且很重视修纂方志。即位不久，他就下诏令建立机构组织修志，并亲加过问。这是迄今所知继刘秀之后又一次用皇帝的名义下诏令全国修方志。隋朝虽社会安定的时间很短，但修成的志书不算少。《隋书·经籍志》著录总志一类的有 6 种，章宗源《隋书经籍志考证》所录别的志书约有 10 种，均已亡佚，《汉唐地理书钞》有 4 种辑本。炀帝在位 13 年，加上文帝，在如此短的时间里，且动乱不靖，修成这些方志已是非常可观的了。

《隋区宇图志》，129 卷，不著撰人姓名（据《隋书·经籍志》）。《旧唐书·经籍志》作《区宇图》128 卷，虞茂（本名世基，字茂世，唐人避世民、隆基讳改）撰，会稽余姚人，《隋书》有传。《新唐书·艺文志》也收录，作者同。

此书的修纂经过，章宗源《隋书经籍志考证》有一段引文说得很详细："隋《大业拾遗》曰：大业之初（《隋书·崔廓传》作五年，即 609 年——笔者），敕内史舍人豆卢威、起居舍人崔祖濬等撰《区宇图志》一部，五百余卷。属辞比事，全失修撰之意。帝不悦，敕秘书学士十八人修十郡志，内史侍郎虞世基总检。世基先命学士各序一郡风俗，奏宜请体式……四人先成，世基奏闻。敕付世基择善用之。世基乃钞（杜宝）《吴郡序》以为体式……成一千二百卷。卷头有图，别造新样，纸卷长二尺，叙山川则卷首有山川图，叙郡国则卷首有郭邑图，其图上有山川城邑。题书字并用欧阳肃书，即率更令询之长子，工于草隶，为时所重。"图文的格式和纸卷的尺寸（《玉海》卷一五作"广三尺,纵三丈三尺")都很清楚。所记的格式,是以前未见记载的。

对于《隋区宇图志》的内容,因失传较早,后人征引不多,王谟辑本从《太平御览》和《太平寰宇记》仅辑录得5条,据此,难以作剖断。

另有《隋诸州图经集》100卷,郎蔚之撰(见《隋书·经籍志》)。《隋书》本传作《州郡图经》,《旧唐书·经籍志》作《图经集记》,实际是一书。蔚芝名茂,《隋书》有传。此志的体式,必然要受《隋区宇图志》的影响。书也早失传,王谟辑本从《太平御览》录得120条,《太平寰宇记》录得128条。少量有与《史记正义》、《淮阳图经》、《陈州图经》的引文参证。这些文字,有记地名由来的,有记物产的,有记古迹的,有记神话传说的,与六朝的地志包括图经没有多大区别。于此可见,隋代的志书对魏晋以来地方图经的继承性是极为明显的。由此而及许善心的《方物志》、佚名的《州郡县簿》等,无不如此。

唐代在许多方面承袭隋制,从唐初修成的《贞观郡国志》、《括地志》等来看,其也受到隋代方志体式的制约,当然又有变化和发展。有唐一代修出多少志书,至今已难以考核,因为流传的不多,亡佚的又难以估量。《旧唐书·经籍志》收录于史部"杂传"和"地理"的,只有二十多种,《新唐书·艺文志》多一些,但"地理"、"杂传"加"杂史",也不过七十多种;据张国淦《中国古方志考》所收,也仅有八十种左右。这当然远远不能代表唐代方志的全部数量。

流传至今的唐代志书,有李吉甫的《元和郡县图志》、樊绰的《云南志》(又作《蛮书》)、陆广微的《吴地记》。程度不等的残本有贾耽的《贞元十道录》,韦述的《两京新记》,佚名的《沙州图经》(又作《沙州都督府图经》)和《西州图经》。佚志而有辑本的有十余种,以《括地志》辑录为最多。

现对尚流传的和辑佚的志书，分别级次，以年代先后为序，择要作简括的述评：

《括地志》，550 卷，又《序略》5 卷，魏王（李）泰修、萧德言等纂。已佚，有王谟辑本 2 卷、孙星衍辑本 8 卷，孙辑本较精审。

李泰修《括地志》的经过，据《旧唐书·太宗诸子传》载：

> （贞观）十二年（638 年），司马苏勖以自古名王多引宾客，以著述为美，劝泰奏请撰《括地志》。泰（李世民第四子，初甚得世民的欢心，修《括地志》是封魏王时事，继因夺嫡事获罪遭遣，最后封濮王——笔者）遂奏引著作郎萧德言、秘书郎顾胤、记室参军蒋亚卿、功曹参军谢偃等就府修撰。……十五年，泰撰《括地志》功毕。表上之，诏令付秘阁。

李泰等人并获得太宗的赏赐。《唐会要》卷三六“修撰”的记载大体与此一致。

对于《括地志》的散佚，王谟辑本《序录》说：“以予所考，唐人修书，惟张守节《史记正义》，于本纪、八书、世家、列传中郡邑、山川、古迹悉引《括地志》为注而外，则徐坚《初学记》‘州郡’总载纲领，亦采《括地志》为说。乃至宋修《太平御览》引书至一千六百九十件，独无一语及《括地志》，故未开列卷首书目（即‘经史图书纲目’——笔者）。若以为其书已亡，则乐史记《寰宇记》亦并时所修，何以屡见称引？是此书在当时，存亡尚未可知。”孙星衍辑本《序》以为：“《通典》、《太平御览》、《太平寰宇记》亦引之，或称为《坤元录》。《路史注》引有《括地象》，按其文亦即此书。罗苹仅从他书抄撮，故讹志为象字。《玉海》所引，多于《史记正义》者，其时据《史记注》善本，王应麟亦不见本书也。”所以是在宋南渡时“《括地志》亦竟散佚”。

对于此书的评价，孙星衍称：“长于《元和郡县图志》，而在其先。”在《元和志》之先，不用多说。长于《元和志》，是有充足理由可说的。首先,李泰在修《括地志》时,地位显赫:“大开馆舍,广延时俊。人物辐凑,门庭如市。”(《资治通鉴·唐纪》)这是李吉甫做不到的。其次,李世民贞观与宪宗元和时比较,统治的势力和实际辖区已不能相比。据《贞观十三年大簿》,当时全国分10道,350个州(包括40个都督府),1551个县。后平高昌,又增2州6县。而元和时已失去了这种控制力,如河北三镇等为节度使所割据,陇右、剑南两道的部分地区已为吐蕃、南诏所占。再说萧德言等能博采魏晋南北朝的方志和故老旧闻,全面地记述各道、州、县的建置沿革、山川形胜、河流沟渠、风俗物产、往古遗址以至人物故实,这也是李吉甫所不能及的。当完成了那样庞大的卷帙后,李世民有极高的赞誉,称《括地志》:“博采方志,得于旧闻。旁求故老,考于传信。内殚九服,外极八荒。简而能周,博而尤要。度越前载,垂之不朽。”(《玉海》卷一五)由于这时李世民对李泰有偏爱,所以所言难免有溢美之词,如孙星衍就指出,所记与经史考证有不能置断之处,但无论如何,它是唐初的一部方志巨著。可惜已不能对它作很多的了解了,更不用说是全貌了。但就以《史记正义》对其的引文对汉以来的地理沿革的研究,已是不可多得的资料。

《元和郡县图志》,40卷,目录2卷,李吉甫撰。李吉甫,字弘宪,宪宗元和时两次任宰相,新、旧《唐书》都有传。父栖筠,代宗时任御史大夫。子德裕,武宗时任宰相。李吉甫不仅是一位政治家,也是一位方志学家。

李吉甫撰《元和志》的宗旨,和李泰修《括地志》“多引宾客,以著述为美”的目的不同。吉甫生活在唐王朝与地方割据势力激烈斗争的时期,而且身居相位。宪宗李纯有意削平藩镇,而从中央到地方,官吏腐败,积弊已深。政治的弊端带来人民的痛苦,还在任刺史与节度使时,李吉甫就身历其境;出任宰相后,他力主加强中央集权,讨平藩镇,革除弊政,增加政府的财政收入。这种政治主张，自然地贯彻于修志之中。或者说，修《元和志》就是体现了李吉甫的政治主张。他在《序》文里这样说：

天宝之季，王途暂艰。由是坠纲解而不纽，强侯傲而未肃。……臣吉甫当元圣抚运之初，从内庭视草之列，寻备衮职，久尘台阶……久而伏思，方得所效。以为成当今之务，树将来之势，则莫若版图地理之为切也。……况古今言地理者凡数千家，尚古远者或搜古而略今，采谣俗者多传疑而失实。饰州邦而叙人物，因丘墓而征鬼神，流于异端，莫切根要。至于丘壤山川，攻守利害，本于地理者，皆略而不书。将何以佐明王扼天下之吭，制群生之命；收地保势胜之利，示形束壤制之端？此微臣之所以精研，圣后之所宜周览也。

他不但这样说，而且也是这样做的。宋程大昌于《元和郡县图志序》称：

此于唐家郡县疆境、方面险要，必熟按当时图籍，言之最为可据。宪宗经略诸镇，吉甫实赞成之。其于河北、淮西，悉尝图上地形。宪宗得以坐览要害，而隃定策画者，图之助多也。

这就成了《元和郡县图志》最重要的特点。

李吉甫撰此志有着有利的条件。他曾被委任监修国史，能接触大量的文献，又因任相事，能批阅中央和地方的各种案牍；并有撰著经验，曾撰有《六代略》、《百司举要》、《元和十道图》和《元和国计簿》。约略统计，《元和志》征引书籍有一百多种，其中方志有五十种左右。不注明引书而事实有所据的还有不少。

全书起自关内道京兆府，止于陇右道，凡10道47镇。备载全国疆域政区、建置沿革、山川物产、道里贡赋、户口变迁，又重视对自然的利用和改造。记叙比《新唐书·地理志》和《通典·州郡》翔实。而且当时的陇右、剑南、河北、河南的大部及部分地区，有的已为吐蕃、南诏所占,有的被卢龙、成德、魏博三镇及淄青、淮西节度使控制,成了独立的或半独立的政权。而李吉甫仍将这四道全部纳入疆域,用心是昭然可知的。

此志又有所不足,乐史说是“编纂太简”(《太平寰宇记》)。也有舛讹,戴震于“汾州”一条就指出有六谬,但他又认为:“其书之可宝贵,自孟坚《地理志》、道元《水经注》而外,无有上之者矣。”(《戴震集·答曹给事书》)《四库全书总目》也说:“舆记图经,隋、唐《志》所著录者,率散佚无存。其传于今者,惟此书为最古,其体例亦为最善。后来虽递相损益,无能出其范围。”这是合乎事实的。

在流传过程中,此书已有部分散佚,南宋时图便失掉。现在的传本已缺6卷多。清孙星衍有校本,严观有补本,缪荃孙辑有《元和郡县志缺卷逸文》,张驹贤据孙星衍《岱南阁丛书》本作有《考证》。这对《元和郡县图志》都是有功的。

《贞元十道录》,4卷,唐贾耽撰。已佚,从敦煌得残卷16行,罗振玉收入《鸣沙石室遗书》。贾耽,字敦诗,沧州南皮人,曾官至检校司空、左仆射,新、旧《唐书》有传。他是一位出类拔萃的方志大家。时人权德舆称其为“今之言地理者,称魏公焉”(《权载之文集·贞元十道录序》)。宋人王应麟《玉海》卷一五《华夷图》下称,贾耽“撰《海内华夷图》,及论次地理之书,凡五十有五篇……言方志者,以公名家”。

权德舆于《贞元十道录序》中论述它的内容:

其首篇,自贞观初,以天下诸州,分隶十道。随山河江岭,控带纡直,割裂经界,而为都会。在景云为按察,在开元为采访,在天宝以州为郡,在乾元复郡为州。六典地域之差次,四方贡职之名物,废置升降,提封险易,因时制度,皆备于编。而又考迹其疆理,以正谬误。采获其要害,而陈开置。……其三篇则以十道为准,县距州,州距两都,书其道里之数,与其四鄙所扺。其事核，其言详。闳览默识，精微错综，斯为至矣。

现存残卷，为剑南道姚、协、曲、悉、柘、静、保、霸、维、真、恭、翼 12 州。每州下记所管县名、土贡，距离两京和县距州的道里数。据罗振玉、刘师培等考核，与《通典》、《元和郡县图志》、新、旧《唐书·地理志》以及《通鉴》等记载校证，从它们的异同可有助于辨清天宝至元和间剑南道州县置废的事实。

《云南志》，10 卷，樊绰撰。以往的公私目录有作《蛮书》、《南蛮记》或《云南史记》，实际都是一书。为避免对少数民族作不恰当的称谓，还是如《宋史·艺文志》和《郡斋读书志》一般，作《云南志》为好。

樊绰曾任安南经略使（《直斋书录解题》作宣慰使）、夔州都督府长史，新、旧《唐书》无传，事迹未详。此志成书是在懿宗咸通（860～873 年）初年，原书已失传，今本系从《永乐大典》辑出。

云南，在唐代属地方政权南诏的辖境。自文宗大和六年（832 年）以后，唐中央政权和南诏一直处在时战时和的状态中。咸通三年，樊绰受岭南西道节度使蔡袭的派遣，率健卒进入南诏的控制区。当他在安南城时，就留意搜集有关南诏的历史和现状的种种资料，又参阅前人的著述，撰成《云南志》。既缕述南诏对唐边境的侵扰和掳掠，也备载唐长吏的苛暴、恣杀无辜，造成群众的痛苦和冤屈，因而招来南诏的攻战。樊绰以此进呈朝廷，目的在于提供制订对付南诏的策略依据。

与樊绰同时及其前后，修纂关于云南方志的有韦琯《云南事状》1 卷、袁滋《云南记》5 卷、达奚洪《云南风俗录》10 卷、佚名《云南土俗传》卷数不明、窦滂《云南别录》1 卷、徐云虔《南诏录》3 卷等。这些都已亡佚，现存的只有樊著，是流传至今最为翔实的云南方志，也是南诏专史。

全书分述界内途程、山川江源、六诏（《新唐书·南诏传》："夷语王为‘诏’。其先渠帅有六，自号六诏。”——笔者）名类、六睑（向达《蛮书校注》卷五：“夷语，睑若州。”——笔者）、城镇、界内物产、风俗、条教、疆界接连诸番数国名等10目，是研究唐代云南地区山川、城镇、交通、民族以及邻近各民族的政治、物产、风俗等的重要文献，历来受到学者的重视。宋祁的《新唐书·南诏传》、司马光的《资治通鉴》述南诏事、蔡沈的《书集传》，都有取材于此。程大昌也引澜沧江以证明华阳黑水。其价值不言而喻。

清四库馆辑成此书后，稍事整理。以后有几种考释的专著，沈曾植的《蛮书校注》，惜未刊行，李子康的《蛮书考证》也只存残卷。向达的《蛮书校注》（1962年中华书局版），博采众说，作了缜密的校勘和注释，并附录有关南诏的文献资料和若干年表和地图，极为精审。1985年由中国社会科学出版社出版的赵吕甫的《云南志校释》，附有《云南志》佚文、樊绰《奏状》、唐与南诏复交以及有关“廉君蛮”的史料。另外，岑仲勉、方国瑜和日本学者等对此书也有专题研究。

《吴地记》，1卷，附《后集》1卷，题署唐陆广微撰。新、旧《唐志》不载，《宋史·艺文志》、《直斋书录解题》、《文献通考·经籍考》均有著录。陆广微，史书无传，《直斋书录解题》以为“郡人也”。

《吴地记》因记叙的内容庞杂，所以对此书的作者与成书年代，一向有不同的认识。《四库全书总目》从书中寻出9条舛讹，以为“此书不出广微，更无疑义”。钱大昕却持另一种观点：“陆广微事迹无可考，所撰《吴地记》，云自周敬王六年（前514年）至唐乾符三年（876年），则是唐僖宗朝人。而《唐艺文志》不载此书，至《宋志》始著于录。吴江一县，吴越有国日始置，而卷内有续添吴江县云云，殆是后人羼入。”（《十驾斋养新录》卷二〇《吴地记》）没有对陆广微的著作权表示异议，但以为书中有后人补苴的成分。周中孚不赞成否定为陆广微所撰，说："此书若属宋人所作，则于唐何以云今唐也。"但也以为"已经宋人增益"，"后集则北宋人所撰"（《郑堂读书记补逸》卷一七）。张国淦据张海鹏《学津讨原》本考核，认为书应分三部分：一为陆广微原作，二为宋人增入，三为宋元人陆续增补（参阅《中国古方志考》"《吴地记》"条案语）。

此志记叙唐代苏州及其属县，侧重于州城和吴、长州二县，内容有历史沿革、山水、城池、门名、坊巷、桥梁、赋税、寺观、冢墓等。广微此作，是前有所承的。在此之前，名为"吴地记"的方志，有晋张勃、环济及齐陆道瞻三家。此外，还有晋顾夷的《吴郡记》、南朝刘宋董览的《吴地志》和王僧虔的《吴郡地理记》。从有关的引文看，体例是近似的。这些都已亡佚，所以，陆广微撰《吴地记》虽记述简略，却是现存有关吴地以至苏州的最早的志书。不少事实不见于别的记载，因而它的价值是不应低估的。

《沙州图经》残卷、《西州图经》残卷，作者和成书年代不详，清末于甘肃敦煌鸣沙山石室发现的手写本。原件已被伯希和（Paul Pelliot）盗走，现藏巴黎图书馆。端方获得《沙州图经》和《西州图经》的影印件，罗振玉先收入《敦煌石室遗书》，题为《沙州志》和《西州志》；后入《鸣沙石室佚书》，改题《沙州图经》和《西州图经》。据王重民《巴黎敦煌残卷叙录》载，曾详核伯希和《敦煌石室访书记·巴黎图书馆敦煌写本书目》及其原件，《沙州图经》编号为2005，与另一编号为2695的残卷、卷末有"《沙州都督府图经》第三"对照，两个本子不同，名目和次序不同，文字也有差异，但很多内容是一致的。因此，它们同是图经，应无疑义。

《沙州图经》头尾缺佚，保存的残卷不超过3丈，门目有水渠、壕、泽、堰、堤、殿、盐卤、盐池、湖泊、驿、州学、县学、医学、社稷坛、杂神、异怪、庙、冢、堂、土河、古城、张芝墨池、祥瑞、歌谣等25目。罗振玉作有《跋》，称其："叙事详赡，文字尔雅。"并以为成书于开元间,王重民提出不同的看法,但两人都以为是唐代而且是盛唐时的产物,只是具体的年代有异而已。罗《跋》考证,所记水系、城塞、驿路,大都不见于别的地志。有些记载足以证实别的记载有误。如明人纂辑的崔鸿的《十六国春秋》,张体顺讹作张慎,宋承义误为宋承。凉武昭王的庚子纪年直称至五年,并非元年称庚子,二年称辛丑。武昭王修塞城、敦煌献同心梨,系年均舛误等。《西州图经》仅存几十行,所记也可证史籍之缺。从方志与方志学的立场上说,更有值得重视的。这就是东汉以来就有图经存在,今天能看到的实物,便是唐代的这几个残卷;并且,由此可以窥见唐代图经的大致格式。沙州和西州,是唐代的边陲地区。这里有图经,中原地区有图经必将更为普遍。

《两京新记》,5 卷,韦述撰,现存第 3 卷残卷,作者是玄宗时著名的史官,新、旧《唐书》有传。此书首见于《新唐书·艺文志》,宋代的几种目录著作也有著录,宋程大昌的《雍录》、明代郎瑛的《七修类稿》都提到,但后世援引此书的很少。清朱彝尊说东西京记世无完书,盖早已有散佚。日本天曝山人得首尾数纸的第 3 卷残本,曹元忠有辑本。

唐两京是西京长安和东都洛阳。《两京新记》为都邑志之类。宋人宋敏求的《长安志》和《河南志》,就是仿《两京新记》的体例。

二、方志学的承前启后

隋唐时期,方志与方志学所表现出的根本特征,是它们处于方志发展史上承先启后的一个特定阶段。这就是:一方面,无论在志书的名目、体例、级次等,都存在明显的继承踪迹;另一方面,又不是亦步亦趋地照搬,而是迈着历史的步伐,注入新的因素,具有这个时代的特点。此时的方志,在不少方面,对以后方志的发展,起了某种开路的作用。

1. 方志修纂学的成就

隋唐时方志编纂的成就，比起前一时期，表现有四：

(1)方志的类型，承继了以前总志、州郡志的级差和分别记地、记人、记物的传统，而记人物的志书逐渐在减少。其名目和体式，也大体上沿用了魏晋南北朝时的图、志、记、图经，但不以分述专项为主，如郎蔚之的《隋诸州图经集》，李泰的《括地志》，贾耽的《古今郡国县道四夷述》，李吉甫的《十道图》、《元和郡国图志》，陆广微的《吴地记》；而且以前图经仅是州郡一级，隋炀帝时修的总志名为《隋区宇图经》和《隋诸州图经集》。唐代因之，而有《元和郡县图志》、韦瑾的《域中郡国山川图经》以及道一级的元稹的《京西京北图经》，实为宋代官修全国图经的先导。中唐时，出现有专记州镇烽戍道路的，如元稹的《京西京北州镇烽戍道路等图》，又开以后关、镇志的先河。

(2)在记述的内容方面，李吉甫于疆域、建置沿革、户口、人物、物产、贡赋等外，特别注意丘壤山川、攻守利益，显然是比以前的地志有了扩充。《沙州图经》又延伸到学校和歌谣。这种门目和内容的不断扩大，随着量的增大，必然将引起一个新的飞跃。如此一层层台阶的叠起，是为以后步上更高一层的准备。正是唐代志书有如此的进展，宋以后的体例方日益完备，内容愈见充实，这是水到渠成、历史必然了。

(3)关于搜集资料。资料的征集无非是两个途径：一是博采群书，二是广泛采访和实地调查。如贾耽是一位方志名家，他撰《海内华夷图》，“注意地理，究观研考，垂三十年”；后又身居朝廷要职，有阅读国家图书档案的方便条件，然而犹不以此为满足：“绝域之比邻，异蕃之习俗，梯山献琛之路，乘舶来朝之人，咸究竟其源流，访求其居处。阛阓之行贾，戎貊之遗老，莫不听其言而掇其要。闾阎之琐语，风谣之小说，亦收其是而芟其伪。”(《旧唐书·贾耽传》)权德舆称《古今郡国县道四夷述》“尽瀛海之地,穷鞮译之词,陈农不获之书,朱赣未条之俗,贯穿切劘,靡不详究。开卷尽在,披图朗然”。樊绰撰《云南志》,因为他曾官岭南西道节度使的从事,能看到南诏事迹的案牍,又曾率健卒深入南诏地,亲见种种。这对于他们之所以能写出有分量的志书是至关重要的。

(4)在方法上,隋唐时修志有值得肯定之点。如虞世基受命总纂《隋区宇图志》,采用先树立榜样而后推动一般的方法。这就是先指定四人各叙一郡的风俗,选择其中最优的作为格式,让其余人取法。这是修撰大型志书、参与修志的人员又较多的一种很有效的领导方法。又如贾耽修《海内华夷图》,制图的方法是用纸“广三丈,从(纵)三丈三尺,率以一寸折成百里。……宇宙虽广,舒之不盈庭”。这是晋裴秀“制图六体”之一的“分率”的发展运用,和现代制图的比例相似。贾耽还用颜色来区别古今地理:“其古郡图题以墨,今州县题以朱。今古殊文,执习简易。”(《海内华夷图》)以红、黑来区别古郡今县,加强了形象直观的效果,应当说这是有创造性的。

以上这些,既有继承,又有创新,汇成了方志修纂的新水平。

2. 方志理论的贡献

这个时期,可以贾耽、李吉甫和樊绰为代表。他们修志,不单纯从学术的爱好出发,为修志而修志,也不是因为受人之托或者奉命去完成任务,而是有着强烈的自觉意愿,把自己的政治主张融通于志书之中,读者是不难嗅到的。如权德舆在《贞元十道录序》中对贾耽此作这样评说:“公之意,岂徒洽闻广记,以学名家而已哉。盖体国远驭,不出户而知天下,亲百姓,抚四夷,真宰相之事也。”如果这是言之允当的话,那么,拿它作为对李吉甫及其《元和郡县图志》的评价,也未尝不为合适。樊绰虽不是宰相,但作《云南志》的主旨,未始不与贾、李所作相通。因为他们的目的相同,意在强化唐王朝的统一政局，消弭战乱，改革弊政，忧国忧民之心息息相通。

还可以看到，李吉甫于《元和郡县图志序》里严肃地抨讦以往方志存在的通病："尚古远者或搜古而略今，采谣俗者多传疑而失实。饰州邦而叙人物，因丘墓而征鬼神，流于异端，莫切根要。"尤其是："丘壤山川，攻守利害，本于地理者，皆略而不书。将何以佐明王扼天下之吭，制群生之命；收地保势胜之利，示形束壤之端？"反对什么，在它的对面就是积极地提倡什么。这里最为重要的是主张略古详今和求实效用。

方志记载失实，一向受到学者的批评。李吉甫之前，颜师古曾指出："中古以来，说地理者多矣。或解释经典，或撰述方志。竞为新异，妄有穿凿。安处附会，颇失其真。"（《汉书·地理志》注）刘知几说："地理书者……则人自以为乐土，家自以为名都。竞美所居，谈过其实。"（《史通·杂述》）李吉甫所说更为具体而切实。所记事实真实与否，是志书优与劣的前提条件。因此，求实的要求，无疑是十分重要的。求实又与致用结合起来，就更见其重要了。并且，致用不是一般的用，而是关联于国计民生的"用"，这个意境，也就更值得崇扬。至于详今略古，则成为宋以来修志的一种普遍原则。

评述隋唐时期的方志，附带地简略说一说五代的方志。907年，唐朝覆亡，朱温建号称帝；960年，赵匡胤发动陈桥兵变，黄袍加身。这期间，我国历史上出现了又一个分裂时期，史称五代十国。梁、唐、晋、汉、周，像走马灯一般地变换，战无宁日。据《五代会要》卷一五《职方》载，后唐天成三年（928年）闰八月，敕"诸道州府每于闰年合送图经、地图，今后权罢"。修志总得有个安定的环境，但战乱不休，原有的规定也只能作罢。所以，五代时修成的志书寥寥无几。《宋史·艺文志》著录不到10种，《中国古方志考》仅收后梁佚名的《天下郡县目》、南唐徐锴的《方舆记》和杜光庭的《续成都记》3 种，这些都已全部亡佚，而且没有任何遗迹可寻。所以，五代十国的方志，比起唐与宋，实在无足称道。

由此可证，所谓盛世修志，恰是道出修纂志书必须要有社会的安定和经济、文化等条件作为前提的。

第五节 两宋——方志与方志学的新繁荣时期

以赵匡胤建立宋政权为转机，自 960 年起，我国又由分裂逐步走向统一。虽说北宋是一个统一王朝，但西北与辽、西夏以及后起的金对峙，最后被金所败亡，始终未能真正的统一；南宋更是偏安一隅，统治格外脆弱。两宋与汉、唐、元、明、清是不能比拟的。然而，统一是我国历史的总趋向，由乱到治，是代表了人民的愿望的。两宋时生产也有所发展，由于全国实现经济重心由北向南的转移，南宋的辖地还是当时我国经济的重心所在。在文化学术方面，两宋上承唐代，又获得了具有时代特色的繁荣景象，于哲学、史学、文学和科学技术诸领域都有突破性的进展，有些还别开生面乃至是新的开创。雕版印刷的普遍采用，活字印刷术的发明，为各种图书典籍包括方志的传播，创造了旷古未有的有利条件。而方志修纂和方志学的成就，也取得了长足的进步，进入了一个崭新的历史时期。

一、方志体例的完备

两宋修志，既有中央政府倡导大规模的官修，府县长吏也重视修志，又有众多的私人撰纂。修出的志书，有总志、府县志、乡镇志，自全国性的以至一个乡镇，级次全备。表现在体例上，由分而合，出现了门类齐全的综合型志书。这是两宋方志划时代的贡献。

同时，专志与杂志并没有从此绝迹，也有新的发展。并且，一地的志书，层著迭作。官修图经，每闰年录进。私修续志，相隔时间多的五六十年，少的仅一二十年，尤以府县志最为普遍。

北宋时，由皇帝下诏修纂天下图经有三次：一是太祖赵匡胤开宝年间，二是真宗赵恒景德年间，三是徽宗赵佶大观年间。

赵匡胤建号称帝的第十个年头："开宝四年（971 年）正月戊午，命知制诰卢多逊、扈蒙等重修天下图经，其书汔不克成。六年四月辛丑，多逊使江南，求江表诸州图经，以备修书，于是十九州形势尽得之。"（《玉海》卷一四）到973 年时，全国性的图经虽未完成，州县一级的却很可观。所以，宋准于开宝"八年，受诏修定诸道图经"（《宋史·文苑二·宋准传》）。

徽宗时，"大观元年（1107 年），朝廷创置九域图志局，命所在州郡编纂图经"（黄鼎《乾道四明图经序》）。此时北宋已接近尾声，而且政局动荡，不可能修成总志型的图经。所以，原定修的《九域图志》，据《玉海》卷一五《元丰郡县志》："大观二年四月二日，详定《九域图志》，强渊明上言，续修其书，诏四方以事来上。"到宣和（1119 ~1125 年）间，书局被罢，就不能修成了。但战乱尚未波及的地区，修纂成书还是有成效的，如《大观明州图经》便是。

规模最大、成绩最为显著的是真宗那一次。《玉海》卷一四"《祥符州县图经》"条详述其经过：

景德四年（1007 年）二月庚辰，真宗因览《西京图经》，有所未备。诏诸路州、府、军、监，以图经校勘，编入古迹，选文学之官纂修校正，补其阙略来上。及诸路以图经献，诏知制诰孙仅、待制戚纶、直集贤院王随、评事宋绶、邵焕校定。仅等以其体制不一，遂加例重修，命翰林学士李宗谔、知制诰王曾领其事；又增张知白、晏殊，又择选人李垂、韩羲等六人参其事。祥符元年（1008 年）四月戊子，龙图待制戚纶，请令修图经官先修东封所过州县图经进内,仍赐中书、密院、崇文院各一本。……三年十二月丁巳,书成,凡一千五百六十六卷,目录二卷。……命宗谔为《序》。又诏重修定大小图经,令职方牒诸州谨其藏,每闰依本录进。景祐四年(1037年)二月甲子,赐御史台。凡京府二、次府八、州三百五十二、军四十五、监十四、县千二百五十三。祥符四年(1011年)八月十八日,中书门下牒别写录,颁下诸道图经新本共三百四十二本。

这些图经,既要进呈中央,各级地方政权也有藏本,而且规定每逢闰年必须重修进呈,成为一种定制。于此可见北宋时修志的频繁和遍及了。可惜,这些志书在宋室南渡及以后便逐渐亡佚了。钱大昕曾说:"予谓李宗谔《图经》,南渡之际,都已散佚。即大观明州所修图经,亦复阙佚。"(《潜研堂文集》卷一九《鄞县志辨证》),这个论断大体可信,兵燹的破坏实在是惊人!但又不能太绝对了,因为还有零星地保存着的。南宋人陈振孙《直斋书录解题》卷八于《苏州图经》下说:"景德四年诏以四方郡县所上图经,刊修校定为一千五百六十六卷。以大中祥符四年颁下。今皆散亡。馆中仅存九十八卷。余家所有,惟苏、越、黄三州刻本耳。"馆中存数,与《玉海》所称《中兴书目》录数相符。陈振孙家有藏本,别的藏书家也会有。所以说已完全散佚是言之过甚,但散佚十分严重是可以肯定的。

北宋除全国规模持续的官修图经,还有私人修志,而且早在开国之初便有。据《玉海》卷一四《乾德山川形势图》称:"太祖以《幽燕地图》示赵普,普曰:'此必曹翰为之。'上曰:'然。'"并且有不以图经命名的总志型的方志,在方志史上有里程碑的意义,这就是乐史所纂《太平寰宇记》,以后还不断出现。另有郡县的志书,如宋敏求的《长安志》、杨潜的《云间志》、项公泽的《玉峰志》等,都是著名的善志。

偏安的南宋，自始至终皇家也没有修纂天下图经之议论，闰年进呈之制就无从坚持。可是出于惯性，地方官吏主持修志仍在继续，私家撰纂志书也有所发展。但如陆放翁所说“书(《嘉泰会稽志》)虽本之图经”，而“图经出于先朝，非藩郡所可附益”(《嘉泰会稽志序》)。意思是说：图经是北宋朝廷下诏修志的名称，不能随便用，所以就改称“志”。正是这个缘故，南宋时以图经命名的志书减少了，而以志命名的显著增多。名称的改易，不涉及方志的质的变化，这是很清楚的。但是，这一更改对后世产生了长远的影响。元代之后，志书以图经题名的已是寥寥无几，几乎被“志”所取代。此处再一次指出这一点，是非常有必要的。因为方志大家章学诚曾经说过：“方志之与图经，截然不同。”这一论断是否符合实际？当时人罗愿纂《新安志》，他在《序》中曾提到唐人的《歙州图经》，而“至大中祥符中颁李宗谔所修新图经于天下……又失祥符所颁，特抄取计簿益之，以里魁亭父之所隐实者编以为册。……间因阅前史及国典，并杂家稗说有及此者，稍稍附著。后得《祥符图经》于民间，则纲目粗设。益访故老，求遗事，思辑为一书”。后得郡守赵不悔的勉励，又“网罗金石之文，使得辅成其说，而书出矣……凡十卷，名曰《新安志》”。可见罗愿是以《祥符图经》为依据而设目的。只是因为限于不宜再以“图经”命名，并且又没有图，所以很自然地以“志”为名了。又如《宝庆四明志》，其修纂原委，罗濬的《序》说：“取旧图经(指张津的《乾道四明图经》)，与在泮之士重订之。”因“图少而志繁，故独揭志名”。

由此可见，方志的名目，南宋开始由“图经”向“志”转变，其底蕴是十分清楚的。笔者所以不惮其烦地再一次作如此的说明，是因为章学诚所说方志之与图经不同。这种观点一直影响到现在，并演变为一种认识，以为只有以“志”题名的才是方志。

为了切实剖析这种关系，再以成书于两宋同是以吴郡为记叙对象的《吴郡图经续记》和《吴郡志》作一比照。北宋朱长文纂《吴郡图经续记》设目有:封域、城邑、户口、坊市、物产、风俗、门名、学校、州宅、南园、仓务、海道、亭馆、牧守、人物、桥梁、祠庙、宫观、寺院、山、水、治水、往迹、园第、冢墓、碑碣、事志、杂录28目,范成大的《吴郡志》则为:沿革、分野、户口、税租、土贡、风俗、城郭、学校、营寨、官宇、仓务(场务附)、坊市、古迹、封爵、牧守、题名、官吏、祠庙、园亭、山、虎丘、桥梁、川、水利、人物(列女附)、进士题名(武举附)、土物、官观、府郭寺、郭外寺、县记、冢墓、仙事、浮屠、方技、奇事、异闻、考证、杂咏杂志等近40门。两者体例相同,连门目也大体一致,后先相承的痕迹是一目了然的。只是后者比前者在广度和深度上更为充实而已。本来,事物的发展规律一般是后来居上。所以,元人戴良说:"古者郡国有图,风土有记,所以备一方之纪载。今之志书,即古之图记也。"(《重修琴川志序》)

两宋方志,见于《宋史·艺文志》、倪灿《宋史艺文志补》、《崇文总目》、《通志·艺文略》、《文献通考·经籍考》、《直斋书录解题》、《千顷堂书目》以及《中国古方志考》等公私目录著录约计一千多种,当时大都刻印流传,包括宋以前流传下来的志书。现在知道,唐河东节度使李璋撰《太原事迹记》,北宋治平(1064~1067年)中太原府曾刻印,改名《晋阳事迹杂记》,原为14卷,并作10卷(《直斋书录解题》卷八)。而至今保存的宋志,只有二十多种,宋刻本为数更少。

宋代总志一级的方志有80种左右,其中包括金国的1种。流传迄今的有乐史的《太平寰宇记》、王存的《元丰九域志》、欧阳忞的《舆地广记》、王象之的《舆地纪胜》、祝穆的《方舆胜览》等5种。以《太平寰宇记》和《舆地纪胜》最为著称。

《太平寰宇记》,200卷,北宋乐史撰。乐史,字子正,宜黄人,太平兴国进士,历官著作郎、直史馆、太常博士,《宋史·乐黄目传》有附传，生平著述数十种。因为宋代至此还没有像《元和郡县图志》那样的总志，所以乐史在史馆时，深感于“图籍之府未修，郡县之书罔备。何以颂万国之一君，表千年之一圣”，于是“沿波讨源，穷本知末，不量浅学，撰成《太平寰宇记》二百卷，并目录二卷”。以此自诩：“万里山河，四方险阻，攻守利害，沿袭根源，伸纸未穷，森然在目。不下堂而知五土，不出户而睹万邦。图籍机权，莫先于此。”（上《太平寰宇记》表）

乐史对《元和郡县图志》颇多指责，然而，《太平寰宇记》的体例恰是模拟《元和志》的。全国的政区，当时还没有分置15路，仍沿袭唐的10道。只是以宋的政治重心为基准，起自河南，止于岭南，并把关内道改为关西道，中间的次序也略有调整。所不同的，在道下据宋制而有京、州、军、监、县，最后增四夷：东夷、西戎、南蛮、北狄。

这样，乐史所记并非当时北宋实际控制的疆域，而是唐全盛时的版图。其所以如此，《四库全书总目》说是：“盖太宗置封桩库，冀复燕、云，终身未尝少置。史亦预探其志，载之于篇，非无所因而漫录也。”这与作者所呈进书《表》所说的“重归正朔”是吻合的，反映了北宋初有统一全国的愿望，也表达了我国此时完整疆域的观念。

《寰宇记》记述的内容与《元和志》格式相同，增加有姓氏、人物、风俗等。四库馆臣称之：“采摭繁富，惟取赅博。于列朝人物，一一并登。至于题咏古迹，若张祜《金山诗》之类，亦皆并录。后来方志必列人物、艺文者，其体皆本于史。盖地理之书记载，至是书而始详，体例亦至是而大变。然史书虽卷帙浩博，而考据特为精核。要不得以末流冗杂，追咎滥觞之源矣。”这种评说难免有溢美之嫌。

的确，此书比《元和志》援引的更多，并敢于采用稗官小说的资料，全书引用书籍有一百多种，是一部善志，但说它“考据特为精核”,这就未必了。清洪亮吉于《太平寰宇记序》中曾指出佛肸叛的中牟在河北而误为河南,误云陵、云阳为一,以唐陵当楚棠谿。陈运溶于《荆州记序》中也指出乐史征引盛弘之《荆州记》因未见原书而有讹误。洪亮吉并因记及神话传说而以为是“意在征奇,罔知传信,是又非史例”。至于志书而记人物、艺文,也不始于乐史,《越绝书》及《华阳国志》等早已如此。

这部书明代的传本已只有193卷,缺7卷。清万廷兰有校刻本,徐乾学、朱彝尊都作过抄补,均未能补正。后杨守敬在日本枫山书库得《太平寰宇记》残本6卷,影印收入“古逸丛书”,补足五卷半,仍缺二卷半。但据陈运溶考证,判定这是伪书。另有陈兰森《太平寰宇记补阙》8卷、陈运溶《太平寰宇记拾遗》7卷,然而终究未能恢复旧观。

《舆地纪胜》,200卷,南宋王象之撰。王象之,字仪父,婺州金华人,曾任长宁军文学,分宁、江宁知县。

此书体例和《太平寰宇记》类似,只是在州府之上没有路的归属。记叙范围大体是南宋实控的疆域,不及全国,记及西北等地是偶有的。始行在所,终剑门军,有府二十五、军三十四、州一百零六、监一,共府、军、州、监一百六十六。府、州、军独立成篇,分叙府州沿革(遇有监司、军将驻节的,另叙沿革在后)、县沿革、风俗形势、景物、古迹、官吏、人物、仙释、碑记、诗、四六(骈文)等12子目。上承《元和郡县图志》而有增益,也比《太平寰宇记》充实。

王象之撰纂此志,取材丰足,既“搜括天下地理之书及诸郡图经,参订会粹”,又曾“少侍先君,宦游四方。江、淮、荆、闽靡国不到。……及仲兄行甫,西至锦城;而叔兄中甫,北趋武兴,南渡渝、泸,归来道梁、益事,皆衮衮可听”(《舆地纪胜序》)。读万卷书,行万里路,才能博闻广识,寓丘壑于心胸。特别是对于地理形胜,不经过实地考察,单凭别人的记载是不够的。所以,古代的史学、地理学、方志学者们都强调要"目验",就是实地考察,其原因就在于此。而且,在与实际的接触中,所得故老的传说、乡土的异闻以及吏治、人物等的口述,即所谓"活资料",比起仅据文献记载也要丰富而实际。作者兼备两方面的资料,因此撰纂成书,也就经得起检验了。

不知出于什么缘由,《四库全书》没有收此志,可是它历来受到名家的好评。当时,李埴为此书作《序》,称它比李宗谔的《祥符州县图经》加详,与韦述的《两京新记》及宋敏求的《长安志》、《河南志》的"该赡精密"可以相媲美。"使人一读,便如身到其地。其土俗人才,城郭民人,与夫风景之美丽,名物之繁缛,历代方言之诡异,故老传记之放纷,不出户庭皆坐而得之。"清钱大昕说:"史志于南渡事多阙略。此所载宝庆以前沿革,详赡分明,裨益于史事者不少。……此书体裁,胜于祝氏《方舆胜览》。"(《十驾斋养新录》卷一四)阮元也认为:"南宋人地理之书,以王氏仪父象之《舆地纪胜》为最善。……体例谨严,考证极其该洽。"(《舆地纪胜》刊本《序》)这些都不过誉。《舆地纪胜》因所征引唐、宋方志很多,陈运溶、缪荃孙等辑佚志书,都曾从此取材。

此书今本已缺 31 卷。清刘文淇、毓崧父子替它校勘补缺,有校勘记 52 卷。潘祖荫有《补舆地碑记目》4 卷。岑建功有《舆地纪胜补阙》10 卷。这些都有功于《舆地纪胜》,但终究还不是完本。

府、县级志流传迄今的,北宋有朱长文的《吴郡图经续记》、宋敏求的《长安志》、吕大防的《长安图记》,南宋有程大昌的《雍录》、周应合的《景定建康志》、范成大的《吴郡志》、杨潜的《云间志》、凌万顷的《玉峰志》、边实的《玉峰续志》、史能之的《咸淳毗陵志》、史弥坚的《嘉定镇江志》、罗愿的《新安志》、周淙的《乾道临安志》、施谔的《淳祐临安志》、潜说友的《咸淳临安志》、谈钥的《吴兴志》、张津的《乾道四明图经》、罗濬的《宝庆四明志》、刘锡的《开庆四明续志》、施宿的《嘉泰会稽志》、张淏的《宝庆会稽续志》、高似孙的《剡录》、陈耆卿的《赤城志》、刘文富的《严州图经》、郑瑶的《景定严州新定续志》、梁克家的《三山志》、黄岩孙的《仙溪志》等。其中有好几种是残本(如所称的临安三《志》)。以时代论,南宋多于北宋;以地区分,属于今浙江省的占首位,这无疑与南宋建都临安有关。宋志原刻本已凤毛麟角,大都为传钞本、覆刻本,有些还经过学者的整理。现择其具有特色而有代表性的善志略作评介。

《长安志》,20 卷,宋敏求撰。宋敏求,字次道,宋绶之子,赵州平棘人,曾任州官,后至谏议大夫、龙图阁直学士,《宋史·宋绶传》有附传。宋敏求是著名的藏书家,又是研究唐代文献的专家,著作有《唐大诏令》等多种。

长安,原是汉唐京师的名称,北宋时仅是永兴军路京兆府的一个县,而此志的记述不限于县。现存的刻本都没有总目录,汇总各卷分目,可以明了全书有五个部分:第 1 卷为总叙、分野、土产、土贡、风俗、四至、管县、户口、杂制;第 2 卷为雍州、京都、京兆尹和府县官;第 3 ~ 6 卷系历代宫室;第 7 ~ 10 卷记唐皇城和京城;第 11 卷以下,记当时京兆府所辖 24 县。所以,它不只是一个县志,而是一部京兆府志;并且,记历代宫室和唐皇城、京城又占全志相当大的比重。这种详于古的内容,是由长安特殊的历史条件所决定的,作者又娴熟于唐代文献和掌故,所以不能简单地责以详古而略今。

在记述历代宫室和唐皇城、京城时,《长安志》的体制和范围与《三辅黄图》相仿。王应麟说是:“宋敏求依韦述例(指《两京新记》——笔者)……以雍、洛遗事,为长安、河南《志》各二十卷。”(《玉海·艺文》)全志备记故城、城门、宫殿、苑囿、台阁、寺观、府节、街坊、市巷,比起《两京新记》超过 10 倍。所记京兆府属县,有山、水、原、川、泽、泊、陂、池泉以及水利、交通、生产、陵墓、寺观等,都很切实。

从总体上看,此志继承汉魏以来地志的痕迹是很明显的。书称“志”而不名“图经”,这在北宋不属时尚。或许如陆游所说,是为了私撰与官修志书区别的缘故。

周中孚对此志的评称:“(韦述《两京新记》)但详于古迹,余多阙而未备。乃创为体例,遍搜传记诸书(约略统计,有迹可寻的便有二百多种。——笔者),汇次成书,旧都古今之制,于是乎备。……府县之政,官尹之职,河渠、关塞、风俗、物产、宫室、街道之属,无不纲举目张,典而有体,赡而不芜。以后程氏大昌之《雍录》,殊不及也。”(《郑堂读书记补逸》卷一二)这是允当的,虽然它还有些小的瑕疵。所以,它历来不仅为方志界所称誉,而且还受到治史尤其是治唐史者的重视。

《景定建康志》,50卷,马光祖修,周应合纂。周应合,号淳叟,又号溪园,豫章人。淳祐间举进士,官至实录院修撰,因疏劾贾似道被贬。开庆元年(1259年),以承直郎充江南东路安抚使司干办公事。

建康,西晋末由建业(邺)讳愍帝名而改,原为金陵,即今江苏的南京。六朝和南唐建都于此。北宋属江南东路,由升州复为江宁府。南宋高宗建炎二年(1128年),在这里建行宫,改为建康府,并于此设江南东路安抚使司。

北宋修纂金陵的方志,现在能知道的有黄元之的《金陵地记》,佚名的《金陵图经》、《江宁图经》、《祥符江宁图经》等,后均不传。南宋有史正志的《乾道建康志》、朱舜庸的《金陵事类》,庆元至景定已六十多年,史、朱两志又很简略,所以,在此主政的马光祖嘱周应合纂修新志。

周应合曾任史官,又纂过《江陵志》等方志,是一位史学里手。他纂此志,于景定二年(1261年)二月开局,参以史、朱二志,又广征博稽,遍访吏民父老,虚心求教。马光祖《序》称:“始于三月甲子,成于七月甲子。”但4个月的时间完成这么多卷的志书是不可能的。《田赋志》有载宋咸淳四年(1268年)的事,可证此志是初创于景定二年,经过8年时间陆续增益而成的。

此志的体例,继承北宋综合型志书的成就,又有了新的开创,由并列门目体转化而成纲目体,或称以类统目体。全志分设录、图、表、志、传五类,类下列目。如“志”这一类,下有总序、疆域、山川、城阙、官守、儒学、文籍、武卫、田赋、风土、祠祀。子目下再有细目,如“疆域”有志序、都、治所、分野、国、州、郡、侨郡、府、县、四境、镇市、乡村、坊里(巷陌附)、铺驿、道路、桥航、津渡、堰埭。以类统目,层次分明,结构严密。

这样分设纲目,周应合在《修志本末》中有说明。马光祖于《序》文里简括地说:“先为《留都录》四卷,隆、炎创兴之盛,宫城建置之详,与夫云汉昭回之章,皆备录焉,揭为一书之冠冕。其次为地理图,为诸侯表,为志,为传,合为五十卷。表起周元王四年(前472年)越城、长干之时,以至于今千七百载。年经类纬,曰时曰地曰人曰事,类之所由分也。”所以,钱大昕称之为“此义例之善者”(《景定建康志跋》)。孙星衍也说是“体例最佳”(《重刻景定建康志后序》)。

对于此志的总评价,也都是有口皆碑。《四库全书总目》称:“援据该洽,条理详明。凡所考辨,俱见典核。如论丹阳之名,本出建业。论六朝扬州,尝治建业,后始为广陵一郡之名,皆极精核。”从而以为:“光祖《序》称其博物洽闻,学力充赡,不诬也。”孙星衍也认为:“各表纪年隶事,备一方掌故。山川古迹,加之考证,俱载出处。所列诸碑,或依石刻书写,间有古字。马光祖、周应合俱与权贵不合,气节迈流俗者。其于地方诸大政,兴利革弊,尤有深意存焉。”(《重刻景定建康志后序》)

因此,如果说宋代的方志树立起我国方志史上一座新的里程丰碑,那么,《景定建康志》就是宋志中的独秀奇峰。

《剡录》,10卷,史安之修,高似孙纂。高似孙,字续古,号疏寮,余姚人。淳熙进士,曾任校书郎,出倅徽州,迁守处州。著有《史略》、《子略》、《砚笺》等十余种,以博学见称。

剡,原是汉县名。唐代先是嵊州,不久复为县,宋徽宗宣和间改嵊县。所以,《剡录》实际上是《嵊县志》。高似孙作《序》于嘉定七年(1214年),史安之《序》作于第二年,刻书当在1215年或稍后。

全志卷帙不多,而记叙的内容较广泛,这与一个小县的情况是相符的。门目分设:县纪年、城境图、官治志(附令丞簿尉题名)、古令长、社志、学志、修学碑、渊源堂、进士登科题名、舣雪楼、戴溪亭、版图、兵籍、山川志、人士、列女、仙道、高僧、古奇迹、古阡、书、文、诗、画、纸、古物、道馆、僧庐、草木禽鱼诂等。对此稍加辨析,便可发现,这样的体式,类目混杂,层次欠妥;并且,记述也失之于略,尤其是略于今。例如人物,宋人一个也没有,还有差错。钱大昕曾指出:"所录王、谢诸公游迹,虽尝至剡,亦非剡产。……未通前代官制,援引史传,偶有刊落,便成疻痏。"并举谢幼度例,幼度初任征西将军桓豁司马,而删去"桓豁司马"四字,谢幼度就误成征西将军了(见《潜研堂文集》卷二九《剡录跋》)。元人许汝霖于《嵊县志序》批评说:"高氏之书,择焉不精,语焉不详。纪山川则附以幽怪之说,论人物则偏于清放之流。版图所以观政理,而仅举其略。诗话所以资清谈,乃屡书不厌。他如草木禽鱼之诂,道馆僧庐之疏,率皆附以浮词,而过其实。"(《康熙嵊县志·旧序》)钱、许二人所说并不过分。

然而,此志在旧图经散佚之后,是嵊县现存最早的一部志书。并且,对于方志编纂学具有开创性的贡献,表现有两点:一是所设"县纪年"一目,吸收纪传史体中"本纪"的特点,以年系事,记叙嵊县的大事，成为方志中纵记史事即后来“大事记”的先导。二是与纪传史的“经籍志”或“艺文志”相似，首列“书”一门，粗记一地文献，比《景定建康志》所设“文籍志”早五十多年，实开方志编纂中记叙“经籍”或“艺文”的先河，也是地方文献学的滥觞。

《澉水志》，8卷，南宋常棠撰。常棠，字召仲，号竹窗，海盐人。名为“澉水”，并非专记澉水的地志，而是以“澉水”作为澉浦的代称，所以，实际是澉浦镇志。这是迄今所知最早的乡镇志。

全志首有图，总序以下分设：地理（沿革、风俗、形势、户口、税赋、镇名、镇境、四至八到、水陆路）、山、水、廨舍、坊巷、坊场、军寨、亭堂、桥梁、学校、寺庙、古迹、物产（早稻名、杂谷、丝布、货、花、果、菜、竹、木、药、禽、畜、海味、河味）、碑记、诗咏15门。体式与州县志是大体相近的。体例谨严，叙述赅括，文字也较雅洁，但似简略。

两宋的专志，有记物产、风土的，如宋祁的《益部方物略记》、范致明的《岳阳风土记》等。有记都邑的宫殿、官署、坊市、园林、习俗、逸事等的，如孟元老的《东京梦华录》、佚名的《都城纪胜》、吴自牧的《梦粱录》、周密的《武林旧事》等。有记山的，如陈舜俞的《庐山记》、倪守约的《赤松山志》等。有记寺观的，如邓牧的《洞霄图志》等。有记水利的，如单锷的《吴中水利书》、魏岘《四明它山水利备览》等。还有杂志，如龚明之的《中吴记闻》、周去非的《岭外代答》等。体裁上并开始有纪事本末体，如《四库总目》考为郭允蹈撰、李文子总其事的《蜀鉴》10卷。这些大都是私家撰述，或补府县官修志书所未备，或考订史籍之谬误，或记录亲身见闻，成为方志中的组成部分。

二、方志学的新进展

两宋的方志学继隋唐之后奇峰突起，具有开创性的贡献，从而使方志面目一新，更富有生命力和学术价值。两宋方志学在我国方志史上树起了高大的里程碑，成为一个极为重要的发展阶段。

北宋的最高统治者，出于统治的需要，极为重视修志，曾大力倡导，并组织修志机构，配置人员从事方志的修纂。上行下效，流风所及，两宋之世，修志之举大盛，涌现出一批方志大家，如乐史、宋敏求、李宗谔、王存、王象之、周应合、高似孙、潜说友、罗愿等。并且许多文人学士或倡议，或被聘，或为故乡，纷纷加入修志队伍，如晏殊、郑兴裔、朱长文、范成大、周必大等。还有的虽没有参与修志，却给以关注和支持，乐意为志书作《序》，如司马光、陆游等，为方志和方志学的建设推波助澜。并且，由于方志学的历史，从先秦、秦汉、魏晋南北朝以迄隋唐的自身发展中，不间断地产生了大量的修志成果，在理论方面探讨利弊得失，加之社会新因素的出现，架起了一层高一层的阶梯，为后继者所承。同时，各种学科也随着时代在前进，自然影响和作用于方志学。两宋的方志与方志学取得近似飞跃的发展，也就成为必然。

两宋方志学的成就，主要有以下几点：

第一，关于修志的目的。宋代的志书，不管是官修还是私撰，毫无例外地是为那个王朝的统治服务的。当然不是一模一样，色彩有浓有淡。这就再一次证明，从来不存在为修志而修志的事情，修志必然是有所为的。但又不要因为是为帝王家服务而一概否定，它还寓有合理的成分。

人所共知，国家的疆域有一个形成和发展的过程。虽然在历史上曾出现过短暂的分裂时期，但国家的统一、独立和民族的和睦，是人民几千年来不可改易的共同心理。所以我国的历史，统一是主流。因此，这种心理是可贵的，应当把它纳入爱国主义的范畴。在今天，这种心理无疑也应继承和发扬。

北宋虽结束了五代十国的分裂局面，但没有完成严格意义上的国家统一。渴望统一，有志于统一，体现了中华民族的愿望和历史的要求。乐史的《太平寰宇记》作于太宗赵光义太平兴国(976～983年)间,他和唐李吉甫撰《元和郡县图志》总述10道,不因陇右、河北等地实际上不为当时王朝所辖而除外一样,将燕云16州纳入版图。那时,宋太宗有着一股锐气,要收复燕云。乐史这样记撰在于"重归正朔",并进而表明:"万里山河,四方险阻,攻守利害,沿袭根源,伸纸未穷,森然在目。不下堂而知五土,不出户而睹万邦。图籍机权,莫先于此。"(上《太平寰宇记》表)希冀统一的意愿,不言而喻。

马光祖于《景定建康志序》里开宗明义:

郡有志,即成周职方氏之所掌,岂徒辨其山林、川泽、都鄙之名物而已。天时,验于岁月灾祥之书;地利,明于形势险要之设;人文,著于衣冠、礼乐、风俗之臧否。忠孝节义,表人材也;版籍登耗,考民力也;甲兵坚瑕,讨军实也;政教修废,察吏治也;古今是非得失之迹,垂劝鉴也。夫如是,然后有补于世。郡皆然,况陪都乎。

马光祖与《景定建康志》主纂周应合都与当时的权贵不合,很有气节。他们主张要以历史的得失为鉴戒,彰善瘅恶,兴利除弊,都对生产发展和社会进步是有益的。

上述两例所反映的事实,尤其是后者,在宋代的善志里面是普遍存在的,只是程度有所不同罢了。由此可见,修志以揭橥有关国计民生的荦荦大端,是古代方志学传统的一个重要之点,并且是值得今天加以发扬的。

第二,编纂学方面出现了新的特点,大有百花齐放之势。表现为:记述对象,由总志以下延伸到乡镇各个层次。县一级志书得到较大的发展,数量超过了以前任何一个时期。并且第一次出现了乡镇志。修纂者,北宋以官修为主,也有少量的私撰;南宋时官修渐衰落,私撰增多。最大的一个特点,是体例上发展了综合型。近人张国淦说：

方志之书，至赵宋而体例始备。举凡舆图、疆域、山川、名胜、建置、职官、赋税、物产、乡里、风俗、人物、方技、金石、艺文、灾异，无不汇于一编。隋唐以前，则多分别单行，各自为书。其门类亦不过地图、山川、风土、人物、物产数种而已。（《中国古方志考·叙例》）

这个论断，大体上允当，但只是就记述范围而言的，从体例角度仅涉及了综合志与专志，没有论及其他。严格地说，方志体例的多样，发展到清代才趋完备。宋代志书的编纂体例，值得重视的是并列门目、纲目体即以纲（类）统目两种。

并列门目这个体例，从现存的宋志考察，北宋宋敏求的《长安志》、朱长文的《吴郡图经续记》已是如此。如追溯其渊源，宋以前就有这种体例的形迹。无须作过远的考核，现存的唐《沙州图经》残卷已见雏形。上述的宋、朱两志有了较大的发展。南宋杨潜的《云间志》、范成大的《吴郡志》、施宿的《嘉泰会稽志》以及临安三《志》等都继承此体而有所充实，尤其是范《志》更见周详。

以纲统目，则有一个形成的过程。究其轨辙，系从并列门目蜕变而来的。成书于淳熙二年（1175 年）的罗愿的《新安志》，从设目观察，州郡、物产、贡赋等门下都设细目。如卷二“物产”有谷粟、蔬茹、药物、木果、水族、羽族、兽类、畜扰、货贿。四库馆臣称：“物产一门，乃愿专门之学，征引尤为该备。其所志贡物，如干蕨药、腊芽茶、细布之类，皆史志所未载。”（《四库全书总目》卷六八《史部·地理类》）或许就是因为罗愿长于物产之学，因“物产”、“贡赋”的该备而连及“州郡”。显然可知，这种体式已接近于以纲统目了。到陈耆卿作于嘉定十六年（1223 年）的《赤城志》（赤城即台州），全书设图、地理门、公廨门、秩官门、版籍门、财赋门、吏役门、军防门、山水门、寺观门、祠庙门、人物门、风土门、冢墓门、纪遗门、辩误门。

除冢墓、纪遗、辨误三门外，图与各门均设子目，而且州县统于一门。比起《新安志》来，《赤城志》以纲统目更见完整，只是在类目的分设上还未尽合理。如"山水"，在"地理"外别立一类，"风土"包含"土贡"、"土产"、"土物"等。后来，周应合《景定建康志》纂成，分录、图、表、志、传五类，类下再设两层子目，上下统属，类目清晰，逻辑结构合理。而且，有的新增类下设目更见周详。高似孙于《剡录》中第一次有"书"一目，《建康志》进而在"志"下设"文籍志"，再分设子目志序、书籍、书版、石刻、诸论、奏议、露布、表状、诗赋、乐府等。到这种程度，记叙一地的地方文献才粗具规模。因此，完全可以这样说，到了此时，以纲统目的方志体例趋于成熟了。

第三，在修志的过程中，方法上较为突出的有两点：

首先，是承继、接受前人的办法和经验，重视资料的征集和鉴别。两宋的修志家在修纂志书时，极为注重大量占有资料，广搜前代遗存的文献，备查各类档案。有的还行文各方，博征家藏的著述、书牍、谱牒、家传、行状、墓志、神道碑等，条具最多、事迹真实的还给予奖励。遍访耆旧俊英，乃至吏民父老，周询广采各种口碑资料，经过认真鉴核，对一人一事的记载力求翔实。《景定建康志·修志本末》规定，初稿完成之后，以虚心求教的态度，广泛地征询意见，纠正不当，增补未尽，以删订定稿。这些有益的经验，值得肯定和发扬。

其次，清人章学诚称，史家有著作之史和纂辑之史的区分。以此为准，人们在辨析宋代方志时，也认为存有著作和纂辑两类，较为典型的，前者以《吴郡图经续记》为代表，后者则以《吴郡志》为代表。的确，朱长文所作，虽也博采群书，但不是抄引原文为主，而是经融会贯通，成了自己的语言。范成大则不同，在多数的门目中，以注的方式，一字不易地征引诸家众多的诗文，数量之多，远远超过自己所作的记叙。

有一种观点，以为著作才是史体，因而轻纂辑而重著作。其实，著作与纂辑并不能表示谁优谁劣，《汉书》在武帝以前的人和事，绝大部分源于《史记》，有的略作更动，有的照抄，但这并不影响《汉书》的价值。著作而没有恰当的义例，没有征信的史料为依据，就不能成为好的史、志；纂辑如只是把现成的资料抄撮成篇，无编纂义例，那就不成其为史、志，最多只是资料汇编。无论著作与纂辑的优与劣，决定的因素在于作者所创立的义例及其贯彻实行的实情，同时也与如何征集及驾驭资料有关。当然，文采也不是无关紧要的。就以范《志》为例，虽被认作纂辑，但一向被称为善志，王鏊在《姑苏志序》中誉称“范《志》峻而整”。章学诚于《书吴郡志后》中虽指责它的许多不足，但最后也还承认其是一部名志。《四库全书总目》称其为“征引浩博，而叙述简赅”，并以为引文一般以注的方式出现，并注明出处，注中夹注，是著述的一种创体。

第六节 元明时期——方志与方志学的相对平庸时期

元代，是蒙古贵族于兼并了北方的西夏、辽和金又南下灭宋后建立起来的一个统一的政权，疆域“北逾阴山，西极流沙，东尽辽左，南越海表”(《元史·地理志》)。元王朝的统治不过89年，但终究阻挡不了民族的相互融合，尤其是吸收先进民族的文化和生产经验。因此，在经济有所发展的同时，在文化方面包括方志也获得了一定程度的进展。继元而起的明朝统治达276年，我国封建社会又步入了一个新阶段。明代经济比元代要繁荣，江南苏、松地区手工业作坊有较大的发展，并出现了雇佣劳动。文化学术方面，虽由于统治者提倡理学和八股取士，产生了消极作用，但还是有所前进的，哲学、史学、语言学、文学和自然科学都获有成绩，有些还是新创的，方志、方志学也是这样。但是，比起前面的两宋和以后的清代，元明时期的方志则显得较为平庸。

一、元代的方志

元代修成的志书，著录于公私目录的不超过160种。实际上不止这个数字，因为不少志书尤其是县以下的志书不为目录著作著录是常有的事。元代方志流传至今的很少。

总志一类，共修有8种，现在能见到的是佚名的《元混一方舆胜览》3卷、朱思本的《舆地图》2卷。仅存残卷的有札马剌丁的《大元大一统志》、朱思本的《九域志》，而以《大元大一统志》的成就为大，影响最广。

《大元大一统志》，1300卷，札马剌丁（又作札马里鼎）、虞应龙等纂。现存残本26卷、430番（双叶）。近人赵万里有《元一统志》辑本10卷。札马剌丁，西域人，官集贤大学士、中奉大夫，行秘书监事。虞应龙，蜀人，官奉直大夫、秘书少监。此志的修纂经过是：世祖至元二十三年（1286年），札马剌丁奏称："方今尺地一民，尽入版籍，宜为书，以明一统。"忽必烈采纳了这个建议，命札马剌丁、虞应龙等负责修纂，于1291年成书755卷。虞应龙依旧网罗遗佚，证其异同，直到成宗大德七年（1303年），前后共历18年，才完成全书。参与其事的，见于《秘书监志》的约有50人。最后由卜兰禧、岳铉呈进。至顺帝至正六年（1346年）才刊行于世。

残卷仅存中书省的孟州，河南行省的郑州，襄阳路的均州、房州、南阳、嵩州、裕州、江陵路、峡州路，陕西行省的延安路洋州、金州、鄜州、葭州、成州、兰州、会州、西和州，江浙行省的平江路，江西行省的瑞州路、抚州路，又都散佚不完全。《永乐大典》里保存有不少断简片章。从残卷及《大典》所存，大致可以窥见其体例，路、府、州、县下记述有10类：建置沿革、坊郭乡镇、里至、山川、土产、风俗形胜、古迹、宦迹、人物、仙释。比照《秘书监志》所载元贞二年《大一统志·凡例》规定的内容:某路所辖几州、本路亲管几县、建置沿革、《禹贡》州域、天象分野、历代废置、各州县建置沿革、本路亲管坊郭乡镇、至上都大都并里至、各县至上都大都并里至、名山大川、土产、风俗形胜、古迹、寺观祠庙、宦迹、人物,大致是相符的,又微有不同。《大元大一统志》取材于《元和郡县图志》、《太平寰宇记》、《元丰九域志》、《舆地纪胜》以及很多宋末元初的地方志乘,记述详备。如此卷帙浩瀚的总志是前所未有的,明清两代,相继效法修纂一统志。

《元混一方舆胜览》、《舆地图》和《九域志》残卷虽较简略,但所记元初地理,恰是很宝贵的史料。

总志以下的志书。元的地方行政建置,有行省、路、府、州、县5个级差。大体是以路领州、州领县。腹里(中书省所辖)或有以路领府、府领州、州领县的。也有府、州直属于省的。

省、路的志书,《元史》无艺文志,据《秘书监志》卷四载有《云南图志》、《甘肃图志》。钱大昕《元史艺文志》录有郝天挺的《云南实录》,张立道的《云南风土记》、《六诏通说》,均已亡佚。《四库全书》收有张道宗《记古滇说》1卷,简略不足征信。大略相当于省志,流传至今,又受到学术界重视的,是《齐乘》。

《齐乘》,6卷,周嘉猷撰,于钦纂。于钦,字思容,益都人,曾任兵部侍郎、益都路总管。

齐为古国名,并非当时的实际建置名称。志中所记有益都路、般阳府路、济南路和宁海州、德州,属山东东西道及宣慰使。全志设7个门目:沿革、分野、山川、郡邑、古迹(城郭、亭馆、丘垅)、风土、人物,附于潜的《释音》、《跋》,乾隆周氏刻本还附《考证》6卷。

这是于钦的私家撰作,苏天爵的《序》称他"以文雅擅名当时","生于齐,官于齐。考订古今,质以见闻。岁久,始克成编,辞约而事核”。其子潜作的《跋》说其:“周览原隰,询诸乡老,考之《水经》、地记、历代沿革,门分类别。”《四库全书总目》指出其中有差误,钱大昕、周庆承两《跋》也提到有失误之处。然而正如四库馆臣最后所说:“援据经史,考证见闻,较他地志之但据舆图,凭空言以论断者,所得究多,故向来推为善本。”

元的府、州、县志,现存的有原刊本、覆刻本,也有经后人校勘整理刊本,有李好文的《长安志图》、骆天骧的《类编长安志》、张铉的《至正金陵新志》、俞希鲁的《至顺镇江志》、王仁辅的《无锡志》、卢镇的《重修琴川志》、杨譓的《昆山郡志》、徐硕的《至元嘉禾志》、袁桷的《延祐四明志》、王厚孙的《四明续志》、冯福京的《大德昌国州图志》、陈大震的《南海志》等。现评述其中两种,以见一斑。

《至顺镇江志》,21卷,俞希鲁撰。俞希鲁,字用中,永嘉平阳人,侨居镇江,历官从仕郎、衢州路江山县尹、松江路同知。原书为抄本,已失传,此为清人据《永乐大典》辑本经校定刊行。本不著撰人姓名,前后又无《序》、《跋》。钱大昕作《元史艺文志》署俞希鲁纂,《镇江府志·成化旧序》有著录。

镇江方志,南宋有熊克的《镇江志》、卢宪的《嘉定镇江志》、赵善湘的《嘉定镇江续志》、方逢辰的《咸淳镇江志》,其中仅卢《志》于今有流传,余都亡佚。《至顺镇江志》体例仿自卢《志》,只是稍加损益,绝不剿袭。全志设目:郡县表、官制表、地理、风俗、户口、土产、田土、赋税、山水、神庙、僧寺、道观、学校、兵防、古迹、宫室、公廨、廪禄、公役、封君、刺史、参佐、宰贰、司属、学职、将佐、寓治、人材、杂录。目下再有细目,有的还特列子目,包罗极其周详。所设类目似不够严密,并有交叉和重叠,加之传抄者失察,又造成许多差错。校定后未必很完美。清人阮元于《揅经室外集·四库未收书提要》中对此志有公允的评价:

体例大致取法于《嘉定志》,而纪载详备较为过之。大约

> 宋《志》（指卢宪的《嘉定志》——笔者）主于征文，此则重于考献。宋《志》旁稽典籍，务核异同；此则备录故事，多详兴废。镇江在宋为边防之地，故其志攻守形势，网罗古今；在元为财赋之区，故此书物产土贡，胪陈名状。其用意各有所在，不得而同也。至于郡守参佐，宋《志》近征唐代，此则远溯六朝，乡贤寓公。宋《志》旁搜隋氏以前，此则详于两宋及元。互为补苴，不可偏废。

阮元以两志比较，似乎是说各有千秋，实则此志比《嘉定志》别具特色。综观此志所记的内容，有较高史料价值的，如"官制表"、"刺史"、"宰贰"、"参佐"、"将佐"、"寓治"、"司属"、"学职"、"公役"、"廪禄"等门，所详记元时府、镇守以下各级文武官吏包括胥吏的名称、员额、职责和俸钱，为《元史·百官志》所缺载，别的志书也没有这样翔实。"土产"、"赋税"、"公役"，详记元代的物产、赋税和役制，也是不可多得的。此外，还有关于也里可温教（元代传入我国的基督教，"也里可温"系蒙古语，意思是有福缘的人——笔者）的传播及传教士的生活情况，人物有文学家萨都剌的记叙，也是极珍贵的。

《延祐四明志》，20卷（现缺第9-11卷，张国淦有《蒲圻张氏大典辑本》），马泽修，袁桷、王厚孙纂。马泽，字润之，以太中大夫为庆元路总管。袁桷，字伯长，自号清容居士，庆元人，历任翰林国史院检阅官、侍讲学士，有文名，《元史》有传。王厚孙，字叔载，一字燕贻，自号遂初老人，历任鄞县训导、象山县教谕，并主纂《四明续志》。

四明为宁波的别称，因境内有四明山而得名。唐代原是鄞州，后改明州，又改余姚郡，宋升庆元府，元至元十三年（1276年）改置宣慰使，第二年改为庆元路总管府。此志记述总管府治及所属鄞县、奉化县、慈溪县、定海县、象山县和昌国州，所以，实为《庆元路志》。在此之前,南宋有张津的《乾道四明图经》,罗濬的《宝庆四明志》,梅应发的《开庆四明续志》,之后有王厚孙的《四明续志》,都流传了下来,清鄞县人徐时栋汇刻为烟屿楼《宋元四明六志》。《延祐四明志》分设沿革考、土风考、职官考、人物考、山川考、城邑考、河渠考、赋役考、学校考、祠祀考、释道考、集古考(即艺文考),每"考"下设子目,而且门类很广。称为考,并非致意于考述旧事,所记以元代为主,追溯前代也并不遥远,如"职官"最远的只到唐代,足见是详今而略古的。四库馆臣称它"条理简明,最有体要",并说袁桷的祖先在宋世多有以文学知名。家藏各种地方文献颇多。"故其于乡邦旧典,尤多贯串。志中考核精审,不支不滥,颇有良史之风"(《四库全书总目·延祐四明志》)。周中孚也称其:"每考各系小序,义理谨严,考证精审,而辞尚体要,绰有良史风裁。"(《郑堂读书记补逸》卷一二)而全祖望指出袁桷对于人物中不分清忠于宋和降于元的界限,褒贬失当,"颇有是非失实之憾"(《道古堂文集》卷二一《延祐四明志跋》),并且分类设目不如《至顺镇江志》缜密。但在总体上论,不失为一部善志,所载颇有史料价值。如"赋役考"备载各种税收的名目、岁额和实征的钞数,与《至顺镇江志》参照,可以了解元代的币制和人民赋役的负担。

二、明代修志

统治达二百七十多年的明代,统治者出于多种需要,继承前代官修方志的传统,或直接修纂一统志,或下诏令天下郡县修志;一些士大夫也起而私撰志书。所以,有明一代,省(实际的名称是布政使司)、府、州、县各级纂修方志,既普遍而又频繁。据统计,明代修成的志书有近三千种,这并不夸大。志书的级次有总志、省志、府志、州志、县志、乡镇志、边镇志以及各种专志、杂志等,既承袭前代,又有所开创。省的通志和乡镇志,有了新的开拓;与军事有关的卫所志、边镇志以及土司志等，都是由明代创始的。

明初，朱元璋为了宣扬功业，效法元代修一统志。据《明实录·太祖实录》载，在对元残余势力的战争还没有结束，洪武三年(1370年)十二月，朱元璋任命儒臣魏俊民、黄篪、刘俨、丁凤等纂修《大明志》书成，以"类编天下州郡地理形势，降附颠末为书"。记载及12行省(开始还仍元之旧，简称省)、120府、887县、3安抚司、1长官司。东至海，南至琼崖，西至临洮，北至北平，涉及全国范围。1384年，又编《大明清类天文分野书》24卷，以十二分野星次编次天下郡县，详记古今沿革。现二书均已失传。另有《寰宇通衢》1卷，以方隅分目，记全国道里、交通、水马驿站。1394年成书，有本传世。永乐(1403~1424年)中，成祖朱棣诏修总志，并"遣使编采天下郡邑图籍，特命儒臣大加修纂"。以后景泰七年(1456年)、天顺二年(1458年)以至成化(1465~1487年)时，都诏修一统志，但均未完成流传。其间陈循、高谷等于景泰中奉敕纂修的《寰宇通志》，已成119卷，先列两京(京师、南京)，次叙13布政使司。下分建置沿革、郡名、山川形势、风俗、土产、城池、祀典、山陵、园囿、公廨、监学、书院、楼阁、馆驿、堂亭、池馆、台榭、桥梁、井泉、关隘、寺观、祠庙、陵墓、古迹、名宦、人物、科甲、题咏等38门，附录引用书目。可是，由于此体例仿祝穆的《方舆胜览》，因而遭到时人的反对，以为"祝氏此书，赵宋偏安之物，不可为法"；并且，"今欲成盛代混一之书，要须有资军国，有益劝戒。如地图、道里、户口之类，皆未可阙"。结果，"印装已备，方欲下颁。适天顺改元，遂已"(叶盛《水东日记》卷二五)。

成书并流传下来的，是英宗朱祁镇命李贤等据《寰宇通志》重新纂修、天顺五年(1461年)成书90卷、由皇帝赐名的《大明一统志》。英宗还写了《序》。此志记载按两京和各布政使司所辖的府为序并分卷。府下设目，大体仿效《元一统志》，又增郡名、公署、学校、书院、津梁、寺观、陵墓、祠庙等目，删去坊郭、乡镇和里至。此志篇幅不到《元一统志》的十分之一，还有记及嘉靖、隆庆时的建置，显然是后人加进的。此书质量不高，颇招来责难。四库馆臣说它纂修"不出一手，舛讹牴牾，疏谬尤甚"。顾炎武于《日知录》中有不少的抨击。清乾隆时修《大清一统志》不予采择。

为了修全国性志书，洪武十一年（1378 年），朱元璋令全国各都司、郡县报送城池、山川、关津、亭堠、水陆道路、仓库等图志。永乐十六年（1418 年），明廷诏令"天下郡县、卫所皆修志书"。正统、景泰、天顺、嘉靖时也都曾下诏各地修志。又为史馆修皇帝实录，需要各地的文献资料，先后如景泰五年（1454 年）"敕天下郡县纂辑志书"，嘉靖三年（1524 年）"诏修郡国志书进史局"。轮番行政命令的推动，加上其他的原因，明代修志之风是较为兴盛的。

地方的第一个层次是省（布政使司）志。明的省志通称"通志"，也有名为"总志"或"书"的。元代首建行省，省级志书，为数不多。明自宣德三年（1428 年）之后，全国设 2 京（京师、南京）、13 布政使司，俗称 13 省（洪武九年改行中书省为承宣布政使司，而流俗仍沿袭称省，原因是不仅元为行省，洪武初还是行中书省建置），即山东、山西、河南、陕西、四川、江西、湖广、浙江、福建、广东、广西、云南、贵州，都修有志书。不少省还多次纂修，如山西、江西、福建 3 次，山东、广东 4 次，广西、贵州竟有 10 次，合起来近 70 种。流传至今的还不少，云南便有 5 种，四川也有 4 种，并有纪事本末体如田汝成的《炎徼纪闻》。但这些省志精善的很少，较为可观的，当推《滇略》。

《滇略》，10 卷，谢肇淛撰。谢肇淛，字在杭，福建长乐人，万历进士，历官南京工部主事、云南布政使司左参政；又是一位文学家，《明史》有传。此书是他官云南时所作。全书大体本于《景泰云南图经》、《正德云南志》等旧文，又增以新事，而在体例上不受朱棣钦定《修志凡例》的限制，别具心裁。此志分设10目："版略"记民风，"胜略"记疆域，记山川，"产略"记物产，"俗略"记民俗，"绩略"记名宦，"献略"记乡贤，"事略"记故实，"文略"记艺文，"夷略"记少数民族，"杂略"记琐闻。体制简要，文字雅洁。《四库全书总目》称它"引据有征，叙述有法"。杭世骏《滇略跋》称："详远而略近，博观而约取。苍山洱水之墟，称善史焉。"(《道古堂外集》)但此志的缺点恰恰在于新事增益不多，流于旧方志中详古略今的积弊。

府州县志则极为繁多，沈庠于《正德上元县志序》里说："天下藩郡州邑，莫不有志。"张邦政《万历满城县志序》也说："今天下自国史外，郡邑莫不有志。"这是从更广的意义上说的，并非专指明代。但明代的情况也大体如此。明代的府县志不仅普及，而且续修、重修的频率较高。如江苏常熟县先后修了7次，六合县修了6次。近三千种明志，绝大多数是府州县志和卫所、边镇等志。明志从整体上看，由于受当时学风、文风的消极影响，良莠不齐，有相当部分的志是属于低劣的。但比较而言，也有一些善志。至于具有一定特色而所记又颇有史料价值的也不是个别。如嘉靖《鲁山县志》、《邓州志》、《临朐县志》，有当地矿藏的记载。《万历郴州志》记叙有宋明两代禁闭矿场和矿民反抗斗争的事实。《嘉靖许州志》"成匠"，列有十余种工匠名称；《隆庆临江府志》涉及工匠名称达数十种并有匠人的统计数。嘉靖《吴邑志》、《昆山县志》、《雄乘》、《万历黄岩县志》，都详录有关治水的文献。《隆庆赵州志》有隋安济桥的记述。《嘉靖寿州志》记有淮南第一桥。《隆庆潮阳县志》记载了沿海人民的抗倭斗争以及海上贸易。《嘉靖浦江志略》汇录有洪武至嘉靖间的各种文册。《嘉靖建阳县志》详记当地的书坊、书目和书市。如此之类，不一而足。推为善志者举其二例：

《姑苏志》，60卷，王鏊等纂。王鏊，字济之，吴县人。成化十年(1474年)乡试第一，第二年会试又第一，廷试第三，授编修。为避权势刘瑾，杜门读书。弘治间（1488～1505年），王鏊历任侍讲学士、吏部右侍郎、户部尚书、文渊阁大学士，著述有《震泽纪闻》、《震泽长语》、《王守溪集》等，《明史》有传。

此志"修志姓名"首列吴宽，第二才是王鏊。这是合乎实际的。原来在弘治间，知府史简等聘吴宽、张习、都穆等修志，由吴宽改定成稿而未能刊行。1505年，知府林世远以遗稿属王鏊，于是延聘郡人浦应祥、祝允明、蔡羽、文璧、杜启等人，"相予讨论，合范（《吴郡志》）、卢（熊纂《洪武苏州府志》）二志，参以诸家，裨以近事，阅八月成，得六十卷"（《姑苏志序》）。王《序》作于正德元年（1506年），刊刻也在这年，即正德本。嘉靖十八年版毁于火，知府王廷复刻，特增"岁贡表"，另于"科第表"、"古今守令表"和"田赋"也有少量的增补，当称嘉靖增补本。

全志卷首有图，以下分郡邑沿革表、古今守令表、科第表、沿革、分野、疆域、山、水、水利、风俗、户口、土产、田赋（附课税、贡役）、城池、坊巷、乡都（附市、镇、村）、桥梁、官署、学校、兵防、仓场、驿递、坛庙、寺观、第宅、园池、古迹、冢墓、吴世家（附封爵、氏族）、平乱、宦绩、人物（名臣、忠义、孝友、儒林、文学、卓行、隐逸、荐举、艺文、杂技、流寓、列女、释老）、纪异、杂事。前有王鏊《序》，后有杜启《后序》。如此设目，已突破了明成祖规定《修志凡例》的束缚。"水利"、"土产"、"桥梁"、"第宅"、"园池"诸目，完全把握了苏州的地方特色。设"驿递"一目，也是有见地的，于方志中大都被疏忽，是一种失察。尤其是"土产"一目，对物产的记述分"生植"、"造作"两大类，较详细地记叙了农、林、副、渔和手工各业的种类及生产概况。这不仅在苏州的各种志书所缺，而且在全国的方志中也是不多见的。记述"繁简得中，考核精当"（《四库全书总目》语）。所以，此志一向被誉为善志。但它也和别的许多明代志书一样，存在不少问题。章学诚于《书姑苏志后》提出了种种尖锐的批评，诸如“名义不一”,“总六十卷,亦约略纸幅多寡为之,无义例也”,“但有统部州郡而无县邑;无论体例不当,即其自标郡邑名目,岂不自相矛盾耶”,“纵横列表,忽上忽下”等。乾隆《苏州府志·修志凡例》也指责说:“考‘吴世家’,不过抄录《史记·吴太伯世家》原文。‘封爵’如汉刘贾、刘濞已见‘建置’外,历代王公侯伯等号,大率遥封虚赠,并非实土。‘氏族’如朱、张、顾、陆等姓,其世次已详各传;余未免挂一漏百,且多附会难信。”这些都是恰当的。

《武功县志》,3卷,康海撰。康海,字德涵,号对山,武功人,弘治状元,授翰林院修撰,文学家,前七子之一,《明史》有传。康海因名列刘瑾党,又以救李东阳免官削籍回乡,此志即系返乡后所作。全志分7篇:地理、建置、祠祀、田赋、官师、人物、选举。记述的内容是较广的,如“地理”包含有山川、城郭、古迹、宅墓,“田赋”包括户口、物产,“官师”善与恶并述。全书仅两万余字。同时人韩邦靖仿此而纂的《正德朝邑县志》,全文约5700字。二者堪称志书的最简者。其所以如此,是因为明代修志中较为普遍地存在繁芜的弊病,康海纂志是针对这种弊端而发的。他在为韩邦靖的《正德朝邑县志》作《序》时便交待了个中缘由:“余读郡邑志,盖将极天下之撰矣。然益繁而不能详,晦而不能白,乱而不能理焉,此安在于志耶?夫志者,记也,记其风土文献之事。与官乎是郡邑者,可以备极其改革,省见其疾苦,景行其已行,察识其政治;使天下为士大夫者读之足以兴,为郡邑者读之足以劝而已。然非以夸灵胜之迹,崇奖饰之细也。”所以,康、韩两志书,使人耳目一新,争相称善。王士禛曾说:“以予所闻见前明郡邑之志,不啻充栋。而文简事核,训词尔雅,无如康对山之志《武功》。”(《蚕尾集·新城县志序》)陈宏谋称:“对山《武功志》,文简事核。凡所记载,悉关国计民生,人心风俗。确乎可传,志乘之极则。”石邦教也认为:“乡国之史,莫良于此。”但笔者认为,大凡纠正任何事物的偏颇,绝不应从一个极端趋于另一个极端，繁芜诚然不好，简而至于疏漏，或者原委不明，也是和正当的修志目的及其应起的作用大相径庭的。洪亮吉曾对《武功》、《朝邑》二志的简略有恰当的诘责："一方之志，苟简不可，滥收亦不可。苟简则舆图疆域，容有不详，如明康海《武功志》、韩邦靖《朝邑志》等是也。滥收则或采传闻，不搜载籍。借人材于异地，侈景物于一方，以致伪以传伪，误中复误，如明以后迄今所修府、州、县志是也。"（《洪北江先生遗集·更生斋文续集·泾县志序》）章学诚抨击得更厉害，他说："自以谓高简矣。今观其书，芜秽特甚。盖缘不知史家法度，文章体裁；而惟以约省卷篇。谓之高简，则谁不能为高简邪？"（《文史通义·书〈武功志〉后》）

边镇志的出现，是出于军事的需要。有明一代，北方边境与蒙古及女真（亦作诸申）贵族的矛盾时紧时弛，顺应这种军事形势，就有必要对边镇多种事实予以记载。嘉靖初年，职方主事郑晓曾搜集有关北部边防的资料，能"尽知天下厄塞、士马虚实强弱之数"，受兵部尚书金献民之嘱，撰成《九边图志》，"人争传写之"（《明会要·职官·兵部》）。人们欢迎它，它自然便有生命力。边镇志有总志、合志、别志的区分，这类志书大都为兵部职方司官员或边关将吏所作。有的名为镇志或关志，却不是尽载边防，于军事的重点之外，其他与府县志无甚差异。它们的效用，首先在于军事的价值。明人涂宗濬在《延绥镇志序》中大致作了概括："历代建置沿革之由，水火险易厄塞之处，兵马收集选充之实，馈饷储积、田赋登耗之数，力役征调支应之烦，祲祥赈恤补救之方，风俗学校典厘之法，文武经历建树久近之迹，河套侵犯要狭之情，元老经略条奏筹划安攘之策，靡不犁然具备，一展卷尽目中。"下面叙其一种。

《四镇三关志》，10卷，刘效祖纂。四镇是蓟州、昌平、保定、辽东，三关为居庸、紫荆、山海。全志分设"建置"、"形胜"、"军旅"、"粮饷"、"骑乘"、"经略"、"制疏"、"职官"、"才贤"、"夷部"10考，每考1卷。“建置考”有各镇地图,各种兵器、车营、墩台图。“制疏考”篇幅最大,约占全书的五分之二。书成于万历初年,为明代边防志中记载较为详尽的一种。

其他如王翘的《西关志》,有关军事方面的,详列军马、墩台、边情、摆拨、草场、仓场、屯堡等,立类更见详细。

明代的乡镇志,比起宋元,尚处于发展之中,较集中于经济发达的省区。明中叶以后,乡镇经济渐趋兴旺,于是,修纂乡镇的志书既有客观的需要,主观上也具有可能的条件。如江苏吴县的《浒墅关志》(嘉靖时张裕纂)、《横溪录》(崇祯时徐鸣时纂),浙江德清县的《仙谭志》(正德时陈霆纂),吴兴县的《重修乌青镇志》等。这类志书的体例大都模仿府县志,也有较为可观的。它是清代乡镇志发展的前奏。以现代的观点而论,这些乡镇志最大的弱点,在于记叙“经济”很单薄。如前所说,乡镇志能够发展的基础是经济发展,那么,乡镇志恰恰对于这个内容予以忽视,给后人了解该地的社会经济状况造成了空白。不过,这是旧方志的一个通病,因此又不能过分地责怪乡镇志的修纂者。

此外,明代的专志涉有多方面,如记山的有裘仲孺的《武夷山志》、宋焘的《泰山纪事》等;记物产的有屠本畯的《闽中海错疏》、何宇度的《益部谈资》等;记水利的有姚文灏的《浙西水利书》、张国维的《吴中水利书》等;记人物的有宋濂的《浦阳人物记》、文震孟的《姑苏名贤小记》等,记著述的有潘埙的《淮郡文献志》、郑岳的《莆阳文献》等;记胜迹的有姚士璘的《日畿访胜录》、西湖老人的《西湖繁胜录》等;记学校的有《南雍志》、《太学志》;记黄册档案库的有《后湖志》等。另有记水、桥梁、寺庙、陵墓等等,不胜列举。

三、元明的方志学

元明尤其是明代的方志学,从总体上说,比起以前的两宋和后

继的清代,在二者之间走了一个下降的曲线,清代的学者对之有极其中肯的抨击。如顾广圻说:

(方志)其为书也,能使生是邦者晓前古事迹,至其地者验方今物土,洵为善矣。降及明叶,末流滋弊。事既归官,成于借手。府县等诸具之,撰修类皆不学。……犹复俗语丹青,后生疑误。(《广陵通典序》)

李兆洛说:

前代郡邑之志,存于今者,推宋人之书耳。类皆义例整赡,考证赅洽,识议深慎,如范成大《吴郡志》、施宿《会稽志》是也。而明代诸志,颇改前规。避簿记之诮,则凭臆刊削,以为简古。侈收采之富,则杂厕肤猥,以为浩博。体制既乖,详略交病。其紊轻重之实,袭胥吏之故者,抑又无论焉。夫稽往籍者,所以存法戒也;详时事者,所以观风会也。若稽古而不核,非陋即冗。诹今而不审,非棼即谬。徒以迷误后来,不如无书矣。(《养一斋文集·跋咸淳毗陵志》)

阮元也说:

明代事不师古,修志者多炫异居功。或蹈袭前人而攘善掠美;或弁髦载籍而轻改妄删。(《道光仪征志序》)

的确,这是切中要害地道出了明代方志学的贫乏及其症结之所在。虽然如此,明代方志也还有前代所没有的新因素,应予肯定。

第一,不拘一格的方志编纂学。元明人修志,一方面继承了宋志的体例,另一方面也有若干开创。

(1)纂修一统志。元初官修《大元一统志》,其渊源当然来自唐宋的《元和郡县图志》、《太平寰宇记》之类的总志。但由于元的疆域之广,许有壬于《序》文中阐述其纂修的目的与作用时说:

一统之盛,跨轶汉唐者乎。……是书之行,非以资口耳博洽也。垂之万世,知祖宗创业之艰难。播之臣庶,知生长一统之世,邦有道谷,各尽其职;于变时雍,各尽其力。上下相维,以持一统。我国家无疆之休,岂特万世而已哉!(《圭塘小稿》卷五)

比起南宋的《舆地纪胜》、《方舆胜览》等局促于我国全疆之一隅,不可同日而语。这不能仅仅看成是反映元统治者宣扬其势力,也是中华民族统一疆域的历史记录。明清两代的统治者花了很大的气力去修纂一统志,清代共完成了三部一统志。追本寻源,这是元代发端的。

(2)府县志的绍继与演化。元修府县志,太半脱胎于宋志。明初,统治者倡导修志。太祖朱元璋规定了志书的范围和内容。成祖朱棣颁布16则《修志凡例》,又规定志书应记载:建置沿革、分野、疆域、城池、里至、山川、坊郭、乡镇、土产、贡赋、风俗、形势、户口、学校、军卫、廨舍、寺观、祠庙、桥梁、宦绩、人物、仙释、杂志、诗文等目,以及如何取材与编纂;不久,又修改成21条。嘉靖中,湖广布政使司参政丁明也颁布过《修志凡例》。颁布的目的,在于使修志者遵循执行。如此设目,只要稍加查究,就会发现它源自并列门目的体例。固然,提出一个志书设目的休式未尝不可,也不能说毫无意义,起码可以供修志者参考,但在封建时代,帝王的诏令以至上官的檄书,通常具有法典的权威。也就是说,它们将成为修志者共同遵循的规范。这样,不仅包孕着对创新的约束,而且各地自然的社会的条件又有着很大的差异性,不可能用同一模式去修纂。否则,必将流于一般化乃至僵化,不能反映各地自身所具有的特点。修志是一项学术性的工程,行政命令终究是取代不了的,必然要在实践中突破。事实也就是这样。朱棣死后,志书的目不断损益。如景泰《建阳县志》有人物"画像",成化《新阳县志》增有"氏族",弘治《抚州府志》有"版册"、"文教"、"兵氛",正德《琼台志》

新设“海道”、“破荒启土”。王鏊《姑苏志》增设的更多。不但如此,在整体上也有创新。有承继南宋以纲统目而向纪传史体靠拢的,如《正德安庆府志》就设有纪、表、志、传四类。《天启凤阳新书》于纪、世家、传、表之外,又设内篇和外篇,下面再列子目。有仿效编年史体的,如王启的《赤城会通记》、颜木的《汉东编年志》等。有因当时地方政务的职能而按吏、户、礼、兵、刑、工分类纪事的,如弘治《兴化府志》、正德《漳州府志》等。还有根据《孟子》“诸侯之宝三:土地、人民、政事”而以土地、人民、政事三者作为志目之纲的,如万历《湖州府志》等。至于谢肇淛的《滇略》,又自成一种类型。

上述的变化影响不大,没有太多的价值可言。但这种敢于冲破束缚、不拘一格的风尚值得发扬。

第二,删繁尚简。由于深受明季学术颓风的作用,许多志书敷衍成篇,炫异失实,冗滥芜杂的弊端严重存在。例如弘治《句容县志》设目竟有124个,嘉靖《霸州志》仅人物便有14目。有鉴于此,康海和韩邦靖起而力纠此种病态,他们主张修志以简要为宗旨。修成的《武功志》、《朝邑志》尽管有些矫枉过正,但对明代成风的修志之弊无疑是投入了一服清醒剂。简而冗秽,是修志者应当注意的;并且,文约事赅的简志,对读者有方便之处。即使在今天,编纂简志,也是合乎需要的。动不动就上百万字的志书,未必能受到普遍的欢迎。

第三,揭示志书的实用性。元明时的一部分修志者,继承以往的传统之一,强调志书的实效。如康海于《正德朝邑县志序》曾说:“与官乎是郡邑者,可以备极其改革,省见其疾苦,景行其已行,察识其政治。”“使天下为士大夫者读之足以兴。”“为郡邑者读之足以劝。”元李好文于《长安志图序》中说:“废兴无常,盛衰有数,天理人事之所关焉。城郭封域,代因代革,先王之疆理寓焉。沟洫之利,疏溉之饶,生民之衣食系焉。观是《图》者,则夫有志之士,游意当世,将适古今之宜,流生民之泽,不无有助。岂特山林逃虚,悠然遐想,升高而赋者,以资见闻而已哉。”这种将有裨于国计民生作为修志的主旨是可取的。

另外,元明有识的志家对如何编纂方志还提出不少有益的见解,如元杨升云于《瑞阳志序》中说:“为图于首,则职方氏之遗意也。列志于后,则班孟坚之家法也。”(《正德瑞州府志·旧序》)主张体例应有本。许汝霖的《嵊志序》批评高似孙的《剡录》“择焉不精,语焉不详”,又具体指出:“纪山川则附以幽怪之说,论人物则偏于清放之流。版图所以观政理,而仅举其略;诗话所以资清谈,乃屡书不厌。他如草木禽鱼之诂,道馆僧庐之疏,率皆附以浮词,而过其实。”(《康熙嵊县志·旧序》)如果说这只是消极的批评,那么明吕调元《隆庆襄陵县志序》则积极地主张:“郡邑有志,犹国有史。所以彰往昭来,贵实录也。”刘鲁生《嘉靖曲沃县志序》说得更为实际:“其载欲悉,其事欲核,其书欲直。”要达到这个目的,“必广询博采,而后无遗迹。循名责实,而后无讹传。义正词确,而后无赘语。类序伦分,而后无乱章”。这些似乎是历来方志家议论的老问题,但在当时是有现实意义的,因而应当予以重视。

第七节 清代——方志与方志学的鼎盛时期

清代,从顺治(福临)入关,到康熙(玄烨)奠定了统一的局面,又对原先的民族、赋税等政策作了若干调整,因而社会较为安定,经济日趋繁荣。但必须看到,自从欧洲文艺复兴开始尤其是英、法等国完成了资产阶级革命,世界已逐渐地连成一个整体,中国这个文明古国自然不能孤立于世界之外。所谓“康乾盛世”,是不能与西方在两次产业革命后的经济和多方面的成就来相比的。就国内和本国的历史状况来说，在这个时候，康熙和乾隆（弘历）又倡导所谓“稽古右文”，于是，文化也日益发展。自清初顾炎武等开创一代学风，至乾嘉时代，人才辈出，不但有古文经学派为代表的考据之学，而且有另辟蹊径的今文经学派。此外，史学、文学以及某些自然科学蔚为鼎盛，但比不上西方科学文化的发展。14～16 世纪文艺复兴之后，西方人文主义递兴，从而促进了自然科学、文学、艺术的快速发展。从总体而言，清王朝是远远地落后了，对此必须有清醒的认识。清朝进入后期，又受西方文化科学的影响，文化科学的内容和构成发生了急剧的变化。方志学也成为其中的一个部分。

一、修志的繁荣

有清一代修成的志书，据朱士嘉的《中国地方志综录》收录现存志书 5587 种，约占流传至今总数 8206 种的 70%。这还不能说囊括无遗了，因他对方志属类的见解，所以一统志以及多种杂志、专志都未列入。有一部分已失传或者无力刊出。至于因审查严格或因审查者怕事、怕负责任，志书修成后不能刊行或已刻而被毁版的，数量当不在少。所以，要弄清楚清代修志以及成书的状况，还有待于作进一步的钩稽和考核。

从一统志到乡镇志、专志、杂志，种类齐全，体例又很多样。各个层次的志书都有一大批名作。之所以这样，原因是多方面的。其中起着重要作用的，是有著名学者群参与修志和研究理论的成就，反映在志书的修纂上，成果是极其可观的。

第一，一统志。康熙十一年（1672 年），保和殿大学士卫周祚上奏，建议先由各省修通志，而后汇编成一统志。此建议被康熙帝采纳，诏令各督抚“聘集夙儒名贤，接古续今，纂辑通志”，并以贾汉复于顺治时修的《河南通志》为天下志书的模式。1683 年，礼部奉旨檄催天下，命各省设通志局，限三月完成。1685 年，又诏各省府州县修志。但终玄烨一世，一统志还悬在空中。雍正（胤禛）三年（1725 年），派重臣督修一统志。1728 年，纂修一统志总裁官蒋廷锡奏议，要求各省通志于一年内修成。雍正帝下谕称："朕惟志书与史传相表里，其登载一代名宦人物，较之山川、风土尤为紧要。必详细确查，慎要采录，至公至当。使伟绩懿行，逾久弥光，乃称不朽盛事。今若以一年为期，恐时日太促，或不免草率从事。……着各省督抚，将本省通志重加修辑。务期考据详明，采摭精当；既无阙略，亦无冒滥，以成完善之书。如一年未能竣事，或宽至二三年内纂成具奏。"（《清实录·世宗实录》卷七五）第二年，又下诏规定府州县志每 60 年一修，作为定例。乾隆帝也很重视一统志的纂修，每当修志诸臣进呈稿本，他都认真审阅，提出删改意见。经过三朝，历时 70 年，于乾隆八年（1743 年）才完成《大清一统志》342 卷。之后，又重修两次：一次是乾隆二十九年（1764 年）开始，乾隆四十九年（1784 年）成书 500 卷（本是 424 卷，加子卷成此数）；再一次是成书于道光二十二年（1842 年），共 560 卷。因为始修于嘉庆十六年（1811 年），所增辑的事迹下限又止于嘉庆二十五年（1820 年），所以称《嘉庆重修一统志》。洪亮吉以《乾隆大清一统志》卷帙太繁，又藏于内府，一般人不易读到，便纂辑《乾隆府厅州县图志》，实际上是私撰的一种一统志。

清三种《一统志》，体例是一致的。记叙的次序：京师、盛京（今辽宁）、各省（先是布政使司，其后，随着巡抚制度的健全，逐渐以巡抚的辖境称省。其实，清代到末期，将盛京改为奉天省，1929 年改为辽宁省，在清末改省的影响下，以后才逐渐改布政使司为省）、蒙古藩部和朝贡诸国。每一部门先是图表，其次统括大要（分野、建置沿革、形势、职官、户口、田赋、名宦等）。府与直隶厅、州分别成卷，各立一表，系所属各县，分记分野、建置沿革、形势、风俗、城池、学校、户口、田赋、山川、古迹、关隘、津梁、堰堤、陵墓、寺观、名宦、人物、流寓、列女、仙释、土产21门。乾隆中期，因平定伊犁、西域、滇南的诸土司，加之雍正以来，府厅州县有分并改隶，职官有增减，驻地也有迁移，所以需要重修。门目仍旧，只是体例加详。嘉庆时重修，大体也是如此。三种《一统志》，卷帙比不上《大元一统志》，也没有其著名，可是比《明一统志》则远远地超出了。

《乾隆府厅州县图志》，50卷，洪亮吉撰。洪亮吉(1746～1809年)，字君直，一字稚存，号北江，又号更生居士，江苏阳湖(今常州)人，为乾嘉时代一位著名的学者，于经、史、地理、文字、音韵、谱牒、诗、文都有成就，尤精于地理，兼及方志，《清史稿》、《清史列传》有传，著有《补三国疆域志》、《东晋疆域志》、《十六国疆域志》、《西夏国志》、《泾县志》、《淳化县志》、《长武县志》、《澄城县志》、《登封县志》、《卷施阁文甲集》、《卷施阁文乙集》、《更生斋文甲集》、《更生斋文乙集》等。《乾隆府厅州县图志》是洪亮吉客毕沅河南、陕西巡抚幕时所作。全书分列京师顺天府、兴京、盛京奉天府，直隶、江宁、江苏、安徽、山西、山东、河南、陕西、甘肃、浙江、江西、湖北、湖南、四川、福建、广东、广西、云南、贵州19个布政使司以及牧厂、新疆、外藩、朝贡诸国。牧厂以上每府、司都冠以图。书成于乾隆五十三年(1788年)，府、州、县的建置均以这一年为断，体例悉仿《元和郡县图志》，并"有其谨严，除其舛杂"(于宗林《乾隆府厅州县图志跋》)。由于洪亮吉精于地理，又擅考据，其所记述"故城旧县，有则必书。凿岭开渠，远而必录"，"邮亭镇堡，随方亦录"，尤注意于"五金利用，标所出之山；近盐便民，记置场之所"，"水道则据今时出入，而缀以故名；陂塘则记历代废兴，而并详创始"；"战争之区，因事附录"。此外，详记水利而及古迹、祠庙以及同知、通判的驻地而于圣贤遗迹、冢墓等都不予记叙，并纠正了古代史、志记载的缺失，即使《元和郡县图志》，也厘定其错误有多处。他揭示："疑则或阙，征则必书。此又其复古之初心，作书之微旨也。"(《乾隆府厅州县图志序》）于宗林《跋》称之为“非仅考镜今古，厘析中外，实先生经世之志所寓也”。这是合乎事实的。周中孚称：“详略之得宜，增减之不苟，较之弘宪（李吉甫）之书，实有过之无不及者。故考皇朝舆地之书，博之则《大一统志》，约之则是编也。”（《郑堂读书记补逸》卷一一）其实，清《一统志》存在许多差错，洪亮吉不便指出，因此，《乾隆府厅州县图志》的精审，是远胜于《一统志》的。

第二，省志。早在顺治十七年（1660 年），河南巡抚贾汉复率先修成《河南通志》，为着巡抚辖下修通志有所取材，先用巡抚的名义，下达修志牌照，列具《凡例》23 条，通令所属府县修志，对于志书的时代断限、资料取舍、文字详略、史实考订、叙事先后以及地图绘制等，都作有具体的规定。到康、雍两朝，由于修纂一统志的需要，帝王又多次催促纂修巡抚辖区志。督抚中固然有不少出于应付故事，却也有一些极为重视，甚而不惜重金礼聘著名学者担任主纂、分纂。清代各省都修成志书，并有几次续修或重修的，有畿辅（今河北）、盛京（今辽宁）、吉林、河南、山西、湖广（后分湖北、湖南）、四川、云南、贵州、福建、广东、广西、陕西、甘肃、新疆等数十种。其中，嘉、道间谢启昆修、胡虔纂的《广西通志》，阮元修、陈昌齐等纂的《广东通志》，为方志界所共同赞许。同、光间，李鸿章修、黄彭年纂的《畿辅通志》，曾国荃等修、王轩、杨笃等纂的《山西通志》，都是取法谢、阮而作。宣统时，袁大化修、王树枏、王学曾纂的《新疆图志》，前无所承，而多所创新。

《畿辅通志》，300 卷，首 1 卷，李鸿章修，黄彭年纂，始于同治十年（1871 年）末，光绪十年（1884 年）成书，即刊行问世。黄彭年（？ ~1890 年），字子寿，贵州贵筑人，道光二十五年会试中式，旋改庶吉士，授编修，历官湖北襄郧荆道、按察使，江苏、湖北布政使。黄彭年博学多通，长于文史，著有《三省边防考略》、《金沙江考略》、《历代关隘津梁存考》、《陶楼诗文集》，《清史稿》、《清史列传》有传。同治十年,黄彭年受李鸿章聘,主纂《畿辅通志》。清代畿辅有三《志》,前此为康熙、雍正两朝所修。《康熙志》"简而不当"(唐执玉《雍正畿辅通志序》),四库馆臣也以为"讨论未为详确"。《雍正志》比起旧志要完善一点。

此志体例远绍周应合的《景定建康志》,近遵谢启昆的《广西通志》、阮元的《广东通志》而稍加变通,设纪、表、略、录、传为之统类。前有《凡例》,每类分设子目,帝制纪:诏谕、宸章、京师、陵寝、行宫;表:府厅州县沿革、封建、职官、选举;略:舆地(疆域图说、晷度、山川、关隘、风俗、方言、物产)、河渠(水道、治河说、堤闸、津梁、水利营田)、海防(图说、通商事宜)、经政(田赋、旗租、户口、禄饷、盐法、钱币、仓储、漕运、榷税、恤政、祀典、学校、庆典、兵制、铨选、刑律、城池、公署)、前事、艺文、金石、古迹(城址、署宅、陵墓、祠宇、寺观);录:宦绩;传:列传、列女传、杂传;识余(拾遗、述异、方伎、仙释、叙传)。对于此志,虽间有訾议,如同纂者张裕钊、吴汝纶均以为:"失撰述之体,贻市簿之讥。篇不成文,无异档册。"但又受到广泛的赞誉:"同光之际,李文忠(鸿章)督直隶最久,特延黄子寿先生总其成;复广罗当时名宿,重事修辑,十年成书,艺林称盛。刊行之后颇负时望,为畿辅有志以来之所见,即在各省通志中亦且推为巨擘也。"(商务印书馆影印本《畿辅通志序》)这段议论大体上是允当的。

第三,府厅州县志。清代志书之多之善,集中于府县志这一层次。其所以如此,一方面是省修通志的推动,一些封疆大吏和府县长官主动地组织修志;另一方面是许多著名学者或受重金应聘,或乐于以修志为一种事业。如章学诚就竭力抬高修志工作,曾说:

丈夫生不为史臣,亦当从名公巨卿,执笔充书记,而因得论列当世,以文章见用于时。如纂修志乘,亦其中之一事也。(《文史通义·答甄秀才论修志第一书》)

而有意于为桑梓修志又是我国方志史上良好的传统。所以,学者参与修志,蔚为风尚。粗略统计,清代主纂志书的知名学者有顾炎武、黄宗羲、陆陇其、沈德潜、纪昀、毛奇龄、戴震、段玉裁、姚鼐、钱大昕、王鸣盛、朱彝尊、章学诚、洪亮吉、阮元、孙星衍、石蕴玉、武亿、汪中、焦循、江藩、龚自珍、刘宝楠、李兆洛、张澍、冯桂芬等一百余人。有的在任内主持修志,如毕沅任湖广总督时修《湖北通志》,谢启昆任广西巡抚时修《广西通志》,阮元任广东巡抚时修《广东通志》,陆陇其任灵寿知县时修《灵寿县志》,段玉裁任富顺知县时修《富顺县志》,张澍任兴文知县时修《兴文县志》,李兆洛任凤台知县时修《凤台县志》等。有应地方官之聘主纂志书的,如戴震纂《汾州府志》、《汾阳县志》,孙星衍纂《松江府志》、《三水县志》,武亿纂《偃师县志》、《安阳县志》,杭世骏纂《西宁府志》、《乌程县志》,洪亮吉纂《泾县志》、《登封县志》、《澄城县志》,章学诚纂《和州志》、《永清县志》、《亳州志》等。有为故乡纂志的,如石韫玉、冯桂芬各纂《苏州府志》,张尔岐纂《济阳县志》,李兆洛纂《武进阳湖合志》,缪荃孙纂《江阴县续志》等。至于担任分纂与修志书的著名学者如惠栋、黄丕烈、顾广圻、浦起龙等,则是更仆难数。

清和明一样,绝大多数志书出于官修。所谓官修,并非一切由官方负责。如经费一项,在许多情况下,是由各府、县的官吏及富绅捐助。通常是由该一级行政长吏出面主持设志局或馆,聘请恰当人选修纂。在题署上,主持者称修,实际纂辑者称纂,一身而二任的称纂修。也有私修称撰,而私修者为数很多。

一部志书的优劣,关键在于主纂者的学识及其严谨的态度。清代的府县志中,有如此众多的学者纂修,他们修成的志书,以时代先后为序。康熙时,有顾炎武参修《邹平县志》、《德州志》;雍正时,有全祖望参修《宁波府志》;乾隆时,有周永年、李文藻纂《历城县志》,李文藻纂《诸城县志》,习寯纂《苏州府志》,钱大昕纂《鄞县志》，孙星衍纂《邠州志》，杭世骏纂《昌化县志》、《平阳县志》，王昶纂《太仓州志》，姚鼐纂《庐江府志》、《六安州志》，洪亮吉纂《怀庆府志》、《固始县志》、《淳化县志》、《长武县志》，章学诚参修《天门县志》、《石首县志》、《广济县志》、《常德府志》、《荆州府志》，钱坫纂《朝邑县志》；嘉庆时，武亿纂《鲁山县志》、《宝丰县志》、《郏县志》，焦循、姚文田、江藩纂《扬州府图经》、《重修扬州府志》，龚自珍参修《徽州府志》，李兆洛、董士锡纂《怀远县志》，董祐诚纂《咸宁县志》，陆继辂纂《郯城县志》，张澍纂《大足县志》；道光时，洪符孙纂《禹州志》、《鄢陵县志》，张澍纂修《泸溪县志》，邓湘皋纂《武冈州志》、《宝庆府志》，许瀚纂《济宁府志》；咸丰时，鲁一同纂《邳州志》、《清河县志》，莫友芝纂《遵义府志》；同治时，冯桂芬纂《苏州府志》，陈沣纂《番禺县志》，汪士铎纂《江宁府志》，陆心源纂《湖州府志》、《归安县志》，徐时栋纂《鄞县志》、《慈溪县志》；光绪时，郭嵩焘纂《湘阴县图志》，王闿运纂《湘潭县志》、《衡阳县志》、《桂阳州志》，王棻纂《杭州府志》、《黄岩县志》、《青田县志》、《永嘉县志》、《仙居县志》，李慈铭纂《绍兴府志》、《会稽新志》，缪荃孙纂《顺天府志》、《荆州府志》、《昌平州志》等等。其中有不少堪列名志之林。苏州府的乾隆、道光、同治三《志》，均称善。

《同治苏州府志》，150 卷，首 3 卷，李铭皖、谭钧培修，冯桂芬纂。冯桂芬（1809 ~ 1874 年），字林一，又字景亭（因倾慕顾炎武，顾氏字亭林——笔者），江苏吴县人。道光二十年进士，授翰林院编修。太平天国军攻克江宁（南京），他在苏州办团练，擢任右春坊中允。李秀成占苏州，逃往上海，冯桂芬参与江浙官绅和英、法、美等国领事组成的会防局，又入李鸿章幕府，为之出谋划策，主张裁减苏、松两府和太仓州的赋额。他倡导“采西学”，“制洋器”，“以中国之伦常名教为本，辅以诸国富强之术”，是改良派的先导。冯桂芬著有《校邠庐抗议》、《显志堂稿》、《两淮盐法志》等，《清史稿》、《清史列传》有传。《苏州府志》是冯桂芬晚年移居苏州远郊木渎时所纂，后由其子芳辑成书，于光绪间刊行，所以有人称为《光绪志》。

此志体例，仿《乾隆苏州府志》而略加变通。全书先有图，卷首巡幸，以下为星野、疆域（建置沿革、形势附）、风俗、城池、坊巷、山、水、水利、田赋、物产、公署、学校、军制、乡都（村镇圩图附）、津梁、古迹、坛庙、寺观、第宅园林、冢墓、职官、选举、名宦、人物、艺术、流寓、列女、释道、艺文、金石、祥异、杂记、旧序。前有胡元炳、谭钧培、许应鑅、部云鹄、毕保厘、李铭皖等6篇《序》和《修志凡例》。其12幅地图，系采用咸丰、同治两次实测并以新法绘制的地图缩绘而成，较旧志可靠。所记最具特点的是田赋，根据同治二年新定科则列成表，并附旧章于后，使实征本色与折色的名数一目了然，并缕述层层加码及种种弊端，造成“吴下人民负担之重，国内为最”的状况。又溯自宋以来的田亩、户口、赋税、漕运、解支数和屯田、芦课、杂税、盐铁诸法的史实，备采《宋史》、《明史》、《续文献通考》、《赋役全书》以及有关的官吏奏议、私人撰述和各种方志的记载，考述颇为翔实。此外还记及苏州特有的文化、商业的重要事迹。突出的缺点在于因敌视太平天国而不予记叙。

《永清县志》，25篇，周震荣修、章学诚纂，乾隆四十四年（1779年）刊行于世。章学诚（1738～1801年），字实斋，号少岩，浙江会稽（今绍兴）人，乾隆四十三年进士，官国子监典籍。章学诚曾游朱筠门，入毕沅幕。自少读书，不甘为章句之学，纵览群籍，好辩论，著有《文史通义》、《校雠通义》，纂有《湖北通志稿》、《和州志》、《亳州志》、《永清县志》等，《清史稿》、《清史列传》有传。此志区分为纪、表、图、书、政略、列传六体，书成后又作《永清文征》5卷。纪有二：皇言、恩泽；表有三：职官、选举、士族；图有三：舆地、建置、水道；书有六：吏、户、礼、兵、刑、工；略一：政略；传有十：龙敏，史天倪、史天安、史天祥、史天泽，杜时升，张思忠，郝彬，诸贾、二张、刘梁，义门，列女，阙访，前志。每篇以至大部分目均有例或叙录，备论各该纲目的源流、演变和得失，从而揭示纂述的宗旨。持之有据，言之成理。不仅与并列门目迥然不同，就是和以往的纲目体也犁然有异，有不少记叙的处置堪称独到。如以为“职官、选举入于方志，皆表体也”。既是表体，就应年经事纬，使得“足以爽豁眉目，有所考索，按格而稽”，并指出：“志家之载选举，不解年经事纬之法，率以进士、举人、贡生、武选，各分门类；又以进士冠首，而举贡以次编于后。于是一人而之由贡获举而成进士者，先见进士科年，再搜乡举时代，终篇而始明其入贡年甲焉。于事为倒置，而文岂非复沓乎?”又如说图的作用：“史不立图，而形状名象必不可旁求于文字，此耳治目治之所以不同。……图象之学，又非耳口之所能授者，贵其目击而道存也。”这是极有道理的。另有与一般志不同的地方。如户书“所以志田赋，而礼乐兵刑典章制度略备焉，此则六典联事之义也”，并将田亩、人丁、赋税、徭役、解支、民屯、市易、物产等尽入于“户书”。至于“文征”，那是将有价值的奏议、征实、论说、诗赋、金石等尽入于志书，使后人关览审核，与志书相表里。永清是一个小县，有不少的内容如艺文是很少的。但此志是章学诚精心之作，大体上反映了他对方志的理论主张。

清代府、县志称善的很多，现只介绍上述两种。

第四，乡镇志。清代修纂乡镇志有较大的发展，集中于经济和文化发达的地区。以今江苏苏州市属诸县为例，纂辑（包括重纂的）而已刊出的便有五十余种，还不断发现有未刊的手写本。乡镇志中有不少比较好的，也可进入善志之列。受到普遍推许的如江苏吴江县仲廷机等的《盛湖志》、徐达源的《黎里志》，江都县焦循的《北湖小志》、董醇的《甘棠小志》，浙江吴兴县蔡蓉升等的《双林镇志》、董世宁的《乌青镇志》，天津张江裁的《杨柳青小志》，山东博山县冯文显的《颜神镇志》，安徽池州郎遂的《杏花村志》等。以《盛湖志》为例：

《盛湖志》，14 卷，首 1 卷，末 1 卷，仲廷机辑，仲虎腾校录。仲廷机，字组缦，号支仙，江苏吴江盛泽人，道光乙未举人，生卒年月及生平事迹未详。仲沈洙于顺治时曾纂辑《盛湖志》，康熙时，仲枢为之增纂，仲周霈于乾隆时又稍事采辑，成书 2 卷。仲廷机又广采郡邑志乘，各种诗文、杂录、碑碣以及所见所闻，于同治十三年(1874 年)完稿，经其子虎腾校理成 16 卷，又据其后二十余年史事成《盛湖志补》4 卷。

此志设目，前有图，沿革至杂录 56 门，卷首有仲沈洙等《序》7 篇，体例完全仿照府县志的并列门目。盛湖即盛泽，为著名的丝绸产地。志中记："近镇四五十里间，居民尽逐绸绫之利。""镇之丰歉，不视田亩之荒熟，而视绸业之盛衰。""凡邑中所产，皆聚于盛泽镇，天下衣被多赖之。富商大贾挚万金来买者，摩肩连袂，如一都会焉。"而且货物远销至中原乃至关外。此外，记及嫁娶礼俗之详，为他志所不及，并有水葬、火葬以及蒙古族后裔的姓氏等。尽管它还存在缺点，但此类不详于府县志书的记述，无疑为方志这座文化宝库增加了光彩。

乡镇志都是私纂的，而私撰的方志，省、府、县都有，虽数量不多，但因为体例自由，所以佳作间出。其中如屈大均的《广东新语》、师范的《滇系》、汪中的《广陵通典》、钱思元的《吴门补乘》、顾震涛的《吴门表隐》、刘宝楠的《宝应图经》等各有特色。

至于专志，清代又有增多的趋势，较为著名的如刘文淇的《扬州水道记》、潘耒的《松陵文献》、孙诒让的《温州经籍志》、徐世昌的《大清畿辅先哲传》、马其昶的《桐城耆旧传》、顾禄的《清嘉录》、徐崧的《百城烟水》、叶昌炽的《寒山寺志》等，而且总的数量也远远超过明代。

二、方志学的新开创

与修志互为因果，清代方志学所获得的成绩也是后来居上，在方志史上步入了一个新的更高的台阶。所以这样，原因很多，其中最为突出的一点，就是对方志的全面研究取得了前所未有的成绩。概括来说，重要的有如下三点：

第一，编纂体例。清代修志，一统志除外，省、府以下的志书没有固定于陈式，而是不断地改进，并有新的开创，这是实践中所记取的教训和方志学发展的必然结果。清初，由于朝廷规定了要以贾汉复的《河南通志》为模式，因而闹出不少笑话，如《康熙苏州府志》，因“帝王”而设“后妃”，因“河防”而有“河形”，实属不伦，早为识者所讥；而并列门目，仍通行了很长一个时期。乾隆时，才开始有所突破，有取法于纪传史体的志书出现，如《江南通志》分为十志，《志例》说：“用班史（班固《汉书》）十志之例。”《砀山县志》也设十志，《志例》说：“体仿《后汉》。”有编年体，如汪中的《广陵通典》。有纪事本末体，如冯甦的《滇考》。章学诚起而主张以史家法度修志，力排并列门目，以为“必立三家之学”，“仿纪传正史之体而作志，仿律令典例之体而作掌故，仿《文选》、《文苑》之体而作文征”（《方志立三书议》），而在实际修志时又有变化和进展。如章学诚应毕沅之聘纂《湖北通志稿》，拟定的目录有：二纪（皇言、皇朝编年），三图（方舆、沿革、水道），五表（职官、封建、选举、族望、人物），六考（府县、舆地、食货、水利、艺文、金石），四政（经济、循绩、捍御、师儒），五十三传（子目繁，从略），掌故（吏科四：官司员额、官司职掌、员缺繁简、吏典事宜，户科十九：赋役、仓庾、漕运、杂税等，礼科十三：礼典、仪注、科场、条例等，兵科十二：将弁员额、兵丁技艺额数、武弁例马等，刑科六：里甲、编甲图、囚粮衣食、三流道里等，工科十二：城工、塘汛、江防、铜铁、矿工、工料价格表等），文征

（甲集裒集正史列传，乙集裒录经济策画，丙集裒录词章诗赋，丁集裒录集人诗词），又有丛谈（考据、轶事、琐语、异闻）。后因众口非议，《湖北通志稿》没有能照此修纂。而章氏所纂其他志书，均具体而微并略作损益。与章学诚同时的洪亮吉修志，如《登封县志》，设有纪、表、簿、志、传、录诸类，类下再分设子目。稍后的李兆洛为《常州府志》定例，也设纪三、志七、表四、传六、考一。至于省志中有佳名的谢启昆的嘉庆《广西通志》，设典训，四表（郡县沿革、职官、选举、封建），九略（舆地、山川、关隘、建置、经政、前事、艺文、金石、胜迹），二录（宦绩、谪宦），六列传（人物、土司、列女、流寓、仙释、诸蛮），每类下又有细目。章、洪、李、谢诸家的设目虽各有差异，但又有着共同点，即都是以类统目。这个体例比起并列门目的无所统摄有所长，而且类例和层次清晰，逻辑地把全志构成统一整体。所以，此后的志书渐渐以纲目体占优势，尤其是章学诚的学说影响较大。当然，有识的修志家又能因地而异，并不执着。

应当提到的是，到了清末，在西方先进文化的影响下，有识之士倡导新学，达官阶层标榜“中学为体，西学为用”。这对修纂方志也产生了作用。首先是记载的内容有所变化，以宣统二年（1910年）都林布修、李巨源等纂的《承德县志》为例。其设有十类，类分细目：一是土地志（疆域、面积、经纬度数、气候、地势、山质、山川、险要、地亩、种类、城池、宫殿、陵寝、衙署附），二是乡镇（区划、村落名称、附巡警局所在地），三是户口（籍贯、职业），四是政治（官制、财政、教育、警察、军事），五是风俗（语言、文字、礼节、嗜好），六是物产，七是实业（农务、工艺、商务），八是交通（铁路、电信、邮政、商埠、道路、桥梁、水运、渡船），九是宗教（庙宇、寺院、附喇嘛教、佛教、道教、天主教、耶稣教等），十是杂志（古迹、坟墓、氏族、名宦、孝义、殉难、节烈）。明显地与原有的类目不相同。

第二，修志主旨。清代修志诸家既继承了历史的良好经验，又扬弃了以往存在的缺失。其中有众多的名家深受朴学学风的熏陶和习染，把汉学的治学态度与方法引进修志中来。简要地说，便是致用与务实。

关于致用，如卫周祚于《长治县志序》中所说，志书应当为“天子明目达聪之助，以永扶大一统之治”。在这样的大目标下，戴震于乾隆《汾州府志例言》中又具体地指出：“官事民事，治安所在，不可听其散佚也。”李兆洛的《怀远县志》也说：“志者，志民生之休戚也，志天下之命脉也，志前世之盛衰以为法鉴也，志异日之因革以为呼吁也。”如此等等，难以列举殆尽。

为着达到致用的目的，必须记述翔实。所以，修志诸家都提出“博采和务实”的记述主张。顾炎武于《营平二州史事序》中评述郭造卿《燕史》“网罗天下书志略备”。钱大昕以为：“将欲补亡订误，必当博涉群书。”（《潜研堂文集·续通志列传总序》）章学诚于湖北修志说得详细，应采集省、府和邻境的诸志、《廿二史》、《三楚文献录》、《一统志》、《方舆路程图》、《大清会典》、《赋役全书》、野乘、私记、文编、稗史、家谱、图牒以及六曹案牍、律令、文移（详见《修志十议·为湖北天门县胡知县议修志而作》）。孙诒让于《瑞安县志局总例》中论《纂辑例》说：“总其大较，必以体裁渊雅、援据详博为宗。”又于《采访例》说：“地志网罗文献，事该古今。稽古则专重考证，诹今则尤资采访。”因各种记载有真有伪，有缺略也有繁芜，就不能不加鉴别地尽入志书。所以，方苞的《与一统志馆诸翰林书》曾说：“振奇矜能者，大率博引以为富，而不能辨其出入离合，而有所折衷。是以重复讹舛牴牾之病，纷然而难理。”即使像《元和郡县图志》这样的名作，戴震对“汾州沿革”的考证和洪亮吉的《乾隆府厅州县图志序》就都指出它的失误。因此，章学诚说：“考核不厌精详，折衷务祈尽善。”“取舍贵辨真伪。”对于有些内容，单停留于书面记载还不行，应当作实地的调查和考察。钱大昕称誉洪亮吉的成就时曾说他“少而好游，九州之广，足迹几遍。胸罗全史，加以目验”（《东晋疆域志序》）。李兆洛也说：“盖综古今者贵考稽，揽形胜者重目验。”（《养一斋文集》卷六）而李兆洛在《凤台县志》里对齐召南《水道提纲》不著肥水以及萧景云《焦冈湖考》的舛讹，便是得之于实地考察。

近人黄本诚和王葆心对顾炎武的《营平二州史事序》备极推崇，以为它道出了修志的旨要，并简括为五点：一是必其人有学识，二是必收天下志书略备，三是必身历其地，而覆按得实，四是必需以岁月，五是文字不尚晦涩。这的确言之有据，要义在于博采而归于务实。

第三，方志的理论研究。清代因参与修志进而探求方志理论的学者为数不少，其中著名的有顾炎武、方苞、戴震、章学诚、钱大昕、洪亮吉、李兆洛、孙诒让等。他们之中的大多数的主要成就另有精擅，方志只是副业。以戴震为例，他是古文经学皖派的代表，人们不会把他看成是方志学家，而他自己也从不以方志学家自诩。事实上，戴氏之于方志，可说是浅尝即止。但这样一类的学者修纂志书，有的还修了好几部，并有不少的善志；同时，在理论方面也阐述有一些精辟的极有见地的见解，对方志学产生了积极的影响。但又应当说，这些学者并没有独立地勾勒出那个时代关于编纂学的轮廓来，更不用说方志学的完整体系了。只有章学诚，于文史、校雠学有专著之外，不仅主纂了多种志书，而且对方志的渊源、性质、体制、义例以及修志的得失利弊和有关修志事项进行了深入的研讨，见于《章氏遗书》的论著有序、议、书、总论、例议、序例、志例、书后等61篇。从此，方志编纂学的理论体系初具规模。因而称章学诚为一代方志的卓然大家，是当之无愧的，但其也没有为方志学建立完整的体系。

对于别的志家的议论，尤其于精粹之论，固然不能忽视，但限于篇幅，笔者不拟分别详加论述，只就章学诚的方志理论作扼要的介绍。章氏生当汉学大盛的年代，他不满于宋学，对汉学又不尽赞同，主张另辟蹊径，别开新风，于方志学自然也是如此。从他的修志实践到理论研究，成绩斐然。梁启超曾说：“能认识方志之真价值，说明其真意义者，则莫如章实斋。”“实斋关于斯学之贡献，首在改造方志之概念。”（《清代学者整理旧学之总成绩——方志学》）对于章氏的方志学，简要地说，可以归结为如下几点：

（1）关于方志学的性质。章学诚明确指出：“志属信史。”（《修志十议》）“志乃史裁。”（《书武功志后》）毫不含糊地把方志的科学属性归之于史学的范畴。史的系脉很多，他又认定，方志不同于史的别的支系，而是“一方之全史”（《丁巳岁暮书怀投赠宾谷转运因以志别》）。就史的种别论，章氏以为：“有天下之史，有一国之史，有一家之史，有一人之史。传状志述，一人之史也；家乘谱牒，一家之史也；部府县志，一国（这个‘国’，还是区域之意——笔者）之史也；综纪一朝，天下之史也。”（《州县请立志科议》）这就是说，方志乃不同区域的地方史。因为是史，所以对方志起源诸说，章氏肯定源出于《周礼》所载的“方志”：“余考之于《周官》，而知古人之于史事，未尝不至纤析也。外史掌四方之志，注（指郑玄的注——笔者）谓‘若晋《乘》、鲁《春秋》、楚《梼杌》之类’，是一国之全史也。”（《方志立三书议》）因为是史，所以方志不是地理之书，更不是文人游戏、小记短说、清言丛谈乃至文移案牍，随俗应酬，而是应当寓有史的宏裁和微旨。这是章氏方志学的根本立脚点，其他均由此而派生。还需要说明，方志属史，并不是章氏的发明，自东汉郑玄以及其后乃至宋明的许多学者先后相应地都有论及（见于本书第一章第三节“方志的性质与特征”）。然而，章氏由方志是史从而渗透到编纂旨要、义例、体制等种种方面，构成编纂方志的系统理论体系，是前无古人的。

(2)关于方志的修纂。最为根本的问题是把方志修成何种样式的典籍。章学诚对此既有原则的议论，又有具体的谋划。因为方志是史，所以他说："志者，志也。其事其文之外，必有义焉，史家著作之微旨也。"(《为张吉甫司马撰大名县志序》)这就是章学诚所反复强调的"史氏宏裁"和"史家法度"。因为要求史法，所以他说："全书自有体例。志中文字，俱关史法，则全书中之命辞措字，亦必有规矩准绳，不可忽也。"(《与石首王明府论志例》)并把两者结合起来，认为："国史、方志，皆《春秋》之流别也。譬之人身，事者其骨，文者其肤，义者其精神也。断之以义，而书始成家。书必成家，而后有典有法，可诵可识，乃能传世而行远。故曰：志者，志也。欲其经久而可记也。"(《方志立三书议》)

同时，又因为方志与国史并不能等同，所以在继承史学编纂的传统时不能墨守，应该从方志自身的特点出发，主张不照搬纪传史体，而建立"三书"的体式。所谓"三书"，即志、掌故和文征："三书相辅而行，阙一不可；合而为一，尤不可也。"又可别立"丛谈"一书，以"附稗野说部之流"，但不是"非不可阙之书"(《方志立三书议》)。章氏这样论，在修志的实践中也这样做，甚而至于在纂修《湖北通志稿》时，与道不同者分道扬镳。然而，章氏并不是固执于既定的模式，更不是以此作茧自缚，以为"事有不伦，则例以义起，别为创制可也。琐屑繁碎，无关惩创，则削而不存可也"。这就是说，应确定法则，又要根据实情作必要的变通。可以创例，也可以删汰。如章氏纂《和州志》，于"志"的部分分纪、图、表、考、政略、列传六类，与《亳州志》便不相同，而且比《永清县志》大有进步。

在论述义例时，章氏指出各个层次的志书是不能千篇一律或随意分合的。他说："修统部(指巡抚属——笔者)通志，必集所部府、州而成。然统部自有统部志例，非但集诸府、州志可称通志，亦非分析统部通志之文，即可散为府、州志也。诸府之志，又有府志一定义例，既非可以上分通志而成，亦不可以下合州、县属志而成。苟通志及府、州、县志，可以互相分合为书，则天下安用此重见迭出之缀旒哉！”（《方志辨体》）这样，就把各个层次的方志的特定地位作出了原则的规范。而每一志书又是一个独立的整体，志中各体可以相对独立，又相关联而不可割裂。“志”是全书的主体，下设“纪”、“谱”、“考”、“政略”、“传”等门类，“掌故”是记载一方典章制度，“文征”系录存不能入志的有关一方的奏议、征实、论说、诗赋、金石、诗文等，再加上“丛谈”，使具有著述之体的“词尚体要”的“志”与作为“志”的“记注”的“掌故”、“文征”以至“丛谈”区分开来而又相辅相成。

如果把修志比作一项建设工程，体制的完美还只是设计了美好的蓝图，那么，在施工也就是实践纂修时，应如何识别利与不利的条件而后给予利用和避免呢？章氏总结了修志以记述对象和间距时间较近的特点、经验和得失，指出：要“乘二便，尽三长，去五难，除八忌，而立四体，以归四要”。具体地说：二便为“地近则易核，时近则迹真”；三长是“识足以断凡例，明足以决去取，公足以绝请托”；五难是“清晰天度难，考衷古界难，调剂众议难，广征藏书难，预杜是非难”；八忌是“忌条理混杂，忌详略失体，忌偏尚文辞，忌妆点名胜，忌擅翻旧案，忌浮记功绩，忌泥古不化，忌贪载传奇”；四体是“皇恩庆典宜作纪，官师科甲宜作谱，典籍法制宜作考，名宦人物宜作传”；四要是“要简、要严、要核、要雅”（《修志十议》）。在今天看来，皇恩庆典作纪已是不足为据，清晰天度已没有什么困难。然而在当时的历史条件下，表里精粗，面面俱到，体大思深，积极发扬，消极预防，是合乎时宜而切中利弊的。

上述各点，是章氏所主张史学必具才、学、识、德的具体化。因此，他又极其注重修志的人选，以为“不可通于史氏宏裁”的人不能修志，“必贵有专家，而后才能记于著述，传世而行远”（《为张吉甫司马撰大名县志序》)。

(3)主张建立搜存资料的机构。人所共知,修志需要资料,资料是修志的基础之一。而资料涉及时间的跨度和内容的广度,“一方文献,及时不与搜罗,编次不得其法,去取或失其宜,则他日将有放失难稽、湮没无闻者矣”(《与戴东原论修志》)。这的确是于修志实践中所得的甘苦之谈。所以,平时注意搜罗资料,并加以合理管理。这不仅是保存一方文献的久远之计,也是以后修志之所需要,不至于欲炊无米,恰是高瞻远瞩的真知灼见。

为着搜集和保管好资料,章氏作《州县请立志科议》专论其事。他建议州县应设志科作为专门机构,从典吏中选一位稍明文法的人充其任,又于四乡各设采访一人,遍搜遗文逸事;并对资料的征集范围、方法及保管等,都作了具体的规定。为了资料的真实性,又需有上下左右的互相配合和制约。这些都是颇具匠心的,也是可行的。

章学诚的方志编纂学是我国方志学史上一个兀立的高峰,对后世有深远的影响。其所以能在方志学上做出如此的贡献,固然是他学识才智以及勤奋实践和探索的直接产物,但也应看到,我国方志产生和发展已有二千多年的历史,没有前人以至同时代人的大量实践与研究所积累的成败得失以及经验与教训为借鉴,也是不可能的。

第八节　民国——方志与方志学的变革时期

辛亥革命的胜利,标志着我国历史的重大转折:推翻了清王朝,建立了中华民国,延续了三千多年的封建制度从此宣告结束。但是,民主革命并未获得彻底胜利,随之而来的是军阀割据和混战、革命战争以及反对日本帝国主义侵略的抗日战争。国家和民族仍然多灾多难,然而又是处于新旧交替的风雷激荡之中。

早在19世纪中叶,帝国主义的炮舰打开了清王朝闭关锁国的大门,中华民族面临着极端严重的危难。志士仁人在奋起反抗和展开革命的同时,掀起了一股向西方世界汲取新思潮和先进文化科学知识的热潮,并开始了近代工业的创建和缓慢的发展。社会结构和物质文明也发生了新的变化,并最终建立了中华人民共和国。

在这样的社会历史背景下,传统文化受到了极大的冲击,菁华的部分继续传承并再发扬,糟粕被扬弃,另有些由消极地被淘汰转为积极地改造,有些融合新知识以充实和丰富自己。更为重要的是,各种新学科的渐次建立,形成了文化科学的新格局。方志也受到这种新局面的制约,许多修志家与理论研究者都积极地探求更新以及别创的途径和方法。

一、方志的纂修

中国从民国始建、北洋政府、广东革命政府、南京国民政府,始终没有形成强有力的统一政权,社会又不断地在动荡,所以,就没有为大规模修志提供条件。不同时期的政府虽曾下令修志,还设置省、市、县修志委员会、文献委员会、志馆(局)、编修局等不同称谓的机构,但因其弊端丛生,并没产生多大成效。只是因为清末已在进行中的修志,到民国初才完成,或者出于习惯(惯性),有些地方仍然修纂方志;并且基于修志传统的影响,一些热心于修纂方志的学者或竭力倡导,或敦促当时政府主持,他们自己则投身于修志的实践,所以,修志还是有进展的。

民国时期的修志,大致可分如下的三个阶段,有三种不同的情形:

第一,民国初年(1912 年)到 1926 年为第一阶段。这个时期,还是上承晚清修志的余绪,修成志书的如 1912 年由张镜寰修、丁祖荫、徐兆玮纂,潘一尘、张礼纲续修、庞树森续纂的《重修常昭合志》,1913 年延长公署修的《延长县志》,兆麟纂修的《青冈县志》,赵富安纂修的《嫩江县志》,1914 年臧理臣修、宗庆煦纂的《密云县志》、张夔典修、王玉汝纂的《重修和顺县志》,吴禄贞修、周维桢纂《延吉县志》等。1916、1918、1921 年间,也先后修出一批县志。

民国六年(1917 年),北洋政府内务部和教育部通令各地修志,响应者寥寥。山西省公署也在这年下达修纂新志的命令,并颁布了由著名学者郭象升撰的《山西各县志书凡例》。而修成的志书仅有 1917、1918 两年间的几种:胡宗虞修、吴命新等纂的《临县志》,陈廷章修、霍殿鳌纂的《马邑县志》,何燊修、冯文瑞纂的《万泉县志》等,以后陆续修成的为数寥寥。黑龙江省曾建立省志编纂室,于 1919 年开始修省志,没有结果。在南方诸省,与北洋政府的通令无关,先后修成一批方志,如沈曾植等纂修的《浙江续通志》,缪荃孙于宣统时开始纂至民国时冯煦等续纂完成的《江苏省通志稿》,余绍宋纂的《龙游县志》,陈训正等纂的《定海县志》,卢兴邦等修、洪清芳等纂的《尤溪县志》等。1924、1925 年间,全国范围内修成的志书还比较多,仅山东一省就有 28 种,而且都以“志”命名。

这个阶段志书的体例大都株守旧轨,但也有一些产生了较大的变化。如 1913 年辛天成纂修的《海伦县志》,分设 6 门,每门各有子目。(1)地志(总论、沿革、疆域、界限、循环路线、方位、面积、四时气候、山脉、河流、交通、铁路、电线、邮政、船舶、人物、古迹等),(2)政治(吏治沿革、官廨、自治、警政、礼俗、婚礼、丧礼、宾礼、祀事、审判等),(3)教育(学校、已未就学儿童数、学产、宗教等),(4)实业(农业、工业、商业、渔业、盐池、物产、植物、动物),(5)财政(田赋、民地、官地、捐税、钱币、度量衡制度、各种经费收入等),

(6)民制(陆防军、民团)。虽然类目及其序列尚有许多问题,但所记以现实的社会生活为准,对旧志的定式有所突破。

第二,1926 年到 1937 年抗日战争爆发。在这段时期里,南京国民政府内务部颁布了《修志事例概要》22 条,规定各省需建通志馆,对志书的编纂也作有种种规定。但各省通志馆大都任用私人,领薪不做事,除个别的省之外,没有多大成效。1934 年,国民政府又颁发《地方志书纂修办法》9 条,规定省志 30 年一修,市县志 15 年一修,也没有多大的积极效果。总之,官修方志滞迟不前。但修志是我国几千年的传统,又是地方文化建设的必需。有一批学者,如吴廷燮、黄炎培、瞿宣颖、吴宗慈、李泰棻、王葆心、刘盼遂、傅振伦等,纷纷提建议、撰著述和参与修志,做出了程度不等的贡献。

这个阶段修成的志书较多,较为有名的如王树楠的《河北通志稿》、傅振伦的《新河县志》、李泰棻的《阳原县志》、刘盼遂的《长葛县志》、吴宗慈的《庐山志》等,尤以黄炎培的《川沙县志》别有开创。

第三,抗日战争到中华人民共和国成立。面临着国家和民族的生死存亡,逐渐兴起的修志的事因全国规模的战争而暂受挫折。但在战火没有燃起的地方,还有在修志的。尤为难能的是语言学家黎锦熙,随西北联合大学内迁至陕西汉中,组织有专长的学者一起修志,并把修志与抗日联系了起来,揭櫫修志是为了抗日的目标。由他主持修纂的有《城固县志》、《洛川县志》。张其昀及其人文地理学派也修成几种简志。1944 年,国民政府又重行公布《地方志书纂修办法》,比起 1934 年稍有变化,规定各省、市、县凡未设通志馆的,均设文献委员会,负责搜集资料,为修志做准备。就在抗战紧张的时刻,四川省政府指令北碚管理局修志,由顾颉刚主纂《北碚志》。

在沦陷区,日本侵略者及其扶植的傀儡政权为装饰门面,也曾整理和修纂方志。如江苏省的汪精卫伪政权建立修志机构，部分整理排印了缪荃孙的《江苏通志稿》。另外还在 1941 年修成《永清县志》等。

综上所述，基于方志的顽强生命力，各地在步履艰难中修志有进展，在不到四十年的时间里，初步统计，各类志书计有一千二百多种、一万八千余卷（据《中国地方志联合目录》）。其中，四川最多约 120 种，河北次之约 110 种，江苏再次 89 种，宁夏、新疆最少，不到 10 种。其中有相当数量是以"乡土志"题名的。与同时代的其他文化科学相比，具有创新意义的志书的比重并不大。现择其有代表性的几种志书评介于下：

《江苏通志稿》，392 卷，先后有缪荃孙、冯煦、庄蕴宽、吴廷燮任总纂。以前除小部分分志刊刻或排印外，全书未能问世。20 世纪 80 年代，江苏省地方志编纂委员会组织人力，标点、校勘，于 2005 年排印出版。

江苏自清康熙六年（1667 年）由江南析治江苏巡抚以后，直至光绪时才有修志之举，由丁国钧纂《江苏通志》。宣统元年（1909 年）又设局纂修，总纂为著名学者缪荃孙。确定设 12 类，类下又设子目：一是诏谕，二是天章，三是地理（图说、疆域、村镇、山川、风俗、物产、矿政、商埠、晷度、沿革表、封建表、铁路、航路），四是渠道（水道、淮、江、运河、太湖、海塘、旧黄河、治河说附、堤闸附、水利），五是经政（户口、田赋、芦课、徭役附、农政、垦荒附、禄饷、盐法、钱币、商务、工政、巡警、邮政、仓储、漕运、运河、海运、榷税、厘金附、蠲恤、纪典、城池、公署、局厂），六是学校（学宫、书院、贡院、考棚附、学堂、经费附），七是武备（兵制、驻防、绿营、防营、长江水师、陆军、宪兵附、海军、塘汛、驿递、江防、海防），八是故事（大事略、兵事略、古迹、城镇、署宅、陵墓、祠宇、寺观、杂事、志余、灾祥、方技、释道），九是宦师志（传、前代守土文武官表、国朝官师武营表），十是人物志（先贤、鉴戒、列女、选举表），十一是艺文志（纪述本地事之书、本地人著述），十二是序志（志序）。由于此志在辛亥革命以后即告终了，前后仅十个多月的时间，所以未有什么成果，后单独刊行有缪荃孙撰《江苏金石志》和陈作霖辑《江苏兵事纪略》，这是在民国初完成的。

1918 年，江苏恢复修志，聘冯煦任总纂，历时九年多，编纂体例上承缪志，成稿三百余卷。

1929 年，江苏省政府建立省通志编纂委员会，庄蕴宽被聘任总纂。1945 年，汪伪政权聘吴廷燮为主纂。但这两次均未能定稿。庄氏纂志书时，编委会认为缪、冯设目已不合时代潮流，所以在旧稿基础上另立体例，吴廷燮又作了变更。庄氏稿设目先有序、凡例、目录、图、大事记，以下为：一是天文（星象、节气、日食、流陨、日出入表），二是地理（经纬度、温度表、雨量表、地质、山脉、水系、疆域、城池、古迹、祠墓），三是内政（土地、户口、行政区域、官制、职官表、姓氏表、警务、卫生、选举、议会、救恤、仓储），四是外交（条约、租界、领事馆），五是财政（田赋、税役、关榷、盐法、钱币、公债、岁计），六是司法（监狱、刑案），七是教育（学校、书院、游学、社会教育），八是军备（兵制、驻防、要塞、兵事），九是水工（海、黄河、淮水、江水、运河、湖泽、诸水、港务、闸坝、沟洫），十是交通（国道、省道、县道、铁道、航路、邮政、电政、航空、桥梁、津渡），十一是物产（植物、动物、矿产、盐产），十二是农业（农作、土壤、蚕桑、垦殖、森林、畜牧、畋渔、昆虫），十三是实业（丝织、绵织、陶器、冶业、酿造、杂作），十四是商业（商埠、市集、公司、银行、度量衡），十五是社会（民族、礼俗、方言、歌谣、公团、报馆），十六是宗教（佛教、道教、耶稣教、回教、方外传），十七是人物（列传、补史传之遗及近代重要人物、表），十八是艺文（苏人记述之书、记述苏事之书），十九是金石（钟鼎、石刻、杂识），二十是艺术（书画、音乐、雕刻、刺绣、建筑、弈棋),卷末是轶文、订伪、补遗、编纂始末。吴氏稿所分类目:序、例言、大事志、方域志(省府厅县图、历代疆域图、各府州厅图说、海道、建置沿革、星野、诸山)、都水志(黄河、汛表、运河、江、淮河、海、水利、水利治绩、水系)、建置志(城池、廨署、津梁、坛庙)、民政志(历代户口表、自治、徭役、善举、赈蠲、慈善机关、团练、乡镇表)、礼俗志(社会总论、时令、丧祭、冠昏、风俗附)、度支志(田赋、盐法、商课、引目、厘金、杂税、捐输、漕运、岁计、军饷、洋款)、货殖志(物产、农业、工业、商业、金融)、职官志、选举志、文化志(尊孔、兴学、书院表、学堂表、储书、新闻事业附)、武备志(历代军制、绿营、防营、陆军、江防、海防、军学、军械)、司法志(刑案、大赦、停勾)、邮传志(驿铺、路、电、航、邮)、经籍志、古迹志、金石志、邦交志、宗教志(佛教寺院、高僧传、比丘尼传、道观、羽士传、居士传、善女传、天主教等)、人物志(名宦、帝王、仕绩、孝义、忠节、儒林、文苑、艺术、隐逸、流寓、方外)、列女志、灾异志。庄、吴两稿的类目包含的内容,民国时修成的省志无出其右者,反映了当时修志设目的时代倾向。庄氏稿更见详尽,吴氏稿显而易见是受章学诚方志学的影响,类目简明,但思想极为守旧,诸如子目的尊孔、孝义、忠节之类,更见突出。这部志稿渊源有自,取材于各种档案、史籍、方志以及私人撰述,保存了有关江苏省的自然、经济、政治、军事、文化的史事和人物的大量资料,而所设类目对于今天修志亦有可借鉴之处。尤其是单独出版的如柳诒徵的《书院志》、《礼俗志》、《钱币志》和金钺的《艺文志》与缪、陈两个单行篇,均是著名的篇章。但因为大多是稿本,重复、遗漏以至舛讹在在可见。

《川沙县志》,24 卷,首 1 卷,方鸿铠、陆炳麟修、黄炎培纂,民国二十六年上海国光书局铅印。黄炎培(1878 ~ 1965),字任之,上海市川沙县人,清末举人。他早年参加同盟会,辛亥革命后任江苏教育司司长、江苏教育会副会长、省议会议员,后创立中华职业教育社，任理事长。抗日战争期间，黄炎培曾任国民参政员，参与发起组织中国民主政团同盟，任民主建国会主任委员。新中国成立后，黄炎培历任政务院副总理、全国人民代表大会常务委员会副委员长等职。

此志卷首为图、目次、序文、职名、例言、导言，以下为大事年表、舆地志、户口志、物产志、实业志、工程志、交通志、财赋志、教育志、卫生志、慈善志、祠祀志、宗教志、方俗志、艺文志、人物志、职官志、选举志、议会志、司法志、警务志、兵防志、故实志、序录。川沙是一个小县，从所设类目可见记叙颇为广泛，既有对传统的继承，又有合乎时代的创新。较为独特的一是“大事年表”，以表的形式表述一地历史的大事，尤为新颖的是附录国内外大事；二是概述，各志前有概述，作者自称“有类实斋所为‘序例’”，而实则不同，“盖重在简略说明本志内容之大要，而不尽阐明义例也”。

二、方志理论研究的新开拓

民国时期学者对方志理论的探求，相对于修志实际来说，其所取得的成就要大得多；而且，在汲取前人方志学成绩的同时，又寓有新的时代意义。

首先，梁启超撰《清代学者整理旧学之总成绩——方志学》，虽然显得粗略，却是第一次较为系统地论述方志学。筚路蓝缕，功不可没。接着一些在高等学府任教或被聘纂修方志的学者，相继撰写论著问世，如傅振伦的《中国方志学通论》、李泰棻的《方志学》、瞿宣颖的《志例丛话》、吴宗慈的《修志论丛》、王葆心的《方志学发微》、甘鹏云的《方志商》、寿鹏飞的《方志通议》、黎锦熙的《方志今议》等。其中大都是从修志实际需要而发，所以较为言之有物，并能各抒所见。此外，许多刊物尤其是《历史语言研究所集刊》、《禹贡半月刊》、《方志月刊》等杂志，纷纷刊载关于方志的渊源、目录的考证以及修纂宗旨、体例、方法的专论乃至《志略》、《小志》等，蔚为盛况，这是前所未有的。有人说，民国时方志学的成就远远走在修志的前头，是不无道理的。这个时期的方志学，概括地说，有如下几点：

第一，关于方志的性质，有三种不同的论断。

一是史。梁启超认定后来的府州县志是由春秋时的《乘》、《梼杌》、《春秋》等演化孳乳而来，所以确认方志属史，而且"最古之史，实为方志"。李泰棻说："在中央者谓之史，在地方者谓之志，故志即史。"瞿宣颖以为"方志者，地方之史而已"。吴宗慈也说："汇记一地方古今纵横之史迹曰方志。"傅振伦、王葆心、寿鹏飞的认识也相类似。

持这种认识的学者，或明确或不明确地是接受了章学诚的学说而来，但他们又不是简单地重复章氏的主张；而且，梁启超等人的史观与章氏的史观大相径庭，在内涵上已作了改铸。梁氏的史观有别于封建史观，早已是人所共知。他在论及方志时曾说："畴昔史家所记述，专注重一姓兴亡及所谓中央政府之囫囵画一的施设，其不足以传过去现在社会之真相，明矣。"而方志可作"披沙拣金之凭藉，而各地方分化发展之迹及其比较，明眼人遂可以从此中窥见消息，斯则方志之所以可贵也"。这不只是批评旧史的缺略，更是立足于史观的差别。如果说梁氏所论是旧志的话，那么，李泰棻则是针对新修方志说的，他说："方志者，乃记载并研究一方人类之进化现象者。"由此可见，这种历史观已厕身于社会进化史观的行列了。

二是"史地兼备"。黎锦熙认为："方志为物，史、地两性，兼而有之。"因而有"次立两标"之说。所谓"两标"，就是：(1)地志之历史化："方志固为'方域之地志'，然须将境内事事物物，穷原竟委，非但考其迹象之沿革而已。必使读者能就演变之实况，推知驱引之总因。”(2)历史之地志化:“方志固为‘地方之历史’,然全国民族之荣瘁隆污,史家笼统抽象之谈,须待此而征实,而灼知。本乎史而定施政设教之方针,亦待此而后能备纤悉周到之方案,而后能谋部分具体之实践。”黎氏是很钦佩章学诚的,但此处所说的史、地概念,已和章氏的史与地理的概念不是一回事,而是赋予了当代科学的意义。其实,仔细玩味黎氏所论,说来道去,实际上并未超脱方志是国史支系的地方史这个范畴。因而“史地兼备”不是一分为二,终究是合而为一的。

三是人地学。这是以张其昀为代表的人地相关学派的主张。张其昀接受了西方人地相关学派的学说,以为“中国人地学之前途,应从事两项工作,一曰方志学,一曰国势学,可称为人地学之双轨。方志学乃纯粹研究之性质,国势学则以方志学为基础,而注重于中外实际问题之研究”。既然国势学是以方志学作为基础,因此,人地学的落脚点自然就是方志学了。所以,他们后来干脆把自己的学术团体人地学会改为方志学会,并把主办的《地理杂志》改为《方志月刊》,揭示“研究人文地理者,自当根据三律(天时、地利、人和)”(《方志月刊》第5卷第3期《卷头语》)。在《国势学讲义》里又说:“方志所以研究天时、地利、人和三律。”(《方志月刊》第6卷第1期)人地相关学派的王维屏说得更具体而详细:“志者,史也,为过去学者之见解。……今则时势变异,人事日繁,方志之范围已不能故步自封,应随潮流而演进。故新式之方志非纯粹之史学可比,乃记一方之天时、地利、人和相互之关系。举凡陵谷之变迁,风俗之推移,民生之荣枯,人物之兴替,均为天地人三者相激相荡之产物。故方志者,亦可谓人地二谱之组合也。”(《方志月刊》第8卷第4、5期《江阴志略·导论》)这一方志学派后在台湾和香港颇有进展。不管赞不赞成这个方志学派,以现代人文地理的种种见解及其理论知识引进志书的有关门类,应是有益的。

对方志的科学属性有不同的说法，这是好事，可惜相互间未展开争论，而以史说为多数人认可。其实，史地兼备与人地说，并没有与史完全分离。

第二，关于修志的主旨。梁启超说：

吾侪诚欲自善其群以立于大地，则吾群夙昔遗传之质性何若？……非纤悉周备，真知灼见，无以施时治焉。舍历史而言治理，其言虽辩无当也。中国之大，各区域遗传实况，环境之相差别盖甚赜。必先从事于部分的精密研索，然后可以观其全。……有良方志然后有良史，有良史然后开物成务之业有所凭藉。故夫方志者，非直一州一邑文献之寄而已，民之荣瘁，国之污隆，于兹系焉。（《龙游县志序》）

瞿宣颖于《志例丛话》、《方志考稿》均有类似的论述。他以为在当时积弱受辱的地位，要使国家富强，必先认识和了解中华民族的特性，而我国：

广轮若此其大也，历史若此其永也。吾民族中一言一动，一衣服一饮食，盖莫不有其历史与地理上之影响，而决非偶然成就。今欲于凌杂参错之中，寻一线之脉络，以知吾民族之思想行动，受害自于何方？则当上探时间之演化，以明其层累之迹；下循空间之摇荡，以究其感受所由。然后相疾之所宜，以疏药饵；因水之所近，以立堤防。冲抵扞之患，庶乎其可以稍杀也。（《方志考稿序》）

方志是应该也能够担当这个任务的。吴宗慈在征引章学诚论修志应务实学而说：

顾章氏当时所谓实学者，乃偏重于史裁。若今日则方志所重在实学，乃为一切民族社会经济与科学问题。

黎锦熙于抗日战争时期修志，以之与国家民族之生存图强联系起来，以为“抗战建国！我以为文化界中人要真正负起责任来，第一步工作,就在给所在的地方修县志”。这虽然会被认为是书生之见,却不能说没有道理。总之,可以这么说,凡有识之士,都对修志持相似的主张。值得提出的是,修志既然关系到国家民族的兴替隆瘁,又应怎样去认真表述呢?人地相关学派的寿鹏飞以为:“方志立言,当从平民立场,乃得痛陈疾苦,勿染官气……”(《方志通义》)甘鹏云也说:“往日修志,于民事殊略。近日修志,应于民事加详。民主国,民为重也。”(《方志商》)李泰棻说:“政府之历年苛捐杂税,亦必分别无遗。则今日到处民穷,农村破产,始借以表现。”尽管在当时,这样的修志难以实现,却反映了时代的要求。梁启超、瞿宣颖竭力呼吁“真史”,只有这样,才能逐渐本质地揭橥真实的民情和国情,也就是历史的真面目。

第三,关于编纂形式,即通常所说的体例。编纂形式是由宗旨和内容决定的。由于社会的物质文明和精神文明的演化与进步,各种社会生活便愈见繁多。因此,以一个地方为记述对象的方志,必须与客观实际相适应,否则就将落后于时代,修纂成的志书也会毫无时代气息可言。随着中西文化的正常交流,现代工业和科学技术有了某种程度的发展。成书于民国初年的志书,固然仍有固守于清代方志的程式不敢逾越的保守者,但时代的潮流总是不能阻挡的。早在清末,有些修纂者就冲破了旧志的束缚而注入了新的内容。表现在设置类目上开始有所更新,并且不断地发展变化着。民国以后,如前引 1913 年《海伦县志》的设目。1927 年,傅振伦纂《新河县志》,分设纪、考、传三类,辅以图表,下分 18 门 76 目,有舆地考、纪、经政考、氏族考、故实考、艺文考、风土考、列传、地方考,各有细目。如风土考有:一为概论,二为历代风俗考,三为近世风俗及礼俗(衣、食、住、礼仪、岁时记),四为地方社会现状(甲、社会组织及居民生活,乙、心灵态度:普通心理、平民文艺、语言及文字、宗教及信仰等)。考下的目并非一律对待,视其内容的多寡而有所区别。如经政考所分的营缮、政务、自治与政党、食货、选举与教育、军警、建设、典礼。其中的食货又分为三编,上为赋役(田赋、丁徭、杂捐税、盐法),中为地方财政(财政局与地方公款收支、地方附加捐、公产、附公债),下为社会经济(户、口、丁、农村经济——生产、交易、分配、消费等)。类目较为合理,又贯彻了详今略古的原则。

1938年,黎锦熙纂修《城固县志》,精心设计,《方志今议》于《建议因缘》中说,修志与"续与补之外更宜有'创'。所谓'创'者,谓居今日而修方志,决非旧志之旨趣与部门所能范围。即章氏(学诚)特创之义例,横拓之领域,由时代之进展,亦颇感其未尽适宜而殊嫌不足也"。因此,黎锦熙于《县志拟目》主张分5个部门:(1)全志之总纲凡3篇,为疆域总图(附总说),大事年表,建置沿革志(疆域沿革表、附图,县城详图及城坊衙署考,分区概略及铺坝集市乡镇考)。(2)关于自然方面凡6篇,为地质志(附图),气候志(附图表),地形志(附图、山脉略说),水文志(附图、水道略说),土壤志(附图表),生物志(植物、动物、附图)。(3)关于经济方面凡6篇,为人口志(消长、移动、密度、籍贯、职业、附调查纲目),农矿志(农业、畜业、蚕桑蜂蜜、渔业、猎业、林业、附调查纲目、矿业),工商志(工艺、商业、经济市集、附调查纲目),交通志(道路、航运、交通工具、运输、邮电),水利志(渠堰、坝井、水力利用),合作志(仓储、救济即慈善机关、赈务、附灾荒表,新合作事业)。(4)关于政治方面凡7篇,为吏治志(县政府组织沿革考、附表、职官表、行政纪略),财政志(省税即田赋、契税、牙税、畜屠斗税、烟酒税,地方税即省税附加、杂税捐、公产,金融货币、附度量衡),军警志(保安、附匪祸考、警察、兵役),自治保甲志(选举表、保甲),党务志(县区党部、民众团体),卫生志(人民体格及疫疾、医药、禁烟、缠足及发辫),司法志(监狱、附要案汇录)。(5)关于文化方面凡8篇,附2科,为教育志(科举教育、科第表、教育行政、经费、学校教育、毕业表、社会教育),宗教祠祀志(儒教及群祀、道教及杂祀、佛教、基督教等),古迹古物志(冢墓、建筑物及传说、石刻、铜器陶砖及艺术品),氏族志,风俗志(日常生活即食、衣、住及用具,职业,家庭娱乐等活动,附调查纲目),礼节(婚、丧、祝贺、岁时、术数迷信),方言风谣志(方言,方音系统,谚语,通俗文艺即歌谣、杂曲、戏剧、杂耍),人物志(列传、人物品类表、附图、忠义表、节孝表),艺文志分十部:总部、哲学、宗教、社会科学、语言文字学、自然科学、应用科学、艺术、文学、史地,附城固文征(附城固丛录)。以下再列细目,详尽而具体,并对如何征集、调查与鉴别资料尤其是运用当时先进的科学方法举例说明。民国以来,此志在各方志类目中可以说是内容详备而又类属清晰,结构严密,科学性很强。1945年,顾颉刚等纂《北碚志》,虽未纂成,但设目周详,可与黎氏的《县志拟目》互为参证。全书分8篇:大事编,地理考(疆域沿革、政区、地形、水文、气象、地磁、地质、土壤、矿产、生物、人口),政治略(官制、庶政、地政、粮政、财政、警卫、兵役、市镇建设、乡村经营、礼制、司法、党团、参议、迁建事业、外事),经济略(农业、土地利用、森林、畜牧、蚕桑、渔业、交通、水利、工业、矿冶、电力、商业、金融、物价、民富、合作事业),文教略(学校、社会教育、学术事业、新闻事业、艺文、方言方音、民间艺术、古迹古物),社会略(族系、社会组织、社会事业、社会运动、社会生活、生活方式、宗教信仰、礼俗岁时、社会灾害、社会病态、医药卫生),列传(名宦、乡贤、流寓),聚落记,卷末有别录(文征、丛谈、丛录、机关社团名录、索引)。

综观民国志书的设目,大抵不出黎、顾两氏的范围。只有张其昀,基于方志学研究从天时、地利、人和的立论出发,撰有《县志拟目》,主张全志分:天时、地势、水系、资源、交通、民生、实业、聚落、人口、民族、风俗、县政、军事、古迹、文献(《方志月刊》第7卷第7

期)。而他所纂辑的《甘肃省夏河县志略》,则设地位、地形、水系、气候、生物、民族、农业、林业、畜牧、矿产、商业、交通、政治、宗教、历史 15 目,与《县志拟目》又略有变化。

由此可见,民国时的志书形式是很多样的。形式的多样性本是我国方志修纂学的传统。事实上,因各地的情势千差万别,不应拘于一格,也不可能统一于一种模式,不然就谈不到方志的地方特点。但有一点不能忽视,就是必须注意时代性,尤其是科学性的要求,不然也就谈不到时代的特点了。

第三章　方志文献

隶属于方志学的方志文献，其研究对象的内涵，本书第一、二两章的有关节次已有提及，并且还列有不同之说，但没有对此展开评述。对方志学内涵的界定，是探讨方志文献以至方志学的一个根本问题，应当有据有理地予以准确的厘清。

方志学的科学属性，如第一章第三节所论，从属于历史学，是历史学的一个分支。关于方志学的质的规定性，属于分类学范畴的问题。在自然科学、人文社会科学诸领域的任何一门学科，不论是原有的或是新兴的乃至即将诞生的学科，它们的科学属性是建筑在必备的数量基础之上的。对质的探究，集中的是对所含量的分析。只有通过量的分析，才能作质的确定。方志是一切志书的总和，方志与方志学的关系：前者是后者的外在形态，后者是前者的质的归属。质是由量体现和决定的，反过来，已经确定的质又对量有制约的作用。这就是说，不是什么图书都可以归入方志的，当然也不能将本来是方志的载籍排斥在外。

汇集多种目录的著录，现存的志书有九千余种，以知的佚志在一千种以上，这当然还不能是方志总的确数。而方志的整体，应当囊括方志在二三千年的历史即从起源到各个不同时期发展变化全过程所编纂成的所有志书。之所以认定为志书，是因为它蕴涵有作为方志的质素。从个别到整体，汇成共同点，即由众多的个性而形成共性。

古往今来，不论是先秦的“国别为史”，还是秦汉以下的郡、府、州、县、乡镇志以及多种专志，不管它们的名称差异，都必然具备三个特征：一是以一定的地域为记述对象；二是以社会史事为记述内容，既可以单记社会政治，也可以分记地理、人物以至自然社会的种种现象，无所不包；三是体裁，具体而为编纂体例。不论是采用哪一种，必须含有史质。以思维形式而言，是逻辑思维而不是形象思维。由此三者结合，方志就是以一种史体记述一个大小不同的区域乃至一个专门对象，在特定的时间（通贯古今或断代）内发生的种种史事。不管方志有数千年历史的传承，不论它如何发展演进，呈现出多姿多彩的形态，概莫能外地必须具有这三个共同特征，即章学诚所说的“一国之全史”。

再分开来看三者的内涵：

先说记述对象为大小不同的区域。这个区域和世界上别的国家从事区域研究所指的“区域”不同，并不是一般意义的“区域”，实际是不同级次地方政权的行政区域。具体而为先秦“国别为史”的国的封域，秦汉改为郡县制以后，地方政权建置历史上虽有二级、三级制的变化，其名称和实际辖区也代有更迭，然而由府（郡、直隶州）县（散州、厅）为基本格局的状态始终没有改移，数量也最多。之所以说这是基本格局，是因为称为“总志”的都是合记全部郡、府、州、县而成的。而“省志”（题名通志）则是以行省或相当于行省的地方政权区域为对象。州、郡、府、县是基础形态。还有以乡镇或以山、水、寺、桥为特定对象的。

其次是记述内容。概括地说，志书所记是由人、时、地演成的史事，但又不是千篇一律的，呈现出多样性。大致说来，在方法上经历了合、分、再合的发展过程，并在合时孕育着分（专），分时又准备着合，合后还有专的余地。简要地说，先秦国史合记社会政治史事，当然必包含有人、地、时的要素；汉晋分记地、人；宋之后综记自然、社会的物质和精神各项，以至专记一项的专志。专志有二：一是专记或主记一项内容的，如地理、人物、物产、方言、风俗、水利等；一是专记一个特定对象的，如山、水、寺、院、桥梁等。

在此特别要说的是方志有地图。这是秦汉志书汲取先秦的“图”而来的。早在西周时期，王室和诸侯在实行所谓“溥天之下，莫非王土，率土之滨，莫非王臣”的土地王（国）有制的前程下，为了强化对土地和臣民的统治，实行土地有“图”、户口有“籍”的管理制度。《周礼》记及“图”、“籍”的管理制和作用有多处，表明是行之有效的。秦汉同样需要强化统治，政治上包括疆界和封王的划界，财政上主要为贡赋的供需，军事上诸如关隘设防、兵源等需求，都必须加强对土地、户籍的控制和管理，于是郡国编纂“方志”，以进呈朝廷，其中就有地图的内涵。《隋书·经籍志》载：“汉初，萧何得秦图书。”其中有《秦地图》。其后“计书既上太史，郡国地志固亦在焉”。“郡国地志”汇集而有《汉舆地图》。《史记·三王世家》、《史记·淮南列传》等都记有《舆地图》。《史记·匈奴列传》的“浮苴井”，《史记索隐》引臣瓒曰“去九原二千里，见《汉舆地图》”。《汉舆地图》又称《郡国舆地图》。后来的史籍，东汉时称《后汉舆地图》、《司空郡国舆地图》。州郡的地志，除地图之外，还有以“图经”命名的，于是有《后魏舆地图》，《隋区宇图志》，唐有《海内华夷图》、《元和郡县图志》，宋有《开宝诸道图经》、《祥符州县图经》等。秦汉这类志书有“地图”是明白无误的。“图志”、“图经”，据宋人李宗谔在《祥符州县图经序》中称，其中有“绘事”。宋以后，因没有此种图而改称“志”。但直到现代，许多志书还有少量图存在。

从整体来说，方志有地图，而旧史的其他任何一种载籍，无论是哪一种体式，都没有地图，方志的这一特点在编纂学上应予以重视。相比之下,“无图”不能不说是别的旧史籍的缺失。

再说方志的体裁。从古迄今,志书的体裁是多种多样的。要而言之,有编年体、并列门目体、纲目(以纲统目)体、传记体、杂记体等。并列门目体与纲目体的数量最多。并列门目与纲目二体本来已与旧史的纪传体有渊源。自南宋时增“纪年”一目,后来演进而为“大事记”;明人还表示要以纪传体为范式。这样,实际上成了方志的纪传体了。

方志三质素的构成就是如此。

方志文献是方志学的一个支脉,可以发展为一门学科即方志文献学,隶属文献学的范畴;又是文献学的分支地方文献学的系列之一。随着方志学研究的深入以及多种科学研究对方志文献需求的日益扩植,必然要求方志文献学与之相顺应地前进。而方志这个特有的文化宝库也蕴积着无穷的宝藏。方志文献取得的成绩和预示的开拓前景,必将促成方志文献学深入地发展。

文献和文献学,在我国文化史上渊源很早。“文献”一词,现在所知,最早见于《论语·八佾》篇孔子说:“夏礼吾能言之,杞不足征也;殷礼吾能言之,宋不足征也。文献不足故也,足,则吾能征之矣。”可见,文献的存在远远早于孔子的时代。什么是文献?宋人朱熹为《论语》作注说:“文,典籍也。献,贤也。”所谓贤,系指贤者的言论。元人马端临于《文献通考序》对“文献”解释有了新的进展,他这样说道:

> 凡叙事,则本之经史,而参之以历代会要,以及百家传记之书。信而有征者从之,乖异传疑者不录,所谓文也。凡论事则先取常时臣僚之奏疏,次及近代诸儒之评论,以至名流之燕谈,稗官之纪录。凡一话一言可以订典故之得失,证史传之是非者,则采而录之,所谓“献”也。

时至今天,由于各种文化载体不断在演化和扩大,因而文献的内涵也就不拘限于原有的概念了。要而言之,凡是有价值的一切著述、甲骨、金石铭文、各类档案、报刊等文字载体,以及考古实物、图片、声像等,都应归属于文献。这是就其外在的形式说的。因其内容的性质区分,可以依类归属诸如历史文献、文学文献、革命文献、宗教文献、科技文献、医药文献、地方文献等等。方志文献也是其中之一,它是以方志为研究对象的。

以文献为研究对象的文献学,内涵是什么?对此,应作历史的考察。从文献产生之日开始,如何对不断积累的文献予以收藏、管理和应用的客观需要,便萌发了文献学。基于对搜集所得的不同载体,登录其作者、数量、发现和编辑、著作的时间,汇成信息,于是而有目录之学以及版本之学。对于流传的文献,因传抄、刻印而产生的差异,需要鉴核、整理,于是就有校勘之学和辨伪之学。由于种种原因,有些图籍已经失传。但在经、史等的注文和历史、方志等的著作和类书的引文中还能见到而汇集起来,仍有研究的价值,于是而有辑佚之学。因为跨越时代的各种文献,不断产生的古今语言、制度和变化所造成的障碍,于是就有正读、注音、训释词义以及对典章制度的注释学。为使研究者能节省时间和精力而达到有效地使用文献的目的,因而有摘录、汇辑等资料之学和检索之学。如此等等,自然成为文献学的基本内容。方志文献学总体来说也是如此。

修纂方志,需要大量地引用文献,即各式各样的书面的和口述的资料,又有考古发现和征集到的实物、各类档案以及实地考察所得现状的信息。今天还应利用图片和录音、录像。没有文献资料,就无从修志;文献不足,就修不出好的志书来。而志书一经修成,又成为注入文献范围内的一个新品种。由此可见,方志与文献是密切不可分的。

方志文献学就其学科性质而言,从属于一般文献学的体系,但它只是以方志为研究对象，比起一般文献学来，研究的对象单一，所以是一门专科文献学。由这个特征所决定，它和一般文献学具有共性，又有别具的个性，这就构成了方志文献学的独有领域。方志文献学以已有的内容来看，重要的大致可分为：

第一，方志目录。以编著目录为手段，集成方志的信息总汇，这是方志目录所当担负的使命。它可以独立成为方志目录学。从古迄今，全国范围内修成的志书，现存的种数、失传的线索及其确数或约数。存志分别收藏于哪些单位（包括私人所有），以至流散于世界各地的。已失传的有哪些辑佚本。进而弄清楚历史上各个时代分别纂成的志书数。再进一步地辨析每一种志书的体例、精粗、得失、优劣和特点。分别地说，可以类分为普通目录、佚志目录、考证目录、提要目录和版本目录。可以单项进行，也可以集合一项或数项一起完成。可以是全国的和地区的乃至一个单位的藏志。

第二，方志史料。由于方志记述的内容就整体而言，自然的社会的几乎无所不包，所以，各种科学研究诸如地理、气候、矿业、手工业、农业、民族、人口、赋役、政治、军事、史学、文学、社会学、民俗学、语言（方言）学等等，都可以从方志中获取丰富而重要的史料。而且，因为方志只记述一个地区的史事，所记内容远比正史要细，有许多是正史缺载的，尤其是物产、氏族、方言、人物、艺文、风俗等等。方志修纂的年代比修史的间隔较近，纂修者又多是本地人，且不乏学有精擅以及硕学之士，所以一般来说所记较为可信。又因方志的取材大量地来自各种史籍、志书、诗文及其注释以至多种著作，有的原书已亡佚，或在流传中产生脱误，这就对研究国史、地方史、各种专史、修志以及古籍整理、方志自身的校勘、辑佚和辑补都有用。所以，志书浩博的内容尤其是不见于史籍和其他图籍记载的内容更为可贵。因此，对方志史料的研究和开发利用，在方志学中占有重要的地位，可以发展为独立的方志史料学。

第三,方志检索。方志文献学的开拓是与史料学相辅而行的,是编制多种检索工具的有力“武器”。

第四,整理出版和辑佚旧方志。旧方志汗牛充栋,而且优劣不等。应确定原则,着重在于选择善志和稀见的志书,分别或系列地重新出版。对于有迹可寻而又较有价值的佚志,应加以辑录成册,印刷问世。

第一节 方志目录

人所共知,目录学是一门古老的学问,学术性强,又有很高的实用价值,对于读书、治学有重要的辅助作用。唐代的释智升把目录学的作用概括为:“所以别真伪,明是非,记人代之古今,标卷帙之多少。摭拾遗留,删夷骈赘,欲使正教伦理,金言有绪,提纲举要,历然可观也。”(《开元释教录序》)清人王鸣盛以为:“凡读书最切要者,目录之学。目录明方可读书,不明终是乱读。”(《十七史商榷》卷七)又说:“目录之学,学中第一紧要事。必从此问途,方能得其门而入。”(《十七史商榷》卷一)章学诚以为:“将以辨章学术,考镜源流。”(《校雠通义序》)近时有人把目录学比作读书、治学的眼睛。这些论说并不过分。方志目录对于方志学,当然也是如此;而且,完全有必要建立方志目录学的专门学科。

方志目录学的作用,大要有三点:

第一,研究方志及其所含蕴的资料,首先得依赖方志目录了解古来修纂方志的总量及其流传的信息,以至一个时代、一个地区方志纂修的成果与传播,而后才能胸怀全局。

第二,方志目录所著录的,不仅有书名、卷数、修纂者、版本、收藏单位,而且还有设目、序跋、考证、评述、内容提要等。因此,通过质量较高的目录,足以辨认每一种志书修纂者的生平、修纂经过和意图,该志的体例、内容简要、存佚、版本精劣、收藏单位以及具有的价值。

第三,有利于研究者去辨析方志的源流,不同时代的记述内容、体例、风尚及其演变过程,传统的继承与创新的迹轨等。

由此可见,方志目录学的建设,从整理旧目、编制新目到展开学术研究,是方志学不可或缺的有机构成,也就成为方志文献的基本内容之一。

一、方志目录的历史回顾

我国目录学的建立,已有两千多年的历史,它的萌芽则还要早。最古的目录学著作是《别录》、《七略》,刘向的《别录》和刘歆的《七略》早已失传,它们所著录的内容已不知其原貌。班固据《七略》删订而成的《汉书·艺文志》,没有为方志立目,甚而至于没有著录一种志书。其所以如此,原因不外有二条:一是先秦的方志,在西汉末刘向、刘歆父子据皇家所藏校理群书时大都已亡佚,原因在于先秦时已有人为的损毁,孟轲在回答北宫锜"周室班爵禄"之问时称:"其详不可得闻也。诸侯恶其害己也,而皆去其籍。"(《孟子·万章下》)这个"籍",当然包括方志,尤其是经历了战争和秦火;汉代的郡国地志随计书上于太史,盖尚未贮于藏书府库,或未被当做典籍,因而不属校理之列。二是班固的《汉志》,一仍《七略》旧贯,依然将典籍类分为六:六艺(《易》、《书》、《诗》、《礼》、《乐》、《春秋》和《论语》、《孝经》、《小学》)、诸子、诗赋、兵书、术数和方伎。史尚且被附属于《春秋》,何况方志!这样的分类,反映了一种认识,在尊儒术、崇儒经的主流情状之下,史和方志的学术地位还没有得到承认。这种状况是不足怪的,主观的认识不符合客观实际的事是常见的。它所表示的那个时代目录学者的认识水平,并不丝毫影响方志的存在与发展。

东汉至隋唐，方志的修纂以坚挺的步伐前进着。在名目、体例、内容和数量等方面，都有长足的进展。反映在目录著作上，比起刘向父子和班固所作也有了显著的变化。魏晋和南朝人的几部著名目录学撰著虽已不传，但从有关的记载可以略知概况。如为人称誉的刘宋时人王俭的《七志》，据《隋书·经籍志》称，其中的《经典志》收录的史记、杂传类，《图谱志》收录的地域、图书类，里面显然包含有方志。再如萧梁时人阮孝绪的《七录》，据《广弘明集》保存的分类表，于《纪传录》下的旧事、伪史、杂传、土地、谱状、传录等部，也必然有方志。目录学者认识的变化，是客观现实终究要为主观认识所接受的一种表现。方志开始被著录于目录著作，是方志目录学史上的一个重要里程碑。

由西晋荀勖始创，经东晋李充改定的目录以四部分类，唐初学者颜师古、孔颖达、许敬宗、李延寿、敬播等撰成《五代史志》，五代指梁、陈、北齐、周、隋，即"唐前五代"，共有十志，收入《隋书》，其中之一为《经籍志》，这是继《汉书·艺文志》以后又一流传至今的史志目录名作。《隋志》将方志分别收入史部的杂传、地理以及霸史、杂史。从此，方志在目录学中被附属于史部的地位，与四部分类一起被确立，一直作用于其后至清代修成纪传史的《经籍志》或《艺文志》以及多种公私目录。它们收录了众多的方志，虽然在类目上略有歧异。这标志着方志目录的又一重大进展。

四部分类给予方志的地位，大都隶属于史部的地理、杂传两类。以后，地志和耆旧、先贤一类的人物专志逐渐衰落，而综合型的志书勃然兴旺，乡镇志和各种专志又相继蜂起并作，方志已形成为一种庞大的文化典籍。这种状况与方志于史部被分割数处的现实已不相适应了，于是，到了明代，曾纂修过方志的目录学者朱睦㮮著《万卷堂书目》，便冲破了《隋志》以来公私目录的束缚，第一次在史部设方志类。方志独立成类，不仅符合方志发展的实际，而且意味着方志独立的学术地位开始得到确认。毫无疑义，这对方志专科目录的建立起了奠基的作用，虽然它还不是方志专科目录。发展到清初，这种观点已被许多著名目录学者所接受，如钱曾的《述古堂书目》、徐乾学的《传是楼书目》、汪宪的《振绮堂书目》等都是这样。

方志独立成类，它的独立成目即方志专科目录或称专目，也就随之水到渠成，成为必然合乎逻辑的了。现在所知道，最早的一种方志专目是明代编成的，《传是楼书目》著于录，为徐乾学所藏的明抄本《天下志书目录》，可惜书未能流传下来。后续者又寥寥无几。直到民国以后，相隔几百年，才编订出版了方志专目，并逐渐成为普遍的风气。开其先河的是1913年缪荃孙所编的《清学部图书馆方志目》。从此，以一馆或一家所藏方志编制成目的有：故宫博物院图书馆编《故宫方志目》和《故宫方志目续编》，谭其骧编《国立北平图书馆方志目录》。不仅国家的院、馆，私家藏书楼如以收藏明代方志而著名的宁波天一阁有冯贞群编《天 阁志目》，藏志达二千种的宜兴任振采有《天春园方志目》，杭州王绶珊有《九峰旧庐方志目》等，都著称一时。直到现在，国家和各省（区）市的公共图书馆，藏志最为可观的如北京图书馆、上海图书馆、天津市人民图书馆等，都编出方志专目。也有以省区为单位的区域性联合目录，如《山东地方志联合目录》、《台湾地区公藏方志目录》。科学研究机构和高等学校也紧随其后，收藏方志较多的如中国科学院、北京大学、南开大学、南京大学、武汉大学等图书馆都编成方志目录。还有流散在国外的方志也有单有合地编制成目，如朱士嘉的《美国国会图书馆藏中国地方志目录》，后又编了《续编》，巴黎大学吴德明的《欧洲各国图书馆所藏中国地方志目录》。上述种种目录，不言而喻，厥功甚巨。但它们所著录的只停留在一个单位或一个地区的现存志书，而且还暴露出分散性的问题，凭一馆或几馆的目录，无从得知现存志书的全貌。朱士嘉起而汇编《中国地方志综录》，后又作增补，其用意就在于解决这个问题。20 世纪 80 年代出版的《中国地方志联合目录》，应当说是又前进了一步。

与此同时，方志目录还有新的拓植。例如：张国淦著《中国古方志考》，于考核存志之外，对已失传的志书广泛地作了考证，这是方志考证目录。瞿宣颖据天春园藏志作《方志考稿》，这是方志提要目录。张维编《陇右方志录》、洪焕椿的《浙江方志考》，这是区域性的方志考录。

如此等等，可见方志目录学虽不能说已到达尽善尽美的境地，却是初具规模了。

二、方志目录的类别与体式

狭义地说，方志目录应是方志专科目录及其种种体式。但在方志专科目录产生之前，各种类型的综合性目录（即总目）也收录有方志，有的还给方志立专类，而且因综合目录产生的年代早、数量多，由此可以窥见各个时期方志的源流及其演变的情状。所以，综合目录中的方志目录，自然也应看做方志目录的组成部分。因此，研习方志目录，对有关的综合目录当然不能忽略。

1. 综合目录中的方志目录

各种综合型（古典目录习称“总目”）的目录，因编制的机构和编制体式的差异而有国家目录、史志目录和私家目录的区别。基于组织编制和撰写者的目的意图不同，作者的才识又不相同，能见的志书也不相等，因而各种目录既存在共性，又有其不同的特点。功能与价值也各有差别。

（1）国家目录。系指由国家藏书的专门管理机构及其成员或委派专人制订的目录。这一类目录见于文献记载的，西汉以还，历代都有。如西汉刘向的《别录》、刘歆的《七略》，魏郑默的《中经》，西晋荀勖的《中经新簿》，东晋李充的《元帝四部书目》，南朝刘宋王俭的《元徽四年四部书目录》，南朝萧梁刘孝标的《文德殿四部目录》，隋牛弘的《开皇四年四部目录》，唐褚无量、马怀素、元行冲的《开元群书四部录》、毋煚的《古今书录》等，这些都已散佚，已无从知其著录内容。北宋王尧臣、欧阳修等的《崇文总目》，也已亡佚。清钱侗等据《欧阳文忠公集》、《玉海》、《文献通考》等保存的资料，汇成《崇文总目辑释》5 卷、《补遗》1 卷。南宋陈骙的《中兴馆阁书目》和张攀的《中兴馆阁续书目》已亡佚，赵士炜有《辑考》，前者 5 卷，后者 1 卷。现存完帙的有明杨士奇的《文渊阁书目》，清纪昀等的《四库全书总目》以及乾隆敕撰《天禄琳琅书目》。其中，《四库全书总目》搜罗最广，篇幅最大，体例周详，是流传至今的古代国家藏书目录的巨著。

《四库全书总目》又名《四库全书总目提要》，简称《四库总目》，是清乾隆时在朝廷的主持下纂集四库全书的产物，它已不同于传统的国家藏书目录。乾隆三十七年（1772 年），弘历下令各省搜集历代及清人著述，并鼓励私人呈书，第二年成立四库馆，委派纪昀等一批博学才俊之士为馆臣，纂修《四库全书总目》，历时 10 年，初稿于 1781 年完成，经过修改，大约在 1793 年由武英殿刊版印行。

全目共著录收入四库的图籍 3461 种、79309 卷，未收而存目的 6793 种、93550 卷。除被禁毁的，广泛网罗了当时及以前的古籍。其中收录的方志，分别载于史部传记、载记和地理诸类。以地理类为最多，下有宫殿疏 2、总志 7、都会郡县 47、河渠 23、山川 7、古迹 14、杂记 28、外记 16，传记类 8，载记类 8 等，计 163 种。存目地理类：宫殿疏 3、总志 17、都会郡县 108、河渠 52、边防 21、山川 97、古迹 37、杂记 42、游记 21、外记 34，传记类约 40，载记类 2，计 474 种，合计 637 种。

《四库总目》收录的要求是很严格的,这个数字并不反映当时的全部存志,甚至不全录当时国家的藏志及搜集而来的志书。清代于康熙、雍正、乾隆三朝为纂修一统志,曾先后下诏各省修志,各地修成的志书当上于朝廷。设四库馆时又广搜天下图籍,因而所得的志书绝不止此数。民国时,仅缪荃孙编《清学部图书馆方志目》就录有1667种,虽然其中有修于编制《四库总目》以后的,但在此之前的志书便已远远超出《四库总目》的著录。别的综合型的国家目录也大都如此,并不囊括所有的方志。

虽然如此,《四库总目》所录,从总志以下至于乡镇,以至专志、杂志,类别齐全。总志著录了唐宋以来尚存的《元和郡县图志》到乾隆增修的《大清一统志》。省志收录元、明、清多种,如元《齐乘》、明《湖广通志》、清《河南通志》等。府州县及边镇的志书,几乎包罗了明以前的善志,如《长安志》、《吴郡图经续记》、《吴郡志》、《景定建康志》、《姑苏志》、《宋元四明六志》、《新安志》、《剡录》、《四镇三关志》等。乡镇志有宋《澉水志》。专志如唐李冲昭的《南岳小录》,宋陈舜俞的《庐山记》,清翁澍的《具区志》,晋宗懔的《荆楚岁时记》,宋宋祁的《益部方物略记》,明张国维的《吴中水利全书》,清毕沅的《关中胜迹图志》,明黄润玉的《四明文献录》,明宋濂的《浦阳人物记》等。杂志如宋龚明之的《中吴纪闻》、范致明的《岳阳风土记》,佚名的《保越录》,清宋际的《阙里广志》等。

《四库总目》的体例,每部前有总序,大小类前有小序,子目后有按语,每书附有提要。当代著名古典目录学家余嘉锡称:《提要》不仅"叙作者之爵里,详典籍之源流",而且"旁通曲证","剖析条流","辨章学术"。"自《别录》以来,未有此书"(《四库提要辨证·序录》)。这当然也包括其中的方志目录。的确,在以往的官修图书目录中,是没有一部可以和它比拟的,更不用说私家和其他的目录。但是如此庞大的工程,因为出于众人之手,四库馆臣的才能又因人而异,加上期限又紧,所以,敷衍塞责,仓促成篇,在所难免。其中考评失当,以至疏漏,任意删削,相互牴牾,纰谬舛讹之处,在在都有。这是在使用《四库总目》时不能不注意的。

2. 史志目录的方志目录

"史志",现在很通行的是将历史和方志合称。而此处指的是旧史籍中的《艺文志》、《经籍志》一类。在二十四史中有《汉书·艺文志》、《隋书·经籍志》、《旧唐书·经籍志》、《新唐书·艺文志》、《宋史·艺文志》、《明史·艺文志》以及《清史稿·艺文志》7种,缺失很多,清以来的学者纷起为之作补。如顾櫰三的《补后汉书艺文志》,侯康的《补三国艺文志》,丁国钧、文廷式、秦荣光、黄逢元等都有《补晋书艺文志》,钱大昕的《补元史艺文志》;并有考证,如章宗源、姚振宗两种《隋书经籍志考证》。有对已有志的作补,如黄虞稷、卢文弨的《宋史艺文志补》。还有对补志再作补,如陶宪曾的《补侯康后汉书艺文志补》,开明书店把它们汇集于《二十五史补编》之中。以后又有一些,合计有二十余种。私撰的史书也有目录,如焦竑的《国史经籍志》(万历间修国史仅成此志)、傅维鳞的《明书·经籍志》。此外,专史里也有,如郑樵的《通志·艺文略》、马端临的《文献通考·经籍考》。类书、政书里也有,如《太平御览·经史图书纲目》。

著录方志的著名的史志目录首推《隋书·经籍志》。《隋志》著录的志书,主要列于史部的"杂传"和"地理"两类。杂传收有217种、1286卷,通计亡书,合219种、1503卷。其中有为数不少不属于方志,如非地区性的高士、忠臣、孝子、高僧等传以及家传、志怪、灵异之类,不是方志,应当除外。地理类收有139种、1432卷,通计亡书,合140种、1434卷,其中《山海经》、《游行外国传》等少数几种不属于方志。另,收于杂史、霸史中又有志书,如《越绝书》、《吴越春秋》、《华阳国志》等。总起来说,著录的志书已不少了,其著录的体式与《四库总目》有同有异。先有总序,每部有序,每类也有序。各类收录的方志一般均有书名、卷数和作者,有些还加注,如《黄图》一卷下有“记三辅宫观、陵庙、明堂、辟雍、郊畤等事”,《发蒙记》一卷下有“载物产之异”,这是说明记述内容的。又如“《地记》二百五十二卷”下有“梁任昉增陆澄之书八十四家,以为此记。其所增旧书,亦多零失。见存别部行者唯十二家,今列之于上”,这是说明撰作原委的。再如“《杂传》三十六卷,任昉撰。本一百四十七卷,亡”,这是说明散佚的。因收入《隋志》的志书年代久远,绝大部分已失传,所以对研究汉尤其是魏晋南北朝的方志状况,是极为重要的依据。王谟辑录《汉唐地理书钞》,就以此为根据之一。对少数传世的志书,因传写、转刻而发生的差误等,《隋志》也提供了可资考核的证据。并且,从《隋志》总序、部序、类序所述,可以了解方志的源流。如《杂传类序》:“后汉光武,始诏南阳,撰作风俗。故沛、三辅有耆旧节士之序,鲁、庐江有名德、先贤之赞。郡国之书,由是而作。”这足以明白专记人物的方志的渊源及其发展的脉络。又《地记类序》:“陆澄聚一百六十家之说,依其前后远近,编而为部,谓之《地理书》。任昉又增陆澄之书八十四家,谓之《地记书》。”这足以明了《地理书》的撰写经过和体式以及《地记》与《地理书》的关系。诸如此类,都是很有价值的。别的史志目录受《隋志》的影响很深,虽有所变化,但还是大同而小异。值得一提的是:焦竑的《国史经籍志》,史分为 15 类,第 13 类是地理,地理类下设有方志一目。这比别的史志前进了一步。所以,史志目录在方志目录史上地位的重要性就可想而知了。

3. 私家目录的方志目

这是私人的目录著述,最多数的是以私家藏书为对象,主人自己编制或聘请别人代为编制而成。唐及以前的私家目录如王俭的《七志》、阮孝绪的《七录》等为数远不如公目多,早已失传。随着雕版印刷术的广泛应用，北宋以后，书籍的流通量激增，收藏图书的人也日渐多起来。南宋人周密于《齐东野语》中列举当时藏书的富家近30家，藏书多达2万、3万至5万以上。近人叶昌炽的《藏书纪事诗》述及北宋至清末的著名藏书家有一千一百余家。这样多的藏书，为了管理和使用，也有些为着炫耀，必须编制目录。有些藏书家本身又是著名的目录学家，收藏的图籍比较精善。由他们编制的目录或者聘请目录名家编制的目录，自然属于上乘。因此，有名的私家目录不论是书籍的质与目录著述的质，往往超过国家目录和史志目录，虽然在数量是比不上的。现存宋以来的私家目录，尤其是作于明清时期的，为数众多，不胜枚举。最为著称的有南宋尤袤的《遂初堂书目》、晁公武的《郡斋读书志》、陈振孙的《直斋书录解题》，明陈第的《世善堂藏书目录》、高儒的《百川书志》、晁瑮的《宝文堂分类书目》、徐𤊹的《红雨楼书目》、朱睦㮮的《万卷堂书目》、祁承㸁的《澹生堂藏书目》、周弘祖的《古今书刻》，清钱谦益的《绛云楼书目》、钱曾的《也是园藏书目》与《读书敏求记》，毛扆的《汲古阁珍藏秘本目录》、黄虞稷的《千顷堂书目》、徐乾学的《传是楼书目》、黄丕烈的《百宋一廛书录》与《荛圃藏书题识》，孙星衍的《孙氏祠堂书目》、汪振绮的《振绮堂书目》、孙从添的《上善堂书目》、张金吾的《爱日精庐藏书志》、瞿镛的《铁琴铜剑楼藏书目录》、陆心源的《皕宋楼藏书志》、缪荃孙的《艺风藏书记》等。孙殿起有《贩书偶记》，经过他手记录下来的，往往有不见于别家著录的罕见本。这些目录著作都程度不等地收录有方志，有些还是极其珍贵的秘本和孤本。如北宋时修出的众多图经，在金兵入侵赵宋南渡时几乎全部散失，后人以为俱已不存，但《直斋书录解题》据其所藏录有祥符《苏州图经》、《越州图经》、《黄州图经》3种，《皕宋楼藏书志》录有《淳祐临安志》等的宋刻残本。这些对于了解和研究方志在不同时期的流传和存佚，是最为可靠的信息。

在目录学史上有开创意义的,有以下几种:(1)《遂初堂书目》注各版本于目下,是现存目录著述中最早注重版本的。(2)晁公武、陈振孙又开提要目录之先河。以陈著《直斋书录解题》为例,虽然余嘉锡说它只是"粗述厓略,鲜所发明"(《四库提要辨证·序录》),但考核其实际内容,除书名、卷数、作者之外,解题部分有关作者爵里,该书版本、内容、选材和价值等为后世提要目录开辟了蹊径。开创之功,这是应当首先肯定的。而且,如《四库总目》所说:宋以后的图书包括方志"不传于今者,得藉是以求其崖略;其传于今者,得藉是以辨其真伪,核其异同"。这是允当的。(3)《万卷堂艺文书目》(又作《万卷堂艺文记》)最先为方志立专目。作者朱睦㮮,为明宗室中学识渊博、勤于著述的一位学者,《明史》有附传,著有《授经图》等数种,曾纂有《万历开封府志》等方志。他爱好收藏图书,建藏书堂,以藏书编成此目。此目按四部分类,分史部为12类,第11类是方志。给方志独立成类,这是方志目录学建设迈出的重要的可贵的一步。这一创举对后来有积极影响。如《世善堂藏书目》分史部为18类,第12类是各州方志。《澹生堂藏书目》分史为15类,第14为图志,实际就是方志,下列通志、郡县志等。《传是楼书目》分史为37类,第34是地志。《振绮堂书目》史部地志的类目很是详细,有通志、州郡志、名山、水利、舆图、杂志(又分都邑、陵墓、祠庙、书院、寺观、方物等目)。汪振绮所作,比起上述诸家类分目别,层次分明,已非常可观了。进入近代之后,方志独立成类,已为学术界和目录工作者所普遍接受,例如章太炎作《文学总编》,于历史下设地志。柳诒徵等的《江苏省立国学图书馆图书总目》和平心的《生活全国总书目》,深受西方图书分类的影响,都为方志立类。

上述三种目录,以著录志书的数量而言,如前所说私家目录著录的数量是远不如国家目录和史志目录的。因为国家收藏的书总是比私家藏书要多得多，修史者撰辑艺文志或经籍志，搜罗的要求必然要广。然而私家目录有一个特点，那就是它所著录的私家藏书，往往有写本、稿本、孤本、批校本等珍品，这是国家藏书所没有的。再从方志目录的建设而言，私家目录比起官修目录的自由度要大一些。如敢于冲破《隋志》以来四部分类的旧定式，把方志从属于史部地理等类中汇集独立成目，便是由私家目录开始的。而官修目录，常常因受来自政治权势的牵制，保守有余，创新不足。明后期起，方志独立成目的影响不断扩大，其延伸的领域也还是私家目录。清初修成的《明史·艺文志》，乾隆时纂辑的《四库总目》，依然固守于原有的陈式。但方志独立成目，是合理的，合乎科学性的要求，是方志发展的必然反映，也是目录学和方志学自身建设的客观需要。这是历史的趋向，是任何力量也阻挡不住的。即使官修书的分类，也难以完全排除。如清康熙、雍正时纂辑的《古今图书集成》，其中《理学汇编·经籍典》分史书为6部，最后一部是地志，就与《明史·艺文志》等不同了。

三、方志专科目录

方志目录获得独立的地位，由此再前进一步，方志专科目录的建立就成为势所必然、顺理成章的了。方志专目的出现最先不早于明代中叶，而它地位的确立及其取得的建设性发展并派生出多种多样的方志专目，是民国以后直到当今的事。迄于目前，方志专目既对古典目录学的优良传统有所继承，又有新的开拓，已大体构成了较完整的体系。

1. 方志专科目录的产生及其发展

方志专科目录，有据可查的是清初《传是楼书目》著录的明抄本《天下志书目录》。《传是楼书目》是徐乾学的私家目录，其所著录的是一家名为传是楼的藏书。既然是明抄本，当然是由明人所编制。方志独立成目,最早见于《万卷堂书目》,所以它不可能作于朱睦㮮此作之前。可惜书已不传,作者是谁,收录有多少种志书,已无从得知。后至清乾隆时,浙江海宁人周广业编有《两浙地方志录》,这是地区性的方志专目,又是一种新创。书也失传。人所共知,清代古典目录学名家林立,获有前所未有的成绩。其中专科目录纷作,著名的如朱彝尊的《经义考》,章学诚的《史籍考》,谢启昆的《小学考》等。然而,方志专目显得沉寂,更不用说成名之作。这反映了一种现象,那就是有了开创,并不等于就能得到很快的直线的发展,有时还需有一个过程。方志专目的大量出现,是民国以后的事。

民国二年(1913 年),缪荃孙根据清点清宫内阁大库藏书移交给京师图书馆(现在的北京图书馆前身)的方志,编成《清学部图书馆方志目录》,开了风气之先。直到现在,国家图书馆和规模较大的各地方图书馆、高等学校以及科学研究机构的图书馆,都编有方志专目。又从各别的图书馆的志目进而汇编区域性的志目以至全国性的方志专目,流散在国外的方志也先后汇编成目。再进一步而有方志提要目录、考证目录、专题目录和目录有关的索引,方志专目的门类已渐趋完备。

这种状况的出现,是有主客观原因的。从客观方面说,随着史学研究的深入,领域在拓宽,从通史扩大到各种专史以至地方史的研究。作定性的分析,已不满足于一般的宏观概括,而要进入微观的由量到质的寻究和剖析。因此,对史料的需求,就不能限于廿六史、十通、各种会要和几种编年史籍,必须更大限度地扩充史料来源。打开方志这一史料宝库,也就在情理之中。与此同时,各种学科诸如天文、地震、气象、各种自然灾害以及社会学、民俗学等等的研究,也无例外地要从志书中吸收素材,并且已经卓有成效。而在主观方面,方志学的研究正步入一个新阶段。方志的研究又是以志书为对象的，必须全面地了解和认识方志。基于这两方面的需要，由文献目录学家开了一个好头，别的方志学家、文献学者和图书馆工作者继起并作，就汇集成了方志目录学的累累硕果。

2. 方志专目的类别与特征

对于现存方志专目的类别，可以依据不同的实体予以区分。为了简单明了，不使繁杂，大致可分为普通目录、考证目录、提要目录三类，并附版本（版本目录本是专称）和目录索引。

（1）普通目录（也可称简明目录）。这种目录只是简单明白地著录书名、卷数、修纂者（私人著述称撰）、修纂与刊行年月、版本。

一是单一型，一是集合型。单一型的，仅著录一个藏书单位所藏的志书。其中以公有性质藏书单位如国家级、省市县级的图书馆、档案馆、博物馆、文物管理委员会、文化馆以及高等院校、科学研究机构的为数最多，私家志目数量已很少。

单一型或称各别型志目，各级有藏志的图书馆已普通编定，无法一一叙述。其中以藏志丰富见称的国家级目录有：

《北京图书馆方志目录》。自《清学部图书馆方志目录》所录一千六百多种，到《国立北平图书馆（北京图书馆原名）方志目录》已有五千二百多种。除京师图书馆（北平图书馆原名）原有之外，有来自范氏天一阁、毛氏汲古阁、陈氏稽瑞楼的，并购得多种罕见本和孤本。还有四方学者、藏书者的捐赠以及从国内外各图书馆誊抄和复制来的，共有六千余种。不仅收录最多，而且中间有不少宋、元、明、清的精刻本、稿本、批校本等善本，如宋咸淳刻本《临安志》残卷、《景定建康志》钱大昕抄宋本、黄丕烈《吴郡志》手校记等。

《故宫方志目》。1931 年编成，故宫方志目著录故宫原藏和清史馆所移交的自明正德至清季的志书有一千四百余种，属于善本的也不少。第二年又编《故宫方志目续编》，著录至二千余种，以清雍正、乾隆、嘉庆时期修成的志书最多。

地方图书馆如：

《上海图书馆地方志目录》。著录历代方志五千四百余种，孤本、稀见本也较多。如绍定二年序刻本《吴郡志》配抄本，《吴郡图经续记》明嘉靖复刻本，都是海内外所仅有的。

《天津市人民图书馆方志目录》。录志3686种，一半以上是20世纪30年代私家藏志巨擘宜兴任振采（天春园藏志）所捐献的。

《南京图书馆地方志目录》。录有四千余种，其中有原江苏国学图书馆并入的，还有一部分原为清代著名藏书家丁丙的藏书，有江苏乡镇志的多种稿本、抄本。

《大连图书馆地方志目录》，收录三千多种，大都是抗日战争胜利后从日本株式会社接管而来的。

其他省市图书馆的方志目录虽比不上上述几种，但有些也有相当的数量。如湖北省图书馆仅张国淦捐赠的就有一千多种，并有相互传抄、复制和接受各方捐赠的，不乏稀见的珍品。如山东省图书馆有《万历兖州府志》，浙江省图书馆有李慈铭批校的《乾隆绍兴府志》。以至县级图书馆也有收藏孤本的，如江苏常熟图书馆藏有《光绪常昭合志稿》稿本、《四镇略迹》、《双浜小志稿》等稿本。

科学研究机构和出版社等的志目，收录较多的如《中国科学院图书馆馆藏地方志目录》，有四千多种，其中一千五百余种是从原东方文化图书馆接管而得的。上海辞书出版社的方志目录著录二千多种。别的如中国第一历史档案馆、中国科学院考古研究所、国家文物局、水利部水利水电科学研究所等的方志目录，也各著录有收藏的一千五百种左右的志书。

各高等学校的志目，收录较多的有北京大学、北京师范大学、中国人民大学、中央民族大学、吉林大学、南开大学、复旦大学、华东师范大学、南京大学、安徽师范大学、中山大学、武汉大学、四川大学等,都程度不等地藏有精品,如北京大学的《康熙舒城县志》、南开大学的《道光新城县志》抄本、南京大学的《光绪全椒县志》等,都是孤本。诸如此类,不胜列举。

私家方志目录。由于大多数私人藏书已归公有,归入一个或几个公家图书馆。根据原有志目查究收藏单位,已不再有实用的意义,但有些志目如《天春园方志目》等对研究私人藏志的历史还是有价值的。惟有著名的私家藏书楼范氏天一阁归属于宁波市文物管理委员会,仍然是一个独立单位。天一阁以收藏明志著称于世,藏有明志 435 种,比《明史·艺文志》著录的还要多。其中有不少是海内外孤本,如《弘治抚州府志》、《正德瑞州府志》、《嘉靖永丰县志》等。历经盗失,至 1949 年 5 月只存 271 种。骆兆平有《天一阁藏明代地方志考录》,可作为对了解天一阁的藏志及其变化的参考。

单一型的各方志目录,由于所著录的是本单位的藏志,虽有些在卷数、修纂者、续修的分与合、出版年代等方面产生的差错,但大体上是反映了实际的藏志的,疏漏是少数。这是这种目录的最大特点和价值所在。

集合型的方志目录,有全国性的和区域性的两种。单一型的志目,只是提供了各个藏志单位的所藏方志,还不足以明了全体的志书。要了解全体的存志,就必然要有全国性的集合型志目。全国性的集合型志目的开创者是朱士嘉。

《中国地方志综录》,朱士嘉编。1934 年起,朱氏遍访和调查了国内 28 个图书馆的藏志而编成《中国地方志综录》,以后又作《补编》,正补编共著录方志 6562 种。1957 年,朱士嘉又据 41 家图书馆所藏,对《中国地方志综录》再作增补订正,重新出版,共著录 7413 种。

《中国地方志联合目录》。1976 年起,中国科学院北京天文台在科学院和国家文物事业管理局的支持下,联合了全国各大图书馆组织人力编制而成。它以朱士嘉1962年修订的《中国地方志综录》为蓝本,朱士嘉又提供了《中国地方志综录》修订稿,为《联合目录》的编制打下了基础。经过7年的努力,从初稿到定稿,《中国地方志联合目录》于1985年1月出版。此《目录》收录的范围规定为省(通)志、府志、厅志、州志、县志、乡土志、里镇志、卫志、所志、关志、岛屿志,包括志科、采访册、调查记等。一统志、山志、水志、寺庙志、水利志、人物志、风土记、胜迹志、杂志以及《越绝书》、《吴越春秋》、《华阳国志》等不在其列。编纂的断限,下限止于1949年。计有全国30个省(区)、市,190家公共、科研、高校的图书馆,博物馆、文史馆、档案馆、文物管理委员会以及台湾各单位所藏的方志,并参阅日本的《中国地方志总合目录》、美国的《美国国会图书馆藏中国地方志目录》,用"注"标明。此目共著录现存志书8264种,约12万卷。这些志书,以时代区分:清最多,有5000余种,约占总数的65%;民国有1200余种,明有1200种;唐、宋、元最少。以地区分:四川有671种,居第一位;浙江590种,河北567种,山东541种,江苏540种;宁夏、青海、西藏最少。以政权建置的层次分:县志5700余种,居首位,约占总数的70%。

区域性以省为单位的总目有:

《台湾公藏方志联合目录》。1957年编,汇集台湾"中央研究院"语言历史研究所、北平故宫博物院图书馆、台湾"内政部"图书馆、台湾"交通部"档案室、台湾"中央党部"图书室、台湾"中央日报社"资料室、台湾大学图书馆、台湾省文献委员会、台湾省立师范大学图书馆等诸多单位所藏,著录有3300种。1980年出增订版,较前增加568种。

《台湾地区公藏方志目录》。王德毅、刘静贞编,1985年出版。除收录前列藏志机构外,又有台湾"国史馆"图书室、"傅斯年图书馆”、“孙逸仙博士纪念图书馆”（代管“中山文化教育馆”藏书并接受台湾“国防”研究院所典藏之善本及普通线装书）、“私立东海大学图书馆”等所藏，著录有4425种。

这两种志目，虽是以台湾省的藏志为著录对象，但所收都是全国性的方志，有很多孤本和善本，如《吴郡图经续记》南宋绍熙四年刻本，《嘉靖广德州志》、《万历漳州府志》、《万历上元县志》、《崇祯江浦县志》等的原刻本，都是仅有的。

《山西省地方志联合目录》，1980年11月山西省图书馆编印。著录该省现存志书（省志、府志、州志、县志、乡土志、关志、山志、水志、寺庙志等）463种。

《山东省地方志联合目录》，1981年10月印行。著录现存该省方志（省志、府志、州志、县志、乡土志、镇志）640种。

《河南地方志综录》，收录存志554种，1981年4月印行。

《陕西地方志书目》，收录存志407种以及1958年以来新修志书13种。

上述几种集合型志的价值，在于把全国的和一个省区的现存方志，按其所收录范围，大体上弄清了各自的底细。编例简明，查阅一地现存有多少种方志，一览无余，给研究者提供了方便。但不能说已是完备无缺了，恰恰相反，姑不论所收录的范围尚可研究，就是依照规定，遗漏还是不少的。以全国性的志目为例，如杨冬荃《〈中国地方志联合目录·江苏省〉补正》（载《中国地方志通讯》，1985年第5期）就胪列有59种。事实上还不止此数，近来无锡、江阴又发现数种。再如区域性的《山东省地方志联合目录》，据宫栾鼎的《从烟台一隅看普查方志的必要性》（载《中国地方志通讯》，1985年第5期）所述，仅烟台市所辖各县，缺载的就有《光绪福山县志》、《民国福山县志稿》、《民国荣成县志》手稿等数种。于此便可见一斑。

而且,由于成于众人之手,或者提供依据者的疏忽,方志文献还存在不少舛讹。《中国地方志综录》和《中国地方志联合目录》的问题较多。有因地名相同而误植省区,有因地名有异而误认两地志书,有因纂修年月与刊刻年月不一致,误以刊刻年当纂修年,或以纂修年作刊刻年,有因增补不加题署而将原作与增补本误认为一,并有明明有刊刻本而竟录成稿本、写本,还有把修纂者误植的,如此等等。但如此庞大的工程,尤其是初创,有不足之处总是难免的,瑕不掩瑜。

此外,外国侵略者、传教士以及汉学家等出于各自不同的目的,都多方留意搜集我国的方志,因而有大量的方志外流,几乎世界各地都有并有编成目录的。比如:

《日本主要图书馆、研究所所藏中国地方志总合目录》,1969 年由日本国会图书馆出版。其为集合型志目,汇录藏志以内阁文库、国会图书馆、尊经阁文库、东洋文库为最多,静嘉堂文库、宫内省图书寮、上野图书馆、京都大学人文科学研究所、蓬左文库等次之,有原刻、复刻、抄本、胶卷和复制品共计 2847 种。日本所藏我国的方志不仅量多,而且质优。这是因为日本人搜购中国方志大约已有 150 年的历史,他们通晓汉语,又有人懂得版本之学。现在查明,日本藏志有明清及以前的孤本五十多种,明清稀见本八十余种,如《正统大名府志》、《嘉靖山海关志》、《万历贵州通志》、《万历应天府志》、《万历帝里盱眙县志》。有的我国虽有藏本,但已残缺不全,而在日本则有足本,如《万历广东通志》、《顺治祥符县志》、《康熙镇江府志》、《乾隆江宁县志》。再如宋刻的《淳祐临安志》、《咸淳毘陵志》,中国已无,而日本静嘉堂藏有残卷,这是原陆心源皕宋楼的收藏物,卖与日本人的。收藏于日本也有作伪的,如《太平寰宇记》全帙 200 卷,《四库全书》仅存 193 卷,缺第 113 ~ 119 卷共 7 卷,杨守敬于日本枫山官库访得宋椠残本。但据陈运溶考证,枫山官库所藏此二卷确系伪本(《太平寰宇记残卷跋》)。

《美国国会图书馆藏中国地方志目录》,1942 年朱士嘉编。其为单一型志目,著录有宋志 23 种,元志 9 种,明志 68 种,清志 2376 种,民国志 463 种,合计 2939 种。其中河北 282 种,山东 279 种,江苏 252 种,四川 252 种,山西 243 种,余为浙、陕、赣、粤、鄂、皖等省的。以后又有《续编》,收录 300 余种。大约在鸦片战争以后,美国的驻华公使、领事及传教士、商人等从中国大量搜集方志。成立于 1894 年的美国犹他家谱学会,就极其重视搜集中国的方志。到 1979 年止,拍摄有微型胶卷 130 卷,超过 5000 种(参阅《中国史研究动态》,1980 年第 5 期)。美国国会大规模征集中国的方志,是由施永格(Walter T. Swingle)建议而开始的。所集的志书被当做该馆的东方部藏之一。藏志中有稀见本十余种,如《天启成都府志》、《乾隆固始县志》、《乾隆龙川县志》、《道光隆德县续志》等。

《欧洲各国图书馆所藏中国地方志目录》,1957 年吴德明编。其综录了法国、英国、意大利、德国、比利时、荷兰、瑞典 7 国 25 个单位的藏志。绝大多数出自法国巴黎图书馆,其次是英国大英博物馆和剑桥、牛津等大学图书馆。共著录 2590 种,除去重复的 1434 种,有 207 种不见于美国国会《志目》(参阅冯蒸《近三十年国外"中国学"工具书简介》)。里面有难得的珍品,如敦煌发现的唐《沙州图经》、《西州图经》的写本残卷,是被伯希和盗去入藏于巴黎图书馆的。国内流传的这两种《图经》,是端方的珂罗版复印本。

应当提到的是,流散在国外的我国方志,还有未编成目录。如美国哈佛大学、哥伦比亚大学、芝加哥大学,分别藏有一千余种,斯坦福大学、华盛顿大学也各有几百种,其中都有一些稀见本。加拿大温哥华的哥伦比亚大学、澳大利亚各大学、韩国汉城大学、新加坡大学、新加坡南洋大学等也都收藏了不少的中国方志(参阅朱士嘉《现存方志的收藏分布和管理利用》,《山东图书馆季刊》,1982

年第3期)。

以上诸志目,如《中国地方志联合目录》、《山西省地方志联合目录》和《山东省地方志联合目录》,稍加注意就会发现,它们的收录范围是不相同的。倘使再放眼于现有的各种志目,如《中国古方志考》,更加会看到相互的差别。其实这是方志界长期以来存在的一个问题,就是:收录的标准应是什么?这就牵涉对方志的界定或者说方志的内涵究竟应包含哪些,如何才符合方志的客观实际?所以本章的开头就作了系统的论述。

(2)考证目录。普通目录所著录的书名、卷数、修纂者、刊行年月和收藏单位,为查找方志者提供线索和信息,它所具有的实用价值,自不待言。然而对方志作深入的研究,必须进一步了解各志书的修纂者生平,撰作意图,体例、类目及其渊源,资料来源,脱漏与舛讹,版本的优劣,有否经过改纂或补正及其得失,资料价值等等,普通目录就不足依凭了。而且有些志书仅仅依赖其自身所有,也不能辨明原委。所以,就得加以多方面的考证。

再说,自方志产生至今的几千年历史里,纂辑成的志书和其他古籍一般,大量地散佚和损毁。这种情况的出现,隋人牛弘在他所上请开献书之路的《表》里,曾详述春秋至隋,典籍遇到的“五厄”:除秦始皇焚书外,西汉末战祸,东汉末洛阳大火,西晋末永嘉之乱,梁侯景之乱以及周师入郢,都是战争造成的(参阅《隋书·牛弘传》)。隋以后的大规模战争每代都有,尤其是赵宋南渡,更具有极大的破坏性。还有人为的灾难。这些灾祸,方志自不能逃脱。而志书的毁坏还有特殊的原因,傅振伦于《中国方志学通论》中把它归结为五条:第一条,地方志的原稿原版,大多存在官府,而典守胥吏不负责任,造成损失;第二条,天灾人祸(水淹冲毁、霉烂、火灾、虫蛀);第三条,外人罗致收集,流散国外;第四条,明代以来修了新志毁旧志,所以旧志极难留存;第五条,辛亥革命后,地方官吏在调动时，常窃县志而去（这一点在民国前也不会没有）。所说是合于实际的。笔者认为，恐怕还不止于此，如清初推行文化专制主义，对明后期的方志进行严格的审查，凡涉及清廷忌讳的纪年、人物、用词以至和女真族有关系的志书，都被禁毁。就是清代纂修成的志书，也建立审查制度。开始由巡抚、布政使负责，后改由学使审核。这类官吏慑于文字狱的淫威，稽延推诿，乃至不了了之，使已纂成的志书被扼杀。有人估计，明清两代被毁佚的志书不下6000种。至于春秋到明初损毁散佚的志书就难以计数了。因此，对众多的佚志也需考证。

所以，对志书的考证辨析，就成为方志目录学的直接任务。

考证目录，《郡斋读书志》、《直斋书录解题》和《四库全书总目》之类的提要目录，也涉及考证。近世从事方志目录考证工作的人已获有可喜的成绩：有的撰著专文，有的出版专书；有专考一志的，有考一个地区的，也有综考全国的；有单考存志或单考佚志或残缺的，也有存佚并考的。

(1)区域性的方志考证目录，有张维的《陇右方志录》，庄为玑的《泉州方志考》，萨士武的《福建方志考略》，洪焕椿的《浙江方志考》，梁之相的《云南方志考》，日人植野武雄的《满洲地方志考》等，各有特色，可作为参考。如《陇右方志录》，1934年北平大北印书局线装本，成书最早，有开创的意义，著录甘肃、宁夏、青海之地的省志、州志、郡志、府志、县志计256种。以时代为序，每志详录书名、卷数、纂人、年代、目录以及存佚和流传，并扼要叙录其内容。《浙江方志考》（1958年科学出版社出版，名为《浙江地方志考录》），1984年6月由浙江人民出版社再版。其在初稿的基础上作了订正、增补和重写，设有通志，杭州、嘉兴、湖州、宁波、绍兴、台州、金华、衢州、严州、温州、处州（仍清的建置）11府和属县志，浙江乡镇、山水、舆图、海防古迹、游览、风土、文献诸志，共20目，分20

卷。收录历代存佚志书2850种。著录书名、卷数、作者、存佚之外,并择要叙录作者生平,存志的版本流传及其收藏单位,各种序、跋及后人评述、考订和提要。收录的范围扩展到姓谱、科第、游记、杂记、丛抄等,以至宋王十朋的《会稽三赋》所谓的赋体方志,网罗齐全。所收录的对象,如"游记"不应属于方志,"赋体"也是值得商榷的。疏漏之处,还是存在。虽区域性的考述比全国性的难度要小得多,但达到此种程度已颇不简单了。20世纪80年代,吉林省地方志编纂委员会、吉林省图书馆学会合编《中国地方志详论》丛书,陆续出版了多种一个省区的方志目录,有称考、考略或叙录的,确有关于考证的内容。或许是因为仓猝从事,有不少是粗制滥作,抄撮敷衍,因而舛误百出,不足言考。

(2)全国性的考证目录。如《中国古方志考》,张国淦编著,中华书局于1962年出版。其原在1935~1936年间由《禹贡》杂志连载,初名《中国地方志考》,中华书局出版时改今名。此书上起秦汉,下迄元代,《明方志考》原有稿本,惜未能出版,现可能已不存。有一部分相关的文章散见于《"中央研究院"语言研究所集刊》等刊物。此书遍考各种存佚方志,为一部完整的全国性综合考证志目。体例略仿朱彝尊的《经义考》,广收群书,博引历代目录著述,严谨而翔实,有很高的学术价值。

对于存志,先录书名、卷数、版本,其次是修纂者的生平简历,设目《序》、《跋》与各种目录著录,而后用"案语"间抒作者的意见,诸如对地名的沿革变化,志书渊源、修纂年代及志书的异名等等,言简而意赅。例如:《吴郡图经续记》3卷,历举宋刊本、天一阁万历二年钱氏悬罄室刊本、乌程蒋氏密韵楼景宋刊本、学津讨原本、琳琅秘室本、得月簃本、榕园本、江苏书局本等不同刊本。宋晏知止、章岵修,朱长文纂,并述其生平简历。以下为朱长文《序》,常安民、林虙、祝安上3篇《后序》,而后照录类目。再下是《遂初堂书目》、

《直斋书录解题》、《文献通考·经籍考》的著录，并全录《四库总目》全文；又有密韵楼景宋本胡珽《跋》。最后，作者据《嘉泰吴兴志》辑本、《吴郡志》、《舆地纪胜》、《大明一统志》、《崇祯松江府志》、《淳祐琴川志》的引文，认定各书所称的《吴郡续经》、《吴郡图经》、《续吴郡图经》、《吴郡记》、《续吴门志》等，都是此书。

佚志则在书名、卷数、修纂者、有无辑本之外，列举各种目录的有关著录以及见于各种书籍的引文，并注明条数。例如：《苏州图经》6 卷，宋李宗谔修，蒲圻张氏大典辑本。辑录《直斋书录解题》8，有专条，《文献通考·经籍考》32、《舆地纪胜》5，均有载录。引文有《舆地纪胜》1 条、《吴郡图经续记》19 条、《乾道临安志》1 条、《绍熙云间志》1 条、《淳祐琴川志》5 条。

其他佚志而有辑本的，还附录辑佚者的《序》、《跋》。残本并收录研究者的《序》、《跋》及有关参订文字。

全书收录存佚志书二千一百余种，先列总志，下按《清史稿·地理志》的省、府、厅、州、县的顺序排列，序列清晰。秦汉至元有线索可寻的方志搜罗极广，实际上又是一部自秦至元的方志综录。后附索引，利于查阅。虽然还有遗漏，也已有人为之补正，但在书名、成书年代、版本、地名沿革等方面还是存在疏漏，资料的征集也不完全周备。尽管如此，完成如此的巨著，助手又不多，而且是初创，故对方志学的贡献之大，别的方志书是很难企及的。其学术和实用价值，早为世所公认。

此书收录的范围有总志、省级志、州府县志、乡镇志以及地理、人物、物产等专志，比《中国地方志联合目录》要广，但又不及《越绝书》、《吴越春秋》和山、水、水利、风俗以及综合性的杂志。

还有一种类似考证目录，如崔建英的《日本见藏稀见中国地方志书录》，1986 年由书目文献出版社出版。这是惟一的考核散失在国外方志的书目，共收录日本内阁文库、国会图书馆、尊经阁文库、宫内省图书寮等所藏140种稀见志书。57种明志(有2种是抄本,余均为刻本),77种为清康熙及其以前的刻本。有103种是该地第一代志书,21种是该地传世最早的方志。每种志书,详录其书名、卷数、修纂者、刊刻年代、收藏单位、版式特征、修志始末、类目结构等,均按原书摘录原文,并对《中国地方志联合目录》所收同一种志书所发生的同书异录、误断刻本、不辨正续、讹定修纂人、错植省区等舛误有所纠正。

(3)提要目录。提要目录这种体式,流传至今并受到学术界关注的首推南宋晁公武的《郡斋读书志》和陈振孙的《直斋书录解题》,《四库全书总目提要》则是一部巨著。它们都著录有方志,但还是综合型的目录。方志专科性提要目录的第一部撰著是1930年出版的瞿宣颖的《方志考稿》。以后不断有人在这块园地上耕耘,分散、零星地相继出现,成绩较大的是陈光贻,1987年有《稀见地方志提要》问世。

《方志考稿》,瞿宣颖撰。瞿氏曾执教于燕京大学和清华大学,讲授方志学。后又往河北省通志馆任馆长,主持修志。瞿氏早年喜爱方志并有研究,后得著名方志收藏家任振采的帮助,得以尽览天春园一千五百多种藏志。其历时多年,致力于撰写方志提要。此书略仿朱彝尊的《经义考》和《四库总目》。"每书必首严名称,次述其纂修年月与纂修者姓名,次叙其旧志之沿革,次叙其类目,次辨其体例;最后评其得失,尤注意所包之特殊史料"。目的在于"使读者开卷而了然:于其源流所自,于其内容所涵。方志不可尽观,观此一编,则亦庶乎可以按图索骥,而无望洋向若之叹"(《方志考稿序》)。后来只排印了直隶(河北)、奉天(辽宁)、吉林、黑龙江、山东、河南、江苏等八省六百余种志书,共六编,题署为"甲集",原拟再出乙集,可惜未能实现。

综观全书,的确是贯彻了《方志考稿序》所说的主旨的。它和

《四库总目》等有一个很大的不同点,在于注意“特殊史料”。例如《同治苏州府志》,《方志考稿》照录其所引《履园丛话》的一段记载:

苏城阊门有孙春阳南货铺,天下闻名。铺中之物,亦贡上用。案春阳宁波人,明万历中,年甫冠,应童子试,不售。弃举子业,来吴门开一小铺,在今吴趋坊北口。……其铺如州县署,有六房,曰:南北货房、海货房、腌腊房、酱货房、蜜饯房、蜡烛房。售者由柜上给钱,取一票,自往各房发货。而管总者掌其纲,一月一小结,一年一大结。自明至今已二百三四十年,子孙尚食其利,无他姓顶代者。吴中五方杂处,为东南一大都会。百货云集,何啻数十万家,惟孙春阳为前明旧业。其店规之严,选制之精,阖郡无有也。

又,《同治上海县志》,《方志考稿》记有明代的习尚:

明季,缙绅多收奴仆,世隶之,邑几无王民。然主势一衰,甚至占主田产,抗主货财,转献新贵。因而兴讼者,有司亦惟力是视而已。复奉功令,绅士自好,积弊已清,而子孙世隶者,未之改也。

又,《乾隆博山县志》,《方志考稿》记物产有:

博山出铁及石炭。其土宜陶,陶业为县之利源,其来已久。又其特产有淄石、黄丹、白礬、绿礬,合此数者,能制玻璃。玻璃之入中国,远在汉时。《魏书·西域传》复言月氏人传其法于中国。隋何稠别加发明,遂为吾国特殊工业,博山独擅其制。

又,《乾隆榆社县志》,《方志考稿》记有“匠价沿革”一条:

匠价始于前明。今天下各匠轮班赴京上工,其有愿出价银者免其赴京应役,各省遂有匠价之征。前抚石因晋省各州县虽有应征银两之额数,并无实在输纳之花名。有向故匠子孙征收者，有向各匠征收者。更有故匠无后，令户族均摊，各匠分赔者。完纳维艰，滋累殊甚。具摺奏准，将额征匠价均入地粮之内。

如此之类，恰是切于实用的。

《稀见地方志提要》，15 卷，首 1 卷，后附《古今图书集成方志辑目》，陈光贻著，1987 年 8 月由齐鲁书社出版。陈光贻，浙江长兴人，无锡国学专修学校毕业，任职于上海图书馆。他于公余之暇，竭二十余年的精力，“不惜劬劳，不稽及时刻”，于上海遍阅公私藏志，又“北至北京，南至天一，近在苏、宁、杭、嘉诸地，亲往访书”(《稀见地方志提要自序》)。此书仅选其所撰提要中的 1159 种，编排次序：总志、北京、上海、天津、河北、山西、内蒙古、辽宁、吉林、黑龙江、陕西、甘肃、宁夏、青海、新疆、山东、江苏、浙江、安徽、江西、福建、台湾、河南、湖北、湖南、广东、广西、四川、贵州、云南、西藏等省、府、县各志。卷末是纂修人姓名索引以及《古今图书集成方志辑目》。

迄今为止，这是一部数量最多、篇幅最大的方志提要目录，而且自成一个完整的体系。如《自序》所说：“虽未尽收今存之志书，而每省之通都名郡邑，则绝少遗弃，尤于书名不似方志，诸家目录遗漏者、稀见者，《提要》著录之。历代方志体裁及各级地区之方志，《提要》皆无遗漏，例如侨立志书、编年体地志、纪事本末体地志、赋体地志、骈俪文地志等。今行诸家方志目录，不辨方志体裁，大抵摈弃不录，《提要》则每一志类、每一体裁，皆有著录，可以考见历代方志之变革焉，于《提要》之《例言》一一详述说明。”其所以名为“稀见”，此书《例言》说是“择其版本稀见，与定例笔墨之优异，或取材之独到，为方志之重要者录之”。即使是孤本，但前人已有提要、考证，无须补充的，就不再著录。

关于著录的体例，此书《例言》说得很明白：“第一行，著录书名、卷数，下注版本、收藏处等。第二行起，均低一字，为提要。首撰纂修人简历，以下记载叙次，无一定规律，随行文之便。……提要所叙者，为志乘源委、编辑体例、收藏故实、版本传抄之异同，修补增刊之始末。及建置沿革、地方史事、疆域山川、农业矿产、水利道里、古迹名胜、人物艺文、琐闻轶事，并不一一多录。如核要之事，虽一图一表，亦择优酌举。"综观全书，诚如《例言》所说，言必有据，考核审慎，而文字简练，确乎是举其实而言其要，很有特色。

此书所收录的方志，比别的任何一种目录都要广，分别有一统志、通志、府志、州志、厅志、县志、关镇军志、道志、卫所志、土司司所志、乡镇志、乡土志、侨置志等。体裁于纪传、编年、纪事本末之外，有杂记体（如明郭棐的《酉阳正俎》，清杨宾的《柳边纪略》）、辑录体（如明沈敕的《荆溪外纪》、清周广业的《洞川志钞》）、术数体（如明陈棐的《广平府志》）、赋体（如宋王十朋的《会稽三赋》、王观的《扬州赋》）、骈俪文体（如清陈文煜的《吴兴合璧》）、诗体（如清张韬的《天全六番稿》（四川天全、六番为高、杨二土司之地，后合衔世爵招讨使）。把方志的体例扩充到如此的范围是少有的，但所说术数、赋、骈俪文、诗诸体值得商榷。其所叙录，谨严有余，而对文化科学新观点之新知识的汲取似嫌不足。

《河北明代方志提要》，傅振伦撰，"附录"于河北师范大学印行的《中国方志学》之后。这是区域性并且是断代的志书提要，也是一种独创。明清至现代，现河北省辖地屡有改易，所录几个县今已不属河北，但在明代属京师即北直隶，相当于河北省。

据作者自述，他在1934年撰有《方志提要》若干卷，二百余篇（其中有《故宫方志考》4卷），未能出版，这是其中一部分存稿。所录每一种志书，先醒目地分作两行，著录年代、书名、卷数、修纂人、刊刻年代、增补年代和存储卷数；而后叙述该地修志渊源、修纂者生平、体例和内容，并评述其得失与史料价值，简要而得体。

据相关资料,河南省社会科学院收藏有《四库总目提要续编》稿中的方志提要204篇,该院又另作一百余篇,准备继续下去。此外,散见于各地报刊的方志提要也时有所见。全国古籍整理的规划中有“方志”专项,有人倡议编著一部《中国地方志综目提要》,这是十分必要的。倘能组织和联合各种人力,分工合作,也是不难实现的。1989年,江苏省地方志编纂委员会决定编著《江苏旧方志提要》(1993年10月由江苏古籍出版社出版),河北省也有此举。如各省区都来编制,既可独立成书,又可集合起来,汇成全国性的综录。这种由分到合,未尝不是一条切实可行的途径。

(4)专目索引。随着各种科学研究向方志索求资料的需要越来越开拓和深入,对专题目录的编制必将愈见迫切,但直到目前还没有这类书目出现。或许因为困难较多,然而还是应有有心人来开创。目前,已出版有几种人物传记索引,恰是起到某种程度专题目录的作用。之所以如此说,是因为索引属检索工具,与目录不是一回事。但用来检索图书篇目的有关资料如人物传记,有着部分目录的性质和功能。

“索引”这个词,见于《易林》:“爱我婴女,索引不得。”原是“牵引”之义。日语的さくいん一词,音译为“索引”,和据英语 index 音译成的“引得”,都成为包含有“指点”意思的词语。这就和我国古称的“通检”和“备检”的意义相同。

关于方志的专目索引,20世纪30年代起就有出版,但还只限于人物。旧方志尤其是在宋以后的各个层次,或多或少地记述人物,而且大都设有多种人物传,即使是专记地理的志书以及杂志也涉及人物。由于我国幅员广大,不用说不甚显著的人物,就是有些名家,正史也未能为之立传。而方志记一个地区,限制较小。如唐代属于第一流的诗人韦应物,新、旧《唐书》都没有传。可是范成大的《吴郡志》有“韦应物传”和收录白居易对他的评价。又如《红楼梦》的作者曹雪芹,《清史稿》不见有传,而《康熙山西通志》、《康熙江宁府志》、《康熙上元县志》、《康熙江都县志》、《乾隆上元县志》等有关于他籍贯、生平的片段记载。再如《天工开物》的作者宋应星,《明史》无传,而《分宜县志》、《奉新县志》、《亳州志》、《汀州志》等都有记叙。作于清初的《樵史通俗演义》,撰人难以考知,几乎成了悬案,而《光绪青浦县志》"艺文"有《樵史》4 卷,陆应旸著,并有陆应旸传。今人赵景深、张增元合编《方志著录元明清曲家传略》,摘录元至民国的志书 1004 种,辑出戏曲家 658 人,其中有过去未见著录的戏曲家 124 人。由此足以证明,方志所叙各类人物,大有拾遗补缺的价值。

方志人物索引已出版的如:

《宋元方志传记索引》,朱士嘉编,1963 年 7 月由中华书局出版。根据宋、元志书 33 种(宋志 24 种,元志 9 种),计收 3949 人。

《明代地方志传记索引》,上、下册,日本人山根幸夫原作,台湾大化书局改编出版。据中日现藏明志 299 种(编者称 300 种),分别为北直隶(河北)18 种,南直隶(江苏、安徽)69 种,山东 16 种,山西 15 种,河南 11 种,陕西 23 种,江西 16 种,湖广(湖北、湖南)20 种,浙江 48 种,福建 33 种,广东 14 种,广西 7 种,云南和贵州各 2 种。分藏于日本国会图书馆等 12 处、台湾"中央"图书馆等 12 处。收录人物 32000 余人。和别的方志传记索引不同之点是不收妇女,因妇女只有姓而没有名。

上述两种是据断代的全国存志而作的。

《北京天津地方志人物传记索引》,高秀芳等编,1987 年 7 月由北京大学出版社出版。这是以直辖市为单位的方志人物索引,两市合为一书,又分别各成系统。所引用的方志,凡人物而有专传、小传、碑传的均收录。妇女则收有具体事迹的,例述夫亡守节、教子成立、孝事翁姑的不录。每一条目有姓名、字、号、别名及其他异称，并列参见条目。

北京系现北京市及所属区、县，引用志书共50种，都是明至民国的府、县志，不及省志。共录人物约3800人。天津系现天津市及所属区、县，引用方志23种，明代1种，民国4种，其余18种是清代的，共录人物4000多人。

《吴县志列传人名索引》，朱士嘉编，1939年江苏省立国学图书馆印，这是以吴县（即今苏州市）为单位而且是仅据一部方志所编的索引。编录民国二十二年（1933年）曹允源主纂《吴县志》的名宦、列传、列传忠节、列传孝义、列传艺术、列传流寓、列传释道等篇各传。所收妇女姓氏，有的冠以夫姓名，如某某妻某氏；有的依世家姓氏，如某氏某某妻。共录从古到清末六千余人。唐宋时起，随着我国经济重心的南移，文化也随之而逐渐发展，苏州是人文荟萃之地，这当然是有价值的。

上述几种方志人物索引的体式，分别以时间（断代）和空间（地区）为基准，区分为2类4种。中国地方史志协会于前几年曾有以省（区）市为单位编制传记索引的规划，《北京天津地方志人物传记索引》便是成果之一。这是一件费时耗力的工作，但只要认真而坚持下去，必将逐步地得到实现，体式尽可多样一些。

第二节　辑录佚志

一部有价值的古籍已经亡佚，而从别的典籍发现有零星的、片段的佚文，将这些分散的文字辑录集合起来，使之大体恢复或接近原貌，尽可能地按原书体例编排成册；即使少数几条也把它汇编在一起，虽吉光片羽，却是珍贵的。这便是通常所说的辑佚。这是整理古籍、阐扬传统文化的一项很有意义的工作，应当看成文献学的内容之一。

汇辑佚书，南宋王应麟已开其端，他辑录齐、鲁、韩三家《诗》遗说，成《诗考》1卷，盛极一时。创获巨大成绩的是在清代。清初，顾炎武等学者反对明代王学的趋于末流，在由宋返汉的旗帜下，倡导汉学，渐渐形成了追求无一字无来历的考据学，到乾隆、嘉庆年代，成为一个强大的学术派别。他们在整理旧学时，发现失传古籍（包含方志）的佚文，进而辑录成书，获得意想不到的效果。仅四库馆由《永乐大典》里辑出的佚书就有385种，其中有多种方志。有的几乎大致恢复了原有的轮廓，如薛居正的《旧五代史》、《至顺镇江志》便是。许多学者如惠栋、余萧客、张惠言、邵晋涵、孙星衍、臧庸、焦循、陈寿祺、陈乔枞、王先谦等，都曾致力于此，有较突出的成就。并且有以主要精力从事辑佚的学者，可以称为辑佚家，著名的有任大椿、王谟、张澍、严可均、黄奭、马国翰、章宗源、陈运溶、王仁俊等。如黄奭有《汉学堂丛书》，辑佚书270种，马国翰有《玉函山房辑佚书》，多达600种，王仁俊的《玉函山房辑佚书续编》、《补编》、《经籍佚文》，也有542种。所辑门类，经、史、子、诗、文、方志等无所不包。王谟、陈运溶还以辑佚方志而著称。

一、辑佚方志的成绩

方志辑佚的巨作，当推王谟的《汉唐地理书钞》（名标“汉唐”，其实不限于汉，有秦及以前的佚书）。王谟，字仁圃，一字汝上，江西金溪县临坊人，乾隆四十三年（1778年）进士。《金溪县志》称他“才识雄隽，精力过人。自少即疾俗学孤陋，好博览考证，雅慕郑迪功（樵）、马端临之学。登第后，年末五十，以志专撰述，不欲为令，请改教职，选授建昌府学教授”。王谟受辑佚之风影响，有志于辑录一部囊括群书的《汉魏遗书钞》，但在完成“经翼”之后，转向了辑佚汉唐地理之书。王谟在《汉唐地理书钞序》一开头就表明撰作意图：“《地理书钞》者，钞录隋、唐二《志》（指《隋书·经籍志》、《旧唐书·经籍志》和《新唐书·艺文志》——笔者)所载汉魏以来传记、图经,以略存陆(澄)、任(昉)二家《书钞》体例,而资直省州县志书采辑也。”原准备辑录的数量,据《凡例》称:“初钞汉魏遗书地理一门,亦只以百种为率。……更合隋、唐二《志》,并加搜讨,增拓至五百余种。”而开列的目录实际只有 388 种,分 12 门。后在付刻时重新删订,改为前编 4 册、后编 8 册。因为“困于资力,迫于时日”,删订的只是前编。所谓册,并非独立成册,而是相当于集。第一册为天文、星野及秦以前地理书 26 种,第二册是秦汉至隋唐地理书 24 种,第三、第四两册是各省古地理书 199 种,共计 249 种。可是并没有全部刻印出来,流传也不广。究竟刻了多少种,已难以考核。1961 年,中华书局影印出版的《汉唐地理书钞》,有原刻的第一、二册 50 种,又以所得钞本比勘,增补了 20 种,合计 70 种,并附陈运溶的《麓山精舍辑本》,比起原定目录要少得多;并且如《河图》、《灵宪》之类,还不是方志。众多花费心力的成果没能流传,实在可惜。

此书原有《凡例》26 则,详细地叙述了辑录的起因、目的、分类、体例、方法和援据以及对纂修方志的观点与要求。因此,不只是辑录条文,而且在《叙录》里渗透了作者对方志编纂和方志学史的种种认识和主张,有些是颇有见地的。如在追溯《隋志》著录《隋诸州图经集》的渊源时说:“其前则有冀州、幽州、齐州《图经》各一卷。三州之外,尚未有图经也。而李善《文选·芜城赋》注已引王逸《广陵郡图经》,则是图经之名,汉已有之。至隋始集诸州郡图经勒为一书,其他州郡图经,或仍自别行。故如《御览》所采,有泛称隋图经者,有直称某州某郡图经者。”虽然,《文选注》所引王逸撰《广陵郡图经》一事,还有待考订(参阅陆振岳《图经述略》,载《文史》第 27 辑),但图经源出东汉是可信的,图经有合有分,也是合乎事实的。

在论及修志时,此书说:“窃尝论修志书法,省志宜详于一统志，府州县志宜详于省志。以疆域有广狭，事迹有多寡，记载自宜有详略。"这就是说，处理志书的详略即繁简的问题，应视不同的记述对象而定。这是有见地的，与章学诚所论相似。

关于此书的体例：

> 遗书经、史、子籍，凡有书目见隋、唐《志》，例于篇首叙录本书来历，流传大概。并略具作书人出处、事迹，下附案语，注引某书几条。若地理门采书过多，实难一一求详。或无叙录，但于本书后加案语，仍注明引书条数。(《凡例》)

如以《括地志》为例，首有"叙录"，著明《唐志》所录书名、卷书。其次，转引《资治通鉴纲目》和《玉海》所载李泰纂修此书的经过。而后加案语，简述其流传及散佚。辑文注明辑录自《初学记》1条，《史记正义》820条，《太平寰宇记》15条，《坤元录》10条，《资治通鉴纲目集览》2条。

唐及以前的志书，传世者已是凤毛麟角。而由汉魏、六朝及唐，恰是方志发展史上的一个重要阶段。王谟竭数十年精力，从分散于各种书籍的引文，少则一二条，多则数百上千条，辑录成书，积稿至三四百种。这种精神，令人钦佩！因为他长期僻处一地，自己藏书又不甚丰富，与外界的接触也很少，所以援据的书籍大都不是善本，又没有机会与有专长的学者切磋，闻见也有限。因而对于如此浩大的工程，于校勘、考订等方面显得不够精审，方法也不精密，致使有些辑文失之于滥，不少地方沿袭原书引文有舛讹。如《括地志》辑本，不如孙星衍；盛弘之《荆州记》辑本，比不上陈运溶。以《荆州记》为例，王辑本《序录》载，汇录《史记正义》2条，《史记索隐》3条，《汉书注》2条，《后汉书注》26条，《水经注》6条，《文选注》10条，《世说新语注》1条，《艺文类聚》15条，《初学记》19条，《北堂书钞》8条，《白帖》(《白氏六帖》)5条，《太平御览》79条，《太平广记》4条，《元和郡县图志》2条，《太平寰宇记》27条，《路史》2 条,《广韵》1 条,《通鉴注》1 条,《通志》1 条,《事类赋注》1 条,合计 215 条。而陈辑本所录,援据的都是唐初的史、文注和类书。宋人的书有《太平御览》,因为它是沿北齐《修文御览》之旧。宋吴淑的《事类赋》引文尽出《太平御览》,删去姓氏,不及《御览》精核。《太平寰宇记》的引文有明显讹误,如"南乡峡,峡西八十里有巴乡村,善酿酒"一条,"谓作盛《记》,而《御览》引为《郡国记》。是《寰宇记》亦未见盛氏原书"(陈运溶《荆州记序》)。当然,不能因此而苛求于王谟,陈辑于王辑后,后出转精,是合乎事理的。

《麓山精舍丛书》辑本,陈运溶辑。陈运溶,号芸畦,湖南善化人,方志辑佚名家。作者生活于清末,辑本于光绪二十四年刻印。收录于该丛书第一集的方志辑本有:刘宋盛弘之的《荆州记》3 卷、附录 1 卷;《荆湘地记》(又称《晋宋齐梁四朝地记》)包含有晋范汪的《荆州记》、刘宋郭仲产的《荆州记》、南齐刘澄之的《荆州记》、梁元帝的《荆南志》等 29 种。《荆湖图经》,唐宋人作,以宋人居多。《历朝传记》有晋张方的《楚国先贤传》、吴张胜的《桂阳先贤传》等 9 种。又有梁宗懔的《荆楚岁时记》。上列方志有地记、杂传、岁时三类,都是与当时的湖南省有关,这反映了辑者重视乡邦文献的观念。此外,第一集还有《太平寰宇记拾遗》7 卷。收于第二集的《古海国遗书钞》,系关于边远少数民族地区的志书,如吴万震的《南州异物志》、晋释道安的《西域志》等 10 种,全部合计 86 种。

在这些佚志中,大部分不见于《汉唐地理书钞》。尤其是《古海国遗书钞》,除万震的《南州异物志》外,吴朱应的《扶南异物志》,吴康泰的《扶南土俗传》,佚名的《吴时外国传》、《外国图》、《交州以南外国传》、《外国事》、《西域诸国志》、《扶南记》,晋释道安的《西域志》9 种是仅见的。《麓山精舍丛书》流传不广,可能就是因为这个缘故,中华书局影印《汉唐地理书钞》(1961 年 9 月出版)时将盛弘之的《荆州记》、《荆湘地记》和《荆湖图经》共 66 种附印于后。

《荆湘地记》并非都以记命名，也有名为志、图经、图记和图副的。《荆湖图经》也不尽是名为图经，而有题名记或志的。《荆湖图经》的辑文，最少的《澧州图经》仅有1条，最多的宋马子严《岳阳甲志》32条。辑文大都从《舆地纪胜》辑出，也有自《太平御览》、《太平广记》中来。因为辑文少，并且几乎源出一书，所以不加考核。而《荆湘地记》就不同，在辑文中注明援据哪种书和卷数或篇名，并胪列其他书籍所载内容相似而又没有注明出处的文字，录存备考。对脱漏和舛讹，用案语说明。

陈辑本以盛弘之《荆州记》的篇幅最大，取舍审慎，考核精到。正文有一百七十余条，《太平寰宇记》及以后宋人著作所引的盛《记》都归入附录，因为他们并非直接援自盛《记》。由于陈运溶在辑录过程中以《水经注》对校，两者事实相类的有八十多条，于是断定："虽详略不同，实则录其书而隐其名。盖善长（郦道元字——笔者）著书，博采众家，随所甄录，点窜成文，亦不能尽著姓氏也。"因以此作证："郦著精博，集六朝地志之大成。"（《荆州记序》）这一论断很有说服力，古人在著述中引文不注明出处是习见的。这一发现对研究《水经注》很有参考价值；同时考核六朝地志，《水经注》确是必须取资的。

《玉函山房辑佚书补编》、《经籍佚文》，清王仁俊辑。王仁俊，字捍郑，江苏吴县（今苏州市）人。他于《自序》中说："幼嗜搜辑奇书硕记，露钞雪纂。马编（指马国翰的《玉函山房辑佚书》——笔者）之外时有弋获。……成斯编，撰厥名类，不在马后。仍题'玉函'者，依元例也；称'补编'者，别于马书之《续编》也。"确实是备历艰辛，才获得成功的。此书所辑，包罗经、史、子籍，总体上与马氏相仿，所不同的是，王氏旁及方志，而且数量不少。有六朝地记60种、杂传16种以及《越绝书佚文》、《吴越春秋佚文》共78种，于王谟、陈运溶之后居第三位。

王氏此辑本，有不少与王谟、陈运溶所辑雷同，也有是王、陈所未备的。因为王仁俊辑佚数量很多，有 542 种，还有《群经疑义》等 30 余种，而一个人的精力总是有限的，所以辑本大都无考核，或考而不精。此书只有稿本，藏于上海图书馆。张国淦的《中国古方志考》无一字提及，故颇值得选编一些出版。

清人辑佚方志的还有多人，黄奭的《汉学堂丛书》也辑有晋王隐的《晋地道记》、佚名的《晋太康三年地记》等 5 种。张澍的《二西堂丛书》辑有晋喻归的《西河记》、北凉段龟龙的《凉州记》、佚名的《凉州异物志》、刘宋段国的《沙州记》等 10 种。它的一个特色，是着眼于陇右地区，为作者的乡邦文献。范锴的《范白舫所刊书》辑有刘宋张玄之的《吴兴山墟名》1 卷、山谦之的《吴兴记》1 卷，梁吴均的《吴兴入东记》1 卷，宋左文质的《吴兴统记》1 卷，后两种辑本为仅见。范锴，乌程人，辑本均是吴兴文献。此外，毕沅、孙星衍、徐松、孙诒让、汤球等也有一二种、三四种辑本问世，而且《括地志》孙辑本为诸辑之最优，不再列举。

民国以来，辑佚方志仍有人继续进行，数量最多的要推张国淦。他的辑本尽据《永乐大典》，所以概称为《大典辑本》，计有三百三十多种。《永乐大典》是明初纂成的一部空前的大类书。成祖朱棣于永乐元年（1403 年）七月委派解缙纂修一部官书，于 1404 年 11 月完稿，初名《文献大成》。成稿后朱棣不满意，添派姚广孝、刘季篪共同纂修，并组成一个庞大的班子，共有 2169 人，正总裁 3 人，副总裁 25 人。再花了整四年的时间，成书 22877 卷，目录 60 卷。有正副两本，正本大约在明亡就已丧失，副本到清后期也逐渐散佚，八国联军侵入北京，大部被焚毁。经历年征集，尚有 730 卷，1960 年由中华书局影印出版。书中有“地志”一门。清代的辑佚家极其重视《永乐大典》，他们从这里辑得大量资料，有的竟是完整的一部书。张国淦又利用它辑佚志书，取得了成绩；而且辑出的志书，又提供了明初存志的信息，对研究这些方志的流传概况是最有力的证据。可惜没有刊行，只能从《中国古方志考》间接地了解一点信息。

叶昌炽的《瞉淡庐丛稿》辑本，有汉辛氏的《三秦记》、晋陆机的《洛阳记》、潘岳的《关中记》、伏琛的《三齐略记》，刘宋盛弘之的《荆州记》、山谦之的《南徐州记》、雷次宗的《豫章记》、王元谟的《寿阳记》、阮叙之的《南兖州记》、佚名的《秦州记》、《洛阳记》、李氏的《宜都山川记》、南齐刘澄之的《永初山川古今记》、佚名的《南越志》等16种，大都与人重复，流传也不广，张著《中国古方志考》没有收录。

鲁迅(周树人)所辑故乡《会稽郡故书杂集》辑本，属于地记的有吴朱育的《会稽土地记》、晋贺循的《会稽记》、刘宋孔灵符的《会稽记》、夏侯曾先的《会稽志》4种。另有吴谢承的《会稽先贤传》、钟离岫的《会稽后贤传记》、贺氏的《会稽先贤象赞》、晋虞预的《会稽典录》4种及《存疑》。这也是重视乡邦文献的产物。但比起陈运溶来，辑佚的范围要小，这不足为怪，陈氏以辑佚为专门，鲁迅则不如此。在这些辑本中，《会稽后贤传记》是独一无二的。所辑的书，对作者生平、纂修渊源、流传及其价值都作有考述。如对谢承的《会稽先贤传》有说：

《隋书·经籍志》：《会稽先贤传》七卷，谢承撰，《新唐书·艺文志》同，《旧唐书·经籍志》作五卷。侯康《补三国艺文志》云："《御览》屡引之。所记诸人事，多史传之佚文。严遵二条，足补《后汉书》本传之阙。陈业二条，足以证《吴志·虞翻传》注。吉光片羽，皆可宝也。"

别的如缪荃孙、陈庆年、曹元忠、赵万里等，也都有辑佚志书传世。缪氏是一位著名的文献目录学者，辑佚的志书虽不多，但应予重视。如他校辑的《元和郡县图志阙卷逸文》3卷，不仅辑，而且作校，比起周梦棠和严观的辑补要精审得多。周辑仅有1卷，严辑虽补至6卷，但缪氏在后附的"识"中指出："严补自出己意补缀，周辑颇多漏落。"这是中肯的。缪荃孙纠正了这两个不足，"刺取各书所引"，又以校核。虽自谦是"守残抱缺"，但又实事求是地说是"不无小补"。

从清代至民国前期的这段时间里，辑佚方志取得了可观的成绩。但种种迹象表明，辑佚方志并不是已经到顶了，相反，还是有许多工作可做的。前人的辑佚大都注重唐以前尤其是六朝时的佚志，唐宋及明清的佚志也很多，有待于进一步挖掘。

二、辑佚方志的作用

辑录佚志，是一种繁琐枯燥并耗费精力的事，可能还会被当做没有什么学术性。其实，这是方志文献学的一项有价值的内容，有积极的作用。由清至近代，志书辑佚的进展及其所获得的成绩足以证明，至少有三方面的效益：

第一，丰富方志目录的内涵。对方志目录进行钩稽和验证，从而充实方志目录学。现存的方志固然也有一些繁琐，例如纂修和刊刻年代并不是一望即知的，有时《序》和《跋》所署的年月并不就是成书和刻印的年代。又如地名，因为一地的建置沿革，代有变易，并有一地异名、同名异地等情况，不花一些精力，就很可能想当然而失之粗疏，导致差错。但是，毕竟有书存在着，考核起来，是很容易解决的。而已佚的志书，要解决问题就复杂得多，难度也大得多。原来已亡佚的志书，通过多方搜集佚文，认真辑录，有的可以大体保持其本来的面目。如元俞希鲁的《至顺镇江志》、晋习凿齿的《襄阳耆旧传》等。经过考核，可以将书名、卷数、纂修年代、纂修者、体例、类目等辨证得一清二楚，使之恢复生命。但这只能是少数。更多的佚志则是通过辑录，对于已见于各种目录的得到证实，那些不见于任何目录的佚志，即使是足以辨明一书的名目也是好的。辑佚愈多，愈有利于人们去了解各个时代不同地区以至全国曾经存在过的志书。这就给方志文献（目录）提供了根据，因为完整地反映现存和失传志书的方志目录，是方志目录学的基本任务之一。有了这样的方志总目，为研究一种方志、一地的方志、一个时代的方志乃至全部方志的名目、源流等，就有了较全面的依凭，从而对方志史、方志学史的研究辨章考镜，才能持之有据，言之有物。

第二，积累辑佚经验，有利于校勘以探求原来的记叙和引文的真实性。凡是认真地与古代各种文献打过交道而稍知甘苦的人，都会有一种深切的感受，那就是由于传抄、翻刻及转引之中，或粗心大意，或校对不严，或援据劣本，以及才识低下乃至为营利的目的而妄改等导致多种舛讹和脱漏，这几乎是常常会遇到的事。有心、有经验而学识渊博的辑佚者，不但辑录引文时左右逢源，不至于顾此失彼，而且谨严地予以考核辨证，弄清其原始面貌，补正引文的脱漏和纰缪，甚而至于纠正原作的失误。这不仅保证了文献的真实，还对方志辑佚文献的校勘积累了许多成功的经验。对一般文献的辑佚与校勘，也有着普遍的意义。

前述的方志辑佚家，经过长期的富有成效的辑佚实践，通过各种途径和方法，层累地汇成丰富而又具体的经验。

辑佚工作如何入手，有不同的途径。如王谟辑《汉唐地理书钞》，是以目录原有的著录为出发点。据他在《序》和《凡例》中交待，将《隋志》、两《唐志》所著录而已亡佚的方志作为依据，然后从唐、宋人的史籍、类书、史文注、方志等分别抄辑。这样做的结果，为隋、唐史志所收录的方志作了校核，证明它们所著录是否属实。同时在辑录群书的引文时，又发现有的志书是隋、唐史志没有收录的。因为这是凿凿可据的，所以不能因为三种史志不录而弃之不顾。这又提供了一方面的证据，即史志目录不见著录而在别的典籍中有书目，并有不见于任何目录的方志，事实上大量存在的。经他考查："《太平御览》书目（即《经史图书纲目》——笔者）一千六百九十种，内地理书约三百种，较诸类书尤为赅博。"而"《太平广记》书目三百三十五种，地理书仅三十余种，都已见《御览》。惟《山河别记》、《南海异事》、三吴、三峡等《记》及诸州《图经》数种，未经别见"。不仅如此，《太平寰宇记》："取自古山经、地志，考正讹谬，纂成此书。……约计所采地理书亦百数十种。如韦昭《三吴郡国志》，陶夔《闽中记》，吴均《入东记》，张玄之《吴兴山墟名》最古，实系六朝前人书。为隋、唐二《志》及《御览》所不载，今分别采补。"（《汉唐地理书钞·凡例》）

陈运溶、张国淦与王谟不同，他们不是依目录著录开始（实际上他们有渊博的目录学知识），而是从一种引用方志最多的类书或志书着手，摘录各种引文，或广采群书所引，而后分别辑录成册。如张国淦的《大典辑本》，完全援据于《永乐大典》。陈运溶的《荆湘地记》29种，广征群书引文。而陈运溶的《荆湖图经》36种辑文，全出于《舆地纪胜》，偶有一二引自他书。作者姓氏、书名异称等，也有以别书作证的。他从辑佚的实践中，了解到"湖以南唐宋地志百无一存"（《荆湖图经序》），并辨认《舆地纪胜》广引多种地志，而且文字较为可信。如他在作《太平寰宇记拾遗》时，于《自序》中便说："宋王象之《舆地纪胜》一书中引乐史《寰宇记》最详，间为印证，删节无多。"下了这种工夫，自然能融通了。

值得注意的是，《荆湖图经》诸辑本，常以案语注明一种志书的异名。前面有关的章节里曾指出古代同书异名是习见的现象。这是在研究旧方志时必须重视的问题，否则就容易弄错。这里，顺便再举数例，如张澍所辑刘宋时段国的《沙州记》，他以为此《沙州记》,"即《隋志》之《吐谷浑记》也"。并说:"按《魏书》阿豺立,自号沙州刺史。(阿豺为鲜卑族一支吐谷浑的首领。《魏书·吐谷浑传》称:'弟阿豺立,自号骠骑将军,沙州刺史。'又'兼并羌氏,地方数千里,号为强国'——笔者)部内有黄沙,周回数百里,不生草木,因号沙州。"这是可信的。《隋志》有《吐谷浑记》2卷,列于霸史类,无《沙州记》。《艺文类聚》、《初学记》、《太平御览·经史图书纲目》都引有《沙州记》,而没有《吐谷浑记》。《宋书·鲜卑吐谷浑传》载,刘宋时,曾有诏任命吐谷浑首领为沙州刺史,因此,吐谷浑与沙州成了同义词项,《吐谷浑记》与《沙州记》就成为同书异称了。这和唐樊绰《云南记》又作《蛮书》是相同的。这种情况还可举出很多,如范成大的《吴郡志》,《宋史·艺文志》作《吴门志》。《嘉定镇江志》,张国淦《中国古方志考》加"案"说:"《舆地纪胜》七官吏下吴顾雍引《镇江甲志》,亦见嘉定《卢志》(《嘉定镇江志》为卢宪所纂——笔者)卷内。曰甲志者,当如《直斋书录解题》岳阳甲集乙集之类,《嘉定志》曰甲志,其乙志或即《续志》也。"似乎颇为扑朔迷离的现象,一经考证,顿时冰释了。

上述的不同方法,恰是殊途而同归,也是符合亡佚方志的实际的。自方志目录学的立场说,据方志目录所著录已亡佚的志书,去追求群书的引文,由引文以证目录著录的实际所有;又不受目录著录的限制,从引出佚文以证实目录著作的缺载,扩大辑佚的范围,又充实方志目录的内容。这是行之有效的,值得肯定。

第三,佚志辑录的累累成果雄辩地证明:方志文献学在文献学中的地位是举足轻重的。众多的辑本显示了一个事实,这就是六朝、唐、宋的史、文等注释,类书的纂辑,诸如《三国志》裴注、《世说新语》注、《水经注》、《史记》三家注、《后汉书》注、《文选注》,以及《北堂书钞》、《艺文类聚》、《初学记》、《太平御览》、《太平广记》、《永乐大典》、《古今图书集成》以至《天下郡国利病书》、《肇域志》

等，都取材于大量的方志。纂修新志，更离不开旧志。《太平寰宇记》、《舆地纪胜》则最为典型。

凡一个有才识、有洞察力和有经验的辑佚家，绝不是不分青红皂白、有文即录的誊抄手，而是对群书的版本、引文的渊源、文字的可信与否，进行认真的鉴别。也只有这样，才能信而可征。否则，以讹传讹，贻害无穷。所以，辑佚方志和辑佚其他典籍一样，是一项极其严肃的学术性工作，不是随随便便，什么人都可以做的。如缪荃孙辑《元和郡县图志阙卷逸文》3 卷，摘取《舆地纪胜》、《通鉴地理通释》、《太平寰宇记》、《舆地广记》、《方舆胜览》、《太平御览》、《永乐大典》、《读史方舆纪要》等引文，以《舆地纪胜》为最多，约占全文的 90% 以上，附有校语，详加考订。又，陈运溶辑盛弘之的《荆州记》，确是煞费苦心。六朝时同名为《荆州记》的，盛《记》而外，有晋范汪、刘宋庾仲雍、郭仲产、南齐刘澄之和佚名的 5 种，因此，必须极其审慎地辑录各书引文，而且考其原委，不能随便采用。因为只有对各种现象有了深入而精湛的研究，拨去重重迷雾，才能发前人所未发。如杜佑：

> 《通典·州郡》云："凡言地理者多矣，在辨区域，征因革，知要害，察风土……如诞而不经，遍记杂说，何暇编举。"注曰："谓辛氏《三秦记》、常璩《华阳国志》、罗含《湘中记》、盛弘之《荆州记》之类，皆自述乡国灵怪，人贤物盛。参以他书，则多纰缪。既非通论，不暇取之矣。"

照此说来看，《通典》应不会有引盛《记》的文字。但经陈氏钩稽发掘，在《通典·州郡》"夷陵县"下引有盛《记》的"黄牛山"一条，只是删去了书名。再有，在遍录《后汉书·郡国志》刘昭注，《世说新语注》，《史记》的《索隐》、《正义》，《汉书》注，《后汉书》李贤注，《文选注》，以及《北堂书钞》、《艺文类聚》、《初学记》、《太平御览》后，经认真校核，《太平御览》以前诸书关于盛《记》引文"皆信而有征”，而别的宋人各种书的引文就未必如此。原因是：“盛氏《荆州记》至唐末已佚，故新、旧《唐志》俱未著录。而《太平御览》引此书独详，殆沿《修文御览》（又名《玄洲苑御览》或《圣寿堂御览》，为北齐后主高纬时代的官修类书。南宋《中兴馆阁书目》、《遂初堂书目》和《直斋书录解题》都著录有完帙，后渐敛迹。明清学者均未见有引用此书的。后于敦煌石室发现有残卷，清至近代有洪颐煊、严可均、马国翰、陶濬宣、姚振宗、王仁俊六家辑本。——笔者）之旧也。《事类赋》，宋吴淑撰，淑曾预修《太平御览》，其中所引亦尽出《御览》，非真见原书者。且删去姓氏，不及《御览》精核。乐史《太平寰宇记》可云博雅，中引盛《记》复不免讹误。如‘南乡峡，峡西八十里有巴乡村，善酿酒’一条，谓作盛《记》，而《御览》引为《郡国记》，是《寰宇记》亦未见盛氏原书。于此可见，自此以下诸家书注，恒多稗贩。凡引盛《记》，概归附录。”并且，“以《水经注》互校，其事实相类者约八十余事。虽详略不同，实则录其书而隐其名。盖善长著书，博采众家，随所甄录，点窜成文，亦不能尽著姓氏也。援古今之图经，证水道之径过，荟萃宏富，蔚为奇观。明朱谋㙔颇知此志，为之笺注，而语焉不详。近此为水经之学者，又皆校正字句，无所发明。而赵一清尤觉妄诞，其引全祖望说，谓道元注中有注本，双行夹写。于是字分大小，强为勾乙。旧文俱在，臆造甚明，斯诚鲁莽灭裂矣。”（《荆州记序》）仅此数例，足以证明，辑佚志书，与文献学的关系甚大。

而且，凡有成就的辑佚家，又都是虚怀若谷，从不自以为满足。例如缪荃孙辑《元和郡县图志阙卷逸文》，只是说：“守残抱缺，不无小补。”王谟辑了很多志书，于《汉唐地理书钞·凡例》说：“未见书目，尚不知几何。则于其中字句，安能保无遗漏？惟望博雅君子，更广搜罗，汇成大观。”陈运溶辑《荆州记》，用力之勤，可以想见，所发之覆，令人赞服。但他又请诤友陈毅为之作《跋》，文中于肯定之余,直指有6处错误,将全文照刊于后。“他山之石,可以攻玉。”有相互的切磋砥砺,才能堵漏补失。

于此可见,辑佚方志,必须严谨地进入文献学的堂奥;也只有进入文献学的堂奥,才能使佚志的辑录列于方志文献学的领域。而前人对旧志辑佚的态度和方法,在今天还有可以借鉴的地方。

第三节 旧志的整理与出版

方志作为文献的一个类别,在时间上说是纵贯古今,就记述对象而言是遍及全国各个区域,内容又是非常的广泛;而且比起修国史,纂修的年代距离较近,记述又限于一个地区,不少纂修者又是熟悉乡邦文献掌故的本地人。正如章学诚所说:“地近则易核,时近则迹真。”(《章氏遗书·方志略例》)所以,一般地说,修成的志书所含的资料之多,价值之高,是人所共知的。

要充分利用方志文献,首先得有其书,而且是善本。因此,整理与出版有价值的旧方志,尤其是传世少和史料多的善志就成为方志文献学的一个课题。宋以前,由于雕版印刷没有发明或发明了还未普及,所以志书和别的典籍一样,只能靠转抄流传。经过多次传抄,必然要产生脱漏、舛讹等差错,甚至有人故意作伪,严重的达到不堪卒读的地步。还有因为各种灾害而造成了残缺或遗逸。唐《元和郡县图志》流传到南宋时,程大昌见到的传本不仅图已不存,而且“志传写久有阙逸,又讹误不敢强补”(《元和郡县图志序》)。又如晋常璩的《华阳图志》,北宋人吕大防于元丰戊午年(1078年)刊刻时,李垕说:“载祀荒忽,刓缺愈多,观者莫晓所谓。”(《重刊〈华阳国志〉序》)有些流传至今的方志,早已不是原书。如东汉赵晔的《吴越春秋》,《隋书·经籍志》和《旧唐书·经籍志》均著录有12卷,后来只剩10卷,所以,《四库总目》说它“殆非全书”。

撰著者有疑问的《越绝书》,《四库总目》据郑明选《秕言》引《文选·七命》注和王鏊《震泽长语》的有关引文,都不见于今本的事实,因而"疑更有全书"。《崇文总目》说得更具体,"《越绝书》旧有内记八、外传十七。今文题阙舛,裁二十篇。"可见在宋代已是这样。宋代的志书也有类似的问题,如《太平寰宇记》就已有缺卷。元明至清,志书的孤本或稀见本数量也不少。明卢熊的《苏州府志》是值得重视的一种志书,但传世的完本仅有一部,而且藏于私家。诸如此类,大致说来,成书年代越早,存在的问题就越多。

出版古来的旧方志,一时不可能也不必要将以往上万种志书全都重新刊行,应当慎重地选择有代表性的。其根本的要求,在于是否有价值。确认其有出版价值之后,再需选择好的版本,或原版影印,或加以校勘、标点,再或详加注释,而后排印。这些,便属于整理的范围。整理旧志,学术性较强。在今天,整理古籍(自然包括方志)已成为公认的一门专门之学。而且要出版旧志,首要的是科学整理的问题。

一、前人对旧志的整理

广义地说,早在传抄时代,转抄一部旧方志,就有对底本的选择、誊抄格式的确定、校雠等程序,如刘向的校理群书,便属于整理的范围。但这种以抄写流传为目的,还只能说是简单的整理。只有加以校勘,厘定文字,以至详加注释,才能寓有更高的学术性。这方面的资料很缺,难以详加评述。

进入北宋,雕版印刷大量地取代了手抄,在刊刻古代典籍时就包含有方志。迄今所知,最早刻印的志书见于记载的首推英宗治平(1064~1067年)间太原府刻的唐李璋的《晋阳事迹杂记》(原名《太原事迹记》)。惜此书到南宋时便失传。神宗时,吕大防刻《华阳国志》,他在《序》文里曾简略地说明其刊刻的原委。南宋人李埜也提到："本朝元丰（1078～1085 年）间，吕汲公守成都，尝刊是书以广其传。"但吕大防刊刻时，没有作认真的校勘，因此存在很多舛讹。因此，李埾参订重刊。他于嘉泰甲子年（1204 年）《重刊〈华阳国志〉序》中称："尝博访善本，以证其误，而莫之或得。因摭两《汉史》、陈寿《蜀书》、《益部耆旧传》，互相参订，以决所疑。凡一事而先后失序、本末舛逆者，则考而正之。一意而词旨重复、句读错杂者，则刊而去之。设或字误而文理明白者，则因而全之。其它旁搜远取，求通于义者，又非一端，凡此皆有明验，可信不诬者。若其无所考据，则亦不敢臆决，姑阙之以俟能者。然较以旧本之讹谬，大约十得五六矣。"重刊本以吕刻本为基础，作了考证订正。但失之于不谨严，凭己意改篡和增补，《四库总目》指出其差错有多处。从整理古籍的立场及应遵守的原则来看，这是不足法的。清嘉庆时，廖寅聘校勘名家顾广圻作校后，有《华阳国志》新版本，作出不少纠正，才稍复原貌。

南宋时出版的旧志，如张几仲于淳熙三年（1176 年）刻的《元和郡县图志》，书中的图已不存，并有缺逸，但大体上保存了 42 卷（有目录 2 卷）的原数。但是否作校勘、补逸，无从得知。宋人左圭辑丛书《百川学海》，也收有少数的志书。

元代也有人整理刊印志书，如《吴越春秋》、《越绝书》，由绍兴路刊于大德十年（1306 年），《宝庆四明志》重刊于至正元年（1341 年），较宋代有了进步。以《吴越春秋》刊本为例，书后有徐天祜（明弘治本、万历本俱作"祐"）、留坚、陈昺伯、梁相、刘克昌 5 人姓氏，盖整理和镌刻者。徐天祜作有《序》、《音注》。徐《序》称："晔书越旧尝锓梓，岁久不复存。汴梁刘侯来治越，奖厉（励）学校，搜遗文，修坠典。乃辍义田、廪羡财，重刻于学……属以考订，且命序其左端。……厥既刊正疑讹，过不自量，复为之音注，并考其与传记同异者，附见于下而互存之。惜其间文义犹有滞碍不可训知，不敢尽用臆见更定。又无皇甫本可证(指皇甫遵撰《吴越春秋》——笔者),姑从其旧,以俟后之君子考焉。”后附“外注”一页,仅见于弘治邝璠翻刻本,不知何所据。考订时,明知隋、唐两史志著录12卷,时存10卷,已不是全书,但不敢尽用臆见更定。并且,知道“《史记》注有徐广所引《吴越春秋》语,而《索隐》以为今无此语者。他如《文选》注引季子见遗金事,《吴地记》载阖庐时夷亭事,及《水经注》尝载越事数条,类皆援据《吴越春秋》,今晔本咸无其文”,但不予增入。

整理刻印旧志,而替它作“音注”,此书为滥觞。既有注音,又有正字。更多的是援引群籍,旁征众说。大都摘引原文,也有参以己意,用“按”或“徐天祜曰”来表示。“音注”均用小字,夹在正文中。显而易见,这是仿效汉唐以来经、史、文注的体式。虽失之于略,恰是得体的。

明人整理刊刻的前代方志,数量激增,有收于丛书的,也有单行的。丛书收编方志较多的有《古今逸史》、《汉魏丛书》。

《古今逸史》,吴琯辑。中有东汉佚名的《三辅黄图》6卷、《越绝书》15卷、《吴越春秋》6卷、《华阳国志》12卷、唐陆广微的《吴地记》1卷和《后集》1卷、宋程大昌的《雍录》10卷、范成大的《桂海虞衡志》1卷、范致明的《岳阳风土记》1卷、李格非的《洛阳名园记》1卷等。

《汉魏丛书》,原为何镗辑,由程荣、何允中分别刊刻(何刊称《广汉魏丛书》),后经王谟掇取增入,称《增订汉魏丛书》。收入方志与《古今逸史》同的有《三辅黄图》、《越绝书》、《吴越春秋》、《华阳国志》(此作14卷)。另有晋嵇含的《南方草木状》3卷、陆翙的《邺中记》1卷、梁宗懔的《荆楚岁时记》1卷。

钟人杰、张遂辰辑《唐宋丛书》、陈继儒辑《宝颜堂秘笈》及沈士龙、胡震亨辑《秘册汇函》,也有若干种方志。

另有《说郛》，陶宗仪纂，陶珽有《续编》。它实际是一部摘录性的资料汇编，不是丛书。该书120卷，续46卷，张宗祥重校本为100卷。收录的范围极广，其中属于方志的除《越绝书》、《吴越春秋》之外，有汉代到明代种种私撰的地志、杂传、山水志、都邑志、杂志等一百多种。卷六〇至卷六九大都是方志，有些还是少见的，如刘宋王韶之的《南雍州记》、唐袁郊的《三辅旧事》、宋周必大的《吴郡诸山录》、元戚辅之的《辽东志略》、明潘之恒的《太湖泉志》等，但都不是原帙，有的摘录太少，如宋敏求的《长安志》仅有1卷，连《太平寰宇记》也只是1卷。较为完整的仅是陆广微的《吴地记》、陈舜俞的《庐山志》等少数几种。向来人们对《说郛》的断简残篇颇多非议，严格地说，此书谈不上整理。不过它所收编的罕见品还是不能忽视的。

明人整理出版的单行志刊，如何宇度的《华阳国志》，和《古今逸史》本一样，比南宋李壆刻本多张佳允补《江原常氏士女志》1卷，又将蜀郡、广汉、犍为、汉中、梓潼194士女赞刊入。谢铎和简继芳分别于弘治十年（1497年）、万历二十四年（1596年）刻陈耆卿《赤城志》（已散佚），万历癸丑年（1613年）徐㶿刻梁克家《三山志》等。

明人复刻古书存在一个通病：随意删削，校而不精。单行的《华阳国志》和《澉水志》（列于《盐邑志林》）是如此，《古今逸史》也是如此。对于《说郛》，清人张宗祥校勘有《记》，批评陶珽（清顺治时人）编次的120卷本，"其中错误，指不胜屈"。陶宗仪的原本自然也不会好。当然，明人的刻书不是一概不好，著名藏书家毛晋刻书就是较为认真的，他的儿子毛扆更是勤于校勘，有所创获。毛氏极重视搜集善本，加以精刻。汲古阁所刊方志，如影抄《元丰九域志》，为北宋元丰间经进原本。《四库总目》称它"字画清朗，讹阙亦少"。其传至清代，缺第10卷，《四库全书》本以苏州朱焕家抄本补足。后来冯集梧摹抄宋本重刊，卷尾各系考证，所据是《四库》本，祖本仍是汲古阁本。又如《吴郡志》，毛晋得自宋刻残版，原有阙文。后清人黄丕烈据宋旧钞本予以校勘，张海鹏的《墨海金壶》本以汲古阁为工作本校勘后刊行，钱熙祚的《守山阁丛书》本又据《墨海金壶》本校勘补足刊出，《丛书集成》本系据《守山阁》本排印的。这个版本系统，渊源在于汲古阁本。

进入清代，许多藏书家不仅注意收藏图书，而且大量地刻书，其中当然包括方志。由于清代在目录、版本、考据、校勘等方面长足发展，取得超越前人的成就，所以在整理出版古籍方面，成绩卓著，不是明人所能望其项背的。清人出版旧志，有收入丛书的，如曹溶的《学海类编》、汪士汉的《秘书廿一种》、张潮的《昭代丛书》、金忠淳的《砚云》、李调元的《函海》、马俊良的《龙威秘书》、伍崇曜的《粤雅堂丛书》、胡珽的《琳琅秘室丛书》、张丙炎的《榕园丛书》、黎庶昌的《古逸丛书》等，都多少不等地收有方志，但大部分都是宋以后人所作，宋以前则选用成书（包括辑本），没有下太大的工夫整理。由于有些丛书的编辑者能选择善本，所以不乏珍本。其他如毕沅的《经训堂丛书》，孙星衍的《岱南阁丛书》、《平津馆丛书》，张海鹏的《学津讨原》、《墨海金壶》，钱熙祚的《守山阁丛书》、《指海》等，有辑本、钞本以及精校本等精品。单独刊行方志的，有孙星衍、赵怀玉、李兆洛、张仁济、徐时栋、曾钊、包景维、王先谦等。官印的如武英殿、江苏书局等。并有以地区为单位合刊几种志书的，如《宋元四明六志》、《汇刻太仓旧志五种》、《宜兴荆溪旧志五种》、《束鹿五志合刊》、《合刻华州志》等。无论丛书、官刻、私刊、合印志书，大都能注意选择版本，有的还作有校勘、批校，更有花大气力加以精校者。此不能详加评述，略举数例如次：

赵怀玉于清嘉庆重刊宋史能之纂《咸淳毗陵志》30卷。此志不见于《宋史·艺文志》。后世藏书家偶有此书，但残缺近半。清查慎行补注《苏诗》、厉太鸿的《宋诗纪事》都有引及。赵怀玉得吴翌凤两种藏本，转借补钞，全书竟只缺11卷一页和20卷“词翰”，几乎成了完书。后李兆洛为作《校勘记》，正误补缺，更趋于完善。

毕沅《经训堂丛书》中的宋代宋敏求纂《长安志》20卷，附图3卷，有张敏同的《校正》和毕氏的校。此志已没有图，元人李好文有《长安志图》3卷。李氏曾说：“图旧有碑刻，亦尝鋟附《长安志》后，今皆亡之。有宋元丰三年，龙图待制吕公大防为之《跋》，且谓之《长安故图》，则此图前世固有之。其时距唐世未远，宜其可据而足征也。然其中或有后人附益者，往往不与志合。因与同志较其讹驳，更为补订，厘为七图。……总为图二十有二，名之曰《长安志图》，明所以图为志设也。”（《长安志图序》）吕大防所称《长安故图》，是否如李氏所说就是《长安志》的图，还值得探讨。但李氏的图恰是为《长安志》而作的。附于《长安志》是因利乘便的事，对志书的完整性作出增补，有便于读者，因而是可取的。所附的校语，王鸣盛于毕沅刻《长安志序》中称：“先生既刻此，又于其间纠正踳驳，疏释蒙滞，附于逐条之下焉。”这样，当然比嘉靖西安府刻本好了。

阮元辑《宛委别藏》，收有宋杨潜的《云间志》钞本3卷、卢宪的《嘉定镇江志》残22卷、施谔的《淳祐临安志》景钞宋残6卷、凌万顷的《玉峰志》3卷钞本、元俞希鲁的《至顺镇江志》21卷钞本、卢镇的《重修琴川志》15卷钞本及景钞汲古阁旧钞。这些宋、元旧志都是极其珍贵的，它为整理出版提供了基础。包景维刊行嘉定、至顺两《镇江志》，就是以此为根据的。

《镇江志》两个钞本，系从《永乐大典》辑出。阮氏得此于乾隆六十年（1795年），为宣城人张焘所赠。嘉庆时进呈内府，又钞两个副本：一藏家中文选楼，一藏焦山松寥阁。阮氏以为详明精当，“有关于京口之掌故甚钜”，“洵海内之秘笈”，期待有志者能刊行问世。

道光间丹徒包景维愿意刊此两志，请阮氏支持。阮元"因出家中选楼本，并发焦山书藏本，再加缙阅。选楼本为归安严久能（元照）所校，焦山本为乌程张秋水（鉴）所校，又丹徒戴桐孙（守梧）亦有签记，其中精确者致多。然犄引其端，未竟其绪。复属门下士刘孟瞻（文淇）暨其子伯山（毓崧）详考全书体例，及所征引各书，正其讹误，作为《校勘记》四卷。"（阮元《嘉定、至顺〈镇江志〉刊本〈序〉》）刘氏父子汲取严元照、张鉴、戴守梧等所校的成果，补其不足。因书不著撰人姓名，首先要辨明修纂者。《嘉定镇江志校勘记》说："案《直斋书录解题》云：《镇江志》，教授天台卢宪子章撰。"又"方逢辰《咸淳（镇江）志序》云：'嘉定七年（1214），史贰卿畀校官重修。'贰卿谓史弥坚，校官谓卢宪也"，并引《揅经室外集·四库未收书提要·嘉定镇江志提要》云："此书中称宪者四条……故知是宪之书。"又引张鉴"人物内《史正志传》独详，疑书成于史弥坚时"。详考志中所记，于史、卢二人事迹与所收史文最多。并据卷一五《宋太守史弥坚传》："嘉定六年九月二十八日到八年九月五日除宝谟阁直学士。"《至顺镇江志》卷一七："教授徐倖德，注云：嘉定九年七月至，是宪为镇江教授凡三年有余。"阮氏《提要》："案元《至顺镇江志·学校门》载：教官卢宪嘉定癸酉谒庙事，癸酉为嘉定六年，正弥坚守郡之日，书当成于此时也。"所以，刘文淇认定："纂修者为宪，而监修者为弥坚，固显然可见矣。"

对于此书的卷数，《直斋书录解题》作 30 卷，而辑钞本作 22 卷。因为是辑佚："卷数既有缺佚，而每书之总目子目，亦非其旧。今于显然知其脱误者，逐条改定。若无明文可证者，则但注明其缺，仍各附案语于后。而目录亦一律更正，使其前后相应。若夫总目之缺，当补而难定其次第；子目之缺，当补而难于分析者，今皆仍存其旧。至于卷数之先后必须移易者，既列案语于各卷，即改次第于目录。惟未得确据者，及无关大义者，今亦仍存其旧，以免纷更。”（刘文淇《嘉定镇江志校勘记》）本来是一部“脱误错简，往往而是。案其目录，似于体例间有未协”的辑本，经严元照、张鉴、戴守梧等人校或签记，又由考据名家刘文淇、毓崧父子校勘定稿，已清晰可观了。光绪丙午年（1906年）陈庆年等重刊时，以为刘氏父子所作《校勘记》：“颇有宋《志》钞本所无，从元《志》（《至顺镇江志》——笔者）移入之处。今加以覆审，多未精碻。……余既并刘校锓于木，久之始取焦山钞本反复雠勘，稽撰其异同。丙辰（1916年）夏间卒业于西津江楼。居忧以来，复为理董，成《嘉定志校勘记》一卷。”（陈庆年《嘉定镇江志》重刊本《跋》）周中孚于《郑堂读书记补逸》卷一二称：“近人详加校勘，颇得条理。卷首‘郡县表’，卷一以下‘自叙郡以迄拾遗，凡七十四类，大抵旁稽典籍，务核异同’。”陈氏《校勘记》的精益求精，不能说是已尽美尽善，但在刘氏父子筑起的台阶上又更上一层了。

清人辑佚和整理出版旧志，应当说成绩卓著。而其成功之路，第一位的工作是注意底本，底本系指影（景）印、校勘、标点、注释时所选定的本子，影印之外，称工作本。一种旧方志如遇有几种不同的版本，必然会有好坏之分。坏的本子通称劣本或恶本，好的本子称善本。选择底本，当然要尽可能地选善本。关于善本的内涵，历来的藏书家和版本学家的意见有分歧。这属于版本学的问题，姑且不去展开讨论。有一种观点是按时代划分，年代久的就是善本；甚而至于定出一个时间断限，在此时限以上的统统是善本。假使把它作为一种文物，未始没有道理；假如从应用的角度讲，就不能一概而论。诚然，任何一种古籍，原刻离撰作年代愈近，一般地说是比较好的。但如果有修订再版或经后人校理注释，未必不如原刻。尤其是明版本，明人刻书粗制滥作的事是极为普遍的。那些一味赚钱的书商刻的书，不堪入目的现象是习见的。在众说中，清人张之洞于《輶轩语》的“论读书”条里说：

善本之义有三：一足本：无缺卷，未删削；二精本：一精校，一精注；三旧本：一旧刻，一旧抄。

三者是互为作用的。这在选择底本时是常常遇到的。懂一些版本学的知识是有益的。但在处理具体问题时又不能执着。全面衡量之后，只能比较而言。有了好的底本，要校勘、注释，还得有较渊博的知识，尤其是考据学的知识。清人整理古籍的成绩，是与目录、版本、考据、校勘诸学的进展密切联系着的。其所以刊刻出优质的古籍包括方志，或者刻家本人就长于版本、考据等学，或者是利用学者的研究成果，或者聘请专家作悉心的整理研究。所以，整理方志和整理别的典籍一样，实际上是清乾嘉学派开拓新领域所得的成就。

最后，还应提到，清末王锡祺纂的《小方壶斋舆地丛钞》，全36帙、1400多种。所收的大都是篇幅较短、不分卷的清代私人撰述，没有官修的方志。内容有专记地理的，或综述一地，或单记物产、风土、山水、名胜的，还有杂记、游记等，有些明显是文学作品。但其中如冯焌光的《舆地略》，金鳌的《金陵志地录》，龚柴的《直隶考略》、《江苏考略》，吴振臣的《宁古塔纪略》，盛绳祖的《卫藏图识》，阮葵生的《蒙古吉林风土记》，黄本骥的《湖南方物志》，曹树翘的《滇南杂志》，齐召南的《水道提纲·京畿诸水篇》，张大纯的《姑苏采风类记》，顾禄的《吴趋风土记》，吴昆田的《山阳风俗物产志》，范祖述的《杭俗遗风》，李斗的《扬州名胜录》，俞正燮的《黟县山水记》，杨宾的《柳边纪略》，张焘的《津门杂记》等，虽没有名为方志，但所记的内容，或与方志相类，或为其中专项，从它们的属性而论，应当归入方志。上列诸作者，有地理名家，有极为熟悉该地掌故者，有生于此地长于此地的学者。所记述的不少是很有价值的。

二、近现代的整理与出版旧志

民国以后，在抗日战争之前，继承清代刻书传统，有不少的藏书家以及商务印书馆、中华书局等出版营业机构，普遍地整理出版古籍包括方志。有出丛书并有汇编各种丛书而出丛刊，或汇编几个时代的善本而有善本丛书，其中多少不等地收有方志。如金武祥的《粟香室丛书》，邓实的《古学汇刊》，罗振玉的《敦煌石室遗书》、《鸣沙石室佚书》，赵诒琛的《峭帆楼丛书》、《甲戌丛编》、《乙亥丛编》，张钧衡的《适园丛书》，蒋汝藻的《密韵楼景宋本七种》，郑国勋的《龙溪精舍丛书》，刘承幹的《吴兴丛书》、《求恕斋丛书》，郑振铎的《玄览堂丛书续集》，金毓黻的《辽海丛书》，宋联奎的《关中丛书》，任可澄等的《黔南丛书》，赵藩、陈荣昌等的《云南丛书》，王灏的《畿辅丛书》，傅春官的《金陵丛刻》，丁祖荫的《虞阳说苑》，陈庆年的《横山草堂丛书》，陈恒和的《扬州丛刻》，丁丙的《武林掌故丛编》，张寿镛的《四明丛书》，鲁燮光的《萧山丛书》以及商务印书馆的《四部丛刊》、《续编》、《三编》，《丛书集成》等等。

在这些出版物中，有的是据已有的本子择优刊行，有的则是精心整理而成。例如，孙鉴的《高昌秘笈甲集》有明佚名的《王屋山志》2 卷，据明本影印。郑振铎的《玄览堂丛书续集》有明李昭祥的《龙江船厂志》8 卷，据明嘉靖本影印。《三集》有明释履平的《雪窦寺志略》1 卷附图，据明弘光本影印。商务印书馆的《景印元明善本丛书十种》，全都是据元、明版影印。特别是罗振玉的《敦煌石室遗书》所收《沙州志》残 1 卷、《西州志》残 1 卷（后收入《鸣沙石室佚书》时改称《图经》），系敦煌发现的唐写本，为现存最早的手写志书。两书并撰有《跋》，《沙州图经》还有《校录札记》一卷，对其成书年代参以别的有关记载，足以补缺订讹。又如金武祥的《粟香室丛书》有晋周处的《阳羡风土记》1 卷，此书早已亡佚，严可均、王谟、张国淦诸家有辑本。此据王谟辑1卷,附金氏所作《校刊记》1卷、《补录》1卷,《续补辑》1卷和章宗源《考证》1卷。又如浙江吴兴三大藏书家张钧衡、蒋汝藻、刘承幹都精刻过方志。张氏择是居的景宋《吴郡志》附有校勘,是现存以往最善的版本。《密韵楼景宋本七种》的宋朱长文的《吴郡图经续记》,据明钱谷悬罄室翻宋本,比《学津讨原》本为优。《吴兴丛书》的宋谈钥的《吴兴志》,是据从《永乐大典》辑出的传抄本整理刊刻的。如此等等,不能一一列举。

应当指出,民国时期整理出版志书,在印刷技术上有所不同。19世纪初,铅字排版印刷术逐渐兴起。由于习惯势力的影响,不少书籍的出版仍然应用雕版印刷。雕版印刷在我国有一千余年的历史,积累了丰富的经验,印出的书籍非常精美。但是雕版委实费力费时,工本极高。新技术的采用又是不可阻挡的历史的趋势,所以,排版、印刷逐渐地就用铅字的排印来代替了。可是一部版本精良的书籍,还是富有观赏和文物价值的。所以于铅字排印的同时,对许多精善之本,对原来影印的办法,改成珂罗版和照相制版印刷。这样就能保持原貌,并且不至于因排印、校对的疏忽而产生差错。所以在上述的多种丛书中,有不少是影印的。也有用石印的,虽然较粗糙,可是也能避免人为的错误。

排印的志书,中华书局的《四部备要》为数很少,数量最多的要推商务印书馆的《丛书集成初编》,其"史地类"所收方志,粗略地统计有一百三十多种。除宋以前的官修志书外,大都为私人撰述。如宋龚明之的《中吴纪闻》,元高德基的《平江记事》,明杨慎的《滇载记》,王士性的《黔志》,清田雯的《黔书》、周亮工的《闽小记》、李调元的《罗江县志》、朱孟震的《西南夷风土记》,宋陈舜俞的《庐山记》,清王澐的《云间第宅志》,明黄佐的《广州人物传》、宋濂的《浦阳人物志》等等。《丛书集成》选择一个版本排印,不加校勘。如《三辅黄图》为《平津馆丛书》本,《吴郡志》据《守山阁丛书》本,《严州图经》据《浙西村舍丛书》本等。文字完全照排,只是加上黑圆点作句逗,断句不是很认真,差错较多。书本不是线装,是习惯所说的"洋装"(有精装、平装之分)。

中华人民共和国成立后,在出版古籍方面一度显得冷落。虽然也出了一些,但步子是不大的。有些学术水平很高的成果,不能及时出版。1979 年之后,有识之士一再呼吁,政府也加强了这方面的领导,成立了古籍整理机构,制订了规划,组织了人力,有计划地进行,有关出版部门也积极支持与配合。所以,近些年来整理出版的古籍,比前三十余年还要多。属于古籍的旧方志,当然也是如此。

60 年代起出版的旧方志,为数虽不多,但确有经过整理而为旧本所望尘莫及的。例如 1962 年中华书局出版向达的《蛮书校注》,就是精品。《蛮书》又名《云南记》或《云南史记》,唐樊绰撰。此书于明初便失传,清人从《永乐大典》辑出,印入武英殿聚珍本(即通常所称的"殿本")。《四库总目》说它"仅存文字,已多断烂,不尽可读",然"今考司马光《通鉴考异》、程大昌《禹贡图》、蔡沈《书集传》所引《蛮书》之文,并与是编相同,则《新唐书志》为可信"。向达是当代著名的史学家,他为《蛮书》作了精密的校勘和注释,引文翔实,取材谨严,并将搜集到的种种有关云南地区少数民族南诏的资料汇编作为附录,又创制了若干年表和地图,不但纠正了文字的脱讹,增强了原书的可读性,而且充实了内容。所以,它的出版,备受学术界的推崇。

1961 年,中华书局影印了王谟的《汉唐地理书钞》,不使再致损失以广流传,并附陈运溶的《麓山精舍丛书》盛弘之的《荆州记》3 卷、《荆湘地记》29 种、《荆湖图经》36 种。1966 年,中华书局排印赵万里的《元一统志》辑本,汇录诸残本和群书引文,理成有体系的本子。

十余年来，北京、上海及其他省市的诸出版社，纷纷整理出版旧志。有的省(区)市、县在编纂方志时，为了对旧志有所了解，便于汲取其某些成果，也都有选择地校点一两种旧志，有的交还出版社排印出版。值得重视的，如有《括地志》、《元和郡县图志》和《元丰九域志》3 种。这 3 种志书，既充分汲取了前人的研究成果，又有新的进展。重要的有以下三点：

第一，底本选择恰当。以《元和郡县图志》为例，张几仲刻的宋本已亡佚，流传有武英殿本、闽本、岱南阁本、畿辅丛书本、金陵书局本等多种旧本，还有几家钞本。选取其中最佳的金陵书局本。因为传写造成的差错，武英殿本活字排印时，已经四库馆臣的精心校补。金陵书局本吸收了殿本的优点，再认真校勘，所以超过殿本。又，《元丰九域志》旧有殿本、闽本、金陵书局本和冯(集梧)刻本等，也采用金陵局本，因它吸收了清冯集梧和吴兰庭的校勘成果，比其他几个本子要好。

第二，校勘和考证更趋精当。例如《括地志辑校》，采用清孙星衍辑《括地志》作为底本。孙辑比《汉唐地理书钞》辑为优，孙氏在《序》里说：

隋、唐《志》载《舆地志》、《永初山川记》诸书目，凡数十种，今惟《水经注》存，大抵亡于宋南渡时。《括地志》亦竟散佚，其残文时时见于传记所引，张守节作《史记正义》，不能博考书传，独恃以此疏证古地名。《通典》、《太平御览》、《太平寰宇记》亦引之，或称为《坤元录》。《路史》注引有《括地象》，按其文，亦即此书。罗苹仅从他书抄撮，故讹"志"为"象"字。《玉海》所引，多于《史记正义》者，其时据《史记》注善本，王应麟亦不见本书也。《序略》起魏武时置郡，惟见《初学记》。盖其下卷余书未见引据。……此本既辑取传注，但依《序略》所载诸州编次为八卷，非原书卷第之旧。……又以《史记》足注本，属杨甥文学元锡重加补缀。……前纂修阅七年，犹有疏漏，俟来者续成之。

对此书的修纂、流传、辑文援据等都有说明，并不断补辑，较王辑本仅据《史记正义》、《太平寰宇记》和《初学记》缀辑要广。但也有不能满意的地方，如《序略》文应列在卷首为好，《史记正义》的引文有删节，未加校正。这个《辑校》在校勘上下了工夫，解决了不少问题。《元丰九域志》也作了精心的校勘，见于《校勘记》的有二千多条，对冯、吴的校文多所补正。

第三，加附录。如《元和郡县图志》后附缪荃孙辑的《元和郡县图志阙卷逸文》3卷，《元丰九域志》附宋黄裳所辑《新定九域志》的“古迹”，都对各书起了补缺的作用，又各附有地名索引。

此外，排印出版的省志有《畿辅通志》、《江苏通志稿》，府县志有《吴郡图经续记》、《吴郡志》、《吴门表隐》、《至顺镇江志》、《宛署杂记》以及《越绝书》、《吴越春秋》、《华阳国志》、《襄阳耆旧传》，还有《黄山志》、《虎丘志》、《寒山寺志》、《清嘉录》等，有的还出有两种以上，繁不备举。这类出版物除少数作校勘外，一般仅加通行的标点。由于排字、校对粗糙，因而错误较多，甚而至于句逗方面存在错断的问题，也拈来即是。有的注释雷同于普通教科书的注音和释义，属上乘者稀少。

上海古籍书店影印出版有《天一阁藏明代方志选刊》，到1982年已出书109种、精装68册。其中，河北9种，山西1种，江苏9种，浙江9种，安徽9种，福建8种，江西10种，山东8种，河南17种，湖北9种，湖南5种，广东7种，四川4种，贵州2种，云南1种，甘肃1种。虽然缩印比原书要小，但清晰存真，没有因重刊而导致的讹误。

台湾有些出版社，于印出的丛书、汇编之中有全是方志的，也有部分是方志的。有成文出版社的《中国方志丛书》，大化书局的

《宋元地方志丛书》,新文丰出版社的《天一阁明代方志选刊》,华文书局的《中国省志汇编》、《中华文史丛书》,学生书局的《新修方志丛书》、《中国史学丛书》,文海出版社的《中国边疆丛书》、《中国省志汇编》、《中华文史丛刊》,大通书局的《中国省志汇编》、《中华文史丛书》、《台湾文献史料丛刊》,台联国风出版社的《中国边疆史地丛书》,世界书局的《大陆各省文献丛刊》、台湾银行经济研究室的《台湾方志汇刊》、《台湾文献丛刊》,台湾"国防研究院"与"中华学术院"的《台湾方志汇编》等。以成文和学生两家的数量最多,旧志大都是影印的,没有校勘,而且相互重复的不少。由于台湾的藏志毕竟有限度,许多善本和孤本、罕见本没有被收入。

第四节　方志史料的开发和利用

整理旧志,其目的概括地说有两点:一是较好地保存古文献,弘扬传统文化;一是有利于实用。而方志实用的功能,又可概括为两个方面:一是直接作用于当时物质文明和精神文明的建设,一是由于方志这个特有的文化宝库,其所积累的众多志书内容广泛而翔实,因而汇聚着琳琅满目、五光十色、丰富多彩的史料,为方志的纂修,方志学的研究,国史、地方史的研究以及天文、地理、地震、矿冶、水利、政治、经济、文化、灾害等多种学科的研究提供了大量的依据。所以,对于方志史料的研究、开发和利用,便成为史料学的极其重要的内容;并且,应当相对独立地建立方志史料学,作为史料学的一个支系。

众所周知,对于方志史料的开发和利用,不能拈来即是,见录必信,而是必须对它作切实的考核和鉴别。从搜集到利用,应有一个研究的过程,其关键之点,首先在于辨别其真伪,论证其可信度,而后权衡其所寓有的价值。否则,援据失实,一切研究的科学性便无从谈起。因此开发利用方志史料，应有科学的态度谨严从事；要有求实的精神，要下苦工夫，而且得有足够的知识和洞察力；它还与目录、版本、考古、档案诸学科尤其是与校勘学有密切的关系。因此，研究方志史料的学术性就不言自明了。

一、前人对方志史料的利用

对方志史料的应用，前人提供了若干经验。

历来有识的地方官吏在下任伊始，就得去搜罗和阅读该地的志书。其目的很明显，是为了有利于当时所说的"吏治"。这便是目前通行的一种说法，叫做"资政"。

对于各类学术著作，从方志取材更是由来已久，而且涉及的方面很广。见于文献记载，班固撰《汉书·地理志》就是以志书为根据的。事实还可以追溯得更远些。传世的《春秋》，且不管是孔子或别人所作，它的成书总不能是平白无据的。不论是鲁《春秋》还是诸侯史记，都是方志。《左传》中明白地说到有源自《周书》、《郑志》以及"百二十国宝书"一类的记载。汉及以后，学术著述引用方志逐渐地渗透到各种领域。现择其较显著的几个学科略述于下：

1. 史学撰著

班固撰《汉书》，模仿司马迁的《史记》，这是人所尽知的。但《汉书》不完全停留于因袭，而是又有开创。从《史记》的"八书"拓而为"十志"，《地理志》便是增辟的篇目之一。《地理志》的创立，又不是毫无所因的，《隋书·经籍志·地理记序》曾说明了原委："武帝时，计书既上太史，郡国地志固亦在焉。史迁所记，但述《河渠》而已。其后刘向略言地域，丞相张禹使属朱赣条记风俗（指所撰《地理书》——笔者），班固因之作《地理志》。其州国郡县：山川夷险，时俗之异，经星之分，风气所生，区域之广，户口之数，各有攸叙，与古《禹贡》、《周官》（又称《周礼》——笔者）所记相埒。"刘向的"略言地域"已不知其详,郡国地志与朱赣的《地理书》均是方志。这就是说,《汉书·地理志》概从方志取裁。以后纪传史中的地理志、郡国志、州郡志、地形志(这些都是同一的实体,名不同而内容相同),俱程度不等地取材于方志。

司马光撰《资治通鉴》,引用了众多的文献资料。《四库总目》据南宋人高似孙《纬略》说,《通鉴》引书322种。光绪间胡元常录出《通鉴考异》,所注明的书名有272种,不包括文集。《通鉴考异》注明的书名中,属于方志的就有常璩的《华阳国志》,李昊的《蜀书》,樊绰的《云南志》、葛洪的《西京杂记》、沈怀远的《南越志》、梁载言的《十道四蕃志》、贾耽的《皇华四达记》、窦滂的《云南别录》、徐云虔的《南诏录》、虞溥的《江表传》、乐史的《太平寰宇记》等。如所记载的云南史事,很多系采自《云南志》及《云南别录》和《南诏录》。不注明出处的一定还有。

石晋时修《唐书》(别于宋修《唐书》而称《旧唐书》),《五代会要》卷一八"前代史"条有详述征集史料的记载:"请下兵部职方,自开元已来,山河地理,使名军额,州县之废置,一一条列,以凭撰述郡国志。"这些内容必须获助于方志。宋祁、欧阳修撰《新唐书》,其史料来源没有记叙,但与司马光撰《资治通鉴》的年代很近,司马光能利用的,宋祁、欧阳修自然不会放过。也就是说,《新唐书》也会引用多种方志。宋祁撰《南蛮传》,史料主要取自樊绰的《云南志》。由此一点便可见其余了。

2. 修纂方志

南齐陆澄纂《地理书》149卷,《隋书·经籍志二》说是:"陆澄合《山海经》已来一百六十家以为此书。"南朝梁任昉的《地记》,《隋志》说是:"增陆澄之书八十四家。"如果说《地理书》和《地记》类似资料汇辑,那么,唐李吉甫撰《元和郡县图志》则是一部自有创体的著述。它所引用的资料是有严格的鉴别和取舍的。书中征引大量的方志史料，如汉佚名的《三辅黄图》，辛氏的《三秦记》，晋华延儁的《洛阳记》，佚名的《三齐记》，伏琛的《齐记》，佚名的《上党记》，刘宋山谦之的《吴兴记》，佚名的《钱塘记》，刘澄之的《鄱阳记》，佚名的《南康记》，佚名的《南岳记》，南朝梁鲍坚的《武陵记》，齐黄闵的《沅陵记》等，有人统计，所征引的地理著作有50种左右，没有注明出处和痕迹不显明的，难以稽核。这就足以证明，《元和志》的史料来源，旧方志是极为重要的一条渠道。由于《元和志》取材丰富，并且其所征引的典籍到宋及其后亡佚很多，所以《元和志》又为后来的志书所取材。两宋的《太平寰宇记》等几种总志，摘引《元和志》的就不少。缪荃孙辑《元和郡县图志阙卷逸文》，绝大多数录自南宋王象之的《舆地纪胜》，就是明证。纂修方志，这种后作汲取前志资料的事，不仅总志是这样，府、州、县志也是很普遍的。如以《苏州府志》为例，南宋范成大的《吴郡志》有引自李宗谔《苏州图经》和朱长文《吴郡图经续记》等前志的文字，明卢熊的《苏州府志》有引《吴郡志》的文字，王鏊的《姑苏志》又有取材于范《志》和卢《志》的。到了清代，沈世奕等的《康熙苏州府志》、习嶲的《乾隆苏州府志》、石韫玉的《道光苏州府志》和冯桂芬的《同治苏州府志》，都陈陈相因地引征前志，只是数量有差别而已。至于在纂修新志时，也有督促下一级修志的，俾便于取材。最为典型的是明、清两代修一统志，为了有所凭依，多次下诏要布政使司（习俗称省）、府纂修一统志，以便采择。至于志书的体例，后纂者常常以前志作为模式。如冯桂芬纂《同治苏州府志》，李铭皖在《序》文里说："尝考苏州志自范、卢、王三《志》后，推乾隆时雅公所修为最善。以故中允（冯桂芬官至詹事府右春坊中允——笔者）定议，体例悉遵《乾隆志》而略为变通。"这样的事实，林林总总，不能也无需列举。

3. 地理著作

以《水经注》为例，郦道元此书，虽名为"注"，但其成就远远超过桑钦著的《水经》本身,是一部价值极高地理撰著,因而人们重视的是《水经注》而不是《水经》。《水经注》之所以获得如此的成就,原因之一是"道元好学,历览奇书"(《北史·郦道元传》)。的确,郦道元所占有的资料极其广博,直接引用并注明出处的典籍就在430种以上(有一种统计说是引用前代及当世著作375种,其中地理著作96种),不包括征引而不注明出处的。这些典籍于正史、杂记、小说、诗文、碑碣之外,还有汉至六朝的各类方志。注明书名的如《三辅黄图》、《三秦记》、《吴越春秋》,南北朝时刘澄之的《永初山川古今记》、盛弘之的《荆州记》、郭仲产的《荆州记》、阚骃的《十三州志》等,这些书大都已亡佚。清人辑佚志书,如王谟的《汉唐地理书钞》,仅中华书局影印本70种方志辑本,录自《水经注》的引文便有435条。并有只举人名不列著作名称的,如书中有"皇甫谧曰"、"郭仲产曰"等约有20人,他们都撰有方志;皇甫谧、刘澄之的还不止一种。至于不列人名又不举书名的,那就难以查考了。陈运溶辑盛弘之的《荆州记》,为使辑文信证,"以《水经注》互校,其事实相类者,约八十余事。虽详略不同,实则录其书而隐其名。"对盛《记》是如此,别的书也就可想而知了。

4. 史、文注释

六朝及以后的史、文注都数量不等地引用方志。著名的史注如裴松之的《三国志注》、司马贞的《史记索隐》、张守节的《史记正义》、颜师古的《汉书注》、李贤的《后汉书注》、刘昭的《续汉志注》、胡三省的《资治通鉴注》都是这样。清人的多种佚志辑本,录自上述诸注的条文是很多的。如《史记正义》,张守节注《史记》,在三家注中以考释地理而著称。约略统计,《正义》有出自30种方志的引文,如《蓟代记》、《深丘道里记》、《吴俗传》等,且不见于张国淦的《中国古方志考》,《汉唐地理书钞》也无此辑本。别的如《吴越春秋》、《吴地记》等,还有好多种。其中引文最多的是李泰的《括地志》,王谟辑本与孙星衍本约计有820条。《括地志》原有560卷,详记唐代的地理,张守节据此来疏证古代至唐代地名变更的原委。

诗文注可以《文选》为例。梁昭明太子萧统选辑这部从先秦至南朝梁的诗文辞赋的卷帙庞大的汇编,所以称为《昭明文选》,它一向受到学术界的重视,研究它的人很多,成了专门之学,被称为"文选学"。对于《文选》,唐高宗时先有李善替它作注,玄宗时又有吕延济、刘良、张铣、吕向、李周翰5人的合注,以李注最精。宋人把两种注汇刻为一,称"六臣注"。《文选注》博引群书,其中有不少方志。在所引的志书中,不但有多种现在已失传,而且有些还不见于各种目录著录和别的记载。试以方志中的图经来说,如卷一〇潘安仁的《西征赋》、卷二二徐敬业的《古意酬到长史溉登琅邪城诗》两注引有《雍州图经》,《西征赋》注引有《弘农郡图经》,卷二八鲍明远的《放歌行》注引有《上谷郡图经》,卷三张平子的《东京赋》注、卷二〇应吉甫的《晋武帝华林园集诗》注引有《洛阳图经》,《西征赋》注、卷一六潘安仁的《怀旧赋》注、卷一九曹子建的《洛神赋》注与卷二三阮嗣宗的《咏怀诗》注均引有《河南郡图经》,卷四二阮元瑜的《为曹公作书与孙权》注引有《江都图经》,卷四〇任彦升的《奏弹曹景宗》注引有《历阳郡图经》,卷二七谢玄晖的《敬亭山诗》注和卷二八鲍明远的《还都道中作》注引有《宣城郡图经》,卷二〇范蔚宗的《乐游应诏诗》注、谢灵运的《邻里相送方山诗》注和卷二二颜延年的《应诏观北湖田收》注都引有《丹阳郡图经》,卷四张平子的《南都赋》注引有《南郡图经》,卷一一鲍明远的《芜城赋》注引及《广陵郡图经》,在同时代的记载和各种引文也不多见。王谟、马国翰和王仁俊辑佚的方志数量是较多的,上述诸种图经都未进入辑本。所以,从《文选注》所引的方志,辨明其书名和引文,对方志目录和方志资料辑录的研究和整理是大有裨益的。以图经而言,亡佚图经的发现,有利于研究图经这种方志体式的开创和发展历史,至少是了解东汉至六朝间的一个侧影。

5. 类书编纂

类书,是我国古代一种辑录资料便于查阅的工具书。它所辑录的资料,一般不是单一门类,而是包含有自然的和社会的各种知识。李桓于《玉海序》中说是:“区分胪列,靡所不载。”清陈梦雷于《上诚亲王汇编启》中也说:“凡在六合之内,巨细毕举。”由此可知,它有些接近于现代的“百科全书”。但它只是把原有的资料辑录在一起,不同于现代“百科全书”的广设条目,将每一条目编写成文。因为区分门类,又以不同的方法纂辑,所以就称之为类书。由于类书包括的范围很广,又是分门别类地辑录各种资料,因而需搜罗的典籍必然要多,方志记述的内容比起史、文专著要广得多,所以编纂类书,方志便成为不可缺少的援据。

最早的类书,是魏文帝曹丕下诏在延康元年(220 年)到黄初三年(222 年)间编成的《皇览》。以后每个统治期稍长的朝代差不多都有官纂的类书。这些类书在流传中亡佚的已很多。现存(包括残本)而较著名的有隋虞世南的《北堂书钞》,唐欧阳询等的《艺文类聚》,徐坚等的《初学记》,北宋李昉等的《太平御览》,明解缙、姚广孝的《永乐人典》(现存只是残卷),清陈梦雷、将廷锡等的《古今图书集成》(原名《古今图书汇编》)。附带说一说,宋人王钦若、杨亿等辑的煌煌巨作的《册府元龟》,100 卷,分 31 部、1104 门,将历代事迹自上古五代按顺序排列。此书对研究唐五代史以及对宋以前史籍的辑佚和校勘颇有价值,一般都以类书对待。其实,《册府元龟》侧重于历代的典章制度,不采用杂史、琐记、家传等方法,方志辑录的较多;但因其有限制,与上述类书不同,所以,不应归属于类书。

现存的类书都引有方志的资料,但因篇幅有大有小,所以引文的数量也有差别,少的一二条,多的几乎照录原书。因为不同的类书出于不同的时代,所引的志书也不尽相同。王谟所辑《汉唐地理书钞》,中华书局影印本约有70种志书,粗略地统计,其辑录文字援据《北堂书钞》的约30余条,《艺文类聚》的约110多条,《初学记》的约150多条,而采自北宋四大官书之一的《太平御览》的约1000多条。《太平御览》的《经史图书纲目》开列书目1690种,实际援引为1689种,除去一书两见和三见的大约是1000多种,其中方志约计300种左右。王谟全部辑本的辑文,仅图经一类,于《文选注》所引之外,又有南康、茶陵、淮阴、永嘉、夷陵、怀宁、盱眙、寿春、歙县、衡山、江宁、长沙、郧县、九江、魏郡、泾阳、阆山、信州、江夏等地的图经。宋时,六朝时的志书亡佚已很多。所以,王辑本有些引文已不是从原书辑录出来的,而是从别的书籍转引而来的,其依据就是类书。如有关盛弘之《荆州记》的文字,陈运溶指出就有从北齐后主高纬时官修的《修文御览》转引而来的。

类书中采录方志的文字数量最多的是《永乐大典》。如《嘉定镇江志》原书为30卷,清人从《永乐大典》中辑出22卷、首1卷,《至顺镇江志》也辑得21卷。清雍正时刊行的《古今图书集成》是又一部大型类书,全书10000卷,分有6编。第2编为"方舆汇编",下分坤舆、职方、山川、边裔四典。在这四典中,有较多的数量摘引方志。引及方志的书目于《理学汇编·经籍典》的地志部备录有《汉书·艺文志》"形法家",《隋书·经籍志》"地理类",《新唐书·艺文志》"地理",《宋史·艺文志》"地理",《通志》"地理"著录的书目以及明和清初修纂的志书。摘录的文字并不完全依据书目,来自不列入书目的志书有不少,很多还是转引的。据陈光贻《古今图书集成方志辑目》统计,收录方志有1430多种。明初纂辑《永乐大典》时尚存的志书,到清初有许多已散佚,所以《古今图书集成》对于明以前的志书引文比不上《永乐大典》丰富。就是因为这个缘故,人们对它不予重视。《古今图书集成》编纂刊出至今已逾二百多年，方志在流传中已有变化，其所援据的志书也有失传的。因此，它在方志文献学中的地位将愈来愈显得重要，值得开发和利用。

6. 专著、专论

远的不说，清人的撰著从方志中吸收资料的就很多。如顾炎武的《肇域志》和《天下郡国利病书》、钱大昕的《辽史拾遗》、朱彝尊的《日下旧闻》、陆心源的《宋史翼》等，最为突出的是《天下郡国利病书》和《肇域志》。至于专论引用志书，更是不胜枚举。其中特别值得注意的是顾炎武的开拓作用。

顾亭林于《天下郡国刊病书序》里说：

> 崇祯己卯(1639年)，秋闱被摈，退而读书。感四国之多虞，耻经生之寡术。于是历览二十一史以及天下郡国志书，一代名公文集及章奏、文册之类。有得即录，共成四十余帙：一为舆地之记(即《肇域志》——笔者)，一为利病之书(即《天下郡国利病书》——笔者)。乱后多有散佚，亦或增补。而其书本不曾先定义例，又多往代之言，地势、民风与今不尽合。年老善忘，不能一一刊正。姑以初稿存之箧中，以待后之君子斟酌去取云尔。

著者的撰作目的，在于经世致用，但未能刊正定稿。二书的大体分工，《肇域志》系汇录分述关于明代两直隶、十三布政使司所属各地的沿革、建置、山川和名胜等，没有分卷。《天下郡国利病书》120卷，开头为"舆地总论"，以下据明建置的两直隶、十三布政使司分区，汇辑各地的地理形势、水利、粮额、屯田、设官、边防、关隘等史料，旁及边备、河套、西域乃至交趾、海外诸蕃及入贡互市等。基于两书所涉门类和内容的特点，从方志取材是必不可少的了。粗略地估计，其所参阅和取材的志书不下1000种。这是专著中全面利用方志最为典型、数量也是最多的一部。对方志文献的拓殖、对后世都产生了积极的影响。

此外,政书中的《通典》、《通志》和《文献通考》的作者,也注意到了方志,杜佑还是一个方志行家。

二、当代对方志史料的新开拓

进入现代到新中国成立初期,尤其是改革开放后的三十多年来,基于社会主义物质文明和精神文明建设的迫切需要,学术界出现了与方志文献有关的三种新现象:一是史学研究由宏观深入到微观,不满足于大环境的一般探讨,而进入到社会基层的更为具体而细微的实际,并且逐步形成一股"地方史热",由此而扩展到政治、经济、文化诸领域的众多支系;一是多种学科包括自然科学某些方面的研究在探究渊源以钩稽其发展演变时,需要广博的史料;三是各省(区)市、县普遍地着手修纂地方志,加上有关的专题研究与地方经济建设的开发,都需要广泛地利用方志文献,有的已经在这方面获得了线索,产生了具体的效益。这就促使更多的人注意于方志文献,于是方志文献的利用得到了前所未有的发展,并且展现了广阔的开拓前景。

到20世纪末叶,方志已经取得的成果,最为显著的是专题资料汇编,数量很多。这些资料汇编较集中于自然科学,社会科学和人文科学虽还不多,但有急起直追的苗头。现择要简述于下:

1. 关于地震学科

如《中国地震资料年表》,中国科学院地震工作委员会编辑,由范文澜主持其事,1956年由科学出版社出版。它由辑录5600多种旧方志的资料汇编而成,有1.5万多条。1980年,此书重新校补为《中国地震历史资料汇编》,由谢毓寿、蔡美彪主编。上自我国最早(前23世纪)的地震记录开始,止于1980年,收录资料有5万余条。这些资料展示了从古到今地震记载的不间断的连续性,是一部较为完整而可靠的地震史资料,在国际上是绝无仅有的。从此开端,根据国务院的部署和《中国地震历史资料汇编》编辑委员会的分工,各省相继组织人力辑编一省地震资料,取得较大的成绩。如山西省查阅本省的各种旧志,于"沿革"、"城池"、"古迹"、"寺观"、"山川"、"水利"、"宦绩"、"艺文"、"金石"、"杂志"诸门中辑录地震史料40余万字。广西地震局从大量的方志和别的记载中,辑有222年至1978年间该地区地震纪录325例,编成《广西通志·地震志》,河南也编有《河南地震历史资料》,源出于方志是其中重要的组成部分。安徽省文史馆据安徽历代方志等记载,辑成《安徽地区地震历史记载初步整理》。

这些成果对我国地震史及区域地震史的研究,诸如地震的多发区、周期、征兆、灾害、变化和趋势及其规律的探索提供了可靠的依据,而且对当今的预测、防治和基本建设的规划与设计等也有极高的参考价值。

2. 关于天文学科

如《中国天文史料汇编》和《中国天象记录总表》,北京天文台编。两书的资料,方志是其重要的来源。各种旧志虽然蒙上了一层神秘乃至迷信的色彩,但揭开种种迷雾,就可以清楚其中的流星、陨石、日食、月食、彗星、雨雪、冰雹、风雷、极光等种种自然现象,时间跨度又较长,因此,这都是研究各种天象和天文变化极为难得的可靠根据。如我国天文学家徐振韬、蒋窈窕利用方志中关于太阳黑子及其变化的记载约30条,其中6条是在"蒙德极小期"(太阳活动的衰落期)内,因而澄清了国际天文学界由于资料不足而作出造成假象的论断。1980年2月4日,英国《泰晤士报》介绍了这一研究成果,从而引起了国际天文学家的注意。另有以一个地区为单位,从方志中辑录天文资料的。如广东省科技局查阅中山图书馆120余种藏志,便摘有彗星、流星、极光、日食等现象的记载550多条。安徽省文史研究馆自然灾害资料搜集组据历代安徽地方志所载，辑有《安徽地区风雹雪霜灾害记载初步整理》，对造成灾害之源的天象变化进行辑集，无疑也是天文资料。

3. 关于水旱灾害

如全国性的《五百年来我国旱涝史料》，中央气象台编。地区性的如《安徽地区历代旱灾情况》，安徽省文史研究馆编。《山东历代自然灾害志》，山东省农业科学院情报所1980年编。《辽河、大小凌河水系水灾历史资料辑要》，辽宁省图书馆编。这些史料汇编对气象学、水文学及水利整治和开发等是很有价值的。

4. 关于矿冶

如章鸿钊根据方志记载编成《古矿录》。地质部在北京图书馆的协助下，以北京图书馆所藏各种方志为主，辑录汇编成《中国古今铜矿录》和《祖国两千年铁矿开采和锻冶》。北京图书馆参考咨询组编有《我国历代黄金产地矿床产量及政策汇编》。地区性的如辽宁省图书馆编有《辽宁矿藏录》。这些资料辑编不仅有益于该学科的科学研究，而且有很大的实用价值。我国的地质工作者常常依据方志所提供的线索，经过实地勘探，从而查明一批又一批的金属、煤炭、油气、地下水资源等的方位及蕴藏量。

5. 关于物产

如中国农业遗产研究室从8000多种方志中摘出数千万字的资料，辑成400余册的《方志物产》。上海市文物保管委员会从上海图书馆所藏的方志中辑成《上海地方志物产资料汇编》。辽宁省图书馆援据该馆的藏志，辑成《辽宁农业历史资料辑要》。这些资料不仅对我国生长的动物、植物种类以及其发展、变化遗传、变异的研究极其可贵，而且对当前农、林、牧、副、渔和手工业的开发与改造很有裨益。如常熟的福山镇，据志书的记载，开拓了鳗鱼养殖，获得了很好的经济效益。四川什邡利用方志的资料，改进种植方法,提高了本地烤烟的产量。江苏沭阳从方志的记载中得到启发,生产了一种炒货"虞姬瓜子"。江苏海门于旧志辑录《县志拾零》,介绍当地土特产等,招来各地经济部门以至美国等海外客商来访,促进了对外经济的发展。甚而至于国外研究者也注意到方志的资料,如美国学者施永格,从 20 世纪 20 年代起,大量参阅福建、广东的地方志,研究桔、柑的生长规律,从而培养出了新的品种,取得了显著的成绩。

6. 关于古代农民战争

如《太平天国史资料》,罗尔纲主编。约计利用 730 多种志书的资料辑录而成。其中广东、广西、湖南、江西、江苏、安徽、福建有关地区的方志所占比重为大。

7. 关于人物

方志记载的人物多种多样,而且数量庞大,远比正史和别的撰著要多。如赵景深研究戏曲,首创利用方志辑录人物专类的传记,辑有《方志著录元明清曲家考略》和《安徽曲家考略》。后张增元据此扩充增补而成《方志著录元明清曲家传略》。共利用元代至民国的地方志书 1004 种,其中江苏、浙江的方志居首位,其次为山东、河北、安徽、河南、江西等省的志书,边远地区的志书很少。辑出元代戏曲作家 20 人,明代戏曲家 155 人,清代戏曲作家 258 人;元、明、清散曲家 140 人,元、明、清戏曲理论家 85 人。合计 658 人。这 658 人中有过去未见著录的戏曲家 124 人,并发现罕见曲目 100 余种。以往已见著录的戏曲家,又发现他们有不为人知的曲目 50 多种。而且,对辑录戏曲家的生平、籍贯、里居、名号提供了相当多的新材料,较为明显的有许潮、桑绍良等 20 多人。有些戏曲家的事迹,我们已知道得较为详细,此书也有不同程度的增补。可以说,《方志著录元明清曲家传略》补充了《元史》、《明史》、《清史稿》乃至已有的几种戏曲家传记的不足。

8. 关于方言

如日本学者应用我国方志的资料，作有《南北朝时期地志的中国方言汇录》。

9. 关于民俗

书目文献出版社出版有《中国地方志民俗资料汇编》，全书是从几千种方志中辑录有关民俗记载的资料选编。全书分为华北、东北、西北、西南、中南、华东6卷。丁世良、赵放主编《中国地方志民俗资料汇编·华北卷》已由书目文献出版社于1989年5月排印出版。华北包括北京、天津两市和河北、山西、内蒙古三个省(自治区)所属各地区的各县。共援引方志397种，大都是清和民国时纂修的，河北、山西只据府、县两级而不及省志，内蒙古有《蒙古志》、《内蒙古纪要》、《蒙旗概观》等。有些县、旗因没有志书而存缺，也不是摘编全部志书，因有的志书不载民俗，或虽有记述却是辗转抄袭，内容与同一个地方的志书相同的就不再辑录。编辑的体式，以志书为单位，根据当时行政区划的省、市、专区、县的顺序排列。一县收录有两种以上志书的按修志年代的先后标明(1)、(2)、(3)。每一志书辑录的民俗资料分为七大类：一是礼仪民俗；二是岁时民俗；三是生活民俗；四是民间文艺；五是民间语言；六是信仰民俗；七为其他。大类下又分若干子目，如“礼仪民俗”下分生育、冠礼、婚礼、丧礼、祭礼、相见礼等，没有则缺。所录资料，经过选择，注意保持原貌，也有的对文字作了调整。经过几年的努力，反复校对而成。志书虽大都是清以后的，但又不是只记清以来的民俗，书中追溯往往及于前代，而且所引的书籍，如沈德符的《万历野获编》、沈榜的《宛署杂记》等都是明人的著述，所记当然是明及以前的民俗了。这些资料不只是对民俗学研究，还对哲学、历史学、社会学、经济学、伦理学、宗教学、文艺学、美学、法学等多种学科的研究有重要的参考价值。

9. 关于边疆

如厦门大学南洋研究所查阅了300多种方志，汇集了有关我国在南海诸岛行使主权和被外国侵占情况的史料100多条、地图70幅，极有价值，为捍卫祖国边疆提供了历史的依据。

10. 关于方志理论

如朱士嘉编著《中国旧志名家论选》、《史志文萃》编辑出版（内部发行）。全书收录清至民国顾炎武、方苞、戴震、章学诚、钱大昕、纪昀、洪亮吉、鲁一同、钱泰吉、孙诒让、梁启超、王葆心、吴宗慈、瞿宣颖、黎锦熙等15家的论著26篇，附录4篇。其中以章学诚为最多，有8篇。吴宗慈的《修志丛论》，全文照录。每篇前简介作者生平，又以"编者按"概述全文的主旨及其价值。

上述10条，只是略举数端，定有脱漏，各地辑编的方志专题资料很多，有些或未出版，或限于内部发行。而方志记述所包含的资料涉及的方面也远不止此，如地理、民族、宗教、赋役、手工业、地区经济、流民、金石、文学艺术等，几乎无所不有，都有辑编的价值。即使是"人物"一项，也绝不限于戏曲家，其他各种专类也有开拓的余地。方言也是如此，除南北朝之外，还可以有别的断代，以至区域性的如吴语方言、江淮语方言等。就是已汇编出版的几个种类，也不是题无剩义了。总而言之，对方志文献的开发是大有可为的，也是各种科学研究的客观所需。

种种迹象表明，其所以在近期出现许多录自方志的史料汇编，是由于科学研究的需要；而科学研究又是服务于当前物质文明建设和精神文明建设的，如地震、矿冶、水旱灾害等是尤为明显的。而各种科学研究因为从方志记载中摘取资料，获得不能取代的效果，又从而促使人们更加重视对方志文献的发掘。例如国际著名的中国气象学家竺可桢，他的有关我国天象、气候的论著都引用到方志的资料。最为突出的，要推在学术界产生巨大反响的《中国近五千年来气候变迁的初步研究》这一著名论文。只要粗读一遍，就会发现竺可桢撰写此文时，曾在几千种志书中纵横驰骋。因此文中的分期，特设一个“方志时期”，起讫为自1400年至1900年。方志期的上下限所以断于此，显而易见，是因为元以前的志书传世的已很少，而明清的志书为数庞大，资料丰足。其重视方志的程度，也就不言而喻了。竺可桢还引用了南京地理研究所徐近之编制的《长江流域河湖结冰年代的统计》和《近海平面的热带地区降雪落霜年数的统计》两个统计表。而两表的制作，又援据江水、淮河、洞庭湖、鄱阳湖和太湖周围地区的方志共665种。因此，可以毫不夸张地说，没有方志文献，也就不可能有此文的问世及其价值。

又如方国瑜主编的《云南地方史讲义》。方氏是一位研究有素的地方文献学者，尤其娴熟于我国西南地区的地方文献。综观全书，它的史料来源，注明出于方志的已很清楚，有些虽没有注明出处，也有源于志书的。大体说来，凡云南及相邻地区的有价值的志书搜罗无遗。周春元等编著的《贵州古代史》，注明引自方志的资料也有三十多种。今后各省编撰有史，应大量取材于方志，这是必定无疑的。要写省以下的区域史，又何尝不是如此。

至于专史的研究，如罗尔纲研究太平天国，硕果累累，他注重于方志文献是人所共知的。英国人李约瑟主编的多卷本《中国科学技术史》，以内容浩瀚、引证渊源著称，其中也有大量的方志史料。这仅是众多撰作中的两例。诸如此类，任何一种专题和专史的研究有赖于方志文献，这已是毋庸置疑的雄辩的事实。

三、利用方志史料应注意的问题

方志所蕴含的资料十分丰富，又较为翔实可靠，足以补正史和别的记载之缺，这是从方志的总体而言的。但不能由此而以为只要是方志的记载，就一切可信，可以随心所欲，拈来即是。恰恰相反，应当和对待其他文献史料一样，必须认真而具体地辨析一部志书的质量。对每一条记载都应作科学的鉴别，慎重从事，不然就会囫囵吞枣，甚至以讹传讹。一旦援据失实，研究结果只能是空中楼阁、子虚乌有。对于这一点，辑编资料固然应当如此，而引用于各种论著时，更应有谨严的态度，一丝不苟。

从史料求真的立场而言，已修成刊印、覆刻和经整理出版的志书，由于种种原因，存在这样、那样的问题。概要地说，有以下几点：

1. 志书的差异

志书的质量良莠不齐，优差不等。这在本书第一章已有所论述。这里所说的质量，仅从史料的真实性着眼。

在旧方志中，不要说修纂不得其人、粗制滥造的劣志，就是被称为善志的方志，也难免发生错误。以"建置沿革"为例，存在的舛讹是较为普遍的，如范成大的《吴郡志》所记之"沿革"，以为在秦末汉初，"项羽封英布为九江王，汉改九江曰淮南，即以封布。十一年，布诛。立皇子长为淮南王，后封兄子濞为吴王。以上三国，尽得扬州之地，吴与会稽皆在封域中"。钱大昕考出这里有误："项羽封英布为楚王，郡六。布所得者，仅寿春以西耳。若彭城、广陵以南至吴、会稽，皆属项羽，在梁、楚九郡之内。汉灭项氏，封韩信为楚王，其时吴、会稽盖属楚。及韩信废，分其地为荆、楚两国，始改隶荆王刘贾。贾为英布所杀，改封兄子濞为吴王，始属吴。然则吴、会稽之地，汉初属楚，继属荆，继属吴。……《吴郡志》舍荆、楚而系之淮南，可谓谬之甚也。"（《十驾斋养新录》卷二〇《吴郡志沿革之误》）

又如《元和郡县志 · 河东道二》"汾州……春秋时为晋地，后属魏，谓之西河。子夏居西河，吴起为西河守，皆谓此也。秦属太原郡。汉武帝元朔四年置西河郡，领县三十六，理富昌县是也。后汉徙理离石，即今石州离石县也。献帝末荒废，魏黄初二年，乃后于汉兹氏县置西河郡，即今州理是也。晋惠帝时，为刘元海（本作渊海，避唐讳改元海——笔者）所攻破，郡遂废。后魏孝文帝太和八年，复后于兹氏旧城置西河郡，属吐京镇。按吐京镇，今隰州西北九十里石楼县是也。十二年改吐京镇为汾州，西河郡仍属焉。明帝时为胡贼所破，因北移西河郡理平阳界，高齐又后于此城置南朔州。周武帝废南朔州，宣帝后于此置汾州。隋大业三年废汾州，还后于隰城县置西河郡。皇朝初改为浩州，武德三年又改浩州为汾州”。戴震在纂《汾州府志》时，考证其中有错误处六条：“云‘后属魏，谓之西河。子夏居西河，吴起为西河守，皆谓此也’，谬一；云‘武帝置西河郡，理富昌县’，谬二；云‘黄初二年乃于汉兹氏县置西河郡，即今州理’，谬三；云‘高齐又于此城置南朔州’，谬四；云‘周宣帝于此置汾州’，谬五；云‘大业三年废汾州’，谬六。”（《戴震文集·答曹给事书》）此援据《水经注》、《魏书》、《史记》、《东观汉纪》、《晋书》及《元和志》本证等详加驳正，文繁不备引。

别的问题就更多，如钱大昕评《崇祯太仓州志》说：“吴越有国时，尝以苏州为中吴府，正史郡志皆失载。此《志》叙《沿革》云‘五代属钱氏中吴府’，胜于郡志多矣。《志》又云：‘宋为昆山之域，政和中升州，属平江府，后为姑苏郡’。此则大误。政和中升苏州为平江府，其所属五县如故。苏州故有吴郡之称，南渡后范石湖修志，尚称吴郡，初无改名姑苏事。如《志》所言，似政和升昆山为州，其后又改州为姑苏郡矣。岂不大可笑乎？”（《十驾斋养新录》卷一四）再如，《嘉庆上海县志》“沿革”：“熙宁七年（1074 年），改秀州为平江军。缘通海，海艘辐凑，即于华亭海设市舶提举司及榷货场为上海镇。上海之名始此。”其实，上海的得名于聚落形成之初，约在五代或宋初，并非初名华亭海。如此等等。

由此可知，在研究历史地理利用方志的资料时，必须作认真的考核。而方志的记载有误，绝不只是“建置沿革”，而是几乎渗透到各个门目。举一可以反三，其他就不再举例。总而言之，对待任何一种资料，都应作如是观。

2. 版本问题

方志中的有些差错，并不全是作者造成的，有些是在流传时产生的。尤其是宋元及其以前的志书，在长期的流传过程中由于抄写、覆刻而产生了错误。近来整理排印出版的有些志书及资料汇编，由于整理者学识有限、校对不精等原因，错误也很多。因此，不论是直接引用原书，或是间接引用资料汇编，都应作鉴核。鉴核的一个渠道，就是要讲究版本。要用善本，而不能用劣本。版本不善，产生许多失误是常见的。不妨举两个常常被学者引用的例子。如因传写、刊刻而产生的错字。北齐颜之推《颜氏家训·勉学》载："江南有一权贵，读误本《蜀都赋》注，解'蹲鸱，芋也'，乃为'羊'字。人馈羊肉，答书云：'损惠蹲鸱。'举朝惊骇，不解事义。久后寻迹，方知如此。"只因读了误本，把羊肉称作芋，成为很大的笑柄。又因脱字或衍字造成的差错，如汲古阁本和武英殿本《后汉书·郑玄传》所录的《戒子书》有："吾家旧贫，不为父母䵷弟所容，去厮役之吏，游学周秦之都……"这一记载，究竟有无"不"字？笃守儒家道德规范的清代几位汉学者曾由怀疑而持否定的态度。王先谦《后汉书集解》引周寿昌的话说："谓'不为父母䵷弟所容'，一语，不应出之康成'。"这话的意思是，像郑康成这样一位大经学家，不但学问精深，德行也被当时人所推重，不可能有这种有乖孝悌的行为。后来，阮元在任山东学政时，到郑玄的故乡高密拜谒祠墓时，发现了唐史承节所撰的碑文，其中就没有"不"字，于是就以为有了确证，可以"补正范（晔）《书》，昭雪古贤心迹"（《小沧浪笔谈》卷四）。阮元的学生陈鳣又从黄丕烈处借得元刻本《后汉书》，这段文字与汲古阁本、武英殿本都不同，无"不"字，因而断定是"妄加'不'字"（《简庄缀文》卷三）。钱泰吉《曝书杂记》也说："陈仲鱼

(鳣)元刻《后汉书·康成传》无‘不’字,与唐史承节所撰《郑康成祠碑》云:‘吾家旧贫,为父母䩙弟所容’之语相合。今本作‘不为父母䩙弟所容’,乃刻之误。”这已是证据确凿了。然而,这不能盲从,还可考核。《郑玄传》在上文有“玄少为乡啬夫,得休归,常诣学官,不乐为吏。父数怒之,不能禁,遂造太学就业。……”拿它与汲古阁本与武英殿本《戒子书》的文字比照,文义是一致的。这从校勘学的原则讲是本证,所以应有“不”字。再看阮元说史承节碑文:“乃兼取谢承诸史,非蔚宗一家之学。”恰恰证明,有“不”字是对的。范晔绝不会在一篇传文中陷于自相矛盾。

利用和鉴核方志史料,不可避免地将遇到与版本有关的种种差错,仔细读读清人整理方志的校勘记,就能发现因版本的劣本影响于原作而致误的事例在在皆是。有时虽非劣本,也会有舛讹。倘使自己在读一种志书时,能用不同的版本对校,那么也能发觉问题,也能增进版本的知识。试举一例,范成大的《吴郡志》有宋绍定本、择是居景宋本、汲古阁本、四库全书本、墨海金壶本、守山阁丛书本、丛书集成本以及几个抄本。其渊源除宋本、景宋本、四库本之外,均源出于汲古阁本。如以汲古阁本的底本与另五种版本(宋本不易得)对校,确能改正不少错误,略举数例。如卷二“风俗”有“鱼具,吴中水国,夫鱼之具尤多”。这里的“夫”不好解,景宋本作“矢”,“矢”的本意,《说文·矢部》解为“弓弩矢也”。可以通假作“施”,作“陈设”解。《春秋·隐公五年》:“公矢鱼于棠。”孔颖达疏:矢鱼“谓使捕鱼之人陈设取鱼之备”。当然作“矢”为是。又卷六“官宇”的“西楼”下引白居易《西楼喜雪命宴》诗:“银榼桑落。”诗系五言,显然有脱误。景宋本“榼”后“桑”前有“携”字是准确的。赵汝谈《吴郡志序》有:“余闻石湖在时,与郡士龚颐、滕宬、周南厚。”范氏撰志时对此三人“数咨焉,而龚荐所闻于公尤多”。此志收有“龚颐正”的诗文多篇,而无“龚颐”,证之《宋史·艺文志》

也作“龚颐正”，所以“龚颐”下当加“正”字。这样的例证还有不少。景宋本也有脱漏，如卷一一“题名”缺“吴渊”至“县开”44个字。从对校中还可证实并发现版本的两个问题：一是据毛晋汲古阁本后附《吴郡志跋》，可知毛本系据宋残版“锓诸梓”，景宋本当然是据宋本。赵汝谈《序》作于绍定二年，但“牧守题名”有绍定三年至宝祐四年历任的牧守20人次。即使书刊于绍定二年以后，也不可能成书于宝祐四年。显而易见，绍定本以后又另有刻本，至少有人为之增补。二是汲古阁本与景宋本的字体、款式以及避讳等方面都有严格的规定。如避讳，从敬、弘殷、匡胤、玄朗直至理宗昀，或缺笔“玄”作“玄”，钦宗名“桓”作“桓”，或假代仁宗名“祯”(包括嫌名“贞”)作“正”、“玄”作“元”，或拆字作从某从某，如“朗”作“从良从月”，英宗名“曙”作“从日从署”。如此之类，极其严格，可证它确凿为宋刻。再把汲古阁本与景宋本作比较，由于毛晋据残版覆刻，舛讹比景宋多，还有二三字至十余字的空缺，所以，景宋较汲古为优。而且，张钧衡在景刻时又据黄丕烈临宋宾王校宋本与郑虎臣的《吴都文粹》作有校勘，汲古阁本则没有。

像这样的事例，凡常常认真与古籍打交道的人都是会遇到而且备知个中甘苦的。所以，读书及从事学术研究的人必须讲究版本。方志的版本，由于明清的志书传抄、覆刻的比较少，所以现存的志书有几个不同的版本多数是元以前的。明清的志书有刻印的稿本，也有流传稀罕的志书抄本。其中有一种现象，就是有些志书并没有正式增订，但在重刻时，有新增内容的。如明王鏊的《姑苏志》，书成后刊于正德元年(1506年)。嘉靖二十年(1541年)苏州知府增“岁贡表”，并于“科第表”、“古今守令表”、“田赋”等都有若干增补。最晚至嘉靖二十一年加以覆刻。然而，这个嘉靖增补本的书名、卷数、修纂者依旧，也没有列入增补者的姓名。这样的事实在旧志中屡有所见，实际上是两个版本了。有些目录著作未加详察,不加区分,这是不对的。

版本学价值有许多方面,对于方志文献学来说,最为实际的有两层意义:一是在配合目录学于了解志书的各种信息之后,辨别各种志书在不同时代产生的不同版本;二是弄清一种志书的祖本和不同版本之间的源流,曾否经过整理、校勘,整理校刊者是谁,有何特点,价值如何,从而辨析其谁优谁劣、次优和次劣。这样,就能自觉地在利用方志文献时避免盲目使用劣本而造成谬误。在研究旧志时,版本的知识也是不可少的。

在我国,典籍而有不同的版本,早于西汉刘向校理群书,刘向校书曾用不同的版本校雠。南宋人尤袤编《遂初堂书目》,第一次给所收的书著录不同的版本。这种风气到清代而大盛,逐渐地建立起版本学这门专门之学,以后与目录结合而为版本目录学。

要懂得一些版本学,固然可以先读一些古籍版本常谈之类的书籍,了解必备的常识和术语。但这是不够的,应当再读些综合版本目录,如邵友诚的《增订四库简明目录标注》、范希曾的《书目答问补正》等;标注版本书目,如孙星衍的《孙氏祠堂书目》、傅增湘的《双鉴楼善本书目》等。张国淦的《中国古方志考》是志书专目。明以前的每一种存志都列有不同版本,虽然还不完备。此外,还应读有题跋的藏书志,如缪荃孙的《艺风藏书记》、傅增湘的《藏园群书经眼录》等。别的杂谈古籍版本的专书如叶德辉的《书林清话》以及有关名家如钱大昕、卢文弨、黄丕烈等的古籍题跋,并能由此及彼,取是剔非,融会贯通,最好能检读各种不同版本的书。这样循序渐进,必然能在版本学上登堂入室。

第五节 方志文献的前景瞻望

应当说,从春秋时代开始直到近现代,各种典籍的著述家,对方志文献从应用到研究，又从研究到应用，代不乏人，而且是愈来愈重视，成绩愈来愈显著。方志文献学已经成为文献学的一个重要支系，而且规模毕具。但这并不是说方志文献学已经达到完善而周备的境界了，恰恰相反，还存在着不足，甚至有空白。总之，方志文献学的进一步开发和充实是大有用武之地的。这里，笔者对方志文献学研究的前景提出几个方面的粗浅设想。

一、关于方志目录

研究并编制出完善的方志目录系列，这是方志文献的基础，其重要性是不言自明的。

编制各种方志目录，首先遇到的问题是：方志的内涵应有恰当的界说。之所以提出这个问题，是因为姑不论在方志专科目录以外的各种公私的综合目录，把志书分散著录于地记、杂传、编年史、纪事本末史、霸史等门类，即使于方志专科目录诞生以后，各种方志目录的编著者收录志书的口径也是不一致的。概括地说，有三种不同的主张：一是只包含以官修为主的省、府、州、厅、县、屯及关、镇、卫、所、土司、乡镇的志书，体裁限于并列门目和以类统目，旁及乡土志、志料，采访初稿包括一个或几个门类的采访稿。这可以中国科学院北京天文台主编的《中国地方志联合目录》（以下简称《联合目录》）为代表。这样的分界归属，于方志目录界的影响很大，国家的和各省、市的以及科学研究机构的、高等学校的图书馆所编的方志目录都大同而小异。方志的内涵作如此的界定，究其源，首先与章学诚的认识有关，实际上是他把方志限定于官修的省、府、州、县志。其后，缪荃孙的《清学部图书馆方志目》，根据是原清内阁的藏书，大都是省、府、州县志。谭其骧的《国立北平图书馆方志目录》，仍其旧贯。朱士嘉的方志目又是承其旧绪的。二是于《联合目录》之外，收录总志、杂传、风土、物产等，可以张国淦的

《中国古方志考》为代表，相类似的不多见。三是陈光贻的《稀见地方志提要》，其所收录比《中国古方志考》又有扩充。该书《例言》以为"其书以山川岛屿地域等名者，而记一方一域之疆域、山川、天文、历史、经济、人物、艺文者，亦为方志耳"；并认为方志的体裁有"纪传体、编年体、纪事本末体、杂记体、传记体、辑录体、术数体、赋体、骈俪文体、诗体等类"。显然，这与前二说是不同的。

考镜此三说的源流，首先应当注意的是：它们并非截然地对立，而是有着共同点的，这就是三者的根本点都承认方志是记叙一个地方包括不同层次的行政建置、远近、史事的一种文化典籍。差别只是在于所记内容的范围和记叙的体式各有标准，因范围的广狭而分道扬镳。而它们的各自立界又是有依据的。《中国古方志考》是依据《隋书·经籍志》到《四库总目》这一系的分类，收录其中的地理、传记及载记的部分。《稀见地方志提要》又在此基础上，扩大到专志。而《联合目录》则反其道而行，局限于地理类，并且把"总志"、"都邑志"等剔出。再有"史志有别"的论者，又在体裁上排除了被认为是地方史的志书。

对于方志的内涵，究竟应当定于哪一界说？这不是一个太复杂的问题，因为上述三说只是同中有异。判断这种歧异之处何者接近真实，只能从方志本身的发展演变中寻求答案。从方志的发展史来看，由先秦的国别为史，到秦汉以下的地记、杂传，再由晋至宋渐渐趋于综合，有官修的，也有私人的撰述，因而体裁和名目是多样的。在方志这个发展演变的过程中，源与流的脉络十分清晰。诚然，各种体裁有不同的特点，数量也有多有少，但不能因为其数量少而给予排斥，也不能因为体裁不同而另眼看待。正如旧史的三大体裁只能是同属于史而不能分别定出不同的性质。《联合目录》不收《广陵通典》、《滇考》一类的志书，可是把编年体的《嘉靖随志》和纪事本末体的康海的《武功县志》著于录，这就自相矛盾了。古典目录收入霸史或载记的《越绝书》、《吴越春秋》和《华阳国志》这一类志书,清及以前的学者从来没有提出异议,有的还以为是方志之始源。杂传的记叙地方人物,《隋书·经籍志》的作者及刘知几、章学诚等人无不认作方志,由此而推及风土、物产、艺文、胜迹等专志,当然是合乎逻辑而自然地归属于方志。杂志系指不像官修志书那样门目周备,或独立成篇,然而又是记述一个地方的史事,如明沈榜的《宛署杂记》、元高德基的《平江纪事》等。至于总志,这是唐宋以来的约定俗成。有的总志,事实上是全国各地的方志汇编,如北宋的《祥符州县图经》便是如此。明清的《一统志》,也都是以各地的志书为基础而修成的。所以,志属类的扩大是客观存在的事实,而不是随人们的主观意识所转移。至于术数、赋、骈俪文、诗等,显而易见是文体,不属志体。

那么,对于方志目录有哪些工作要做呢?

1. 编订现存方志全目

从《中国地方志综录》到《中国地方志联合目录》,对方志目录学所做的贡献是应当给予充分肯定的。但限于收录的藏志单位,还有遗漏,也有不少的差错。倘使把它收录方志的界限扩大,就更有余地。因此,在《联合目录》的基础上,编制一部存志全目,将是方志目录学的一项重大任务。要做好这项工作,应以一个单位如中国地方志指导小组和北京图书馆为首,组成一个编目机构,专司其事。而后通过省及下属的各个图书馆,与省及下属的各级地方志编纂委员会,在全国范围内进行一次广泛而深入的现存方志的普查。尤其应注意于各地文物管理委员会、博物馆和私人的藏志。我国私家藏书之丰,有很长的历史渊源。新中国成立以来,许多著名藏书家将藏书先后捐献归公,但并非全部如此。如现仅存一部完整的《洪武苏州府志》就为苏州一私家所有,江阴一个乡镇的志稿也为私家所有。有些文物管理委员会、博物馆、档案馆乃至图书馆有放置未经清理的书籍,其中也偶有方志发现。经普查所得,可从基层到省,逐级汇编成目,而后汇编成全国志目。既然是全国方志目录,自应包括台湾的方志。众所周知,在台湾,不仅藏有大量旧志,新修志书也不少,而且目录工作也颇有成绩。这就有必要与台湾的方志目录工作者协作,把制订全国志目列为海峡两岸学术交流的一个项目。流散于国外的,也可将已出的各种单行的目录加以考核,而后予以收录。

2. 编辑佚志目录

关于佚志目录,贵在考订。《中国古方志考》虽有遗漏,但于元代及以前的已提供了很好的基础。张氏又有《明方志考》,惜未出版,而且稿已散佚。陈光贻据清《古今图书集成》编成《古今图书集成方志辑目》(附于《稀见地方志提要》)。《古今图书集成》是我国《永乐大典》之后的又一部最大类书,为清康熙时陈梦雷等原辑,雍正时蒋廷锡等重辑。全书共10000卷,目录40卷,分6个汇编,32典,6009部,部下又分类属。其中收录方志很多,自汉迄清康熙,计算有1430余种。经陈光贻考查,已有600多种已亡佚:宋以前有455种,元12种,明及清初140多种。无论存佚,都注明志书名称、卷数、修纂者、修纂年代及存佚;并有备考,注明该地简略的沿革和志书见于何种目录,依照清《职方典》所列省、府、厅、州、县次序编排。这又提供了部分依据。现在要拾遗补缺,但此项工作极为艰巨,异常细致,难度远远超过编制存志全目。需要对古文献学、目录学、方志学及考据学有较深的学识,并且有热心愿意为此而尽力的学者做较长时期的努力才能奏效。有愿从头学起,为此而做几十年的奋斗也能达到目的。有几个人尽心协力,分工合作,这种方法也是可行的。笔者认为,能有一部完整的佚志目录问世,体例不亚于《中国古方志考》,对方志学的研究非常有必要,是功德无量的事。

3. 撰著方志提要

对现存方志撰写方志提要，学术性之强，与佚志目录考订难分高下，而它的实用价值更要略高一筹，将会受到更多学者的关注。关于方志的提要，南宋人的《郡斋读书志》和《直斋书录解题》直到清代的《四库总目》，已有若干积累，近时也有几部专著。有些学者读书笔记的方志条目，如清周中孚的《郑堂读书记》、李慈铭的《越缦堂读书记》之类，也有相近于提要的内容。由于《四库总目》的影响较大，所以，以往不论作哪一类文献的提要，都争相仿效《四库总目》。今天作方志提要，《四库总目》的优点固然要汲取，但不能拘泥于此。在形式上应采用国际上通行的规定，于内容方面，除书名、卷数、修纂年代、版本、修纂者外，还应包括修纂者生平事迹略述、修纂宗旨和经过、体例源流、类目和序跋、优劣评价、史料价值等。使人读了提要之后，真正能了解该志的概要，或者说为读志提供一个门径，类同于导读。

方志提要，当然要有一部全国性的。在近一万种志书中，要把每一种都写出来，是没有必要的。要加以选择，着重于善志和有特点的志书。有些虽不是善志，也没有什么特点，却有代表性，如该地区仅有一两种方志，就应入选，并且有些劣志在同类志书中有典型意义，也可替它作提要，因为它有另外一种意义。即使是有选择地进行，数量还是很大，不是几个人在短期内能完成的。较为切实可行的有两条途径：一是由中国地方志指导小组、北京图书馆或古籍整理机构组织力量统一进行；二是省的地方志编纂委员会会同图书馆组织人力编写一省的方志提要，这比较容易收效。江苏省地方志编纂委员会已完成这一工作，《江苏旧方志提要》已于 1993 年 10 月由江苏古籍出版社出版。倘各省都能逐渐这样办，那么，必定能够集腋成裘，加以裁辑，一部全国性的方志提要就水到渠成了。全国方志提要能汇编出五六千种，就蔚为壮观了。

4. 省(区)市的方志目录

编订区域性的方志目录,不仅与全国志目并行不悖,而且是可以相互促进的。即使有了全国性的志目,区域的志目也有其存在的价值。目前,已有几个省编有不同类型的志目,有些省正在编制。区域性的志目,固然可以依据《联合目录》所录项目自定体例,修正补充《联合目录》的差错和缺漏,但又不能满足于此,应当在这类简明目录的基础上,上升到提要目录。或者贯通古今,集存志与佚志为一体,熔考证与提要于一炉。各省的地方志编纂委员会来承担这一工作,是完全可能的。目前,有的省已在酝酿中。

二、关于整理和出版旧志

整理出版旧志,宋人已经开始,清以来于校勘方面更有突出的成绩。近些年来,北京、上海以及江苏、湖北等省以及台湾的多家出版机构,相继出版了为数众多的旧志,台湾出版的志书最多。而台湾的藏志显然比不上大陆,而且所出版的大都是影印的。影印有影印的好处,可以保存原貌,对研究版本难以见到原书者不无小补,比起点校排印的误本要好。但有些本来有误,应通过整理予以纠正的,影印就不能达到。所以,整理出版旧志仍然大有可为。整理出版旧志,可以有不同的类型,如:

1. 方志选刊

20 世纪 80 年代,江苏古籍出版社和上海书店出版社等决定联合出版《中国地方志集成》,并于 1987 年 11 月召开了有国务院古籍整理出版规划小组、上海图书馆、南京图书馆及有关学者参与的会议,规定了选刊的原则、要求,预计选印旧志二千余册,将在四年内出齐。这是一种大型的方志选刊,涉及全国。但是,因为旧志的数量多,无论如何不易出全;而选刊的原则之一,又是不管一个地方有多少志书,只能有一两种入选。这样,就势必造成一些善志落选,尤其是志书较多、水平又较高的地方。因此,在出版等许可的条件下,可以以省或市为单位出方志汇刊,虽然不能全部出版,但至少可以将较善的志书网罗无遗。如以市、县为单位,不妨求其全,如《宋元四明六志》、《汇刻太仓旧志五种》等类。也可以时代和类别出汇刊,如台湾大化书局的《宋元地方志丛书》、中华书局的《中国古代地理总志丛刊》。苏州市地方志编纂委员会拟于《江苏地方文献丛书》中逐渐选择苏州方志整理点校出版,已出版《吴地记》、《吴郡图经续记》、《吴郡志》、《吴门表隐》等几种。只要出版、发行等各种条件许可,这个方法是切实可行的,比起《方志集成》要灵便得多。

2. 辑佚志书选编

清至民国,有许多佚志辑本有的已刊刻,有的如张国淦的《大典辑本》未刻已散佚,王谟的辑本亡佚的也不少。这是十分可惜的。王仁俊的《玉函山房辑佚书补编》所辑佚志有多种,有的是与别人的辑本重复的,但有不少有独一无二的,有些还只是稿本,藏于上海图书馆,有条件时应有选择地予以出版。这些辑本有的原是名志,刻印流传的也不广。所以,无论是从史料着眼,还是从接受前人辑佚志书的经验出发,都应当从已刊刻和影印出版的辑本中选择其价值最高的汇编出版,有些还可以做些整理工作。

3. 精选出版善志

于出版方志的集成、丛刊、合刊而外,还应当经过精心选择,经过整理,单独地排印出版善志。这种志书的出版,有两种情况:一是像向达的《蛮书校注》,付出艰辛劳动,详加考核,精加校注。一是宋以来的善志,原刻本较完整地保存,语言方面并没有很多必须训释的问题,只要给予点校,仔细认真地将志中引文与原书校核,加上标点,就可出版。要注意的是应由一家较好的出版社、责任心强的印刷厂负责,以便在审稿、排印、校对等全过程中,保证质量。

三、关于资料辑编

方志史料的利用，最好的办法是辑录成编，它可以起到为各种科学研究铺路或架梯的作用。任何一种科学研究，资料总是第一性的。辑录汇编方志资料，要求全面开花是困难重重的，费时费力，见效还不快。切实可行的是分专题辑录。

辑录专题资料，可以有两种办法：一是把辑录资料作为一种专业。这种默默地甘为人做架梯的工作，应当受到人们的尊重。一是结合自己专题研究的需要而辑编。前者只要有一定的文献学的知识，又能勤奋而实在地工作，质量是可以保证的，以图书馆、档案馆的工作人员和资料工作者最为适宜。后者比前者更应提倡，因为专题研究者是实用的有心人，又能掌握那个专题的深度和广度，由辑录、鉴别到分类编排，比起不甚了解研究课题的人，能收事半功倍之效。而且，辑编资料的过程正是熟悉资料的过程，对研究工作的进展也是极为有益的。

辑编专题资料在进行之前，先应确立类例，明确规定辑录的对象、内容、取舍、分类等。当然，不是一成不变的，可以由辑录到汇编的进程中，根据实际的资料，修正后最后确定。

专题所涉及的面有广有狭，如辑录全国的地震或其他专题，必须查遍全国的主要志书。如若只是研究一个地区性的经济或别的专题，就主要地查阅这一地区的志书和全国性的总志以及邻近地区的志书即可。在目前的状况下，要阅遍现存（包括辑本）的所有方志，是不可能的。所以，从长远考虑，全国图书馆系统和科学研究机构、高等学校，应运用电脑建立一个辑编方志资料的协作网络。有计划、有步骤地决定专题，制订辑编规划，分工合作，联系协调。只要能下决心，肯花力气，这是完全可以办到的，并且一个一个地渐次办好。方志这座资料宝库永远敞开着大门，显露出广阔的园地，让各种研究者任意纵横驰骋，它会毫不吝啬地任凭开发。

从现有的多种资料辑编来看，因辑编者的需求不同，体式也不完全相同。大致说来，有如下的三种类型：

1. 辑录条文型

如中国农业遗产研究室辑编的《方志物产》、书目文献出版社出版的《中国地方志民俗资料汇编·华北卷》等。二者只是从多种方志中据专题的性质，摘录有关条文，或经选择，注明出处，而后分类编排。这是大型的和地区性的纯资料汇编。这就为这个专题的研究者提供了素材，但其作用也仅止于此。

2. 课题研究型

所录资料不是停留于摘抄条文，而是与研究的专题结合起来，并经过少许的剪裁，融合了辑录者的研究所得。如赵景深、张增元的《方志著录元明清曲家传略》，这已不是纯粹的资料辑编，有他们对元至明清曲家及曲目的新发现。所援据的方志是有所选择的。其所以如此，不是任意的，而是基于对元明清四代的地域特征的了解；并且，所以能从中肯定新发现的戏曲家和曲目，是因为他们对戏曲有深湛的研究、宽阔的视野和敏锐的观察力。由此可证，辑录资料与专题研究结合的优势，因而这种方式是值得大大地提倡的。

3. 文选型

这种资料辑编，不是摘录每种专题的有关条文，而是编录完整的一个篇章；并且在选文之前，编辑者加有“按语”，对该文的作者生平及该文的主旨、要点、得失以至于对后世的影响等作简明的评述。朱士嘉的《中国旧志名家论选》便是这样。此书名为“旧志名家”，实际上选的是清代的十数位志家，从此对清代的方志理论可以得到大体的认识。这就不同于一般的资料汇编，而具有较高的学术性，对于读者尤其是初学者是会有启迪的。这个类型可以有多项，如历代方志序、跋选编。于别的专题也可应用，如水利这个专题,可以从志书中摘录以前水利家的有关专论,从而评述各种主张的利弊得失,这不仅对研究水利史有裨益,就是对当代兴修水利也有参考价值。

上列三种体式,可以窥见开发方志文献创新的轨辙。既为今后辑录资料提供了经验和借鉴,也为再创开拓了新思路。

利用方志资料还有一种有意义的工作,就是辑录佚志。

方志的辑佚,前人尤其是清代的学者做出了很大的贡献,积累了许多可贵的经验,因而辑佚在方志文献学上有不可忽视的地位。

前人对佚志的辑录,在时间的断限上还只是到元代为止,明以后极为罕见。张国淦的《明方志考》未能传世。而清代的志书也已有亡佚的。所以,辑录佚志就成为方志文献学的任务之一了。这一工作有许多有利条件:我国的学者历来有重视乡邦文献的传统,方志辑佚就是由此而产生的成果。现在和今后也一定会有人来继承和发展这个事业,这是最为积极的有利因素。另一方面,在我国古代的载籍里,引自方志的文字是极其丰富的,已经亡佚的志书,往往在这里保存着原文,有的只是吉光片羽,有的竟达数百上千条,甚至几乎可以恢复原貌。前人辑佚的经验证明,从《水经注》、《史记正义》及《太平寰宇记》、《舆地纪胜》等尤其是从各种类书中能获有丰富的佚文。最值得一提的是《永乐大典》,清代辑成的《嘉定镇江志》、《至顺镇江志》等便是源出此书。张国淦的《大典辑本》与《明方志考》虽已散佚,其目录或许还可以找到。陈光贻的《古今图书集成方志辑目》又为明及清初的佚志提供了线索。可见《古今图书集成》是继《永乐大典》之后,又一部保存方志资料的渊薮。清人的著作,如顾炎武的《天下郡国利病书》,也是汇录方志文献而成的。各种方志引用前志是理所必然的,所以资料的来源条件优厚。当然,并不是没有困难,最为麻烦的一个问题是:古人引用成文,往往不详注出处,有时还要删削。即使注明出处的,不加修志年代的事也是常见的。这样,同是一地的志书而修纂年代不同,就很易混淆,因而需要有考核的工夫。这是一个简单然而又是不可回避的环节。

佚志的辑录,元以前的已是成果累累,当然不是这方面已是完善无缺,还是有许多工作要做的,而主要的应攻克明清的佚志。可以寻究《明方志考》、《古今图书集成方志辑目》所提明及清初佚志的线索,先集中精力于《古今图书集成》、《天下郡国利病书》和《肇域志》寻求引文,而后定体例,分类目,经考核汇编成册。倘能由一个单位如现在各省的地方志编纂委员会于此志完成之后作为一个常设机构列为研究项目,由几个省的这种常设机构共同承担,那是切实可行的。

四、关于索引

作为一种查阅文献手段的索引,已越来越受到人们的重视,文献检索已离不开它,有些撰著也开始附有索引。方志文献学无疑也是应当推广的。已出的方志索引有两种类型:一是一部志书的索引,如台湾出版的《太平寰宇记索引》、朱士嘉的《吴县志列传人名索引》。二者又有不同,前者涉及该志的全部内容,后者只是志书中"列传"这一个门类。二是专题索引,已出版的限于人物专题,如台湾出版的《明代地方志传记索引》、北京出版社的《北京天津地方志人物传记索引》。两者又有差别:前者是包括一个朝代不限地域的人物,依据各地的多种明代志书;后者只限于北京、天津两地,根据两市及属县的全部方志,所收人物时代不限。方志人物传记索引是比较容易编制的。中国地方史志协会有意组织力量,编制各省的方志人物传记索引,笔者愿其能早日实现。在编制人物索引时,自然注意列传。但有一个问题值得考虑,就是志书并没有为其人立传,但在别人的传或其他类目中记载了他的事迹。例如《同治盛湖志》的《柳如是传》记载了钱谦益的一些事迹,有的是《清史稿》本传所不载的。诸如这样的人物,应见于索引。

方志资料索引,随着方志文献学的进展,将会扩大到别的方面。可以有多种专题索引,诸如地理沿革、民族、自然灾害、经济、风俗等,这与专题资料辑编并无矛盾,专题资料汇编之类并非可以取代索引。当电脑普及的时候,资料的储存和索取比起阅读汇编还要方便,索引同样可以输入储存,也不会失去其价值,只是在方法上有所改变罢了。

第四章　方志编纂(上)

方志学的研究对象是方志,修志实践是方志学的基础。那么,如何编纂方志,由此而对方志编纂的理论研究,自然就成为方志学的重要一环。在今天,应成为方志学的一个分支系统——方志编纂学。

编纂方志与方志编纂学是形与神的关系,是紧密地关联着的。志书是纂辑而成的,要修志,修纂者先得有对志书如何编纂的构想和规划,主要是确定修纂宗旨、编纂体裁(例)及其方法。主旨是否得其要领,体裁和方法是否周备,不是轻而易举的。它不可能先验地随心所欲地凭一己的臆想,而是既要善于继承历史的优良传统,又要不墨守成规,有所创新,并且要在修志的过程中加以充实和完善。所以,方志编纂学的发展和进步,通常是经过修出的志书体现出来的。因此,方志编纂学既要以已有的志书为探究的依据,更要着意于现实编纂的方志,有所开创。

所以,对方志编纂的研究,应当担负起两个方面的任务:一是继承的需要,从方志产生、发展的历史即从方志历史的运动状态中,考察其渊源和前进的轨迹,从而总结以往不同时期的编纂特点和成就、经验和得失,以便于从何继承;一是创新,从当前编纂方志出发,在汲取前代方志编纂成果的同时,站在当今时代的基点上,放眼当代各种学科的新成就和新水平,为满足物质文明和精神文明建设的需要而去探索和开创。

对于以往方志(以下沿用习惯的“旧方志”或“旧志”这个称谓)的编纂的讨论,自当以历史为线索,顺向或逆向地探明其源流。既从一般到个别,又从个别到一般,反复辨认并把握其符合时代前进的有代表性的种种因素和成就。

第一节 旧志的体例及其演变

编纂方志,首要的是确定体例。章学诚曾说:“为政必先纲纪,治书必明体要。”(《为毕秋帆制府撰石首县志序》)这个“体要”的“体”,实际上就是通常所说的“体例”的“体”。这是一切著述包括方志都必须首先具备的,否则就不能成为完善的著作。如《魏书·崔浩传》载:“初,太祖诏尚书郎邓渊著《国记》十余卷。编年次事,体例未成。”而体例这个概念的具体内涵:“体”为著述的种种表现形式,如我国古典文学中的诗、赋、词、曲、散文等不同的文体,史学中的编年、纪传、纪事本末三大传统体裁。“例”则是各种体裁的文或史所蕴含的内在大旨和体裁的法度。以往“凡例”合称。“凡”和“例”原是经学家的用词,如左氏家所说的“《春秋》五十凡”,公羊家所说的“三科九旨”的《春秋》义例、晋杜预的《春秋经传集解序》有“其发凡以言例”之说。《史记》的《太史公自序》、《汉书》的《叙传》,事实上也具有“凡例”的性质。后世的著述家,对于任何一种著述乃至史、文注释,类书以及诗文选本,都先定“凡例”,所谓“创凡立例”。读其书必先了解它的“凡例”,而后才便于通其旨意,究其底蕴。旧志中的“凡例”、“修志文移”、《序例》、《例议》以及修纂者的《序》、《跋》之类,恰是渊源有自,反映了修志者的编纂意图。体与例的含义不同,但又是浑然成为统一体。对于旧方志体例的辨析，既要宏观地论证它的历史演变，又要微观地辨明各种有代表性的具体特征。

在具体地对旧志体例讨论之前，还有必要先就志书的记述对象和内容的演变加以历史的考察，只要对方志的源流稍加辨别，就不难发现，在方志大约三千年的历史长河中，大致经历了由合到分、由分到合、合又有分的过程，或者说存在着这样一条发展的线索。先秦国别为史的方志，以记述当时一个诸侯国的社会政治史事为主。而任何一个历史事件的发生及其结果，不论是政治的军事的或是其他的，总离不开时间、空间（地理环境）和有关的人物，并且还有历史的因缘和经济、政治等条件。因此，虽然所记的是社会政治事件，却必然有人物及其代表的政治机构、集团，又将涉及自然的和社会的种种因素。所以，尽管简略而无系统，但比起以后主记地理、人物等的方志，其较广泛地寓有综合的性质。

秦汉至隋唐，方志顺应地方行政建置的变革，以不同时期的郡、国、州、道、县为记述对象。记述内容已呈现出分的趋向，以主记一地的地理和人物为最多，也有少量的记一地物产和都邑的，并有地理的总志。在这个时期的志书里，仍有合的数种，以《华阳国志》最为典型。

由唐到南宋，在方志的全体规模上又逐渐地由分归于合。这种综合型的志书占主导地位，并且从元明至今，一直是志书的主流，尤其是在官修的省、府、州、县志中处于绝对的地位。但又不能不看到，专记人物、艺文、水利、物产等的专志和杂志还是有的，尤其在私撰的志书中，清末以来似乎还有发展的趋势。

笔者所以要在这里概略地重复本书第二章已论述过的问题，是因为有的志乘家和目录学者只承认官修的综合型的并且只是府、州、县的志书才是方志，其他一概被排除在外。其实，这是无视方志发展演变史的偏颇之见。研究任何一种事物，应当尊重客观的历史实际,事实是雄辩的。就以东汉以来的地理、人物的志书而言,当时和历来的目录学者、方志学家都公认它们的方志属性,别无异议。即使是清人章学诚,力主方志必须是三书四体,竭力排斥图经非方志,然而这个论断又使他陷于自我矛盾之中。如他曾这样说:"水经、地志之类,不能得其全也。""汉人所为《汝南先贤》、《襄阳耆旧》、《关东风俗》诸传说,固已偏而不备。"(《为张吉甫司马撰大名县志序》)所谓"不全"和"不备",从逻辑上讲,最多只表示偏称否定,而不是全称否定,也就是说它们仍然是方志。好比《春秋》这部书,记述了春秋 242 年的事,应当属史书,可是实在简略不过,但不能因为其简略而不承认它是史著,也不能因为儒家者推为经典而超脱于史著的行列。恰恰也就是章学诚,还竭力宣扬"六经皆史"。任何一种文化形态,总是从初级到高级,由不完备到完备而发展前进的。倘使要求旧方志都符合后世体式,那是对古人的苛求,不是历史主义应有的态度。何况分别主记一或两项的专志,是前代方志的定式。如《隋志》著录那么多的地记(地理)、杂传(人物),足证它们是东汉魏六朝方志的主要形态,是历来所公认的,并不因为出于某种武断而抹煞它们的客观存在。同样,宋以来的山志、水志、水利志、寺庙志、城邑志、人物志、经籍志、金石志、胜迹志等专志,是前代专志的扩展。如果无视其间的渊源关系,就必将肢解方志的发展史,也就不可能辨认源远流长、丰富多彩的方志完整的历史。

一、旧志的体裁

人所共知,旧志的体裁在方志史上呈现出各具特点的多样性。如果对旧志的各种体裁稍加研究,就会发现其中有一个突出的倾向,就是与旧史体互相渗透、互相作用。有些后起的志体显然是效法于史体的,如以纲统目和纪事本末,至于明及以后有人模拟纪传体,则更为彰明而较著。所以,章学诚反复强调的"志乃史裁",不是凭空的一己臆说。有人抨击章氏的这个论断,主张"史志有别",是近乎武断的。当然,指出史裁与志裁具有共性,并不是说二者完全等同。比起旧史,旧方志还有它自身所有的特点,并不为史裁的模式所局限。其实,不只是史与方志,就是同为纪传体的史书,也是各有自己的面貌的,如《汉书》有别于《史记》,《新唐书》与《旧唐书》互有差异。同中有异,共性中有个性,这是事物中的绝对存在。夸大任何一点,只能是背离事物的本来面目,也就无从把握其本质特征。下面分述旧志各体的渊源及其演变:

1. 编年体

现在所知,最早的方志是周代的诸侯国史。《隋书·经籍志》称:"古者天子、诸侯,必有国史,以纪言行。后世多务,其道弥繁。"梁启超曾说:"最古之史,实为方志。"此说有一定的道理,因为直到现在,无论是文献或考古发掘,于记言的《尚书》之外,还没有发现周代及其以前有完整而较为系统的别的史书。而流传至今的《春秋》成书之前,已有方志如《鲁春秋》等存在,被刘勰誉为"记籍之冠冕"的《左氏传》,就有取材于诸侯国史的。由此说来,方志恰是最早的史籍之一。这类国史,当时泛称诸侯史记、国书或史记,其名目则有春秋、乘、梼杌、志、书等。

流传至今的有《竹书纪年》,这是西晋时从汲郡魏安釐王墓出土的竹简书,经荀勖、和峤、束皙、杜预等整理编次成帙。《竹书纪年》原名《纪年》,郦道元作《水经注》引用此书时冠以"竹书",后人相沿成习称为《竹书纪年》。此书所记,以晋和魏国的史事为主,又上溯至远古。杜预断定它是魏国的史册,是可信的。其体裁是以年系事的编年体。由此显示了一个问题,即从现存的史籍考核,编年体最早源出于方志。辩白这一点对方志史研究有很重要的意义,如对方志体裁、方志的科学属性、史志是否有别的探讨,都将是不容忽视和无可辩驳的事实依据。

还应注意,旧方志编纂与旧史的修撰有类似的趋势。这就是司马迁作《史记》,开创了纪传体,班固撰《汉书》,扩大了纪传体的影响。唐以后的官修史籍,除《资治通鉴》外,无一例外地用纪传体。这样,纪传体成为史著的主导形式,编年体逐渐地有式微之势,方志也是如此。魏至隋唐的传世志书中未见有编年体,然而,这并不是这个体裁没有价值,应当淘汰,恰恰相反,它有着纪传体所不具备的优点。唐代的大史学家刘知几曾把编年体的优点概括为:“系日月而为次,列时岁以相续。中国外夷,同年共世,莫不备载其事,形于目前。理尽一言,语无重出,此其所以为长也。”(《史通·二体》)这是很得要领的。正因为是这样,汉以来的编年体史著代不其乏。如汉荀悦的《汉纪》,晋袁宏的《后汉纪》,唐温大雅的《大唐创业起居注》,宋司马光的《资治通鉴》、李焘的《续资治通鉴长编》、李心传的《建炎以来系年要录》以及历代的各种“起居注”、“实录”之类。《资治通鉴》更是公认的负有盛名的空前巨著,它的出现,大大地增强了编年体在史著中的地位。

也许就是这个缘故,后来方志中的编年体又重新问世。见于目录著作的如明嘉靖时黄光升纂的《长兴县志》2 卷、颜木纂的《随志》2 卷,崇祯时龚策纂的《武进县志》2 卷。现在,只《隋志》仍见流传,余都散佚。《四库全书总目·地理类存目》著录有《随志》,说:“其编年之例,全仿《春秋》经文。……而以地之沿革,官之迁除,士之中乡、会试、贡太学者,案年纪载。皆地志未有之例也。”说是“地志未有之例”,未免失之于考,源流莫辨,但恰是汉魏以来所没有,而为明人所重振。进入清代,编年体的方志时有所见,如雍正时佚名的《临朐编年录》,嘉庆时汪中的《广陵通典》、董沛的《明州系年录》,民国时王树楠等的《冀县志》等都是。这类志书篇幅都较小,从广度及史料的角度而论似嫌不足,但读来不用费太多的时间,就能对一地的史事了解一个概要。如《广陵通典》记自汉吴王濞开国至今扬州一地的历史,“会萃条流,差次月日”,一览无余。这样的志书具有特点,有读者需要它,应当肯定它的地位。至于明陈士元的《滦州志》那样,仿公羊、谷梁《传》经的办法,自问自答,形式虽是编年,究其实已与编年史、与志不相伦了。

不仅如此,编年体还影响到纪传体。这就是纪传体史籍将以年系事的这个体式融入其中,切实地说就是“本纪”。“本纪”虽以人物标目,但在叙事时,除了开国皇帝所记他没有登位之前的家世与事迹而外,其余都是年经事纬。所以,“本纪”实际上是纪传体中的编年。旧方志也有类似的情形,自宋以来,在广设门目的省、府、州、县志(主要是官修志书)里,也有撷取编年体而融合于整体之中的。这类志书首推南宋高似孙的《剡录》,其“县纪年”一编便是编年体。他如《景定建康志》的两个“表”也是首列“年世甲子”。明陈士元的《滦州志》、马文炜的《安丘县志》,清沈世奕、缪彤的《康熙苏州府志》、洪亮吉的《嘉庆泾县志》等的有关篇目,都有以年月为次而纪事的。章学诚的《嘉庆湖北通志稿》的“二纪”之一是“皇朝编年”(附前代)。殷自芳等的《光绪阜宁县志》的“疆域”篇,于城邑沿革之外,有编年以记历代大事。缪荃孙的《江苏省通志稿》有“大事略”。民国时黄炎培的《川沙县志》列有“大事年表”,按照年月次序简明扼要地记叙川沙县(原为川沙厅)的大事,并附有国际大事。倘加以仔细琢磨,这类志书有“纪年”、“大事年表”、“大事略”等,比没有要好得多,最大的一个优点就是经纬条贯,使全志浑然一体。

《川沙县志》的“大事年表”而附国际重大事件,是一种开创。黄氏的《川沙县志》修于民国二十五年(1936 年)。1938 年,黎锦熙修《城固县志》,明言仿《川沙县志》例而设“大事年表”:“于最下辟一短栏,用小事并列‘国内外大事参考’。”有人曾以它与川沙县事不发生直接的关系而持怀疑乃至否定的态度,这是不恰当的。诚然,《川沙县志》所记或有不当之处,但这只是表明县志附记国际事件应怎样记载方才得体,也就是说当如何改进的问题。而不是像替小孩洗澡,因为澡盆水脏,把脏水连小孩一起倒掉那样,取消附记国际事件。因为当历史进入近代,任何一个国家和地区与世界的联系都不再像中世纪那样无关紧要了,恰恰相反,世界已逐渐地连成整体。清人薛福成在《筹洋刍议·变法》中说:鸦片战争之后,“华夷隔绝之天下,一变而为中外联属之天下”。清政府的妄自尊大、闭关锁国给我国造成的严重后果,是人尽皆知的。现在世界已全球化,因此史学研究,无论是国史还是地方史包括修纂方志,都不能无视世界政治、经济、文化的发展和变化,尤其是与我国的关系及产生的影响。所以,《川沙县志》作如此的记载,恰恰是证明修纂的卓识,是符合时代要求的。它无疑是一种开创,应当提倡,沿海的省、市尤当重视。

2. 纲目体

综合型方志的纲目体即以纲(类)统目体,与旧史的纪传体类似,可以说是从纪传史体脱胎而来的。这类志书,数量比编年体多,仅次于并列门目体。这个体裁的形成经历了较长的时期,《华阳国志》已露其端倪,大致在《华阳国志》经北宋时才由并列门目发展而逐步定型,本书第一章已有论述。

所以,纲目体与纪传体相类,是因为旧史的纪传体有纪与传两个主要的组成部分,纪、传下再有子目。一部完整的纪传体史著不只是纪、传两个部分,还有别的类目,如《史记》包含有纪、表(《汉书》以下正史中仅《新唐书》有“表”)、书(《汉书》改为“志”,《新五代史》作“考”)、世家(《晋书》改称“载记”,只有《新五代史》仍旧,别的正史归入“列传”)、列传五类,类下分设目。二十五史中,《三国志》、《梁书》、《陈书》、《北齐书》、《北周书》、《南史》和《北史》只有纪、传二类。纪传体自汉而下通行,后经政府的认可,被称为正史(刘知几合编年、纪传为正史)。由于方志与史的渊源,所以,纪传体必然影响于方志的编纂,在它朝向综合型发展之时,更促成了纪传体化,明以后的有些修志者更自觉地仿效纪传体。高似孙的《剡录》设"县纪年",已开方志"纪"的先导。略具规模的是马光祖修、周应合纂的《景定建康志》。此志一变综合型并列门目为以纲(类)统目,设录、图、表、志、传五类,类下分设子目,后附拾遗。从类例着眼,这与纪传体完全一致。章学诚主张的三书、四体也只是这个体例的发展,而不是质的改变。

当然,说方志的纲目体与纪传史体相类,是指它们的共同点而言的,并不意味着二者完全一致,别无歧义。众所周知,纪传体的立类,带有根本性的一环是"本纪",而立纪的人物只能是帝王,也有少数的皇后,如《史记》的《吕太后本纪》,《汉书》也有《高后纪》。《史记》在秦亡汉立之前,因"政由羽出"而为项羽立纪,却受到班固以下许多封建正统卫道者的抨计。在那个时代,地方志不能把皇帝写进去,更不可能为地方的任何一级行政长官包括藩王立纪,这是犯忌的。章学诚处在文化专制主义的淫威之下,为了弥补这个缺陷,提出"皇恩庆典宜作纪"。由他修纂的志书中,就立有"皇言纪"一目。而实际的内容只是巡幸、宸翰之类,不能为一地"包举大端"。或许是从高似孙《剡录》的"县纪年"、《景定建康志》的"表"得到启发,如后者的"建康表"就起自"周元王四年(前472年)越城长干之时以至于今千七百载,年经类纬,曰时曰地曰人曰事,类之所由分也"(马光祖《景定建康志序》)。《湖北通志稿》于"皇言纪"之外又设"皇朝编年",以后又演进为"大事年表"、"大事略",这样的纲目与纪传体更为靠拢了。体裁的特点还在于以纪为经,以传、志、表为纬,然后全书熔铸成一体。国史是如此,对于方志也是具体而微的。如纪传史中的"表",《史记》有《十二诸侯年表》、《六国年表》等,《汉书》有《异姓诸侯王年表》、《诸侯王年表》等,《新唐书》有《宰相表》、《方镇表》等,都是关系于全国的。而方志的设表,诸如疆域表、职官表、选举表等,则是限于一个地域。

由于方志只是以一个地域为记述对象,因而所记的内容不像全国的史籍那样难以周全,可以更为广泛,例如记叙人物,不必像国史那样严格,其余可以类推。不仅如此,国史不设类目的,方志尽可从宽,如章学诚主张设的掌故、文征、丛谈以及别的志书常见的"杂记"之类。如此记述,是必要而可能的,这就显示了方志与国史不同的特点。

关于"志"的设目,刘知几曾评议纪传史的不足。《史通·书志》说:"历观众史,诸志列名,或前略而后详,或古无而今有。虽递补所阙,各自以为工。榷而论之,皆未得其最。"以为"可以为志者,其道有三焉:一曰都邑志,二曰氏族志,三曰方物志"。"各撰《都邑志》,列于《舆服》之上","各撰《方物志》,列于《食货》之首","各撰《氏族志》,列于《百官》之下"。还主张设人物志、方言志。仔细玩味《书志》篇所论,对旧纪传史体的缺点,确是切中肯綮的。然而,纪传史的不足,在方志中除人物以外,都有其目。如都邑志一条,宋敏求的《长安志》有"京都"、"唐皇城"、"唐京城",《景定建康志》有"留都录",《乾道临安志》的"行在所"、"宫阙"、"郊社"、"三省"都属于都邑。至于氏族、方物、方言,在许多方志书中都设有专目。有些还记载特详,如已佚的宋李懋诚的《大观明州图经》,据徐时栋的《宋元四明六志校勘记》称,其记"物产中又分羽、毛、鳞、介、花木、果蓏、药名、器用诸子目"。南宋罗愿的《新安志》"物产"有谷粟、蔬茹、药物、木果、水族、羽族、兽类、畜扰和货贿。其他如园林第宅、祠庙、胜迹等,都为方志的特创。

值得特别提出的是旧方志有图,而纪传史没有图。史籍无图,恰恰是一个缺失,以往的评论家曾指出过这一点。章学诚说:"昔司马氏创定百三十篇（即《史记》——笔者），但知本周谱而作‘表’，不知溯夏鼎而为图。遂使古人之世次年月，可以推求；而前世之形势名象，无能踪迹。此则学《春秋》而得其谱历之义，未知溯《易象》而得其图书之通也。夫列传之需表而整齐，犹书志之待图而明显也。"（《永清县志舆地图序例》）"于是后史相承，表、志愈繁，图经浸失。好古之士，载考陈编，口诵其辞，目迷其象。是亦载笔之通弊，斯文之阙典也。"（《和州志舆地图序例》）这是切中要害的。在今天看来，格外觉其识见的真灼。所以，方志设图，有的志书有总图及各种分图达二十余幅，恰恰是弥补了纪传史体的缺漏。虽然，旧志的图有的未必合适，但这是如何改的问题。从这个意义上说，志书的纲目体比纪传史体还要完善。

但是，有一些修志者，效法纪传体只从形式上着眼，牵强比附，墨守而无开拓。如《乾隆江南通志》设有10志，《例言》说是"用班史（指班固《汉书》）十志之例"。《乾隆砀山县志》也有10志，志例称"体仿《汉书》（指《后汉书》中刘昭补进的司马彪《续汉书》‘志’的部分）"。甚至有些词语也模仿正史，如"人物传"中的"生有至性"，"生好施与"，"孝友谅直"，"慈祥恺悌"等等，众篇一律，毫无个性。

3. 纪事本末体

这原是旧史的三大体裁之一。它成为一种独立史体出现于我国史坛，时间比编年、纪传要晚得多，历来人们都以为开始于南宋袁枢的《通鉴纪事本末》。其实，早于袁作的有徐梦莘的《三朝北盟会编》，所记为宋、金关系的专史，《四库全书总目》把它收入"纪事本末类"，是适当的。而在旧的史籍或别的载籍中，记一件事集中地详述其始末早就有了。袁枢的"纪事本末"作书名，全书又统一成体，标志着这种体裁的成熟。

方志有用纪事本末体的，但在志书中所占比重不大。《越绝书》和《吴越春秋》两书记述的内容有共性,体裁也相类。其中,有的篇目便是记一事始末的。《越绝书》的《请籴内传》、《内经九术》、《外传记宝剑》、《外传记军气》,《吴越春秋》的《王僚使公子光传》、《勾践入臣外转》、《勾践归国外传》、《勾践阴谋外转》、《勾践伐吴外传》等篇,便属这一类。应当说这是方志中纪事本末的萌芽,而且初具雏形。其所以如此说,是因为全书不属纪事本末体。

南宋有不著撰人姓名《蜀鉴》10卷。方孝孺《序》作李文子撰,《四库总目》据文子《序》以为是郭允蹈撰,李文子总其事。书成于端平(1234~1236年)中,略晚于《通鉴纪事本末》。此书记秦并南郑到北宋平孟昶上下二千余年的蜀事。《四库总目》说:

> 每事各标总题,如袁枢《通鉴纪事本末》之例。每条有纲有目有论,如朱子《通鉴纲目》之例。其兼以考证附目末,则较《纲目》为详赡焉。……是书所述,皆战守胜败之迹。于军事之得失、地形之险易,恒三致意。而于古人用兵故道,必详其今在某处。其经营擘画,用意颇深。他如辨荆门之浮桥,引《水经注》以证《荆州记》之误。陈仓之马鸣阁,引《蜀志》以证《寰宇记》之误。斜谷之遮要,引《兴元记》以补裴松之《注》(指《三国志注》——笔者)之阙。诸葛亮之筑乐城,引《通鉴》以辨《华阳国志》、《寰宇记》之异同。于地理亦颇精核。又所载罗尚之抗李雄,张罗之据犍为,亦较《晋书》载记及《十六国春秋》为详,皆足裨史乘之考证。

这是省一级的志书。可见方志用纪事本末体,时间是很早的。

明以后纪事本末体的方志屡有所见,如明田汝成撰《炎徼纪闻》4卷,"炎徼"本指南方炎热边远之地。此记明代西南边陲的史事,有王守仁征岑猛,赵楷、李寰以及云南诸夷等14篇。《四库总目》称,作者"于边地情形,得诸身历,是书据所见闻而记之,固与讲学迂儒贸贸而谈兵事者迥乎殊矣"。又如清有奉敕纂的《台湾纪略》70 卷,冯甦撰《滇考》2 卷。以《滇考》为例,作者于《原序》中说:"知往所以治,即知今所以致治矣;知往所以乱,即知今所以弥乱矣。"由这个意图出发,记述滇事,自古及今,分事标题,如《楚庄跻王滇》、《汉通西南夷置郡县》、《益州诸新郡吏绩》、《诸葛武乡侯南征》、《唐初经理滇中》、《元世祖平云南》、《明三将军定云南》、《缅甸入寇》、《武寻诸府改设流官始末》、《珍贡》、《议开金沙江》、《普吾沙乱滇》等 37 篇。《四库总目》称:"每事皆首尾完具,端绪分明。……所言形势,往往足以资考证。"

以上是省或相当于省一级的志书,县志也有类于纪事本末体的。如明康海的《武功志》,全志 7 篇,一篇一文。韩邦靖的《朝邑志》也是一事一篇,全书首尾贯通。如此等等,可见纪事本末体在方志中的地位。

4. 并列门目体

所谓并列门目,系指综合型志书的设目,前后并列,不相统属。这种体裁是在两宋时大量出现的。究其渊源,秦汉之后,方志由合而分,同时又孕育再合的因素,晋的《华阳国志》已露其苗头,唐的《沙州图经》残卷,所存从"水渠"到"歌谣"共 25 目,已趋于成型,两宋逐渐定型而成熟了。在现存的两宋志书中,占绝大多数如《吴郡图经续记》、《吴郡志》、《嘉定镇江志》、《嘉泰会稽志》、《新安志》、《乾道四明图经》、《宝庆四明志》等无不如此。元、明以后直到民国,此种体裁极为通行,因而数量最多。如 51 卷的卢熊的《洪武苏州府志》,设有图、沿革、分野、疆域、山、川、水利、城、乡郡、坊市、桥梁、园第、官宇、户口、赋税、漕运、赈贷、廪禄、学校、贡举题名、兵卫、祠祀、风俗、氏族、封爵、旌表、牧守题名、人物(名宦、名臣、儒林、文艺、循吏、忠义、孝友、高行、隐逸、方伎)、释老、列女、土产、古迹、寺观、冢墓、异闻、考证、杂志、集文 38 门。这是较为典型的,别的这一体的志书只是略有损益而已。但它与同时存在的其他志体又有着渗透的痕迹。如"人物"一门,下分设多种类,无疑是受纪传史体和方志纲目体设类传的影响所致。这种情形,在并列门目的志书中较为普遍。民国时修纂的《北碚志》,设目更为详细。

这种体裁的优点是设目的自由度较大,可随意立门或删削;缺点在于无所统属,显得散乱。尽管有心的修纂者也能照顾到目与目之间的前后关联,以至隐约地分成几个部分,如宋敏求的《长安志》,但稍差一点的就难以看到整体的逻辑结构及其内在联系,甚而至于层次不明。所以,在清中叶以后,章学诚的方志学说逐渐为修志者所接受,纲目体有所发展。但此体在方志中依旧运用不衰,而且有些为人称道的志书如《民国川沙县志》便是这一类。

5. 地志体

又称地记体或史志体,脱胎于正史的《地理志》而来。《隋书·经籍志·地理记序》曾探究其原委说,班固因朱赣《地理书》等而作《汉书·地理志》,"其州国郡县,山川夷险,时俗之异,经星之分,风气所生,区域之广,户口之数,各有攸叙,与古《禹贡》、《周官》所记相埒。是后载笔之士,管窥末学,不能及远,但记州郡之名而已"。以下又概述六朝和隋的地记。《隋志》的这段文字,概括了纪传史体与方志体的相互影响。魏晋至隋唐,自全国性的总志到州郡县的地记形成了一个独特的体裁,既源出于正史地理志,又在内容方面有所开拓,而记载也更详尽。例如《元和郡县图志》,以贞观十三年(639 年)《大簿》规划的十道为纲,配合当时设的 47 镇,每镇一图一志,分别记载府、州与属县的等级、户、乡的数目,四至八到的方里,开元、元和时的贡赋,以及沿革、山川、盐铁、垦田、军事设施、兵马配备、关隘、宫殿、陂泽、仓驿、古迹、祠庙、寺观、陵墓等。宋的《太平寰宇记》又增人物和艺文等项。拿它们和两《唐书》的《地理志》、《宋史·地理志》比照,详略是迥然不同的。下至州郡地志,虽六朝的志书几乎全已亡佚,但从辑佚本有关的记载来看,它们与总志是大同而小异的,当然应属一类。

以后的山、水、水利、桥梁、祠庙、胜迹、风俗、物产等专志,都是从此派生的。

6. 传记体

《隋书·经籍志》称为“杂传”。这种以记叙人物为主的志书,源于东汉初,魏晋南北朝时为流行的体裁之一。仅《隋志》的著录就有近百种,《中国古方志考》收录有不见《隋志》的近30种,名称有风俗、耆旧、先贤、名德等传。这类志书都已失传。现在流传的晋习凿齿的《襄阳耆旧记》已经过任兆麟等的辑订。从所记的内容来看,先是以人立传,又有山川、城邑、牧守。名为“耆旧”,并不专记人物。此体隋唐以来不多见,但并没有绝迹。如唐稷的《清源人物志》(《宋史·艺文志》),陈振孙的《吴兴人物志》,明有宋濂的《浦江人物志》,清有马其昶的《桐城耆旧传》以及徐世昌的《大清畿辅先哲传》等等,这些已是专记人物了。

7. 杂记体

凡记述有关一地的史事、城邑、物产、风俗、人物、古迹等,一事一篇或一条,前后不求通贯,又不求全索备,都应归入此体。如汉《三辅黄图》、应劭的《地理风俗记》、晋宗懔的《荆楚岁时记》、南宋孟元老的《东京梦华录》,龚明之的《中吴纪闻》,元陆友仁的《吴中旧事》、高德基的《平江纪事》,明何宇度的《益部谈资》,郭棐的《西阳正俎》,清顾禄的《桐桥倚棹录》,窦振彪的《厦门港纪事》,以及近世王韬的《台事纪闻》等。这种杂记体与笔记小说是有显著区别的。郭棐于《西阳正俎序》说:“唐段成式撰《西阳杂俎》,其事奇怪猥琐。夫杂也者,非其正也。棐作《正俎》,多正言。”其实,不能从字眼的杂与正来作判别。只要所记的是一地史事,而不是荒诞无稽的神话、志怪或虚构的情节,如明沈榜的《宛署杂记》,当然应属于方志。

8. 辑录体

这类志书,全系辑录已有的史籍资料,别无新见,类似史钞。最早为明沈敕的《荆溪外纪》25 卷,辑录有关宜兴(荆溪原为宜兴的别称,清雍正时从宜兴析置荆溪县——笔者)的艺文、人物以及山川、区域、城郭、土田、物产等类。上起汉,下迄明,完全采自正史和方志,以周处的《阳羡风土记》为最多。据校正者李文的《序》称:"义(后改宜)兴自昔有志,总若干卷,厥凡山川、区域、城郭、土田、人官、物产之类。如《凡例》所称者,亦既包罗撰叙,而罔弗具举矣。"所附"纪遗"、"杂说",也都是采辑。如果说此书体例庞杂,人物又挂漏太多,那么,清朱绪曾辑的《昌国典咏》10 卷,则博采宋、元、明的方志,分山海、洞岩、塘地、石浦、潭、礁、盐场、门闸、田井、坊仓、书院、堂院、桥、亭、寺庙、冢墓等诗文,汇成此舟山掌故集。这是辑者在鸦片战争后办理定海善后时,为着实用而辑的,体制已见单纯。又如杨光鼐的《琼志撷录》,辑录历代《琼州志序》7 篇,下分别为舆地、建置、田赋、军政、职官、选举、人物、附记、赋、诗、词,后有杂志,都是辑录所得。这种体裁的志书为数不多。

此外,陈光贻还列举出术数体、赋体、骈俪文体、诗体等,详见中华书局《学林漫录》第 12 集《方志体裁漫谈》,可以作为参考。只是除所谓"术数体"以下,是否是方志值得研究。笔者认为,这些不属于史裁。

二、旧志的义例

体与例是形与义的关系:体是记述内容所包孕的旨要的表现形式,例就是这种旨要的内在蕴含。刘知几在论及"史例"时说:"夫史之有例,犹国之有法。国无法,则上下靡定;史无例,则是非莫准。昔夫子修经,始发凡例,左氏立传,显其区域。"(《史通·序例》)前代的史学家总要上推《春秋》的"例寓褒贬",并归结为所谓

《春秋》五志:"微而显,志而晦,婉而成章,尽而不污,惩恶而劝善。"(《左传·成公十四年》)虽然有人不予赞同,甚至反对,但它对旧史学的影响深远,这是不容忽视的。而且,任何一种撰著都有作者的目的和意图,没有单纯的为撰作而撰作,必有目的意图之所在。当然,其目的有是和非、高明和卑下的区别,作为史学支脉的方志自然也是如此。

司马迁撰《史记》,曾说:"先人有言:'自周公卒五百岁而有孔子,孔子卒后至于今五百岁,有能绍明世,正《易传》,继《春秋》,本《诗》、《书》、《礼》、《乐》之际?'意在斯乎!意在斯乎!小子何敢让焉。"(《太史公自序》)司马迁在《报任安书》里更表明:"欲以究天人之际,通古今之变,成一家之言。"刘知几据荀悦的立典五志(达道义、彰法式、通古今、著功勋、表贤能)说和干宝的释五志(体国经野之言则书之,用兵征伐之权则书之,忠臣、烈士、孝子、贞妇之节则书之,文诰专对之辞则书之,才力技艺殊异则书之),"于是采二家之所议,征五志之所取。盖记言之所网罗,书事之所总括,粗得于兹矣"。又"广以三科,用增前目:一曰叙沿革,二曰明罪恶,三曰旌怪异"(《史通·书事》)。司马光、欧阳修、郑樵等名家亦都有自己的准则,不备详举。

历来的方志家及评论者也都有种种论述,与史家所论大同而小异。清章学诚说:"志者,志也。其事其文之外,必有义焉,史家著作之微旨也。"(《为张吉甫司马撰大名县志序》)又说:"譬之人身,事者其骨,文者其肤,义者其精神也。断之以义,而书始成家。"(《方志立三书议》)这可以说是有概括性的意义。

关于方志的义例,表现在两个方面:

1. 修志的主旨

对于修志的主旨,本书第一章已有简要的论述。这里再略作说明,可以相互参阅。远的不再作过多的追溯,唐著名方志学家贾耽作《古今郡国县道四夷述》,南宋王应麟于《玉海》卷一五引贾耽《碑》云:"通夷裔之风俗,尽山川之险易。历代沿革之自,百王废置之由,关塞通塞之因,牧圉盛衰之异,道程疏密之准,要荒享献之数,聚米画沙,成于指掌。"北宋李宗谔纂《祥符州县图经》,意在"毛举百代,派引九流。举《春秋》笔削之规,遵史臣广备之法。立言之本,劝戒为宗。守令循良,罔不采寻。畯良攸产,往牒备传。自余经界之疆畔,道里之迩遐,版赋耗登,轨迹昭晦,土毛良苦,气俗刚柔,具有品次,无相夺伦"(转引《玉海》卷一四《祥符州县图经序》)。

州郡府县的志乘也是如此。北宋朱长文于《吴郡图经续记序》中说:"置诸郡府,用备咨阅。固可以质凝滞,根利病,资议论,不为虚语也。"《景定建康志·修志本末》说:"王伯(霸)废兴之故,山川风景之殊,国都城市之变迁,田里民物之登耗,忠臣义士之遗烈,洪儒骚客之流风,衣冠礼乐之隆行,典章文物之因革,所以兴感慨而寓劝戒者。"元杨维桢《至正昆山郡志序》:"不入提封,而知人民、城社、田租、土贡、风俗异同、户口多寡之差,由郡史之信也。"明胡汝砺《嘉靖宁夏新志序》:"志,记也,史事也。……考兴亡,辨是非,求隐赜。即小可以见大,据政可以知德。由记载之粗细,可以窥性道之本根。"清李奉翰《乾隆永平府志序》:"吾闻一代纲纪之所立,德泽之所被,以及人物之兴替,守令之贤否,能详史册之所未及详。使览者观感兴起,得以因地制宜,因民善俗,则皆于志是赖焉。是志者,固辅治之书也。"何廷凤《乾隆六合县志序》:"邑之有志,所以备一邑掌故,纪政治之利弊。使官于此者,得以所藉,以相土宜,考风俗,察民瘼,监成宪也。"李兆洛《嘉庆怀远县志序》:"志者,心之所志也。志民生之休戚也,志天下之命脉也,志前世之盛衰以为法鉴也,志异日之因革以为呼吁也。"缪荃孙《光绪昌平州志·序志》:"考其体例,窥夫著作,其上者,皆达情喻道,辨物类名,诠动植之详,合劝惩之旨。其次,亦足以纪载逸事,考述謏闻,稽簿录于官师,证阙亡于金石。而履其乡者,缁帙启疏,殚察利疢。如窥栉比之中,而通其怡愉之意。于是惇礼而贞信,颁宪而纠俗。执其臬,守其经,以求砥于大同,胥由是矣。”民国以后的志乘家,有主张要为人民而作,张其昀要求需注入御侮图强的宗旨,黎锦熙于抗日战争时修志,认作其应是抗战的一个部分。凡此等等,充斥于各类志书,尤其是一些有识见的志家所论,难以也无需全部列举。

由此可见,方志和史著完全一样,其撰作主旨,虽然各人所说的着眼点有所不同,有显有隐,但归根到底,一句话可以概括,就是标榜于《通鉴》的“资治”。这便是历来的统治者包括地方官吏、士大夫之所以倡导和重视修志的根本目的所在,因而他们要求把志书修成“辅助之书”、“致用之书”。

修志主旨,尤其是官修方志,直接地表达了统治阶级的阶级意志,这是旧方志阶级性的最根本的印记。但是,任何事物总不是那么单纯的。阶级社会的诸阶级关系,即使是两个对立的阶级,也是既矛盾又互相依赖的统一。固然两者的矛盾是绝对的,但是,统治阶级内部的某一集团及某些代表人物在复杂的阶级斗争中,有时侧射式地或曲折地反映了整个中华民族或被统治者的一定的利益和要求。如当民族矛盾上升时,统治阶级也有人主张反对外来的侵略者,这当然与国家民族的利益一致。又如当社会各种矛盾激化,政治昏暗,民生凋敝,统治阶级中有人力主改弦更张,兴利除弊,这无疑也是代表了被统治者的某种意愿的。所以,必须历史主义地看待旧志的阶级性,不能绝对化;不应轻率地一概予以抹煞其复杂性和曲折性,要恰当地肯定其合理的内核。至于志书中对一个地方壮丽河山的描绘、物质文明与传统文化的记述、各种先进人物和革命者的褒彰、逆历史前进潮流而动者的被贬斥,如此等等,不仅是对以往中华民族的共同心理尤其是爱国主义以及优秀文化遗产的发扬,并且对后来物质和精神文明建设将大有裨益,因而是可贵的。

2. 编纂义例

修志的主旨确定之后,必须贯彻于实际的编纂中去,否则主旨还是要落空。因此,篇目如何设置,内容哪些该记,哪些不该记,要记的又如何表述,这些问题必然要融化在整个编纂之中,这就成为编纂义例。以往的旧志通过《凡例》、《序例》、《例言》、《修志本末》等表明它为志书"创凡立例",综合而为编纂义例。

编纂义例,可以看做是编纂方志的准则,是指导书。它所涉及的问题很多,诸如确定体裁、设置篇目、记述的原则与方法等。

(1)关于篇目的义例。篇目是体裁的外在表现,体裁是由篇目的设置所决定的。如何设置篇目,是编纂方志的重要一环,是对体与例的具体规划;一部志书能否对传统准确地继承并反映时代性,都由此得到体现。因此,透过志书的篇目及其所含的义例,可以觉察到修志者的才、学、识的造诣。古人纂志,尤其是有才、有学、有识的纂志者,对于体裁的选定、篇目的设置,都是煞费苦心的,他们反复斟酌,既能善于接受前人的经验和成果,又能匠心别具,有所创新。例如《景定建康志》的修纂者,详读了史正志的《乾道建康志》和吴琚的《建康续志》,不满于二志的"纪载甚略,不无舛讹";又从宋敏求撰《长安志》的记旧都城、高似孙纂《剡录》的有"县纪年"以及某些具有纲目体的因素,在当时通行的并列门目体的基础上敢于突破,较为完整地建立起以纲(类)统目的纲目体。其所确定的总体篇目是:

先修《留都宫城录》,冠于书首,而建康地图(分20图——笔者)、年表次之。十志又次之:一曰疆域,二曰山川,三曰城阙,四曰官守,五曰儒学,六曰文籍,七曰武卫,八曰田赋,九曰风土,十曰祠祀。十传又次之:一曰正学,二曰孝悌,三曰节义，四曰忠烈，五曰直臣，六曰治行，七曰耆旧，八曰隐德，九曰儒雅，十曰贞女。传之后为拾遗，图之后为地名辨。表之纬为四：曰时，年世甲子；曰地，疆土分合，都邑更改；曰人，牧守更代，官制因革；曰事，著成败得失之迹，以寓劝戒。志之中各著事迹，各为考证。而古今记咏，各附于所为作之下。凡图、表、志、传卷首，各为一序。（《修志本末》）

这是极为典型的，在我国方志史上称得上是少有的开创。如果把《建康志》的体例加以概括来表述，可以这样归结：因体立例，义由例生。

在并列门目体中，也有不少的志书，体例完善。以卢宪的《嘉定镇江志》为例，卷首"郡县表"（州郡、县、封爵食邑、官名），卷一、二"地理"（叙郡、子目、城池、坊巷、桥梁、津渡），卷三"风俗"、"攻守"、"形势"，卷四"田土"（屯田、军田、职田），卷五"赋税"（土贡、钱盐、宽赋、和买、经总制钱、免役钱、均役、课程、坊场河渡），卷六"地理"（山川），卷七"宫室"（以下至卷一九子目略），卷八"僧寺"，卷九"道院"，卷一〇"学校"、"兵防"，卷一一"古迹"，卷一二"宫室"、"公廨"，卷一三至卷一五"刺史"，卷一六"参佐"、"将佐"，卷一七"宰贰"、"寓治"，卷一八至卷一九"人物"，卷二〇"总目"（释道），卷二一至卷二二"祥异"（天文、虹、地震、火、花卉、龙凤、鸟兽、虫鱼、器物、谣、谶、记异）、"杂录"（子目略）。列目比较详备，比起同时的其他志书尤详于赋税。虽没有设类，但隐约可见前后几目自成一类，卷一至卷六，可归属为地理类。卷七至卷一二为官署类，卷一四至卷二〇为人物类，祥异、杂录是附目。元俞希鲁的《至顺镇江志》大体上承继了这个体式而略有增加，值得重视的是增有"土产"门。只要认真地揣摩，不难发现，体中自有例在。此外，如高似孙的《剡录》首设"县纪年"，黄炎培的《川沙县志》首创"概述"，其例不同于章学诚的《序例》，范成大的《吴郡志》"注中夹注”,对其后志书的体例都产生了积极的影响。

应当指出,志书篇目的确定,不可能在编纂之前一劳永逸地完全定型,而是应在编纂的实践中不断地修正,使之完善。因为每一部方志的记述对象不同,即使是同一体裁,篇目也不可能千篇一律,必须依据不同的条件和不同的特点而定。如章学诚的《方志立三书议》,已勾勒出志书具体的体例,然而他所修的几部方志是同中有异的,并且后修者又出现了新的因素。如《和州志》只有《皇言纪》,而《永清县志》另有《恩泽纪》;《湖北通志稿》于《皇言纪》外另增的是《皇朝纪年》。倘使说这是省、州、县三个不同层次的志书,那么,在同是县这个层次的志书,同一个作者为之创凡立例、设置篇目,也不会雷同。如李兆洛纂《凤台县志》,由于凤台是个小县,而且建置不久,所以全志仅分舆地、食货、营建、沟洫、官师、选举、艺文、列传、列女、古迹十目。后纂《怀远志》,因怀远与凤台不同,因又“恢而广之”,分设地域、赋税、学校、祭祀、兵防、仓储、营建、水利、五行、艺文十志,建置沿革、历代大事二记,古城戍考,职官、选举、世袭封荫三表,桓氏、史册英贤、耆旧、列女、方伎、流寓、良吏七传及县境诸图和序录,记叙的篇幅超过《凤台县志》数倍。

对于方志的编纂义例,有系统深入的研究并经修志实践验证充实者,当推章学诚。章氏注意方志的体例,作《方志立三书议》,提出了志、掌故、文征和丛谈的“三书四体”的构想,并在所纂的《和州志》、《永清县志》、《亳州志》及《湖北通志稿》的过程中,分别对不同的对象加以具体化和修正。他把志书看成是统一的整体,力主方志是史,认为:“史部要义:本纪为经,而诸体为纬。有文辞者曰书、曰传;无文辞者曰表、曰图。虚实相资,详略互见,庶几可以无憾矣。”(《永清县志舆地图序例》)《永清县志》分纪、表、图、书、政略、列传六体,外有文征。《湖北通志稿》原拟的篇目有纪2、图3、表5、志74、掌故66、文征8。在评论《石首县志》的篇目时,章学诚说：

凡目数十，括以八门。若网在纲，有条不紊。首曰编年，存史法也。志者，史所取裁。史以记事，非编年弗为纲也。次曰方舆，考地理也。县之有由立也。山川古迹，以类次焉。而水利江防，居其要矣。次曰建置，人功修也。城池廨署，以至坛庙，依次附焉。次曰民政，法度立也。户田赋役之隶于司徒，邮驿兵防之隶于司马，皆《洪范》八政之经也。次曰秩官，昭典守也。长佐师儒，政教所由出也。而卓然者，爰斯传矣。次曰选举，辟才俊也。论秀书升，《王制》之大；兴贤与（举）能，《周官》是详。勒邦乘者，所不容略也。次曰人物，次曰艺文，一以征文，一以考献。皆搜罗放失，谨备遗忘，尤为乘时之要务也。人物必征实事，而不以标榜为虚名；艺文谨著部目，而不以诗文充篇幅。盖人物为马《史》（司马迁《史记》——笔者）列传之遗，艺文为班（固）、刘（歆）著录（班固《汉书·艺文志》、刘歆《七略》——笔者）之例。事必师古，而后可以法当世也。部分为八，亦既纲举而目张矣。至于序例、图考，冠于篇首。余文剩说，缀于简末，别为篇次，不入八门。殆如九夫画井，八阵行军，经纬灿然，体用具备。乃知方志为一方之政要，非徒于风流文采，为长吏饰儒雅之名也。（《为毕秋帆制府撰石首县志序》）

显然可知，章学诚名义上是在评论《石首县志》的编纂义例，其实是在宣扬他自己的主张；而且于篇目义例，言简意赅，有一些是发前人所未发的。

还应提到的是章氏对图的作用的论说，他在《和州志》和《永清县志》二书的《舆地图序例》里，反复强调图的重要，如说：

开方计里，推表山川，舆图之体例也。图不详而系之以说，说不显而实之以图，互著之义也。文省而事无所晦，形著而言有所归,述作之则也。亥豕不得淆其传,笔削无能损其质,久远之业也。要使不履其地,不深于文者,依检其图,洞如观火,是又通方之道也。(《和州志舆地图序例》)

这是极其允当的。倘使用当代的制图水准来说,图的语言所能表达的直观效果,不是文字所能代替的。那么,图的重要就更为明显了。

不仅如此,章学诚对每一篇类都通过《序例》、《例言》、《例议》来阐明义例。章氏以为:"古人有专门之学,即有专门之书;有专门之书,即有专门之体例。"(《和州志舆地图序例》)他自己纂志所作收于《章氏遗书》的就有《和州志》的《皇言纪序例》、《官师表序例》、《氏族表序例》、《舆地图序例》、《田赋书序例》、《艺文书序例》、《政略序例》、《列传总论》、《阙访列传序列》、《前志列传序例》、《文征序例》,《永清县志》的《皇言纪序例》、《恩泽纪序例》、《职官表序例》、《选举表序例》、《士族表序例》、《舆地图序例》、《建置图序例》、《水道图序例》、《六书例议》、《政略序例》、《列传序例》、《列女列传序例》、《阙访列传序例》、《前志列传序例》、《文征序例》,《亳州志》的《人物表例议》、《掌故例议》等。章氏别的文章论及义例的也随有所见。下面略举三例,以见一斑:

如对于纪的义例。《永清县志皇言纪序例》说:"史之有纪,肇于《吕氏春秋》十二月纪。司马迁用以载述帝王行事,冠冕百三十篇,盖《春秋》之旧法也。"这是指采用编年的方法。"而方州之志,则多惑于地理类书之例,不闻有所遵循。是则振衣而不知挈领,详目而不能举纲,宜其散漫无章,而失国史要删义矣。"以为"方志撰纪,以为一书之经"。这是很有道理也是得其要领的。章氏并指出:"古者封建之世,列国自有史书。然正月必系周王,鲁史必称周典,盖著承禀所由始也。"然而,只以皇言名纪,又只是皇家的诏谕之类,实际起不到编次年月、"一书之经"的作用的。这可能是章氏慑于文字狱的淫威所致，他在《湖北通志稿》中或许就是因为感到不妥，所以于“皇言纪”之后再设“皇朝纪年”。

又，《永清县志选举表序例》，章氏先说明选举所以立表的原因：“选举之表，即古人贤书之遗也。……隋唐以来……选举之书，累然充栋。则举而不必尽用，用而不必尽见于事。旧章故典，不可求之纪传之中。而选举之文，乃为史志之专篇矣。”章氏又批评以往方志记选举的失当说：“志家之载选举，不解年经事纬之法，率以进士、举人、贡生、武选各分门类，又以进士冠首，而举、贡以次编于后。于是一人之由贡获举而成进士者，先见进士科年，再搜乡举时代，终篇而始明其入贡年甲焉。于事为倒置，而文岂非复沓乎？间有经纬而作表者，又于旁行斜上之中，注其事实。以列传之体而作年表，乃元人撰辽、金《史》之弊法。虚占行幅，而又混眉目，不识何所取乎此也。”而后，章氏重申选举表与人物传的关系说：“史之有表，乃列传之叙目。名列于表，而传无其人者，乃无德可称，而书事从略者也。其有立传而不出于表者，事有可纪，而用特书之例也。”

又，《和州志列传总论》，章氏从“传志之文，古无定体”历溯古来著述的各种传文，而后说：“旁推曲证，闻见相参，显微阐幽，折衷至当。要使文成法立，安可拘拘为划地之趋哉？”他确定“以正史通裁，特标列传。旁推互证，勒为专家。上裨古史遗文，下备后人采录”。他抨击：“今之外志，纪传无分，名实多爽。既以人物、列女标为专门，又以文苑、乡贤区为定品。裁节史传，删略事实，逐条附注，有似类书摘比之规，非复古人传记之学。……又其甲科仕宦，或详选举之条，志状碑铭，列入艺文之内。一人之事，复见叠出。”章氏又于《和州志阙访列传序例》中说：“士曰孝友端方，慈祥恺悌；吏称廉能清慎，忠信仁良；学尽汉儒，贞皆姜女；千篇一律，葭苇茫然，又何观焉？”而后《总论》以为：“夫合甘辛而致味，通纂组以成文，低昂时代，衡鉴士风，论世之学也。同时比德，附出均编，类次之法也。情有激而如平,旨似讽而实惜,予夺之权也。或反证若比,或遥引如兴。一事互为详略,异撰忽尔同篇,品节之理也。”这样的论学、类次、予夺、品节已胸有成竹,然而“言之无文,行之不远”。必须要做到:“聚公私之记载,参百家之短长;不能自具心裁,而斤斤焉徒为文案之孔目,何以使观者兴起,而遽欲刊垂不朽耶?”

分设子目也有义例,章氏于《修志十议》的“议标题”说:“近行志乘,去取失伦,芜陋不足观采者,不特文无体要,即其标题,先已不得史法也。如采典故而作考,则天文、地理、礼仪、食货数大端,本足以该一切细目。而今人每好分析,于是天文则分星野、占候为两志,于地理又分疆域、山川为数篇,连编累牍,动分几十门类。”以至文辞也要讲义例,章氏于《与石首王明府论志例》中说:“志为史裁,全书自有体例。志中文字,俱关史法。则全书中之命辞措字,亦必有规矩准绳,不可忽也。”所谓规矩准绳,章氏提出有三条要求:一是全书体例要统一,“取全书足以自覆,不致互歧”;二是文辞要雅驯;三是明事理。“曾子曰:‘出辞气,斯远鄙倍矣。’鄙则文不雅也,倍则害于事也。……推法度义例,不知斟酌。不惟辞不雅驯,难以行远;抑且害于事理,失其所以为言。”反之,“不惟志例洁清,即推而及于记传叙述之文,亦无不可以明白峻洁,切实有用,不致虚文害实事矣。”

由此可见,章学诚对编纂义例,从篇目到命辞措字,都作有系统的评述,形成完整的理论体系,有相当的深度,在那个时代是绝无仅有的。归结起来,章氏编纂义例的学说,核心之点,在于把修志纳入史例和史法。由此出发,成为他评价方志的标准。如评《姑苏志》的设目:“约略纸幅多寡为之,无义例也。”(《书〈姑苏志〉后》)其评《灵寿县志》说:“平湖陆氏陇其,理学名儒,何可轻议?然不甚深于史学。……立意甚善,然不甚解于文理。”(《书〈灵寿县志〉后》)评《武功志》说:“今观其书,芜秽特甚。盖缘不知史家法度,文章体裁,而惟以约省卷篇。谓之高简,则谁不能为高简邪?”(《书〈武功志〉后》)如此等等,持之有据,言之成理。

从清末直到民国时期,修志家与评论者大都受章学诚理论的影响,如吴宗慈的《修志丛论》、瞿宣颖的《志例丛话》、李泰棻的《方志学》、黎锦熙的《方志今议》,都是很明显的。随着时代的前进,设目更为扩大,顾颉刚等的《北碚志》最为典型。又因受当代科学发展的影响,科学性也有所增强。如吴宗慈修志主张根本在于实用。他说:“修志诚非文与学不可,然文与学为末,而非其本也。其本安在?曰:一字一语,胥征实用也。……概括言之,自以新时代为对象。分析言之,则属于精神方面者,如金石、考古、民族、语言与各种有价值之文献是;属于物质方面者,如水利、物产、地质等类是。若徒侈人物,泛载诗文,以塞篇幅,其用鲜矣。”(《修志以实用为归》)瞿宣颖以为方志应写出一地特点的详尽史:“方志之作,岂苟焉而已。必认清题义,是为此一地方作史,是记述此一地方生育成长之序程。……吾为上海志,则当使人读志而可知上海之所以为上海。吾为杭州志,则当使人知杭州之所以为杭州。夫使人知某地方者无他,为此地方作一活泼而详尽之史而已。”(《志例丛话·通诠》)黎锦熙以为:修志先明三术(续、补、创),次立两标(地志之历史化,历史之地志化),次广四用(科学资源、地方年鉴、教学材料、旅行指导),终破四障(类不关文、文不拘体、叙事不立断限、出版不必全书)。对于篇目和内容,瞿宣颖还注意对社会学、民俗学、方言的记叙。

(2)关于各个不同层次方志的相互关系。对于这个问题,志乘家论述的很少。但这又是客观的存在,处理不当,就将混淆各自的义例。章学诚对此作有全面的阐述。他从方志是史这个立脚点出发,以为:“有天下之史,有一国之史,有一家之史,有一人之史。传状志述,一人之史也;家乘谱牒,一家之史也;部府县志,一国之史也;综纪一朝,天下之史也。比人而后有家,比家而后有国,比国而后有天下。惟分者极其详,然后合者能择善而无憾也。……朝廷修史,必将于方志取其裁。而方志之中,则统部取于诸府,诸府取于州县,亦自下而上之道也。然则州县志书,下为谱牒传志持平,上为部府征信,实朝史之要删也。期会工程,赋税狱讼,州县恃有吏典掌故,能供六部之征求。至于考献征文,州县仅恃猥滥无法之志乘,曾何足以当史官之采择乎?"(《州县请立志科议》)这种分合观是有见地的,在修志实际中也要坚持付诸实施。如他纂成《和州志》草稿,送呈学使审阅时,学使提出很多意见。其中之一是和州辖有含山县,而志稿"详州而略县"。学使以为非,而章学诚以为是。章氏的理由是:省、府、州(系指直隶州)、县代表着不同层次的地方行政建置,修纂不同层次的志书,是不能等同的。他说:"统部(即巡抚级行政机构——笔者)自有统部志例,非但集诸府、州志可称通志,亦非分析统部通志之文即可散为府、州志也。诸府之志,又有府志一定义例,既非可以上分通志而成,亦不可以下合州、县属志而成。苟通志及府、州、县志可以互相分合为书,则天下亦安用此重见叠出之缀旒为哉。"为什么?这是因为:"所贵乎通志者,为能合府、州、县志所不能合。则全书义例,自当详府、州、县志所不能详。既已详人之所不详,势必略人之所不略。"章氏又指出府志与直隶州志的差别:"直隶之州,其体视府,为其辖诸县也。其志不得视府志例,以府境皆州(散州)、县境,州、县既各有志,府志自应于州、县志外,别审详略之宜。直隶之州,除属县外,别有本州之境,义与县境无异。如以府志之例载属县事,而以县志之法载本州事,则详略不伦。如皆用府志之例,则以州境太疏。如皆用属县志例,则于属县重复。惟于疆域沿革,备载属县,以见州境之全。其余门类,一切存州去县,以见专治之界度。"(《方志辨体》)

这样主张的优点,章氏举《湖北通志稿》为例说明,现摘录其两

条。其一:

湖广旧志《山川》一门,取各府、州、县志载山川名目,仍依府、州、县次排列;山川名下之注,亦照册排列。此亦世俗通例,未足深怪。但如此排写,占纸四五百番,实与府、州、县志毫无分别。余意此等只应详州、县志,府志已当稍裁繁注,况通志乎?因聘明于形家言者,俾叙湖北十一府、州山川形势,上溯夔峡,下接江西,盘旋数千里间,分合回互,曲直向背,为长篇总论。而山川名目,有当形势脉落起伏响应者,则大书以入文裁,仍加分注,以详坐落。其文洒洒,凡三千余言。观者朗诵一过,则数千里间形势快如掌上观纹。至于无当形势脉落,支流断港、堆阜小丘,则但以小注记其总数于所隶州、县之下,且尽删其注文。前以所隶州、县为经,后以总论山川为纬,略仿《禹贡》、《职方》义例,用纸不及三十番,而大势豁然。

其二:

通志《食货考·田赋》一门,余取《赋役全书·布政使司》总汇之册,登其款数,而采用明人及本朝人所著财赋利病奏议详揭及士大夫私门论撰,联络为篇。为文不过四五千言,而读者于十一府、州数百年间财赋沿革利弊,洞如观火。盖有布政司以总大数,又有议论以明得失,故文简而事理明也。旧志尽取各府、州、县赋役全书,挨次排纂,书盈五六百纸。而议论财赋章奏、论说之文,则散艺文,而本门一概不录。阅者连篇累卷,但见赋税钱谷之数;其十一府、州数百年来利病得失,则茫然无可求矣。然则余之《通志》,非苟为简,推其明而简也。旧志以繁为详赡乎?殊不知府、州赋役全书,自当于府、州志详之;州、县赋役全书,自当于州、县志详之。通志体裁,自不当代为屑屑纂录。十一府、州财赋大势、沿革利病,非府、州、县志所能具者,旧志转不采入,故文繁而反于事理晦也。(《方志

辨体》)

从章氏的论述中可以看到,他所论证的有两点最为重要:一是分与合的差异性,实际上却寓有共同性。这就是省、府、州、县的各个层次的志书共同构成了一个系列的有机整体。不同层次的志书,既是相互关联,又应从各自不同的地位规定自己的义例。不致互相重复,乃至文繁理晦,造成人力、物力的浪费。二是记叙要简要明晰,但又并非为简明而简明,而是“每事必思其所以然,而求其是尔”。要求事理明而切于实用,不是现象和数字的胪列,记山川而无当于形势脉落,叙赋役而不及得失利病。有虚有实,颇合体要,值得修志者参酌。

(3)关于人物传。方志记叙人物,最早有《越绝书》和《吴越春秋》的以人立目,东汉至南北朝,出现了以记人物为主的志书,《隋书·经籍志》列入“杂传类”。综合型的志书融人物于一体,有表(职官表、选举表、氏族表),有传(专传、类传),记叙的人物越来越多。这种现象,显示着方志向纪传正史效法的痕迹。从史料学的角度说,这是件大好事。因为我国幅员辽阔,人文荟萃,一个断代的王朝,少则几十年,多则几百年,要在一部纪传史里兼容并蓄各种人物是不易办到的,加之修史者受到政治因素的限制,乃至存有偏见,连有一些著名人物也被排除在外。这样的事实是屡见不鲜的。而方志的记叙详于一个地域,恰恰可以补充正史的不足,被正史遗漏的人物和事迹往往在志书里可以找到,这已为许多学科的研究者所证实。如果认真地加以深入发掘,像赵景深、张增元的《方志著录元明清曲家传略》那样,作种种专题考录,必将是大有收获的。方志所载的人和事,实在是丰富之至。

方志记叙人物的义例既然受正史的影响,自然就有共同点,但也有歧异处。突出表现在以下两个问题上:

其一,生不立传。这是纪传史体的通例。《汉书》以下的各种纪传史书为断代史。这种史书通常是在旧王朝覆灭、新王朝建立而有一个相对稳定的社会环境之后修撰的。旧朝新代,界限分明。生不立传的根本原因在于活着的人尚未盖棺论定,还存在变数。从政治立场到学术成就等都有可能发生变化。所以,不为生人立传,成为公认的准则。修纂地方志记叙人物时大都效法史著,以生不立传为通例,历来的志书大都是如此纂辑,评论家也都如此主张。方志的修纂还不比修史,在时间上间隙短暂,更无需急于为生人立传。这样做还可以防止有权势者的作伪以及请托之类的弊端。清戴震纂《汾州府志》:"名宦、人物、义行、仕宦,但著已往。今之人其有待于后之人论定欤?"(《乾隆汾州府志·例言》)章学诚也说:"史传之作,例取盖棺论定,不为生人立传。……沿至宋人,遂多为生人作传,其实非史法也。邑志列传,全用史例,凡现存之人,例不入传。"(《修志十议》)

然而,正因为方志与史籍不同,修纂的时间间距较短,一个朝代要修多次,有些人物特别是职官数年一任,匆匆离去,而志书中除职官表外,多数有名宦或宦绩这一目,依生不立传例,必将产生种种问题。因此,章学诚提出了另一种见解:"昔先达论文,谓生人不当作传,弟向亦尝云尔。今观古人则殊不然,按《三国志》裴(松之)注引梁宽为《赵娥传》……梁氏实于赵娥生前为之。李习之《传》杨烈妇,亦不在杨之生后。此可破世人拘墟之见矣。"(《章氏遗书·补遗·又答吴胥石书》)因此,章氏又主张破格和变通的办法,提出有两类人可以例外:其一是:"去任之官,苟一时政绩卓然可传,舆论交推,更无拟议者。虽未经没身论定,于法亦得立传。盖志为此县而作,为宰有功此县,则甘棠可留。虽或缘故被劾,及乡论未详,安得没其现施事迹?且其人已去,即无谀颂之嫌,而隔越方州,亦无遥访其人存否之例。惟其人现居本县,或现升本省上官及有统辖者,仍不立传。所以远迎合之嫌,杜是非之议耳。"(《修志十议》)近人李泰棻于《方志学》里也主张生人可以立传,并把范围扩大到各类人物。理由是修志的年代不定,当时不入志,以后事隔久远,要搜集其人的资料就困难了。但也有人主张持慎重的态度,如吴宗慈于《修志丛论·论生人作传事》中以为:“生人作传事,虽古人间有其例,然究宥于事实,不可强为也。以近事证之……如汪精卫,昔日固为中山先生之唯一信徒,今则斥为汉奸矣。后此政变纵横,何可究极,实非吾辈短识人敢骤下一断语。然则作传一事,无宁俟盖棺论定而为之之为愈也。”瞿宣颖也说:“旧志通例,人物不录生存,宦绩不录升任,所以避恩怨,杜逢迎。虽曰不无流弊,然与其因此而启幸门,则两害取轻,固不如恪守限制。”(《志例丛话·人物》)的确,权衡得失,还是以生不立传为好。当然,有些特殊人物,如地方官吏离任去远,而且所记只是他任职的一段时间,不是生平事迹,还有年事极高而生平事迹应当为之立传的,就可例外。

其二,有褒无贬。这与正史不同,纪传史褒贬并举。属于贬的人物,不仅有《贰臣》、《佞幸》、《酷吏》、《奸臣》、《逆臣》等类传,而且入传的还有如《汉书》的《王莽传》、《刘濞传》,《旧唐书》的《李林甫传》、《杨国忠传》等。而有褒无贬作为志例,应上溯到东汉刘秀诏修南阳风俗,其目显然是为了标榜他的家乡。书已失传,找不到直接的依据,但从此而竞相效尤,盛行于汉魏六朝,名为耆旧、节士、名德、先贤的志书顾名思义,入志者都是褒而不属于贬。现在还流传的晋习凿齿的《襄阳耆旧传》辑本,就是一个实例。后世陈陈相因,渐渐成了通例。唐宋以来的志书都这样做。清人钱大昕加以概括说:“盖郡县之志,与国史不同:国史美恶兼书,志则有褒无贬,所以存忠厚也。”(《潜研堂文集·跋〈新安志〉》)这个观念在一般文人学士中颇为根深蒂固,如全祖望听到修著《广东通志》要为佟养甲立传(其系明旧臣而降附清廷),致书反对,根据就是援据方志应有褒无贬。

然而,有褒无贬带来了消极的因素,刘知几曾批评说:“郡书者,矜其乡贤,美其邦族。施于本国,颇得流行。置于他方,罕闻爱异。”(《史通·杂述》)事实上,褒与贬是一件事物的两个侧面,既矛盾又统一。没有贬,就无所谓褒,有所褒,必然有所贬,根本不存在褒贬分离的道德论。章学诚曾说:“志传之有褒无贬,本非定例。前代名志,亦多褒贬并行。”(《湖北通志辨例》)并且在《答甄秀才论修志第一书》指出,传文无论褒或贬,不是先存褒贬之心,当征实而去虚誉。他这样说:“志乃史体,原属天下公物。非一家墓志、寿文,可以漫为浮誉,悦人耳目者。闻近世纂修,往往贿赂公行,请托作传,全无征实。此虽不肖浮薄文人所为,然善恶惩创,自不可废。今之志书,从无录及不善者:一则善善欲长之习见,一则惧罹后患之虚心尔。仆谓讥贬原不可为志体,据事直书,善否自见,直宽隐彰之意同。不可专事浮文,以虚誉为事也。”

从现今的立场、观点而论,褒与贬是属于道德论的范畴的,而道德是有时代性和阶级性的。因为时代和阶级的立场不同,旧志修纂者的道德和今天的道德观是不相同的,甚而至于是对立的。前代被褒扬的忠臣、节妇,已当另作定评。过去被歧视因而被排斥在志书之外的人物,更是明显的缺失。即使以“贬”的观点写进方志的人和事,在现在恰恰是极为可贵的史料。就是因为有褒无贬志例的作祟,像太平天国这样重大的历史事件,在方志中没有作全面而翔实的记载。例如南京曾是太平天国的天京,苏州是太平天国苏福省的首府,清军和太平军曾在这里展开激烈的战斗,太平天国的种种政策以及国内外的各种势力也有种种表现,而太平天国也就在这里决定了败亡的命运。其中许多重要人物及其活动,在两地的志书中没有作正面的记叙,没有一个人物入传。从历史文献学的角度说,这种失误是无法弥补的。所以,有褒无贬的志例毫不足取,应当突破。当然,又不能以今天的要求去否定以往的一切。如章学诚曾论及史志的传时说:"史志之书,有裨风教者,原因传述忠孝节义,凛凛烈烈,有声有色。使百世而下,怯者勇生,贪者廉立。《史记》好侠,多写刺客畸流,犹足令人轻生增气;况天地间大节大义,纲常赖以扶持,世教赖以撑柱者乎?"(《答甄秀才论修志第一书》)剔除其陈腐的秕糠,还是有合理的因素可以借鉴的。

第二节 旧志的编纂方法

方志的编纂方法,是指如何恰当地实现已定体例的手段。如果说,一部方志所定的体例是修纂者对该志的总体方针,也就是要纂成一部什么样式志书的蓝图,那么,编纂方法就是使这个蓝图变为现实的具体步骤和样式。

编纂方法涉及的面很广,刘知几著《史通》,专论修史方法的就有"题目"、"断限"、"编次"、"采撰"、"载文"、"补注"、"言语"、"叙事"、"烦省"等篇,修志也应参考。章学诚《修志十议》的"职掌"、"考证"、"征信"、"征文"、"书法"、"援引"、"裁制"、"外编"等则是专论修志的。两人所论不少地方是共通的。别的学者也有关于方法的论述。方法问题是编纂志书的一个重要方面,最好的体例,如果方法不得其当,终于不得实现。笔者现在对旧志编纂者与评论者的方法论择要作概略的评述。

一、资料的搜集与鉴别取舍

资料是修志的基础条件,好比建筑一座大厦,有了最佳的设计和施工方案,没有或者缺乏合乎质量要求的建筑材料,那么,只能成为空中楼阁。所以,在修志的开始乃至编纂的进程中,必须广泛而切实地搜集资料。刘知几总结前人修史的经验说:"盖珍裘以众腋成温,广厦以群材合构。自古探穴藏山之士,怀铅握椠之客,何尝不征求异说,采摭群言。然后能成一家,传诸不朽。观夫丘明受经立传,广包诸国。盖当时有《周志》、《晋乘》、《郑书》、《楚杌》等篇,遂乃聚而编之,混成一录。向使专凭鲁策,独询孔氏,何以能殚见洽闻,若斯之博也?马迁《史记》,采《世本》、《国语》、《战国策》、《楚汉春秋》。至班固《汉书》,则全同太史。自太初已后,又杂引刘氏《新序》、《说苑》、《七略》之辞。此并当代雅言,事无邪僻,故能取信一时,擅名千载。"(《史通·采撰》)《史记》、《汉书》所援据的资料,实际还不止于此。修史是这样,纂志当然也是这样。清人方苞以为应"多方收集群书互参"(《望溪先生文集·与一统志馆诸翰林书》)。章学诚说:"考核不厌精详,折衷务祈尽善。"如果说这只是流传的典籍,属于文字的记载,那么,孙诒让于《瑞安县志局总例六条》的"采访例",在"稽古则专重考证"之外,提出了"诹今则尤资采访"(《籀青遗文》)。近人吴宗慈主纂《江西通志》时所作《修志丛论》,专列"采访简则"一条。采访当然也要依据现成的各种书籍和文字资料,但更注重的是口述即活资料。

1. 搜集资料

搜集资料,不能单 ,而是应通过多种不同的途径:

(1)广征典籍。前代修志,提供了一条有普遍意义的经验,就是一部善志的修成,常常引用数十种乃至数百种典籍。现存的如《元和郡县图志》、《太平寰宇记》、《长安志》、《吴郡志》、《景定建康志》、《洪武苏州府志》,它们之所以著称,所以后来居上,除修纂者的才、学、识高人一等,修纂时又严肃认真、殚智竭力之外,就是因为有广博的资料,任凭取裁。征集资料,不能是盲目地任意进行,而是要做到心中有数。要做到这一点,又与修纂的眼界和识见有关。

章学诚在讨论湖北天门县修志时指出:"所有应用之书,自省、府、邻境诸志而外,如《廿二史》、《三楚文献录》、《一统志》、圣祖仁皇帝御纂《方舆路程图》、《大清会典》、《赋役全书》之属,俱须加意采访。他若邑绅所撰野乘、私记、文编、稗史、家谱、图牒之类,凡可资搜讨者,亦须出示征收,博观约取。其六曹案牍,律令文移,有关政教典故、风土利弊者,概令录出副本,一体送馆,以凭详慎铨次。庶能巨细无遗,永垂信史。"(《修志十议》)瞿宣颖很重视档案资料,认为:"县邑档案中最足窥见社会情态者,莫若狱讼。今修县志,宜悉搜罗而董理之:断自若干年,为盗案若干事,为奸案若干事,为争产案若干事,为索债案若干事。其事之特殊性质若何,特殊经过若何,其判决后之影响若何,其时代与地域之分配若何。有特殊案件为地方传说久而弗衰者,尤宜详予纪载。吾所见诸志,狃于隐恶扬善之曲说,概屏勿录,实为寡识。"(《志例丛话·杂例》)钱大昕则重视金石等铭文,他说:"山川、宫室、丘墓碑铭,郦道元犹以考证古今水道。宁记一方土地,而置之勿论。"(转引自张心镜《乾隆蒲城县志序》)他在《题韩浚〈嘉定县志〉后》就用桥、寺的石刻和碑文驳正记载的失误(《潜研堂文集》)。也有在志书中直接记有属于考古的资料,如范成大的《吴郡志》载有太湖逢旱时显露的井及留存下来的科举中式的批帖等。所有这些,无疑都是应当全面征集的。

(2)采访调查。除了采集查访保存在民间的书籍、未刻印的稿本、尚未成书的草稿以及零散的文字资料之外,更应注重于当时的口碑。一个地方,必定有不少在世而年事已高的耆老。不论是粗通文墨或有较高文化素养者,还是所谓村野之夫,他们都程度不等地熟悉这个地方的掌故和史实,有些还是亲历其境者。其所掌握的活资料,有的是文字记载所没有,有的可以补正和充实已有的文字记载,有的可以作为文字记载的佐证。所以,古来有识见的修志家,极其重视对口碑的采访和调查。如唐贾耽纂《海内华夷图》,并不满足于自己于地理究观研考已30年的所获,而于“绝域之比邻,异蕃之习俗,梯山献琛之路,乘舶来朝之人,咸究竟其源流,访求其居处”,又对“阛阓之行贾,戎貊之遗老,莫不听其言而掇其要;闾阎之琐语,风谣之小说,亦收其是而芟其伪”(《旧唐书》本传载所上《表》语)。南宋周应合纂《景定建康志》,《修志本末》有“广采访”一项,采访的对象包括幕府、县镇诸官、戎帅、将校、阀阅子孙、诸乡士子、高人逸士以至父老。搜罗的范围包括御札、敕书、家传、行状、墓志、神道碑、名贤往来书牍及古来的一事一物、一诗一文的见闻。事实征信、考证精当者,给予优崇和犒赏。

明清以来,有在修志馆局专设采访人员,有些还写出了采访稿。采访人员列入志书的“纂修姓氏”,足证对采访的重视。工作愈往后愈周密,方法也愈见科学。如清末孙诒让《瑞安县志局总例六条》的“采访例”,设分访和专访二项。凡内容繁多、涉及的地区又广、不是一人所能完成的,就由能秉公查核、不徇私阿好和略涉夸饰的人士分任。有些专题学术性较强,就聘请谙习掌故、见闻殚洽的人专司其事。吴宗慈纂《江西通志》,订有《江西省志采访简则》,详列采访事项及纲要,分六个部分:地理部分包含沿革、山脉、河流、公路、铁路、航空、辖境内的距离;政治部分包含官职、仕官、科举、代议制、教育、户口与土地、赋税;经济部分包含农、矿、工、商、金融、普通生活品;社会部分包含氏族、语言、宗教、礼俗、歌谣、社会救济;学艺部分包含古迹与金石、新旧学术之著作;大事记部分。有些事项还有细目,如“氏族”有大姓、小姓、僻姓小族等。每一事项都规定具体的内容,如“金融”条说:“邑中有无银行及大钱庄?其流行之钞票,除国立、省立银行外,有无外省及外国银行钞票行票境内?此项调查,应访问当地商会。并注意调查前清时用制钱、用铜元、用银元,民国时用铜元、用银币、用何种银币之情况,及现在用钞票之情形。能分别时代,详细比较,尤为合格。”又如

"沿革",不能满足于通案公牍:"例如铜鼓改县,及光泽、婺源二由闽、皖二省之改隶;民国成立,废道、府、州制;近年改划行政区,设行政专员等事。须注意通案公牍以外之文件,如当时婺源人反对改隶之文件也。其通案公牍只须列目足矣。若从前志书所通载之沿革,无取于抄胥也。"不仅如此,还规定有实际的要求,要达到"明"、"确"、"详"、"速"的目的。所谓明,"须记一事项之如何始如何终,及始至终逐渐变迁之状态。不重词华与空谈理论,但求明白畅达,条理井然。"所谓确,"或书籍档案所载,或乡邑父老所言,无取模糊影响之谈,勿为道听途说所惑。"所谓详,"有书籍档案可查者,须抄录全文。抄父老口述者,须详记其所言,并须记述所言之人之学历与身望。用验其人之言,是否有可信价值。"所谓速,"采访之事,必须有闻则录,有录必详。十日为期,必有报告。署名编号,以为识次,以便检查。"这些规定非常周详,真正要贯彻执行,并确有成绩,是颇不容易的。但要修好志书,不如此做,就难以达到目的。

(3)实地考察。有些事项,单凭各种记载和口碑,并不能完全解决问题。尤其是地形、水利设施、城邑的变迁及考古发现等,要使志书记叙符合实际,还应当作实地考察及测量验证。清代考据学派的几位著名学者,他们无论是修志还是评志,都极注意这一点,并反复强调,用他们的话说叫做"目验"。如顾炎武于《营平二州史事序》里对作者备极称誉:"郭君造卿在戚大将军幕府,网罗天下书志略备。又身自行历蓟北诸边营垒,又遣卒至塞外穷濡源,视旧大宁遗址,还报与书不合,则再遣覆按,必得实乃止。"洪亮吉《贵州水道考序》说,贵州诸水,唐宋以后,"地没于苗蛮,名乖于土俗,一水则随地易名,有至十数名不止者。何怪乎撰方志、询土俗者之转转成讹,无一可依据乎?其间即有思矫其弊,如郭子章之《黔记》,田雯之《黔书》,而横据胸臆,不寻源流,则其失亦与方志之俚鄗者等。……余以壬子冬,奉命视学此方。轺车所至,类皆沿源溯流,证以昔闻,加之目验。既不信今,亦不泥古,两年于兹,撰成《贵州水道考》三卷。凡经流七,皆水之直达江海者。大水八,皆水之络。数十小水,至贵州境以外。合经流者,中水百八十一,皆水之能络,小水在贵州境以内合经流及大水者。小水一百五十二,皆合中水以入大水者。而水之无名及不知所归者,尚不与焉。”(《洪北江先生遗集·卷施阁文甲集》)李兆洛曾说:“综古今者贵考稽,揽形胜者重目验。”他主修的《凤台县志》附录有萧景云的《焦冈湖考》,既赞誉它的“详密”,又指出“其所拟议,尚有未尽善者”。对“湖水广而口狭,未能通行”一点,李兆洛给予评述说:“余尝于放水时亲按行之,以水平度淮、湖高下,湖水高于闸外几三尺;而闸口出水处,悬流不过四五寸。盖小口沟长五里余,又接中心沟三里余,始至湖心平漫处。沟身既长,沟道又盘曲,故水流迂缓。其病在沟不能吸溜,使水势直注闸口。若能使湖水驶抵闸口,悬流三尺而下,以水法度之,湖虽广,不十日可涸。故其不通利之故,不在口狭也。”(《养一斋文集》卷六)

至于绘地图,更须实测,并且要用科学方法测绘。孙诒让曾说:“考证方舆,以图学为最要。”他主张《瑞安县志》的“地理”应绘制历史沿革、政区、城乡、水系的总图和分图。除分任专职者外,“其余城乡各图,议由局延请精究测算专家,周历各乡,将村庄、市镇、山形、水道,一一测明方位斜直,距数远近,计里开方,分别精绘。(审堡桥埭之类,亦一律详载。其水道湮废者亦宜逐地访明绘入。仿近代地理图载黄河故道之例,以黑白为识别,用备考证。)不可疏舛简率,徒费丹书。”(《瑞安县志局总例六条》)

(4)专设方志资料的机构。鉴于资料对修志的重要性,章学诚从未雨绸缪出发,提出主张,州县应建立一种专为修志做资料准备的常设机构——志科。他说:“州县之志,不可取办于一时。平日当于诸典吏中,特立志科,佥典吏之稍明于文法者以充其选。而且立为成法,俾如法以纪载,略如案牍之有公式焉,而无妄作聪明之弊矣。积数十年之久,则访能文学而通史裁者,笔削以为成书,所谓待其人而后行也。如是又积而又修之,于事不劳,而功效已为文史之儒所不能及。"应怎样立为成法,凡州县所属,诸如:第一,"六科(为吏、户、礼、兵、刑、工——笔者)案牍,约取大略,而录藏其副可也。"第二,"官长师儒,去官之日,取其平日行事善恶有实据者,录其始末可也。"第三,"所属之中,家修其谱,人撰其传、志、状、述,必呈其副;学校师儒,采取公论,核正而藏于志科可也。"第四,"所属人士,或有经史撰著,诗辞文笔,论定成编,必呈其副,藏于志科,兼录部目可也。"第五,"衙廨城池,学庙祠宇,堤堰桥梁,有所修建,必告于科,而呈其端委可也。"第六,"铭金刻石,纪事摛辞,必摩其本,而藏之于科可也。"第七,"宾兴乡饮,读法讲书,凡有举行,必书一时官秩及诸名姓,录其所闻所见可也。"第八,"四乡各设采访一人,遴选士之公正符人望者为之,俾搜遗文逸事,以时呈纳可也;学校师儒,慎选老成,凡有呈纳,相与持公核实可也。"还应将所得各种资料"分科别类","置藏室","置锁椟","岁月有时,封志以藏,无故不得而私启"。省、府亦可仿此例,从此可以"兼收并蓄,参互考求",并"可以稽州县志科之实否"(《州县请立志科议》)。这是一个很好的构想,可惜那时并没有成为现实。民国时期,国民政府内政部于1946年重新公布《地方志书纂修办法》时,规定各省、市、县须设文献委员会,负责征集资料和修纂方志,当时未见实效。现在台湾尚存这个机构,对台湾各市、县的修志是起了作用的。

2. 对资料的鉴核和取舍

由搜集而占有了丰富的资料,并不能说已是万事大吉,可以随手拿来编纂成志。恰恰相反,必须慎重对全部资料作认真的鉴别,确定其取舍。

(1)鉴别资料的必要性。诚然,在各种资料中,有真实而可信的存在,但绝不是全都如此。各种文献资料,有一人独撰的,有众人合著的,而荟萃起来,却是出于众人之手,或源于不同人之口。而各人的才识迥异,对所记事实的所见所闻又不尽相同,并可能记忆不周,或程度不等地掺杂了个人的爱憎,甚至为着标榜自己或亲属及有关系的人。因此,记载有详有略,有精有粗,可能还有虚构的,从而使各种资料有是非真伪之别。刘知几于《史通·采撰》篇就指出前代修史时在采用资料时存在的问题。他说:"中世作者,其流日烦。虽国有册书,杀青不暇。而百家诸子,私存撰录,寸有所长,实广闻见。其失之者,则有苟出异端,虚益新事。至如禹生启石,伊产空桑,海客乘槎以登汉,姮娥窃药以奔月。如斯蹐驳,不可殚论。"其评范晔的《后汉书》:"王乔凫履,出于《风俗通》。左慈羊鸣,传于《抱朴子》。朱紫不别,秽莫大焉。"又评沈约的《宋书》:"好诬先代,于晋则故造奇说,在宋则多出谤言。前史所载,已讥其谬矣。"对丁《晋书》之多采杂书以"务多为美,聚博为功",评其曰:"终见嗤于君子。"对"矜其州里,夸其氏族"的郡国籍、谱牒书,倘"不别加研核",就将"征彼虚誉,定为实录",则"何以详其是非"?而"况古今路阻,视听壤隔。谈者或以前为后,或以有为无,泾渭一乱,莫之能辨。"这虽说的是修史,方志史属共性,所以纂志也不例外,而且于志书中的问题更为严重。唐李吉甫竭力指责:"采谣俗者多传疑而失实,饰州邦而叙人物,因丘墓而征鬼神,流于异端,莫切根要。"洪亮吉评述《太平寰宇记》的舛讹时说:"佛肸叛之中牟在河北,而此于开封所属中牟载入佛肸墓,并云墓有二所。《汉书·地理志》云陵、云阳并左冯翊县,而云云陵即云阳。至以宋蒙门当汉蒙县,以唐陵当楚棠谿,盖以讹传讹,多不参考如此。性顾嗜杂家小说,于洛阳下则载樊元宝为洛水神附书,润州下载高骊山海神以酒醴聘外夷女等事,意在征奇,罔知传信,是又非史例矣。"(《太平寰宇记序》）诸如此类，或引用不慎，或出于耳食，就将有乖是非，本末颠倒。

因此，历来的史、志家对待资料，都以极其严谨的态度鉴核其占有的一切资料，而后或取或舍。如司马光撰《资治通鉴》，所作《通鉴考异》就是他鉴核取舍资料的部分纪录。唐贾耽纂志，对于资料都要“究源流”，“收其是而芟其伪”。章学诚也十分强调“贵辨真伪”。鉴核资料的目的在于求其真实。只有资料信而可征，才能保证修出的志书成为信史。

（2）如何鉴核资料。对于这一问题，旧的史学家和方志学家没有作系统的正面论述，但从有关的评论中还是可以约略地窥见一二。鉴核一条资料的真伪、详略，需要有丰富的学识和敏锐的洞察力。略举数例：

其一，最有力的是实物及其铭文。如韩浚《万历嘉定县志》记县治东南普济桥一事，钱大昕在《题韩浚〈嘉定县志〉后》加以考证说：“县治之东南俗所谓管家桥者，予尝泛舟过其下，读元人题字，始知桥本名通济普福，至治元年（1321 年）园通寺住持明了所建。《志》误作普济桥，又不详创建年月，疏矣。”“又西有青龙桥，则元统二年（1334 年）西隐寺西山住持悦可所建。石桥上刻字尚完好可读。而《志》以为万历三十三年（1605 年）建，误之甚矣。”不论作者所依据的是何种资料，总没有桥的当时铭文可靠。纂志者当时只要实际考察一下，就不致发生这种错误。

其二，讲究原始资料，或者说是第一手资料。一般地说，史籍比别的记载可信。而利用史籍作援据时，还须认真考查某史料的来源，追寻其原始的第一手资料。以唐代的修史而论，当时有官设的史馆。对帝王统治事关全局的言行，由史馆的史官先写成起居注，据起居注撰成实录，实录就是撰国史的资源。后晋时修《唐书》（《旧唐书》），北宋时重修《唐书》（《新唐书》）及《资治通鉴》，都以此为史源之一。但在引用时也不能信手拈来，而是要作鉴别的。例如，《资治通鉴·唐纪》则天后光宅元年（684 年）载，徐敬业等会于扬州，准备发动起兵："（魏）思温为之谋主，使其党监察御史薛仲璋求奉使江都，令雍州人韦超诣仲璋告变，云：'扬州长史陈敬之谋反。'仲璋收敬之系狱。居数日，敬业乘传而至，矫称扬州司马来之官，云：'奉密旨，以高州酋长冯子猷谋反，发兵讨之。'于是开府库，令士曹参军李宗臣就钱坊，驱囚徒、工匠授以甲，斩敬之于系所。……"司马光之所以作如此记叙，《通鉴考异》曾说明其原委："《（则天）实录》作'薛璋'。《御史台记》云：'薛仲璋矫使扬府，与徐敬业等谋反。夜，与江都令韦知止子茂道计议。会曹参军阎识微发之，长史陈敬之不察，抑识微，令逊谢。仲璋佯事竟，还出郭门，群官毕从。其党韦超遮道告密，复留系问，遂斩敬之。'今事从《实录》，'仲璋'从《台记》。"《通鉴》的记载从《实录》，与《御史台记》的叙述两相比较，显然《实录》的事理明晰。并且，御史台职在按察百官，其所得的资料当然比不上史馆。《旧唐书·李勣传》附敬业传记载此事也据《实录》。至于改"薛璋"为"薛仲璋"，因御史台司事百官，史源自比《实录》为准。

其三，即使是第一手资料，有时也因为出于回护、谀颂等缘由，事实被歪曲；也有因闻见有误，造成差错。《通鉴考异》历指《实录》的舛讹，不止一处。尤其是家传、行状、墓志、神道碑之类，问题更多。如钱大昕《十驾斋养新录》卷一四"《江西通志》"条称：此志载元代进士题名，仅元统元年（1333 年）登科者就有 15 人。而钱氏曾见元统元年进士题名录，据录只有王充耘、李炳、李毅在二甲，陈植（志有二：一贯宁州，一贯永丰，此为永丰）、徐邦宪、朱彬在三甲，其余都没有。列于三甲的还有艾云中、熊爟，而志中遗漏。其所以如此，是因为"志所采者多出于家乘墓志。凡曾应乡举者，皆冒进士之名，而修志者则不能别择也"。这又是史料来源失误的缘故。当然，对传、志、状、述也不能一概否定，如姓名、生卒年月等应是可靠的。

其四，关于诗、文、笔记、丛谈、小说以及村夫父老的口碑。原先，人们不重视它们的史料价值，可这是不正常的。陈寅恪研究唐史，以唐诗为证。他的名作《元白诗笺证稿》，汇集了以诗证史的成果。以诗证史，在历史文献学上产生了积极的影响。对于文，如治唐史者不仅于《唐大诏令集》有所创获，而且于《全唐文》以及著名的别集中也得益不少。就是所谓野史，也是不能忽视的，如唐郭湜的《高力士外传》，有不少关于朝政大事及高力士与杨国忠的矛盾等，并详述细节。姚汝能的《安禄山事迹》，对安禄山历任官职、所受赏赐及军队主力等进行了详述，这些都是他书不载的。至于笔记、丛谈，如佚名的《吴城日记》，记叙清兵进入苏州残民以逞的行径，从而激起群众的反抗，规模最大的是"（乙酉闰六月）十三日昧爽，忽闻炮声，六门外火起，城门顿开。有民兵先从葑门入，各门陆续俱进。斩木揭竿，间有执戈矛、被甲胄者，皆以白裹头，大都用布，额加红点"。县令被杀，土国宝等众官团聚一处，或隐匿于城楼。钱思元的《吴门补乘》也记载此事。赵执信的《甿入城行》诗歌，显而易见就是以此为题材的。对于这样的一件地方性的重大事件，正史与官修方志大都缺载，只有冯桂芬的《同治苏州府志》略述其事，其史料价值就不言而喻了。应当提到的是谢国桢编著的《增订晚明史籍考》，1981 年 2 月由上海古籍出版社出版。名为晚明，其实不限于此。所收的绝大部分是所谓稗官野史，钩剔爬梳，不仅对晚明，就是对清初许多重大的历史事件都有较高的史料价值。钱钟书的《管锥编》（1979 年 8 月中华书局出版）对唐宋诗文尤其是向被视为小说集的《太平广记》考证诠释，披沙拣金，有益于史学、社会学、民俗学的研究。试举一例，如第 2 册一四八"扬州铜镜"条：

> 《韦栗》(出《广异记》)行上扬州,女嘱栗,"欲市一漆背金花镜"。按扬州铜镜,唐世侈称,《旧唐书·韦坚传》:"若广陵郡船,即堆积广陵所出锦镜铜器……先是人间戏唱歌词曰:……'潭里舟船闹,扬州铜器多'",即《乐府诗集》卷八六之《得宝歌》也。《广记》卷三九六《一行》(出《酉阳杂俎》)记盘龙鼻镜"是扬州所进"。《游仙窟》中临别"取扬州青铜镜留与十娘";韦应物《感镜》:"铸镜广陵事,菱花匣中发";《全唐文》卷八一〇司空图《容成侯传》之"金炯"、指铜镜言,亦云:"宗人派别于广陵者,炫饰求售。"至吴承恩《射阳先生存稿》卷四《踏莎行》之一:"扬州镜子有何缘,时时长与他相面。"则正用此等故事,未可遽以为直道当时器物也。

这对研究唐代的手工业生产、销售及世俗的重视演成诗词和掌故是很有用的。

当然,对于野史、笔记尤其是小说不能轻率地采用,应当认真对待。要鉴核也不是件易事,涉及各种知识,稍有疏忽,便会出现差错乃至是笑话。

上述几点,只能是略举数例。绝不是说,只此就能鉴核明白了。各种资料是千姿百态的,有些问题会出人意料。例如各种档案,应当说是第一手资料了,然而也不一定完全可信。这是经常的事情。如吴宗慈对江西婺源等县的改隶并不全凭公牍就是一例。所以,遇到重要的问题,应寻找旁证。

还有一些人和事,从表面上看,似乎是符合实际的,其实并不是如此。尤其是古代的建置沿革,州县名相同却不是一个地方。如钱大昕指责《江西通志》:

> 人物门于瑞州状元之刘秉忠,此旧志所无,采《元史》补入。自谓淹博,而不知其大不通也。江西之瑞州,本名筠州。至理宗朝,始避讳更名(南宋理宗名昀,昀、筠音近,此以嫌名

避讳——笔者)。若刘秉忠久居邢台,其先世居瑞州,而仕于辽金。则是辽金之瑞州,非宋之瑞州矣。志家不谙地理,不校时代,乃引藏春居士之先世冒籍江右,岂不令人喷饭满案乎?

因此,对不同资料,应运用清乾嘉考据学家校勘学上的成就,即对校、本校、他校、理校或称对证、本证、他证、理证的经验。陈垣著《校勘学释例》,有《校法四例》:第一,"对校法,即以同书之祖本或别本对读,遇有不同之处,则注于其旁。"第二,"本校法者,以本书前后互证,而抉摘其异同,则知其中之缪误。"第三,"他校法者,以他书校本书。凡其书有采自前人者,可以前人之书校之,有为后人所引用者,可以后人之书校之,其史料有为同时之书所并载者,可以同时之书校之。此等校法,范围较广,用力较劳,而有时非此不能证明其讹误。"第四,"段玉裁曰:'校书之难,非照本改字不讹不漏之难,定其是非之难。'所谓理校法也。遇无古本可据,或数本互异,而无所适从之时,则须用此法。此法须通识为之,否则卤莽灭裂,以不误为误,而纠纷愈甚矣。故最高妙者此法,最危险者亦此法。"这虽然是指校勘古籍而言,但只要不是胶柱鼓瑟,那么,对鉴别资料也是有实用意义的。

(3)取舍的问题。经过鉴核的资料已证明是信而可征的了,也还不是便可将这些资料全部纂入志书,而是要依据编纂义例的要求,作恰当的取舍,而且有的还要作反复的筛选。如司马光撰《资治通鉴》,《四库总目》引高似孙《纬略》称"采正史之外,其用杂史诸书凡二百二十二家"。章太炎认为"采摭之书,正史而外,杂史多至三百二十种"(1937年5月18日《大美晚报·历史周刊》载章氏演讲稿)。《资治通鉴》撰述时,由刘恕、刘攽、范祖禹等先分工分别修出长编,再经司马光删削粗成,又加细删而成。如《唐纪》长编有六七百卷,细删定稿为81卷。志乘家也有类似的情形,一部志书的修成,通常是经过几易其稿,对资料总是要精选,如唐贾耽所说的"掇其要"(《海内华夷图》)。清方苞认为:"博引以为富,而无所折衷,犹耕而弗耨也。"(《望溪先生文集·与一统志馆诸翰林书》)钱大昕也说,应当"搜采诸书,详加折衷"(《潜研堂文集·续通志列传总序》)。章学诚批评有些志书是:"猥琐繁碎,不啻市井泉货注簿,米盐凌杂。"(《答甄秀才论修志第二书》)如何取舍资料? 因方志的体式与记叙的要求有异,难以也不可能有共同的定例。并且修纂时又因人而异,人人有各自的才识和逻辑思维,因此不能也不应该强求一律,全在于各人的匠心独运了。章学诚在《答甄秀才论修志第二书》中提出"随时斟酌,均在夫相体裁衣"、"条理可观,切实有用",应当看做是概括了古人修志取舍资料的原则的。

二、详略得体

对于一切著作的评议,详或略一向是一个讨论的内容,方志当然也不例外。以往的方志学者对于志书详略的评论集中于两个问题:

1. 详略的准则

方志编纂的历史向人们揭示,其中带有规律性的特征之一是:古来方志记叙的内容是沿着由简到繁即从略到详的轨迹发展的,这是符合历史发展的总趋势的。因为人类的社会生活越前进就越繁富,人们记述和传播历史经验的方式也随之而发展进步。所以,后人对前人的修志感到不满足,其内容的简略也是一个方面。如晋常璩纂《华阳国志》,于《序志》里指出,汉魏时司马相如、严君平、扬雄、谯周、陈寿等关于巴、蜀的方志诸作:"于以居然辨物知方,犹未详备。"唐权德舆在《魏国公贞元十道录序》中称,在贾耽的《海内华夷图》、《古今郡国县道四夷述》和《贞元十道录》问世之前:"言区域者阙略未备,或传疑而失实。"(《权载之文集》卷三五)北宋乐史纂《太平寰宇记》,于《进书表》中说,《贞元十道录》和《元和郡县图志》"编修太简"。南宋周应合纂《景定建康志》,马光祖曾评在此以前建康的乾道、庆元两志"皆略而未备,观者病之"(《建康志序》)。这常常是所以要再行修志的一个原委。而流传至今的唐宋志书之所以受到推崇,原因之一就是内容详赡。明清的许多善志,也因为能补前志的缺略而为人称道。当然,在今天看来,又感到无论哪一种旧志仍然有缺略,最为突出的是社会经济的记叙实在不足。

然而,又不能机械地认为:修纂方志愈繁愈好,越详越佳。任何事物不能从一个极端走向另一个极端,不能因为有缺略就说不要略。刘知几曾说:"夫国史之美者,以叙事为工;而叙事之工者,以简要为主,简之时义大矣哉!"(《史通·叙事》)方志也是如此,即使是著名的善志,如详不当详,就成了滥冗,也将受到后人的诟病。如清人洪亮吉的《太平寰宇记序》,在肯定此书的同时,又指出它因人物而及诗词、杂事,喜欢采用杂家、小说,"意在征奇,罔知传信。……乃《自序》(即《进书表》——笔者)反讥贾耽之漏落,吉甫之缺遗,不知已之病适与之相反也。"这个批评是有道理的,求详不能失之于滥而芜杂。

清代和近世的方志家抨击明人的志书,存在的通病就在于详略交病,陋冗而谬。如李兆洛曾说:"明代诸志,颇改前观。避簿记之诮,则凭刊削以为简古;侈收采之富,则杂厕肤猥以为浩博。体制既乖,详略交病。其紊轻重之实,袭胥吏之故者,抑又无论焉。夫稽往籍者,所以存法戒也;详时事者,所以观风会也。若稽古而不核,非陋即冗;诹今而不审,非棼即谬。徒以迷误后来,不如无书矣。"(《养一斋文集·跋咸淳毘陵志》)清以来对明志作此种评述者,更是大有其人,不再列举。近人瞿宣颖更指出:"明以来官绅陋习,好张门户之见,喜营流俗之名,动攘前人之作为已有。故每修志一次,必将前志毁荡无存,另立炉灶。甚至前志修成甫及数年,

又复更张。究其实则换汤不换药,所以志多滥而庸也。”(《志例丛话》)

由此可见,略而至于疏漏缺误,固然不好,详而至于烦芜滥冗,也不是善志。这样,就给修志者提出了一个课题,怎样妥善处理详与略的关系。唐刘知几于《史通·烦省》中专门讨论了这个问题,他缕述古来史籍的详略说:“必以古方今,持彼喻此:如蚩尤、黄帝交战阪泉,施于春秋,则城濮、鄢陵之事也;有穷篡夏,少康中兴,施于两汉,则王莽、光武之事也;夫差既灭,勾践霸世,施于东晋,则桓玄、宋祖之事也;张仪、(司)马错为秦开蜀,施于三国,则邓艾、钟会之事也。而往之所载,其简如彼;后之所书,其审如此。若使同后来于往世,限一概以成书,将恐学者必诟其疏遗,尤其率略者矣。而议者苟嗤沈(约)、萧(子显)之所记(指《宋书》和《南齐书》),事倍于孙(盛)、习(凿齿)(两人都著有《晋史》);华(峤)、谢(沈)之所编(指《后汉书》),语烦于班(固)马(司马迁),不亦谬乎!”因而规定了烦省的原则:详而不能“妄载”,略又不能“阙书”。并且在叙事的遣字命辞时要有“理”。其以为:“加以一字太详,减其一字太略。求诸折中,简要合理。”“言虽简略,理皆要害。故能疏而不遗,俭而无阙。”有遗有缺,当然也就谈不上“理”的“要害”了。

纂志与修史相同,因而历来的方志家都主张要详略得中。清洪亮吉曾说:“一方之志,苟简不可,滥收亦不可。”(《泾县志序》)章学诚于《方志辨体》一文中表明应详其所当详,略其所当略。古来的善志之所以受到称誉,原因之一就在于记叙的详略得体。如《四库总目》称《吴郡图经续记》“征引博而叙述简”。杨维桢称《至正昆山志》:“立凡创例,言博而能要,事核而不简。”(《至正昆山郡志序》)这类事例,繁不胜举,也无须列举。

但是,有时详略是不能完全得体的,对待这样的问题,以往的评论者以为宁详而不要略。虽详而至于繁芜,总比略而至于缺遗为好。宋王象祖于《赤城三志序》里对作者林表民提问:“志数百年不克就,今就未十载,而(赤城)《续志》、《三志》继作,不赘乎?”回答说:“余谓作当问可否,非赘非略之嫌也。”(《台州经籍志》卷一三)这是对修志时间间距的繁略说的。钱大昕于《三山志跋》中说:“世人读《宋史》者多病其繁芜,予独病其缺略。缺略之患,甚于繁芜,即有范蔚宗、欧阳永叔其人,繁者可省,缺者不能补也。”(《潜研堂文集》卷二九)这可能是针对《四库总目》的评语“门目猥杂,徒溷耳目者”而发的。今天站在文献学的立场说,人们阅读古籍往往是嫌其简的。所以只要不是陋而滥的“详”,确实比“略”要受人欢迎。即使反对繁不得体,诸如常以“滥采野史”、“芜而不精”、“芜秽特甚”指责别人的章学诚,也并不是不要详,恰恰相反,他还是主张志体“贵详赡”的,以为方志一定要比国史加详。只是详要合“义”和“法”,与刘知几所揭橥的“理”是共通的,超过了这个标准便是“滥”和“芜”了。同时,他又主张“行文又贵简洁”(《答甄秀才论修志第二书》),不能烦冗。别人也莫不如此。

2. 详今略古的原则

详今略古或称详近略远,这又是修志中遇到的一个实际问题。古来的著述家包括方志学者,大都主张详今而略古。《荀子·非相》说:“传者,久则论略,近则论详。”刘知几的《史通·烦省》篇基于史学著作的发展动态,开宗明义地指出:“荀卿有云:远略近详。则知史之详略不均,其为辨者久矣。”李吉甫反对旧方志中“尚古远者或搜古而略今”(《元和郡县图志序》)。章学诚说:“史部之书,详近略远,诸家类然,不独在方志也。”(《记与戴东原论修志》)焦循也说:“近时朱竹垞《日下旧闻》,黄玉圃《南台旧闻》,皆述古而不及今事。若郡县之书,卢牟今古,则有不可徒以纂录成书者。”(《雕菰集·上郡守伊公书》)《乾隆无锡县志·志例》从史与志的不同地位出发,以为:“志与国史相衡,自必县志加广,史远而志近,史统而志专。专者文备,理势当然。”如此等等,方志家之所以主张详今而略古,除社会历史发展的总趋势起决定作用之外,还有两个原因:一是稍远的年代,资料较难搜集,如刘勰于《文心雕龙》发挥《荀子》的话说:“盖文疑则阙,贵信史也。”这就是说,没有足够的资料只能缺略,这样有利于保证史书的信实。二是有利于实用。旧志即使自宋以来,已层见叠出,如每次修志古今并重,必将相对地削弱近时史事及现状的记叙,对实用的价值必然有影响,更何况是详古而略今。

3. 言简意赅

与详略有关的是,在语言的使用上,应力求精练简明,避免琐屑芜冗。周详记叙一件史事和一个人物,善于文辞者,既能缕述其原委和曲折的过程,又能辞章简洁,富有文采,使人读来明白清新,饶有兴味,寓意感人。反之,杂乱无章,拖沓重复,事理不明,读起来令人昏昏欲睡,无法读下去。所以,刘知几说:“言之不文,行之不远。则知饰词专对,古之所重也。”(《史通·言语》)他还缕析各种史书在语言方面的优与劣、文与质的屡变,反对“枉饰虚言”,主张使用今语乃至“流俗鄙俚之说”。最后归结为:“工为良史者,不选事而书,故言无美恶,尽传于后。若事皆不谬,言必近真,庶几可与古人同居,何止得其糟粕而已。”刘氏并于《史通·载文》篇肯定:“文皆诣实,理多可信。至于悠悠饰词,皆不之取。”欧阳修以古文名家修《新唐书》,曾公亮于《进书表》里称:“其事则增于前,其文则省于旧。”“前”和“旧”指的是《旧唐书》,《新唐书》比起《旧唐书》是否达到如此境界,还值得研究,清人赵翼的《廿二史札记》和王鸣盛的《十七史商榷》都有较公允的评价。但无论是修史或是纂志,恰是应在文辞上下一番工夫。“文省事增”是值得努力争取的。所以,章学诚说:“未有不洁而可以言史文者。文如何而为洁,选辞欲其纯而不杂也。”“书有体裁,而文有法度。”(《与石首王明府论志例》）章学诚和许多人一样，批评旧志中的“浮词”、“冗语”、“滥收”、“枝蔓烦碎”、“杂入诗赋藻饰之绮语”、“芜陋不足观采”等等。这都是足以避免烦芜而有益于简明的。

三、著作与纂辑

前人论史著，有所谓著作（或作述）、纂辑两种方法，也有称之为两种体。章学诚评论前人的方志，区分有“文人之书，学人之书，辞人之书，说家之书，史家之书，惟史家为得其宗”，又说：“史家又有著作之史与纂辑之史，途径不一。著作之史，宋人以还，绝不多见。而纂辑之史，则以博雅为事，以一字必有按据为归。错综排比，整炼而有剪裁，斯为美也。”（《报广济黄大尹论修志书》）因为章学诚的整个方志理论，不为当时人接受。当他在协助毕沅修纂《湖北通志稿》时，“竟用别裁独断”（《方志辨体》），因而受到同事们的非议，与人往返诘驳。毕沅去任之后，《志稿》不但没能刊出，而且还被改删得面目全非。后人论及此事，以为这是代表了清代方志界新派与旧派的争议，并归结为著作与纂辑之争。而著作与纂辑的分野，在于前者“无一字不出于己”，后者则是“无一字不著来历”。如果稍稍涉猎章学诚关于方志学的论述，那么，对在《湖北通志稿》问题上所出现的矛盾和争论，以为分歧仅仅在于著作和纂辑的方法之争，就未免太简单而流于皮相了。从上述《报广济黄大尹论修志书》的引文中，他并没有从根本上反对纂辑的史，便是最有力的证明。

诚然，在史与方志的修纂中，确有著作和纂辑这两种现象的存在。著作型的史籍，可以《史记》为代表，而方志可以《吴郡图经续记》、罗愿的《新安志》之类为代表。纂辑型的史籍，班固的《汉书》和袁枢的《通鉴纪事本末》最为典型，而方志就有《吴郡志》、《日下旧闻》、李文藻的《历城县志》等。历来的学者对于著作与纂辑两类史、志有种种评议。南宋著名史学家郑樵推崇著作而贬低纂辑。他主张"会通",把所著取名《通志》,因而尊《史记》而抑《汉书》,用极其偏激的语言抨讦班固,说其"专事剽窃","后世众手修书,道傍筑室,掠人之文,窃钟掩耳,皆(班)固之作俑也。"(《通志总序》)然而,清三大史学家之一的王鸣盛以为:"学问之道,求于虚不如求于实,议论褒贬,皆虚文耳。作史者之所记录,读史者之所考核,总期于能得其实焉而已矣,外此又何多求邪?""予岂有意于著书者哉?不过出其读书、校书之所得标举之,以诒后人。初未尝别出新意,卓然自著为一书也。如所谓横生意见,驰骋议论,以明法戒;与夫强立文法,擅加与夺褒贬,以笔削之权自命者,皆予之所不欲效尤者也。然则予盖以不著为著,且虽著而仍归于不著也。"(《十七史商榷序》)王氏所处的时代,正是文化专制主义迭施淫威,而众多的文字狱首先又是从史学开刀的,他所说的不能不有所顾忌,不能据此以为王鸣盛真的不讲著作。客观地说,著作与纂辑同属于方法论的范畴,方法的多样化,对繁荣学术是有益而无害的。何况著作与纂辑难以绝对地给予论断:著作一定比纂辑好,或者反过来纂辑比著作强。一部撰著的优与劣,方法固然有关系,而关键还在于作者的才、学、识。并且,者作与纂辑并不能截然分离,著作中渗有纂辑,而纂辑也寓有著作之例,这是常常会遇见的。就是郑樵的《通志》,也不全都每个字尽出于己。但著作和纂辑确又各自成为体式。

1. 纂辑的辨证

纂辑,不但和汇记柴米油盐的流水账有根本区别,就是和辑录旧文的史钞也不是一回事。以《汉书》而论,在武帝以前的有关记载,史料大都源自《史记》,有些篇章简直相差无几,但又不是照抄,而是作了剪裁、整理,有的还有补充。只要把《史记》和《汉书》仔细比照,就会发现司马迁和班固二人撰作的歧异处。班固以他自己的史学观点作《汉书》,如不为项羽立纪,书改为志,世家改入列传。刘知几称它“言皆精炼,事甚该密”(《史通·六家》),在修辞上纠正了《史记》的“盈辞”。鲁迅从文字的观点说司马迁“不拘于史法,不囿于字句,发乎情,肆于心而为文”(《汉文学史纲要·司马相如与司马迁》)。所以,郑樵说班固“专事剽窃”,比起刘知几将《汉书》列入史学“六家”来,实在是偏颇之论。又如袁枢的《通鉴纪事本末》,史料来源完全出于《资治通鉴》,把《通鉴》记叙的1362年的史事区分门目,分类纂辑,编集239事,又附录66条,共立239个条目。每一个事件既有年月头尾相属,又详记其起讫和发展变化的过程,成为完整的相对独立的篇章,比起《通鉴》,读起来方便得多。此书一出,受到普遍的赞赏,产生了很大的影响,纪事本末于是成为公认的三大史裁之一。《通鉴》是一部编年史体的不朽名著,这是人人公认的。但由于记叙的年经事纬,而一个历史事件往往不是一年而是几年乃至十数年才结束,这样,就必然一事分散地记述于数卷之中,并且和同时发生的事混杂在一起,头绪纷扰。因此,要了解一件史事的本末,不经过仔细阅读,摘录排比,记识思考,是很难融会贯通的。南宋杨万里于《通鉴纪事本末序》里就说:“予每读《通鉴》之书,见事之肇于斯,则惜其事之不竟于斯。……遭其初莫绎其终,揽其终莫志其初。”这是一点也不夸大的实情。司马光自己也说:“修《通鉴》成,惟王胜之借一读,他人读未尽一纸,已欠伸思睡。”(引自胡三省《新注〈资治通鉴〉序》)对于一个不具有历史初步知识的人,读起《通鉴》来,这种情况是不可避免的。而读《通鉴纪事本末》的效果就不同了。所以,这样的纂辑无疑是一次再创作。

方志中的纂辑之作也相类似,即使是主张著作的章学诚,也没有抹煞纂辑史、志的优点。他说:“班(固)袭(司马)迁史,孝武以前,多用原文,不更别异。以《史》、《汉》同一纪载,而迁史久已通行,故无嫌也。他若诏、令、书、表之属,则因其本人本事而明叙之,故亦无嫌于抄录成文。”说到方志,章氏以为:“志为史体,其中不无引用成文。”(《答甄秀才论修志第二书》)在论及十余种宋志时,章氏说:“罗(愿)《(新安)志》意存著述,范(成大)《(吴郡)志》笔具剪裁,其所长也。”“罗《志》芜而不精,范《志》短而不详,其所蔽也。”(《为张吉甫司马撰大名县志序》)章氏认为著作与纂辑各有长短,并没有偏袒于著作的意思。

至于所谓纂辑“无一字无来历”,就未必如此。纂辑的史志未尝没有己意。如《通鉴纪事本末》史料源于《通鉴》,效果却不同于《通鉴》,章学诚也称它“文省于纪传,事豁于编年”(《文史通义·书教下》)。反映在史学观点上,与司马光的正统观有所不同,如标题《孙氏据江东》、《钱氏据吴越》、《杨坚篡周》、《郭威篡汉》等,最为明显。纂辑的方志可以范成大的《吴郡志》为例,其所引用的资料有各类撰著近 150 种,有约 170 人的各种诗文,有的还是一人多篇,有不少是全文照录的。全书的引文比作者自己的文辞要多得多。然而,这些资料已经过范氏的取舍、剪裁,纳入全书的体系中,并注明出处,又在注中夹注,条理清晰;而且所有的引文,都是通过作者的主旨连缀起来的。《考证》一篇,对各种记载加以辨析,得出一个自认为恰当的结论。没有学力和识见,是不易做到的。

所以,作为一种编纂方法,纂辑是不能轻易否定的,甚而不能轻视。方法是为目的服务的,问题在于有无统一的义例。纂志与修史的时限不同,纂辑而能恰如其分地体现纂志的义例,仅仅是前人资料的汇辑,同样可以成为善志。倘使纂辑只满足于已有的旧资料,不注意现有的新事物、新资料,又没有统一的义例,那么,即使取材浩繁,也只能是较好的资料汇编,而不是志书的上乘。

2. 著作的剖析

史学家和方志学家中意在著作的成一家之言的大有其人。对于著作的探求，向来意见纷陈。而主要之点，在于不落前人窠臼，有创新意义的体例，又有恰当的表述方法。如司马迁作《史记》创纪传体，杜佑求“会通”的《通典》，章学诚反复强调史裁、史例、史法的三书四体的方志体例。要使著作达到有开创或有新义，绝非易事，章学诚曾感叹：“著作之史，宋以还，绝不多见。”但又不要苛求，否则必将陷入今不如昔的历史退化观之中。

著作的史、志当然要创新，不然就不成其为“一家之言”。但任何一种创新，都离不开已有的历史条件。从历史的长河考察，没有绝对的创新。也就是说，不能与历史传统对立起来以看待创新；而创新必然要与继承相结合。任何一位创新者，必然在善于扬弃历史的糟粕，继承历史优良传统的基础上，站在时代的前列，洞察时代所提出的新要求，从而发前人所未发，使自己的撰著与新时代的脉搏相吻合，列入新的著述之林。继承与创新，不是分割成两个类列，而应当是融为一体。因为人类知识的创获，从历史发展的总过程考虑，总是层累地积蓄而向前发展的。如《史记》当然是纪传体的鼻祖，但是，历来的研究者指出，其纪、表、书、世家、列传诸体，都有所本：“本纪”仿古《禹本纪》，“表”仿周的谱、牒，“书”仿《管子》、《吕氏春秋》、《淮南子》，“世家”仿《卫世家》，“列传”仿《世本》。章学诚也说：“纪传虽创于史迁，然亦有所受也。观于《太古年纪》、《夏殷春秋》、《竹书纪年》，则本纪编年之例，自文字以来，即有之矣。”（《文史通义·书教下》）而古代的撰作都是分散的，如赵翼所说，司马迁的开创，在于“参酌古今，发凡起例，创为全史。‘本纪’以叙帝王，‘世家’以记侯国，‘十表’以系时事，‘八书’以详制度，‘列传’以志人物。然后一代君臣政事，贤否得失，总汇于一编之中”（《廿二史劄记·各史例目异同》）。

修史如此，纂志也不例外。章学诚就主张志书体例“以外纪、年谱、考、传四体为主。所以避僭史之嫌，而求纪载之实也。然虚名宜避国史,而实意当法古人"(《答甄秀才论修志第二书》)。如何效法古人?他的《方志立三书议》说得很具体:"仿纪传正史之体而作志,仿律令典例之体而作掌故,仿《文选》、《文苑》之体而作文征。""附稗野说部之流而作丛谈。"只有这样"立三家之学,而始可以通古人之遗意"。洪亮吉的纂志有些株守于考据之学,其设目没有一个是没有根据的,他的《登封县志·序录》述及设目的渊源:"皇德"仿侯瑾《汉皇德记》,"舆图"仿《隋志·周舆地图记簿》,"土地"仿晋朱育《会稽土地记》,"山川"仿齐刘澄《宋初山川古今记》,"大事"仿汉司马迁等《大事记》,"道里"仿《隋西域道里记》,"风土"仿晋周处《风土记》,"坛庙"仿《齐坛庙记》,"伽蓝"仿晋杨衒之《洛阳伽蓝记》,"冢墓"仿宋李彤《圣贤冢墓记》,"职官表"仿班固《百官公卿表》,"选举表"仿《(新)唐(书)·选举志》,"户口"仿宋《元康六年户口簿记》,"会计"仿宋李常《元祐会计录》,"学校"仿宋《崇宁学校新法志》,"衙署"仿宋无名氏《衙署志》,"名胜"仿《名胜志》,"物产"仿《旧唐书·经籍志》、无名氏《诸郡物产土俗记》,"循吏"仿《汉书·循吏传》,"先贤"仿魏明帝《海内先贤传》,"列士"仿晋华俊(《旧唐书·经籍志》作"鬲",王谟辑本作"融")《广陵列士传》,"列女"仿刘向《列女传》,"逸人"仿晋张显《逸人传》,"高僧"仿释慧皎《高僧传》,"丽藻"仿唐人《丽藻录》,"金石"仿宋赵明诚《金石录》,"杂录"仿《后汉杂事》、《晋朝杂事》等,"序录"仿汉王符《潜夫论·序录》。正是言必有据,无一无来历。尽管洪氏太烦琐而又执着,而且被有些评论者与章学诚分属于方志学的新、旧两派,但在留意于继承方面是一致的。

至于对待史料,著作家也纂辑各种文献,如司马迁于《秦始皇本纪》论秦之得失照录贾谊的《过秦论》,《太史公自序》全录其父司马谈的《论六家之要指》等等。盛赞著作的章学诚不仅以为志书应仿《三通》、《七略》,"删芜撷秀","比类成编",并且"至坛庙碑铭,城堤纪述,利弊论著,土物题咏,则附入物产、田赋、风俗、地理诸考。以见得失之由,沿革之故;如班史(《汉书》)取延年、贾让诸疏入《河渠志》,贾谊、晁错诸疏入《食货志》之例,可也。学士论著,有可见其生平抱负,则全录于本传;如班史录《天人三策》于《董仲舒传》,录《治安》诸疏于《贾谊列传》之例,可也。至墓志传赞之属,核实无虚,已有定论,则即取为传文;如班史仍《史记·自序》而为《司马迁传》,仍扬雄《自序》而为《扬雄列传》之例,可也"(《答甄秀才论修志第一书》)。以至诏、令、书、表,也可以抄录成文。章氏于《修志十议》的"议援引"中说:"史志引用成文,期明事实,非尚文辞。苟于事实有关,即胥吏文移,亦所采录,况上此者乎?"甚至也可据《左传》、《国语》的引谚征谣之义,"风俗"门必须时刻征引歌谣。可见,任何一位著作家,都极为重视辑录原始的信实的文献。像郑樵那样,主张通史,力斥断代的纪传史,然而体例一本纪传体,纪与传都取材于旧史,又作了大量的删削,并且下限止于隋,被学术界公认为《通志》中最无价值的部分。

由此可见,著作与纂辑,只要体得其当,取材征信,是殊途而同归的。一般地说,纂辑之书,过分注重于资料的辑录,如驾驭不当,容易造成繁而寡要,乃至烦芜冗滥。而著作之书,因注重于阐明义理,强调要"出于己",容易导致对资料的忽视,因而议论空洞,言之无物,更不足取。

四、汲取其他学科的成果

方志的编纂,之所以成为善志,之所以在理论上有所突破和新的贡献,除了善于吸收旧志的传统和前代方志学家的成功经验之外,一个极为重要的因素,是善于汲取相关的论著和其他学科的成就以武装自己,而创新就自然寓于其中。这样,才有方志学的无穷生命力,几千年方志和方志学的源与流,便是充分而雄辩的证明。

方志这种典籍,开端的先秦方志就是以史的面目出现的,因而和史学密切不可分。从修纂宗旨到编纂方法,无不深刻地镌上史学的印记。秦汉确立了郡县制,因为由先秦"国别为史"转变而来的方志的地位及其编纂的成就远远比不上《史记》、《汉书》之类纪传体和编年体的正史,所以,方志很自然地自觉与不自觉地取法于正史。

以编纂宗旨而言,从汉以来所标榜的《春秋》的"寓褒贬"、司马迁的"究天人之际",到司马光撰《通鉴》的"鉴前世之兴衰,考当今之得失,嘉善矜恶,取是舍非"(《进书表》),志乘家都把方志当做地方长吏"资政"之书,两者可以说是如出一辙。如果要说有区别的话,那么,也只是全国与郡县的差异,而总志还有全国的意义。

从编纂方法而言,以汉魏后的分记地、人,晋的《华阳国志》合人、地、事于一为发端,宋代的综合型志书体例大备,明以后又进一步向史籍的修纂靠拢。方志受到史学的影响和所用,其脉络是明晰可辨的。

上述两点,前文已作有论证,无须再作过多的阐述。下面要着重讨论的是方志吸收其他学科(包括史学)的营养的问题。

魏晋时在方志中占较大比重的是州郡的"地理之记"。这样的"地记",《隋书·经籍志·地理记序》称,它受《汉书·地理志》影响,说是:"后世载笔之士,管窥末学,不能及远,但记州郡之名而已。"《隋志》的作者是唐初人,因隋代的地理书如《区宇图志》和《诸州图经集》以及晋挚虞的《畿服经》、南齐陆澄的《地理书》、任昉的《地记》、陈顾野王的《舆地志》都是记全国的,而且内容又丰富,所以对州郡地记予以贬低。但有一点是得到了证明,魏晋的地记与《汉书·地理志》有渊源关系,并且是相互作用的。

值得注意的是:《隋志》是盛赞《畿服经》的,指出它是"依《禹贡》、《周官》"(此处系指《周礼》的地图——笔者)而作,这就是说挚虞曾参照了《禹贡》的体式。《禹贡》是五经之一《尚书》中的一篇,分冀州、兖州、青州、徐州、扬州、荆州、豫州、梁州、雍州九州,记述我国当时的地理,伪托这是夏禹治水以后划分的政区。其作者和著作年代至今没有定论。近现代多数研究者以为其大约在战国时成书。它是历来公认为我国最早的价值很高的地理著作。书中较为详细地记载了黄河流域的山岭、河流、薮泽、土壤、物产、贡赋、交通等。相对来说,长江、淮河流域记载较粗略。《隋志》说《畿服经》"州郡及县分野封略事业,国邑山陵水泉,乡亭城道里土田,民物风俗,先贤旧好,靡不具悉"。这样,内容就比《汉书·地理志》的记载要丰富。说它是依仿《禹贡》是有根据的。方志在古代曾被依附于地理,但像《禹贡》等类的地理典籍不等于方志。而志书仿效《禹贡》,则是汲取了地理的编纂模式。

又《隋书·经籍志·地记》著录了陆澄《地理书》149卷,录1卷,说其是:"合《山海经》以来一百六十家,以为此书。"又《四库总目·地理类总序》说:"《元和郡县志》颇涉古迹,盖用《山海经》例。"四库馆纂修官所说是不得当的,记述古迹的方志于六朝的地记中屡有所见,因此,不如说直接源于六朝的地记。而且,李吉甫是反对"因丘墓而征鬼神"的,恰恰是《山海经》有很多的神话传说。所以,说《元和志》"用《山海经》例"是不足征信的。但《元和志》曾征引《山海经》的资料,是事实。如《元和郡县图志》卷九"河南道"五载:"奚公山在(滕)县东南六十六里,奚仲初造车于此。"显然,这是依据《山海经·海内经》的一段文字而来。《海内经》这样说:"番禺生奚仲,奚仲生吉光,吉光是始以木为车。"《山海经》的成书年代,《山海经叙录》以为"出于唐虞之际",而作者是"禹别九州,任土作贡;而益等类物善恶,著《山海经》"。《四库总目》以为:"殆周秦间人所述,而后来好异者又附益之欤?"这是一个尚未弄清楚的问题,只能聊备一说。据《史记·大宛列传》所说,司马迁曾见过此书。那么,至少六朝的地记已在其后,《元和志》所记有源于《山海经》就毋庸置疑了。

在我国文化史上,佛教的传入是一件大事。这一异质文化的广泛传播,对我国的哲学思想、语言文学、音乐、建筑、绘图等艺术诸领域产生了深远的影响。对于这个外来的异质文化,儒家采取了抵制的态度。孔子曾说:“攻乎异端,斯害也已。”(《论语·为政》)直到清代的朴学家,还是坚守将佛学当做“异端”这一信条。他们攻讦宋明理学,重要的一条罪状就是“援佛入儒”。然而,佛学对我国古代文化所产生的作用是不能抹煞的,因而愈来愈为人所接受的趋势也是无法阻挡的,佛教在方志中也得到了反映。

佛教开始传入我国的时间,众说纷纭,为多数人公认的是起于东汉明帝永平(58~75年)中。汉至唐的郡县志书大都已失传,现存的《越绝书》、《吴越春秋》、《华阳国志》以及《沙州图经》,都还未记及佛教。现在能够知道,首先记及佛教的还是史籍。《后汉书·西域传》称:

> 汉自楚英始盛斋戒之祀,桓帝又修华盖之饰。将微义未译,而但神明之邪?详其清心释累之训,空有兼遣之宗,道书之流也。且好仁恶杀,蠲敝崇善,所以贤达君子多爱其法焉。然好大不经,奇谲无已。虽邹衍谈天之辩,庄周蜗角之论,尚未足以概其万一。又精灵起灭,因报相寻,若晓而昧者,故通人多惑焉。盖导俗无方,适物异会,取诸同归,措夫疑说,则大道通矣。

魏晋时佛教已逐渐盛行,高僧辈出,译经很多。范晔当南朝刘宋之世,自然不能超脱。所以他对佛教并不是排斥,而是有所肯定。

其次是《魏书》设《释老志》,记载佛教起源及其在北方流传的情形。如太武帝的毁佛经过,昙曜建成武州石窟(即云冈石窟),到魏末有佛寺三万余、僧尼二百万等。《晋书》则有佛图澄、鸠摩罗什等传。

至于其他的著作,如流传至今专记一都会佛寺的北魏杨衒之的《洛阳伽蓝记》,专记僧侣的《高僧传》、《名僧传》、《法师传》、《众僧传》等,六朝人作的数量就很多。

佛教记载进方志,从现在流传的志书看,宋代已很普遍,但大都只设"寺院"或"寺宇"、"寺庙"一门,为僧侣立传的很少。但终究还是将佛教纳入了志书。如《吴郡志》详记唐以来佛寺的变化,其中唐武宗前后形成明显的曲线,这对研究武宗的毁佛提供了很有用的资料。

到了清代,考据学成为显学,成绩卓著,逐渐被引进于方志学。考据学涉及的面很广,此处只能略举几例。如用考据纠正旧志的舛讹,钱大昕的《十驾斋养新录》卷一四便有数条,前文已引两条,这里再录两条:

其一,"《太仓州志》"条:

吴越有国时,尝以苏州为中吴府,正史郡志皆失载。此《志》叙《沿革》云:"五代属钱氏中吴府,胜于郡志多矣。"《志》又云:"宋为昆山之域,政和中升州,属平江府,后为姑苏郡。"此则大误。政和中升苏州为平江府,其所属五县如故。苏州故有吴郡之称,南渡后范石湖修志,尚称吴郡。初无改名姑苏事。如《志》所言,似政和升昆山为州,其后又改州为姑苏郡矣,岂不大可笑乎!

其二,"《浙江通志》"条:

《浙江通志·人物传》:"赵孟坚,字子固,海盐人。系出安定郡王。初以父荫入仕。后登进士第,历官集英殿修撰,知严州,迁翰林学士承旨。年九十七,谥文简。"厉太鸿《宋诗纪事》亦云:"景定初,迁翰林学士。"今考周公谨《齐东野语》,谓其终提辖左帑，身后有严陵之名。是严州亦未到任，况入翰林乎？南宋入翰林者但称直院，真除学士者已不多见。若承旨，则必老成久次，如牟子才者始得之，更非其实矣。朱存理《铁纲珊瑚》载子固《梅竹谱》，有叶隆礼《跋》云："子固晚年工梅竹，步骤逃禅。予自江右归，将与之是正，而子固死矣。"末题咸淳丁卯。是子固之卒在丁卯以前，宋犹未亡。而姚桐寿《乐郊私语》乃谓子固入元，不乐仕进。从弟孟頫来访，既退，使人濯其坐具。此委巷无稽之谈，庸足信乎！

由于旧志的建置沿革中常有差错，而人物占志书有较大的比例，失实之词，也是常见，所以这数条应予重视。像这类例子还有不少，不必再列举。在修志时应对旧志的错误予以纠正，如戴震纂《汾州府志》，对沿革考证得极其精核。自秦以来，汾州有西河郡、汾州、中都等不同称谓。而汾州的建置，北朝至唐，地望又不同。《府志例言》说：

最初……魏别置汾州，在今陕西宜川县。北周以东魏之南汾州（侨州）为汾州，在今吉州；寻又置汾州于今霍州。隋汾州亦与北周同。唐武德三年复（北魏孝明帝）孝昌（525～527年）中之旧（改浩州为汾州）。

这样，就把旧志中的差错一并剔除，而它的意义还不止于此。因地望不确，就有可能历史上凡署汾州籍的人物，尽行收入清山西的汾州，岂不闹成笑话？又洪亮吉纂《登封县志》，详考其沿革，以为登封就是古夏都阳城。新中国成立后在登封部城镇发现一古城遗址，有人以为此即夏都阳城。作结论尚须慎重，而洪氏考出这里起源很古，是不简单的。

清代汉学家贡献较为突出的方面之一，是语言学（音韵、文字、训诂）。以往语言是附庸于经学的，经汉学家做出重大的贡献之后，语言学逐渐成为独立的学科，而它的分支音韵、文字、训诂也相应地自成体系。语言学对方志的直接作用,也表现在多方面,最为显著的是和“雅言”对应的“方言”。清代以前,方志设有“方言”专门的很少见。由于清人对扬雄《方言》反复地补注和考释,研究方言也成了一种专学。从此,修纂方志便设有“方言”门。起先只是收录不同方言的词语,后来的纂志者把考据学引进来,对各条词语,凡在古籍中有征的一一录出,并且不像有些方言著作一般,仅仅用直音记下来,而是注意到单字构成词语的词意及其古今的原委。这里引一部乡镇志《盛湖志》中的“吴方言”为例:

言人无用曰不中用,《史记·秦始皇本纪》:“始皇怒曰:‘吾前收天下书不中用者尽去之。’”物不洁曰鏖糟,《汉书·霍去病传》颜注:“尽杀人为鏖糟。”盖血肉狼藉意。谓绦帨之垂曰苏头,挚虞云:“流苏者,缉鸟尾垂之若流然,以其蕊下垂,故苏。”谓发粘曰膱,音织。《周礼·考工记·弓人》注:“枳,脂膏,败之膱,膱亦黏也。”疏:“若今人头发有脂膏者则谓之膱。”刺亦谓之擉 ,《庄子》:“冬则擉鳖于江。”

又如胡文英的《吴下方言考》有:

“妐”,《吕览》:“姑妐知之,曰为我妇而有外心,不可畜。”案:妐,翁也。吴人新妇称翁曰阿妐,亦曰妐妐。“弓”,《淮南子·说林训》:“盖非弓不能蔽日。”案:弓,谓隆起如弓也。吴中凡物之中央高起者俱谓之弓。……

这样,把方言的语源找出来了。这对于雅言和方言的关系及其交相影响的研究提出了有力的依据。方志记方言的作用以及在现今的口语中保存有古代雅言的读音,这种事例不胜列举。不妨举其一例:在《左传》、《论语》以及《史记》等记载中,对于陈和田的姓氏是通用的。之后直到今天,在雅言和多种方言里面,陈、田的读音明显有别,但闽南语读起来还是相似的。

清末至民国,随着中西文化交流进入一个新的台阶,我国文化科学逐渐地获得了新的发展,在许多领域里还发生了质的变化。这种状况是任何历史时期都无法比拟的。如此的现实,必然迟早要反映到方志的编纂中来。

清末民初,由于种种原因,如频繁的战争、经济的落后,修志系在步履艰难中进行着。官修志书,纂修者又以旧式文人乃至遗老为主,并受到旧志的陈式所限,因而从修成志书的总体上说,与当时的文化科学已达到的水准存在着一定的距离。虽然也有记载涉及现代工业、新式学校和地方自治等内容,但面貌并没有得到根本的改变。

1919 年爆发了“五四”运动。反对旧文化,提倡新文化,成为这次运动的重要内容之一。这一浪潮也对旧方志有所冲击。其后,就有学者如柳诒徵等以新的思想观点来审议旧志,提出志书应裁汰贞妇、节妇的类传,反对给太平天国农民军加上“毛贼”、“发逆”、“发匪”之类的蔑称以及荒诞不经的内容,倡导志书的体例和记述的科学化。这在 20 世纪二三十年代修成的志书中,程度不等地有所反映。

到了抗日战争期间,全面地以现代科学的知识及其研究手段以修志的局面终于出现了。其中可以顾颉刚等纂的《北碚志》、黎锦熙纂的《城固县志》为代表。他们集中了各有专长的学者,组成了一个编纂群体,分工专责,使方志的纂修朝着现代科学的方向获得了重大的进展。

《北碚志》只有稿本,没有印行,但它的设目是值得重视的。民国三十三年(1944 年)顾颉刚等修《北碚志》,所设类目,卷首列修志委员会组织、编辑名录、纂修始末、序文、凡例、目录。全志有 8 编:大事编;地理考(疆域沿革、政区、地形、水文、气象、地磁、地质、土壤、矿产、生物、人口);政治略(官制、庶政、地政、粮政、财政、警卫、兵役、市政建设、乡村经营、礼制、司法、党团、参议、迁建事业、外事);经济略(农业、土地利用、森林、畜牧、蚕桑、渔业、交通、水利、工业、矿冶、电力、商业、金融原价、民富、合作事业);文教略(学校、社会教育、学术事业、新闻事业、艺文、方言方音、民间艺术、古迹古物);社会略(族系、社会组织、社会事业、社会运动、社会生活、生活方式、宗教信仰、礼俗岁时、社会灾害、社会病态、医药卫生);列传(名宦、乡贤、流寓);聚落记。卷末为别录(文征、丛谈、丛录、机关社团名录、索引)。

黎锦熙的修志主张荟萃于他所著的《方志今议》(即《城固县志续修工作方案》),《县志拟目》一项就是为《城固县志》而设计的。黎氏对于修志的作用,以为:

> 须将境内事事物物,穷原竟委,非但考其迹象之沿革而已。必使读者能就演变之实况,推知驱引之总因。

这好像没有新鲜的内容,以往的志乘家类似的议论早就提出过。然而,为使达到这个目的而规定编纂的要求,恰是远远地超过过去任何一位志家。黎氏在《县志拟目》第二部门"关于自然方面"的《地形志》中类似"序例"的文字中说:

> 国中一切旧有、新修之方志,关于山川纪述,概无科学之基础与方法。今若犹不改良,殊失修志之现代性。

其他诸目,不止一次地提到"学理"、"科学说明"、"布置必合科学"、"科学调查"等;而所说的"科学基础与方法",系指现代科学而言。为贯彻实现这一编纂意图,必须有各种专门家来参与修志,因为一个人的学识总是有限的。据《方志今议序》所说,修志书者的分工是:殷祖英《气候志》,张遹骏地质、地形、水文三《志》,刘慎谔《生物志》,胡庶华《农矿志》,黄国璋工商、交通二《志》,谌亚达《人口志》,张永宣《大事年表》、《疆域沿革表》,陈瑾《财政志》,薛祥绥《人物志》、《艺文志》和《文征》,黎锦熙和罗根泽《方言风谣志》。还有吴世昌、何士骥参与其事。这些大都是当时西北联合大学的学者、教授,由此组成的编纂队伍对于志书的"科学基础"和"现代性"就有了可靠的保证;而且又有西北联大的学生作各种社会调查和实际勘察,对于资料的可靠性也极其有益。《县志拟目》每一篇的"序例",的确是全面地反映了当时的科学水平的,举两例以见一斑。

一是《水文志》。水文志(属自然方面的一篇),就城固一带而言,子目当如下("水文学"在今自然地理学中成一专科,故用斯名):

(甲)本区之重要河流,附水系图、河川密度图。此当先就地形关系,叙明水系之成因。如城固南段既皆丘陵,其势迭向南方缓倾。故小河南流者转长,然必折向东西:向东者汇为小南沙河,即盐井坝河;向西者合成大南沙河,皆与南山之缓坡相反,北流入汉也。北段诸水,亦汇为二:堷水远自北界,蜿蜒南流至升仙村出山,至县东境外汉王城入汉;文川由西界东南流至文川集出山,至沙河营入汉。则皆转折于丛山叠岭中,合诸涧之水以出原野也。

(乙)汉江之流水型。以汉水本流为主,支流皆可附及。再分为:

(子)本流域之水量指数。

(丑)本区汉水之排水量及排水指数。

(寅)水位之变化及其原因,附水位变化图。大抵汉江以夏季及秋初为高水位期,往往山洪爆发,河水泛滥。虽可渡船,费时极久。冬季及春初为低水位期,泥沙毕露。河水集成狭谷,境内皆"徒杠而渡,不须船也"。

(丙)河水含沙量及其堆积作用。

(丁)汉江之航运。只说明民船之可航距、可航距之季节变化及渡口三项。至关于航运之种种事情,别详经济部门之

《交通志》。大抵汉江帆船,东驰可直抵汉口。惟既集中于夏季,而由此至洋县以东,两岸皆山,即形成险峻之河谷。河身坡度之差又大,有水时即成急湍,水落时则多滩险,如洋县东之黄金峡即长至百余里。故远距离之航运,终难发达也。

这一段文字,实际上是对《城固县志·水文志》的提纲挈领,起了志中"小序"的作用。以"水文"名志,符合科学性。但所记又不是纯粹的"水文学",而是把有关民生的渡河、航运融入其中;并且从整体出发,将"航运"的详情又载入经济部门的《交通志》。这样,体用结合,才是城固县的《水文志》,才是以"科学基础"为准的志体的新创。

另外,《水文志》附有《水道略说》,这是一篇既"仿古"而又"合科学"的记叙。其类似"小序"的文字这样说:

> 此亦特缀单篇,所谓"仿《水经》郦《注》曲写风景物情"者。《水经注》牵条引蔓,类游记体。今以关于山者分入前篇《山脉略说》,以免失所归宿。村庄风物近水者多,就纪水之经流地点,尽好随宜摹叙,不拘一格也。

这是说明《水道略说》所记内容的。更值得重视的是所加的"注意"事项:

> 以上山脉、水道两《略说》,文章虽仿古制,布置必合科学,即以本篇之科学调查与说明为根据可也。至山川名号之殊称,水道递年之变故,皆须稽古通方,不容挂漏。旧方志中叙记山川,以清道光《怀宁县志》仿《禹贡》之导山导水为创体。而最可读者,如清光绪王氏闿运之《湘潭县志》,拟《山海经》之体为纲,合以《水经注》之体为目。几将一邑之名胜、要地、旧迹、佚文等包举其中。惟摹古太过,转似游戏。不若徐氏继畬之《五台县志》,无意为文,而能曲折疏达也。此两《略说》之资料,如城固则旧志无能为役,府志省志转较丰。尚须博参旧籍

之有关者，如前《建置沿革志》下所举诸书。又如《读史方舆纪要》及诸名人游记如王士祯《秦蜀后记》之类，自是基本参考品。

这段文字说明的有三点：一是凡涉及山水历史变迁的事迹，应当汲取旧方志的优点，并且要把各种优点加以比较，而后决定所仿的精华。二是要广收博采多种旧籍的资料，以求记载没有遗漏和征信。三是仿古必合科学，并要以科学的调查作为依据。三者又是以科学性为第一位的。

二是《方言风谣志》。方志风谣，旧方志多附庸于风俗，实则方言早已蔚为大国。即风谣为通俗文艺，亦以语言为精神，非仅方俗之表征也，今故合为一篇。子目如下：

（甲）方言。调查土语俚言，加以比较考释。依词类之文法系统再分为：

（子）名物。此犹《尔雅》之《释亲》以下诸篇也，概为名词。依事类分款谱之：

（1）亲属称呼；（2）身体；（3）日用，如衣食住行等物名；（4）动物；（5）植物；（6）自然界；（7）其他。

（丑）动作及形状。此犹《尔雅》之《释诂》等三篇也，惟名词除外。可分三款：

（1）内外动词；（2）性数形容词；（3）客观的性态副词。

（寅）虚助。此犹后世之《经传释词》、《助词辨略》也，惟范围稍广。可分七款：

（1）代名词，例如城固指代“这”、“那”，“那”复为“阿”，读现在汉语拼音作 wo，合口去声，若为疑问，则读现在汉语拼音作 e，开口上声也；（2）指示及疑问形容词，又量词，如城固计人亦曰几“块”也；（3）同动及助动词；（4）副词，惟客观的性态副词除外，例如城固疑问代词“甚么”作“啥”，而疑问副词“怎么”作“咂”,成系统也;(5)介词及连词;(6)助词,例如城固“吗”多为肯定而非疑问,字当作“嚜”也;(7)叹词。

(卯)成语。调查时酌量分配于上三项中,大抵副词为多。此与谚语不同,谚语重在义理内容,此但为语言中之成分也。

以上四项,调查之前,须合具一种“方言调查表格”,此表格可准照《新著国语文法》分类。……调查之后,方可逐类整理,并溯其源,所谓加以比较考释。“比较”即与标准国语及他处方言相比较。“考释”即依声韵从《说文》、《广韵》诸书考明此语之来源而释之,如章太炎氏《新方言》之所为,且益以唐宋以来之诗歌、词曲、小说中之近代语为佐证,而推知其所以变迁之故也。总之,调查者,为求知此地方言是“甚么”(what);整理比较者,则进一步求知其究竟“怎么样”(how);而考释者,更进一步求知其“为甚么”(why)如此也。后之方言与风谣其研究步骤皆仿此。……

(乙)方音系统。调查汉字之读音及其语音,加以音韵学上之说明并考释,而论断其音系。再分为:

(子)声纽(即声母)。

(丑)韵类(即韵母)。

(寅)声调(即四声)。

以上三项,亦须先具一表格,调查后再分项归纳为系统的说明。其表格,即可据中央研究院历史语言研究所之“方言调查表格”略为变通。法当依国音分十八韵,每韵以开、齐、合、撮四呼为次。然后以国音声母为纲,而横列阴平、阳平、上、去四声。再依《广韵》反切标明旧声纽、旧韵类及等呼,而各系以例字。

黎锦熙是著名的语言学家,对属于语言范畴的方言,他当然是行家。这篇文字可当做编纂“方言”的指导书。首重调查,调查不是任意的,而是按照方言的词语和语法系统,声母、韵母、声调的方音系统以及标记手段制成表格,增加调查的科学性。对于调查的人员和被调查的对象,也有明确的要求。以调查所得的资料进行整理,展开比较、说明、考释,而后求是什么、究竟怎么样和为什么,也就是知其然并求知其所以然。这样记叙方言,比起考据方法又大大地前进了。

笔者所以这样摘引长篇的文字,是因为它言语精练,层次谨严。但摘录一二节,是不能了解全部的含义的。其实,《县志拟目》所列五部门三十篇,全都渗透着科学性,可以说是前无古人的科学性极高的方志撰著。

还应注意,黎氏以《城固县志》为例撰成《方志今议》,其意义是超出城固的。他说:

本书所论,皆现代兴修方志之通例,不以县为限也。

的确如此。从揭示科学性这一点上更有普遍意义,对于当今修志仍然有很高的参考价值。当然,科学在日新月异地发展,又不能以黎氏所示的为满足。

还有必要把以张其昀为代表的人地学者的方志体裁稍加说明。从表面上看,张其昀在《方志月刊》第7卷第7期所发表的《县志拟目》分12个类属,与别的志书大同而小异,没有太大的区别,但他的立足点是以人文(生)地理学作为理论指导的,也就是把方志学和国势学并属于人地学的范畴。他在《方志月刊》第5卷第3期的"卷头语"中说:

余尝谓中国人地学之前途,应从事两种工作,一曰方志学,一曰国势学,可称为人地学之双轨。方志学乃纯粹研究之性质,国势学则以方志学为基础,而注重于中外实际问题之研究。而方志学的研究,又分为甲乙两项:

甲.分析

1. 天时 温度、雨量、风力等。

2. 地利 地形、地质、水利等。

3. 人和 生存、生产、生趣等。

乙. 综合

1. 乡土志。

2. 区域志。

3. 一统志。国境、国民、国富、国道、国都、国性、国体、国防等。

张氏提出“研究人文地理者,自当根据三律(天时、地利、人和),细阅地图,于个中曲折,详加讨论”;于《国势学讲义》(载《方志月刊》第6卷第1期)又加以强调“方志学所以研究天时、地利、人和三律”。而这个“方志学三律”是贯彻于《县志拟目》中的。看看张氏在第15节的说明:

(一)天时:言其要素,如寒暑风雨燥湿;言其数量,如平均极度较差等;言其变迁,如月令、物候、佳节等。有天定胜人者,如水旱灾荒是;有人定胜天者,如灌溉事业是。

(二)地势:包括地形、地貌,地质构造、土壤,以及名山风景、岩洞丘壑。

(三)水系:包括河流(人工河、流量、状态变化)、湖泊、沼泽、盐湖、温泉、深井、海岛、海峡、海湾、海港及海流、潮汐、风浪等。水道、江堤、海塘、闸坝、碶堰、天然风景、水力资源。

(四)资源:包括谷类、经济作物、森林、畜牧、海盐、矿产等。

(五)交通:旧式之大车、帆船、木筏,新式之轮船、铁道、汽车、航空、交通路线、津渡、桥梁、隧道、栈道、邮政、电讯。

(六)民生 职业:士农工商。

(七)实业:指新式之工商业,工业:民食、民衣、民居、日用品及基本工业，以及产销与轻重工业关系。商业：县际贸易、省际贸易、国际贸易、进口出口、出超入超等。

(八)聚落：静室、村落、市镇、县邑以及大都会。居住、生活、贸易等。

(九)人口：静态(人口总数、密度、生殖、死亡率等)，动态(人口移动)。

(十)民族：种族、血统、宗教、方言歧异等。

(十一)风俗 知识(教育程度、生产方法、社会秩序、医药卫生等)、精神(家族制度、贫富阶段、女子地位、救恤机关、会社势力、团体、意识形态等)二方面。

(十二)县政 地政：县界沿革、乡区划分、土地所有权及转移手续；财政：田赋、捐税、投资、债务，以及县政支出、地方款产等；学政：学校、图书馆、报纸及出版业等。

(十三)军事：陆军、警察、团练之布防，城堡、要塞、港口之设险，军队之训练，军实之补充，以及历史上武功方略、战场形势、内乱之骚扰、兵燹之遗迹等。

(十四)古迹：祠庙、陵墓、楼台、亭阁、寺观、教堂、书院、会所、园林第宅、碑碣题名、书画、雕刻等，皆富于政治上、学术上、宗教上、美术上之意义。

(十五)文献 人物、艺文。(“文献”在这里依旧是照宋人的解释，“文”是典籍，“献”是贤者——笔者)

由此可见，这个志目，它的系列归属，明显地是以“天时、地利、人和”为旨要的，因而它和旧志的任何一种设目的类属是不相同的。

不仅如此，在修志的宗旨上也有新的阐发。如王维屏在《江阴志略·导论》(载《方志月刊》第8卷第4、5期)中所论较为系统而详明。他说：

志者,史也,为过去学者之见解。……今则时势变异,人事日繁,方志之范围已不能故步自封,应随潮流而演进。故新式方志非纯粹之史学可比,乃记一方之天时、地利、人和相互之关系。举凡陵谷之变迁,风俗之推移,民生之荣枯,人物之兴替,均为天、地、人三者相激相荡之产物。故方志者,亦可谓人地二谱之组合也。长斯土者,入其境,读其志,得观千古人物之消长,山川陵谷之演变,了然在目。考其因果,求其得失。睹民生之凋敝,宜思抚绥;士气之颓唐,宜思振作;田野之荒芜,宜思垦辟;河流之淤塞,宜思疏浚;市况之寥落,宜思重兴。而地尽其利否?物尽其用否?货畅其流否?人尽其才否?均成竹在胸矣。

所说虽仍然可以归结为"资政",却是十分具体。并且,它的着眼点比起以往任何一种旧志所体现的以及志家的论述要宽广得多,而反复致意的是民生。

人文地理学者以近代的一门新学科来规范方志,把方志的体例纳入人文地理学的轨道,这是方志编纂的一次新尝试。他们不但这样发议论,一再地宣传,并且以此指导实践,仅仅《方志月刊》所载,就有好几种简志。或许因为是初创,所以篇幅不大,有的便命名为"志略"。而从他们的设想来看,是要由"乡土志"、"区域志"而至"一统志"的。因为是开创,编纂的志书又没有出现足以称道的鸿篇巨制;可能还因为方志有两千多年的传统,编纂的体例又有众多的定式,修志者难免为"惯性"所宥。有这两方面的缘由,所以人地学的方志理论影响不大,没有为别的志家所接受。但1949年后,其对台湾的方志界影响很大。

然而,这样的尝试是可贵的,以近代的一门学科作为理论指导,又归于实用。这和蒋廷黻把方志改为"年鉴"不能相提并论。时势在变,社会在前进,科学在发展,方志应当而且必须从现代各种学科中汲取养分，以充实和丰富自己，否则就不会有方志学的发展。方志学的人文地理化正是顺应了这个需要。对此，不能以简单的“成功”或者“不成功”来评定。任何一种科学研究，不可能是一蹴而就的，其间必将经过反复的实践和总结，而后才能到达成功的彼岸。我国方志学的优良传统，编纂学的趋于成熟，不是已经经历了这么漫长的历史，经过一代又一代志乘家的努力探索、实践和总结，而后才形成比较完整的理论吗？

从现代方志学的建设和发展的需要而言，不能抱着旧的传统和优势不放，而是应当游骋于现代多种学科的海洋，汲引其相关成果和研究手段，为方志学所用。认真地探索和实践，必然能从不成功到成功。

第五章　方志编纂(下)

20世纪80年代初,全国规模地自省(市)至市、县乃至乡镇编纂方志。

新修方志包括重修、续修方志编纂理论的探究,其目的在于使修志实践能够顺应并满足时代的要求;并且又能推动方志学建设的进展,使之逐渐成为具有新境界的一门学科。要达到这一目的,因为是事关一门学科的建设,不能期望一蹴而就;而是需要一代人的努力,或者还要更长的时间和更多的人做出贡献。对此,发扬学术民主的精神是极为重要的。应提倡不同意见的争论,倘能形成不同学派,更是好事。

志书编纂的内涵,或者说是需要研究的系列,从总体上说,仍然不外乎修志的宗旨、体例、资料的征集和鉴别、取舍以及如何编次。这些当然有它们各自的特有规定性和要求,但又不是各不相干,而是相互联系,结合成为一个整体的。修志的宗旨是根本,其他都是为了较好地实现既定宗旨而服务;体裁、资料和编写的恰当与否,又是体现宗旨以及一部志书高与下、优和劣的不可忽视的重要环节。

第一节 新修方志的立足点

需要强调的是,修志既要继承以往修志的成功经验,又要着意于创新。要明确修志的宗旨,规定志书的体裁,进而精选资料,编纂成文,首先应把眼光放在什么样的基点上,以怎样的立足点去思考和辨析。从修纂者的主观条件而论,刘知几所说的"才、学、识"加上章学诚所说的"史德",是应当具备的。由客观的方面而言,则有如下几点。

一、时代性

我国方志编纂的历史表明:一种志书之所以有生命力,被誉为善志,传诸不朽,重要的原因之一便是修志者能站在那个时代的前列,其宗旨体现了时代的要求,体例有所创新,内容有所开拓。一句话,紧扣着时代的步伐和脉搏,而不是脱离时代的现实,或者随波逐流,因袭陈式。

我们的祖国是社会主义国家,而且是中国特色社会主义。社会主义不同于以往或现在别的任何一种社会制度,几十年的革命和建设所取得的成就是雄辩的,尤其是改革开放以来。但是,由于历史和现实的种种原因,也有过失误,乃至严重的失误,造成了严重的后果。目前,我国的经济还不是很发达,某些社会制度还不够很完善。必须把发展生产力放在首位,以经济建设为中心,并注重精神文明的建设,从而推动社会物质文明和精神文明的全面进步,使国家富强,人民幸福。而新修方志,也必须以此为背景,必须服务于人民的根本利益,这是最根本的立足点,也是志书一切记叙的出发点和归宿。

正因为是这样,就要充分而如实地记载断限以内的成就和经验;同时又应实事求是地记述重大的失误和教训。成就和经验,能够鼓舞人心,激发凝聚力,继续前进;失误和教训,可以引为鉴戒。基于方志是史的质的规定性,记叙成绩时,必须真实,信而有征,不能臆测和加工。而记述失误时,不是等同于小说、戏剧、影视之类的所谓"暴露文学",也不是客观主义地流水账式的有闻必录,着重是要钩稽造成失误的原委及其后果,汲取教训。从这个意义上说,失误便可能转化为积极的的因素,"失误是成功的先导",底蕴就在于此。历史的开创以至一种事业的开创,既要善于从已经获得的成功中吸收经验,又要从以往的失误中悟得教训。有些时候,从失误中总结的教训与成功的经验同样重要,甚至是更有价值。当然,这不是说记述失误时津津乐道,而是郑重地不回避已经存在的失误。只有这样,才能把握一件事物在一个历史阶段全过程的前进和曲折,才能揭示其本质特征和客观的规律性。

还应当注意,我国处在极其复杂的国际环境之中。我国的经济建设和世界各国尤其是发达和发展中的国家有互补性。因此必须加强国际间经济和文化的交流,自觉地把我国置身于国际社会之中,从而急起直追,列入先进国家之林。在国际的交往中,不同的社会制度、经济模式和意识形态,必将带来既有积极又有消极、既有利又有不利的因素及其影响和作用。对此,只有从坚定的爱国主义的立场出发,遵循维护祖国的尊严和人民的长远利益的原则,判别其积极或消极、有利或不利,而后决定什么应当吸收,什么又应当扬弃。因此,时代性的问题不只是着眼于国内,还要放眼于国际环境。

时代性的另一层意义,就是在体裁、立目和语言等形式上也应反映这个时代的气息,与时代总的科学水平相一致。

二、科学性

科学性是志书有无生命力、有无价值的又一个重要的基础性因素。科学性是与时代性紧密地关联着的。不能设想，一部符合时代步伐的志书，可以与当时的科学水平脱节，可以熟视无睹新的科学成就及其方法。因此，可以这么说，修志的活动，从头至尾贯穿着学术的气息。

应当反复强调志书的科学性，至少包含有两个方面：一是所记的各项内容，应当与相关学科的进展相适应。这就是说，应当汲取各种学科的新成果和发展的新水平以及新方法。一是志书自身的体裁、分类设目、编纂方法必须强化其科学性。

抗日战争期间，黎锦熙为修纂《城固县志》而作的《方志今议》，从立论到设目，由征集资料到编次，虽有本于章学诚的方志学，但从科学性加以考察，两者的相距是不能以道里计的。把《方志今议》所拟的《城固县志目》与章学诚所纂的任何一种志目相比，便能清楚地了解。

试以"地形"一目而论，黎氏指出：

> 国中一切旧有、新修之方志，关于山川记述，概无科学之基础与方法；今若犹不改良，殊失修志之现代性。

"地形"的子目有：(甲)汉江盆地概况，附五万分之一等高线图。(乙)本区之地形及其特征，再分为：(子)汉江谷平原，(丑)秦岭坡地区，(寅)大巴山麓地。(丙)本区之地形期，附地形演变图。(丁)城区地形位置，附五千分之一县城附近地形图。(附)山脉略说。不仅记地形的现状，而且追记其历史演变，以见本区各地形期。不仅记本区地形的特征，而且还记一个较大地区的地形特征，以见城固地形在汉江盆地的地位。

所记"秦岭坡地区"，有：

盖北段地质,多系结晶片岩,坚度强者成高峰,松而易蚀者成深谷。峰谷相间,故切度甚深也。

记"大巴山麓地",有:

盖因南段地质系花岗岩,风化作用最速,巨石渐成碎块,碎块更化沙砾。雨水冲刷,山丘列为沟谷,终成河谷。上余圆顶丘,此由岩质皆易腐蚀,故峰峦渐去其尖,涧沟遂平其底。是即大巴山北坡之地形,异于秦岭南坡者也。

又运用现代绘图的技术,如汉江盆地所附五万分之一等高线图,由此而:

范围广袤、起伏,山岳、河川,其全系可一览而识。大抵本区盆地,当以南郑为中心,西起沔县,东迄洋县,长约二百里。沔之西,洋之东,则高山紧接,不成盆地矣。南北则巴山、秦岭界之,稍狭。约成一长槽形,平均高度得六百至七百公尺,陕南精华之所萃也。

这样的记叙,不只是章学诚,就是在此以前记地域、山川、河流等的方志也是望尘莫及的。没有别的原因,差异就在于黎氏对《城固县志》的自然环境地形纳入了科学性的境地。由此,我们应当举一反三。

科学性的问题,不只是地形(貌)学。现今的时代,科学包括地理学(地形学仅是分支之一)的发展正是日新月异,不断有新的学科兴起,乃至相互交叉而有多种边缘学科。可以这么说,方志所要记述的每一个门类,都相应地有一门学科以及相互交叉的学科;而每一学科都有自己的体系和研究手段,无论是自然科学,还是人文社会科学。

关于设立类目,中国地方志指导小组发布有《新编地方志工作暂行规定》,对新编地方志的框架和篇目都作出了规定,并已正式公布。但如何实施,还必须因地制宜,以各地不同的实情而作必要的变通。以类目的设立和次序的排列而论，必须注意科学性和逻辑性，逻辑性其实也属于科学性。

类目的分设属分类学的范畴。分类立目以及顺序是否合乎科学，是志书记述是否科学的前提条件之一。分类学是一门独立的学科：每一学科的构成各部分，必然涉及分类。

这个问题的面很广，笔者不能详述，只能简而述之。以产业为例。此源于西方经济学界。为研究经济增长对产业结构的各自的特征，划分为国民经济的三大部类，即第一产业、第二产业和第三产业，或分别在第一、第二、第三后加"次"，称为第一次产业、第二次产业、第三次产业，再有分别称为第一、第二、第三部门。它们的内涵：一产有农业、林业、畜牧业、渔业、矿业等，产品为人类必需的生活资料和第二产业产品的原料；二产有多种制造业和土木建筑业，产品为满足人类的种种需要；三产有公用事业、商业、金融保险业、饮食旅游服务业、文教、卫生、科研事业、自由职业等，其所经营为一产、二产的发展提供基本服务，不断满足人类物质和精神的需求。随着科学和生产的发展，国民收入的增长促进消费的增长，三产还将有高于一、二产的迅速发展。类分三个产业部门，已为世界的经济学界接受。在日益全球化的现今，方志以此次序为依据而分类设目应是适当的。需要注意：各个产业所涵盖的行业，由科学的角度审视，它又蕴涵一门学科，而一门学科的分类学，系统又周密。志书所记，不要说一个县、市，就是一个省、市，不但不可能包含三个产业的全部，而且也不可能孕育一个行业的整体。这就不能硬搬上述的科学分类，而要根据实情相机地处置。另外，不能再像前次修志时，有些专业志归政府职能部门负责修纂，因而修成的是部门志（因某些部门管理的范围超越了专业），造成类目不纯，影响科学性，应恰当地做好调整。

至于新目的设置，凡有新事物出现应当记述的，就要立目，而且必须加强科学性。且以旅游为例。旅游一事,在我国有久远的历史,《诗经》、《论语》等都有相关的记载。如《论语·先进》:"莫(暮)春者,春服既成,冠者五六人,童子六七人,浴乎沂,风乎舞雩,咏而归。"汉唐以来,以旅游为题材的诗文,林林总总。说到它的效应,一是"游目骋怀"、"赏心乐事";一是"行万里路"与"读万卷书"相表里,当做求知的途径。旧志记述的名胜古迹、相关的文学名篇,都与旅游关联。现在,旅游已发展为一个新兴的产业,经济效益明显,前景方兴未艾。以苏州为例,据统计,2003 年的旅游获利 235.6 亿,比上年增加 19%,约占全市经济收入的 9%。所以,凡历史文化名城,旅游资源丰富,旅游兴旺的城市增设旅游目是应无异议的。以分类学考察,归属于第三产业也是没有问题的。

旅游立目,内容应包蕴哪些?这就必须突出其科学性。当前,依存于旅游业而展开研究的旅游学也应运而生了。因为是新起的学科,研究者对该学科的涵义尚未形成一致的认识。大致说来,所涵盖的应有旅游资源的开发、旅游企业、旅游文化、旅游经营管理。这四个方面又有不同的内涵,而各地实情又存在差别。所以,其细目应保持学科的框架而又因地而异。有关旅游资源,将会与地理、名胜古迹、民俗等产生重叠。如何处理是值得认真加以研究的。是否可以这样设想,凡旅游资源不丰的县、市,而别的门目记及的资源在所在目中价值又不显著的,不妨集中于旅游目。而旅游资源丰富的,尤其是在原目的自然价值、社会历史价值、人文价值有独特地位的,仍然保留,而旅游目只概略地提及,重点记叙旅游的价值取向以及如何开发。这样,记叙的要求不同,而粗细分明,不会有重复的结果。志书的立目要以科学分类学的体系作为基础,又应根据各地的实情加以损益和调整。因为一市一县以至一省一区应记和可记的种种事物很多,在记叙内容时,必须尽力撷取相关学科已取得的成就和已达到的水平。至于绘制图表、检测手段等,也应适量地采用。之所以说适量采用,是因为志书不同于其他学科的科学专著,不能也不必照搬。

三、继承与创新

历史是已经过去了的现实;在明天来看,今天的现实又成为过去的历史。所以,自有人类以来,历史是现实的赓续与积累,现实又是过去的新发展,否则就没有社会的进步,也就没有历史。而现实与过去之间赖以维系的纽带,就是延续性。这条纽带永远地维系着,不能割裂,也无法割裂。在这条无止境的纽带上,十分鲜明地镌刻着两道印记:一是承前启后的继承性,一是发展演变的开创性。现在是过去的延伸,而这种延伸是在运动中发展的。没有过去,就没有现在;现在又不是过去的重演,包含对过去的扬弃和否定。重要在创新,没有开创,就不会有历史的前进。所以,人类历史必然寓有继承与创新,二者又统一于历史发展的全过程,并渗透于社会基础和上层建筑的一切领域。作为文化形态之一的方志,自然也不例外。新修方志,相对于以往修志的传统,本身就是继承;没有开创,也就无所谓新志。

由此可见,对志书的编纂,不是要不要继承和创新,而是如何自觉地去继承与创新。关于继承,不能孤立地对待,应当与创新联系起来,继承应当服务于创新。这就是说,继承必须统一于创新的要求,或者说融合于创新之中。

对待继承的问题,不要动不动就否定所有的旧志,不然就根本没有继承可言,轻易地否定一切旧志及其传统,不是历史主义的态度。但又不能把旧志看成一切都好,体例和方法都要无须辨别地全盘接受。正确的态度是对旧志及传统作恰当的评价。因此就要对旧志作较为深入的研究,起码应通读几部有代表性的善志,尤其修志所在地的志书,而后才有可能言中肯綮。应当防止明显地袭用旧志的模式甚而至于把旧志中的弊端也接受过来。即使是善志和为众多所推崇的学说也不能依样画葫芦,而是要科学地剖析其是否与时代精神相符。

千年连绵不断的修志历史,无疑是有好的传统、合理的因素,不然方志就不会有如此旺盛的生命力。但是,任何一种事物的运动、发展,都是一个新陈代谢的过程,方志也是这样。所以,其中必定有陈腐的乃至与新时代格格不入的成分。因此,应恰当地把握旧志的两重性,扬弃其陈腐的东西,汲取其合理的因素。没有这种区别,就没有准确意义的继承。并且,即便是合理的成分,也不是全都接受,决定的条件在于是否适合新编志书的要求。凡可以继承的东西,当纳入新志时,必要时还应加以改铸,赋予新的质素。

修志而要处理好继承的问题,首先是对新修志书的编纂要胸怀全局,而后对旧志的编纂学有个大体的了解,能够熟稔更好,而不是一知半解,甚或茫茫漠漠。随便举一个例子,旧志一般设有"风土"、"风俗"和"杂记"诸目,分别记载习俗、掌故、神话、传说、歌谣、谚语的内容。新修志书应当继承这一传统,对相关的内容作翔实的记叙。因为这是社会生活的一个重要的侧面,富有浓郁的地方文化色彩。即使是神话、传说,也要认真鉴别,不能轻易地斥之为迷信或荒诞不经。恰恰相反,从民俗学的立场说,有些神话、传说是很有研究价值的。但在作具体的记叙时,又不能停留在旧志的水准上,必须有所突破,也完全有条件突破。这是因为近代早已建立起民俗学的学科,而这些都属于民俗学的研究对象,只要设"民俗"一目,凡相关的内容都可以归属于此。然而,志书所记的"民俗",与民俗学不必画上等号,可以作相机的处理。民俗学的内涵广,与别的学科也发生交叉。

志书可以不必全记入"民俗",遇有交叉处,则要斟酌其究竟归哪一类更为恰当而定。如民俗学有一支系"民间职业",志书则以归于“人口”的“职业构成”为妥；“精神民俗”的“民间戏曲”，也以记入“文化”的“戏曲”较好。还有类似的内容，也可机动。总之，应根据民俗学的学科体系，但又不必拘泥，而应有所变通，不然就会平衡失调和相互重叠。

这样的记述自然有继承性，但已不是简单的沿袭，而是寓有新意。所以，继承必定要考虑全局，更为重要的是与创新融而为一。

至于创新，是新修志书应尽心尽力去探求的。创新的含义，应当有两条：第一条，持之有据，言之成理，发前人所未发；第二条，科学地突破旧的框框，有的还可以是飞跃式的发展。不要把创新看得十分玄妙，神秘莫测，或者高不可攀，可望而不可即；更不要把创新与继承对立起来，以为要创新就得绝对新，其实，并非完全如此。司马迁撰《史记》，被公认为纪传史体创始。可是这一开创，并非是毫无依傍的。东汉以来的《史记》研究者，言之凿凿地指出其中的纪、书、表、世家、列传诸体，都渊源有自。然而，谁也没有否认《史记》的创新意义。因为把纪、书、表、世家、列传融于《史记》而成整体，确实是前所未有的。同样，方志由宋人周应合创始的《景定建康志》以纲统目的体例，清人章学诚的“三体、四书”理论，也虽各有所本，却自成为一个完整体系。就是现在编纂志书采用的章节体也不是无源之水，早在晚清的史学编纂中就已出现，但仍不失为一种志书新体裁。

可是，又不要把创新看得易如反掌，唾手可得。不要轻率地以为只要与旧志有所不同，就自命为创新。例如南宋以后至清末民初，基于统治者对封建伦理的反复倡导，因而在“人物”列有贞妇、节妇的类传。现代修志，毫无问题应予以剔除，但不要由此而夸大为新修志书的开创。早在民国时就有人对志书列贞妇、节妇传提出异议，并加以抨击；而且在20世纪30年代前后修成的志书，都没有这一目。再说，时至今日，封建伦理已没有市场。何况以往的贞节妇女,不是随便可以叫的,要经过一定的程序,获得政府的批准或认可,现在哪里还有这类被旌表的妇女?要设此类传,也无可记载。因此,要以此作为创新的根据,只是无的放矢的臆说。

又如旧志确凿存在较为普遍的缺失,就是不注重社会经济的记叙,即使记载,也语焉不详。据此,难以了解那时社会经济首先是社会生产的面貌。这可能与旧史注重政治、人文有关。但又并不是全部如此,传世的宋元方志就有几种翔实地记叙物产的,清代的志书有几种赋役特别详尽,还有的记手工业的。民国时修成的一些善志,大都已纠正了这个偏向。所以,新修志书也不能因为记叙经济的内容多,篇幅大,就以为是创新之举。社会发展到今天,社会生产早已大大超越了历史上自给自足的小农经济的发展。这一客观现实要求志书必须详加记述,否则新修的志书还像是当今时代的产物吗?问题不在于记述的篇幅有多少,而在于如何记述;是否符合编纂要求,科学性如何。不然繁芜冗杂,就谈不上价值,也就称不上创新。总之,创新应在形式与内容上达到完全的统一,要与旧志的已有水平比较,而不是任意贴上一个"新"的标签。创新的决定条件是:修纂者具有远见卓识,并且敢于无所畏惧地大胆创新,又要扎扎实实地做艰苦的努力,才能到达成功的彼岸。

一部志书或一种编纂理论具有开创性,即使是部分的创新,不是依赖于作者的自我感觉,或者是不切合实际的宣扬,而是有待于客观的评说;并且,不决定于一时的毁和誉,还要有待于后人的评说,即通常所说的要经受历史的检验。方志学的历史,已充分证明了这一点。较为典型的是有着两种完全相反的情形:

一是言过其实的赞誉。民国时余绍宋纂《龙游县志》,著名学者并对方志有系统研究的梁启超替其作《序》,称修纂者于方志之学"得于章学诚,而史识、史才则实过实斋",称誉该志有十长:

1. 以三书(《丛载》、《掌故》、《文征》)别为附志,以隶于正志,主从秩然。

2. 构造之美,寓文理密察于洁净精微中。

3. 征引四五百种,加以组织,独创史裁。为搜集史料、辨证史料最好模范。

4. 对前志不盲从,不轻慢,订舛存真。一经甄治,转为璆琳。

5. 通纪挈裘振领,为全书尺度。

6. 据私谱,考氏族移徙变迁消长之迹。可考求文化优劣,人才盛衰,风俗良窳,生计荣悴。其义例为千古创体,前无所承。其功用则抉社会学之秘奥,直探世运之隆污。

7.《艺文略》仿朱氏《经义考》例,叙录解题作为提要,间加考证。以年为次,可审原书价值及文学盛衰大凡。

8.《食货考》以户口、田赋、水利、仓储、物产、物价为次,多凭实采访,加以疏证。

9.《地理》创《都图表》,记道里远近,居民疏密,且可与《氏族考》互相印证。

10.《名宦录》仿《武功志》例,美恶并书,以存直道。

评价之高,堪称卓绝。由于梁氏的地位和声望,产生的影响不小,《龙游县志》众口称善。然而,稍后傅振伦作有另外的全面评述:

今观《龙游志》全书,知梁氏之言,实属妄誉溢美之词。不仅不能贯彻自定体例,且缺点很多。

傅振伦历陈从《凡例》、断限、立目、采访、调查、取材、编次等存在的问题,指出有六条缺点:

详古略今,缺点一。

草率从事,缺点二。

不事调查,缺点三。

言行不一,缺点四。

歧视兄弟氏族观念，荒谬之至，缺点五。

宣传旧礼教，尤为悖理，缺点六。

傅氏所评各条都是凿凿有据的，惜文繁不能备引。最后，傅氏得出结论：

总之，此志仅可说是一邑文献的私家杂记，既未实地调查，不合现实，谈不上有裨实用的地方志书。虽然梁启超的荒谬宣传，并不能抬高其学术价值。

傅振伦是一位对方志有造诣的学者，所论是有分量的。尽管《龙游县志》比起民国初年修成的墨收旧志体式的志书不宜一笔抹煞，但绝不是高明之作。梁氏所论，一再提到"创"或"独创"，恰是妄溢居多，傅氏所抨讦的是切合实情的。

另一种情形是有学术价值的方志理论和实践不被当时人推崇，甚至遭到排斥。突出的要算章学诚其人其事。章学诚的方志理论在当时的确是出类拔萃的，并纂修了多种志书，可是在当时并没有受到普遍的重视。他受湖广总督毕沅之聘，主纂《湖北通志稿》，稿成毕沅离任。在定稿时，章学诚受到多种责难以至讥讽，《湖北通志稿》被改得面目全非。然而，任何一种有创新意义的理论，是不会因一时的消沉和诋毁而失去它的学术价值和地位的，因而是不会被湮没的。就在章氏身后几十年，尤其是到民国时，他的方志学说逐渐地为学术界所肯定，在相当长的一段时间里被当做修志的楷模；直到今天，仍然有余响。

上述两例，仅是许多现象中的缩影。用一句哲学话语说：一般寓于个别之中。因而这是有代表性的。

时代性、科学性和继承性与创新，分开来说，是为了论述的方便。实际上，它们彼此之间有着内在的联系，是相互渗透，相互作用的，不能孤立地对待。总之，编纂方志必须跟上社会前进的步伐，把握时代的脉搏，坚守和伸张科学性，要求继承与创新相统一。

第二节　志书体例

方志的编纂，实质性的内容有断限、立类、设目、选材、编次等诸项，而其核心则是确定体例。

体例是袭用旧志的说法，它包含了义例和体裁，是方志编纂的两个根本环节。体裁是志书的外在表现形式，是躯壳；义例是内在的质素所在。内蕴的义例，必须通过外在的形式来表达，当然可以有不同的体裁；形式又总是以内蕴为依归的，不应偏离。所以，义例和体裁必须和谐一致。历来的志乘家都极其注重义例，又煞费苦心地设计好体裁。新修方志，自然也应这样做。

一、义例

如果把修志比作一项基本建设工程，体裁的制订等于总体设计、施工蓝图的话，那么义例的确定就是此项工程的指示书，是概括性的全部工程的指导原则。

义例又可分为两方面的意义：

义，章学诚说是“微旨”，民国时的方志家说是“实用”，黎锦熙在抗战时修志更具体地说是为抗战服务，其实都是一个意思，就是宗旨。

例，用经学家解释《春秋》之教的话说，叫做“属辞比事”。意思是连缀文辞，排比事迹，目的在于明史义。而通过“连缀”和“排比”，能够发现编纂史事的特征和规律，如《公羊》家说的“三科九旨”，《左氏》家（杜预）说的“五十凡”。后来的史、志修纂者以“凡例”（也有称为“义例”的）来概括，在修纂开始，潜心致意于“创凡立例”。现在修志仍然要有义例，只是要从我们这个时代出发，对于旧志的义例有所改铸和发展。

义例的核心就是志书的宗旨。

关于修志的宗旨,这是极为根本的问题,关系到志书应当编纂成什么样式的载籍。原则来说,今天修志要为社会主义的物质文明和精神文明建设服务,就是服务于为社会发展前进、不断丰富、满足人民的物质生活和精神生活需求的这个大目标。

诚然,修志不能直接产生物质资料,但是,人所共知,物质与精神是互相促进、互为作用的。作为社会基础的物质文明,它的发展进步影响乃至决定着精神文明,有什么样的物质文明,就将产生什么样的精神文明。但是精神文明又能能动地反作用于物质文明,推动物质文明更快更好地发展进步。

编纂方志从属于精神文明的生产,具体地说,是事关地方文化建设的一项重要任务。古人也把纂志看成和修史一样,是传之久远的“名山”事业。因为志书记叙一个地方自然和社会的各种事物和现象,不论是全面记,还是仅仅专类,不管是时间过去较远,或是相隔不久。记载下来,印刷出版,不仅是供当时人阅览,还要传诸后世。因为全志自觉地贯彻了修志的宗旨,就不能像唐人元稹《行宫》诗里“白头宫女在,闲坐说玄宗”那般地供人聊说掌故,而是可以从美丽富饶的大好河山中激发起爱的感情,从志士仁人的抛头颅、洒热血的革命壮举以及残暴者、侵略者的蛇蝎心肠、暴戾行径中激发是与非、爱与憎的观念,增强爱国主义。又可以从物质、精神生产的成败得失、经验教训、特征和规律中吸收有益的养分,免走弯路,以利于后来事业的建设和更加发展。如此等等,归并为一句话:有助于人们去认识过去,从而创造未来。这样的志书就有可能转化为取之不尽、用之不竭的物质力量。从政者可借以资政,科学研究者还可以此为援据,又是极为宝贵的乡土教材。

值得注意的是,人们在研究方志的特征时归结有几性,资料性是其中之一,这已为众多的研究者所公认。由于大家讲方志的资料性,专门家、权威者也强调方志的资料性,于是随之而起有一种议论,以为方志是“资料著作”。这种议论不仅口头上讲,而且见之于文字,颇为通行。

但是显然可知,方志的资料性与方志是资料著作在逻辑上不属于同一个概念。资料性是对方志特征之一的概括,它和人们所说的方志的另外诸特征如地方性、延续性等一样,是偏称;而把方志视为资料著作,是全称,其实质是对方志科学属性的抽象。

方志所记的内容,有较高的甚至是很高的史料价值,从方志产生以后就受到重视,资料被广泛地应用,就是原因之一。但是,一个特征并不能直接表示方志的性质。

从文献学的立场来说,以往任何一种有价值的载籍,后来的各种学科的研究都可以从中汲取资料。由明人王守仁提出、清人章学诚加以推阐的“六经皆史”的命题,其中的意思就是六经都是史料。六经是如此,其余便可想而知。如所谓正史的25种以及《清史稿》、《资治通鉴》和多种编年史、多种《纪事本末体》,这些典籍的资料价值是人所共知的,它们都有撰作主旨:司马迁撰《史记》,一篇《太史公自序》,核心的部分是阐发义例。欧阳修撰《新唐书》、《新五代史》,竭力标榜所谓“《春秋》笔法”。司马光撰《资治通鉴》也有主旨。因它们的科学属性是史,所以是绝对没有问题的。以后的许多学科研究都从中援引资料,但谁也不会因此而得出结论:六经、二十五史、《通鉴》等都是资料著作。六经仍然是六经,二十五史依旧是二十五史,《资治通鉴》还是《资治通鉴》,它们分属于经、史的学科,是肯定无疑的。其他的图籍也无不如此。

什么是“著作”,姑且不去考究《论语·述而》所载孔子说“述而不作”的“述”与“作”二者的界说,也不去诠释汉唐以来撰、纂、著、作、修的区别,当今所称的“著作”,含义为大家所熟知。一般地说,一种学术专著或独立的论文都可称著作,从来没有“资料著作”

的称谓。以辑编资料为宗旨的书籍,在古代是类书,现在通常称之为"资料汇编"、"资料辑录"、"资料选编"等。"著"和"编"的目的不同,形式有异,于资料的取舍也各有要求。

资料型的书籍,古代以"类书"为代表,近代则是"资料汇编"之类。虽然它们各分门类,但每个门目所录的文字必须注明出处,忠实于原文,不能任意增或改。诚然,修纂方志要大量地征引资料,但是以修志的宗旨和志书的义例为指导的,从而游骋于资料的海洋,鉴核取舍。资料必须服从于志书义例的需要,而不仅仅是抄资料,录资料,为资料而资料。

如果修志不把志书的义例放在核心的地位,一味醉心于资料,那就不成其为方志了。既然称为方志,就不能无视方志的传统,从而背离方志固有的体例,蜕变而为所谓资料著作。

志书的核心是义例,即修志的宗旨。这不是挂在口头上的空话,而是要落到实处,就是要在全志动态地信而可征地记叙事实的基础上,总结各类事物的特征和规律,从而把修志的主旨贯穿于志书的始终,而且可以用论或序的形式加以表述。这在我国旧史籍和旧方志中有着良好的可以借鉴的传统。如《史记》的《太史公自序》就是全书的总论,各篇的"太史公曰"则是分论,通体又是一致的。《汉书》的《叙传》和各篇的"赞曰"也是如此。其后的纪传体史籍大都继承了下来,并且在各个"志"及"类传"里还有"序"、有"论"。欧阳修《新五代史》的"序"文写得都较长,《五代史伶官传序》还被古文家认作散文的名篇。《资治通鉴》中的"臣光曰"也起着这种作用。

史籍如此,方志也是这样。宋以来的志乘家为志书撰的"序"、"叙录"等类,都与史家的"序"、"赞"、"论"等有渊源。如章学诚《和州志》、《亳州志》、《永清县志》里的《总论》、《序例》、《例义》等,对于修志主旨、立类原则、编纂要求都发挥得明确而周详。李兆洛主纂的《凤台县志》，一篇《自序》，缕述了修志的必要性、主旨以及篇目设置的原则，它在分叙所设10个篇目之后说：

其古今之变，因革之宜，土俗之淳漓，民生之勤窳，庶几足以备考览焉。

如果说《自序》的全文有总论的意义，那么，上述这一段文字就是阐述了《凤台县志》的纂修主旨。以《沟洫志》为例，有说：

夫苟陂之饶，始自芍敖，至今为利。南北朝时，淮南北耕屯为天下最。下蔡、大崇陂、黄陂、鸡陂、湄陂，隋废而唐复置，皆溉田数百顷。今之于古，果何如也？夫举县之地，其可堤可渠者，奚啻如此而已。然民疲而堕于农，吏孱而昧于计。弃稼弗务，疆畔莫修。淮北诸渠，填污者十九。诸闸坝虽稍整，而脱一不治，废坏立见。悬耜既多，惰游日增，挟刀带剑，往往而是矣。是谁之责也哉？是谁之责也哉？

对凤台的水利，从历史的追溯及于当时，指出今不如古的事实。诚然，农业生产的发展与否，与水利的兴废有密切的关系，但“惰游”和“挟刀带剑”现象的出现，则是由于“民废”。重复两句究问“谁之责”？其实上文已有回答，在于“吏孱”。这应当说是道出了部分的历史真实的。李兆洛当时任凤台知县，肯如此地面对现实，揭示其内蕴，既体现了其纂修志书的识见，也反映了他对地方政治的责任感。

古人修志能够这样，在当今为什么不能如此呢？应当说完全可以超越前代。因为今天的科学知识、认识论的诸范畴，已远远地超过了古代。决定的条件，还在于修志者的胆识。

二、体裁

修志的宗旨在原则上作了规定之后，下一步就是要确定体裁。我国的方志历史向人们昭示，志书的体裁是多样的。如何在体裁上继承和开创,是方志纂修的又一重要问题。

历史上地方志的修纂,有官修、私修和私修官助等不同的情况。由于人力、物力以及对资料能见度的不同,所以,修成的志书有详有简;体裁的差别,也往往决定于此。一般地说,官修的志书详,私修的志书则较简或很简。

当今修志从省(区)至市、县乃至于乡,是由政府建立机构并任用人员修纂的,因此属于官修志书。但是,还应发扬传统,提倡和鼓励私人修志,不久的将来,也必将有学有素养、有才有识的学人关心地方文化建设事业而起来修志的。从理论到实践,必将在方志学的领域竞放异彩。

1. 综合型志体

从前修纂方志,大都采用综合型的体裁,流传至今的志书,也是以综合型为多;而现今修志,也都是综合型的,所以,笔者就着重地论述这一志体。中国地方志指导小组颁发的《新编地方志工作暂行规定》第九条说:

> 新方志的体裁,一般应有记、志、传、图、表、录等。以专志为志书的主体,图表可分别附在各类目之中。图表尽量采用现代技术编制。

以后又发了一个具体的纲目。在这个体裁原则的指导下,各省(区)市、县又因地制宜地加以具体化。

目前的修志,较为通行的是以卷(编)、章、节、目的不同层次分别标明门目,记叙该地的历史和现状。又可以有两种情况:一是袭用旧志的纲目体,即以纲统目,先定大类,下面的支系依类归属;一是沿用旧志的并列门目体,而把大类隐于其间。处理恰当,可以殊途同归。

至于如何设目,则因各地的地情不同而有很大的差别,所以难以拟定一个普遍适用的纲目。应当发挥修志者的才、学、识,从实际出发,匠心独运地去制订。但必须自成体系,不能杂乱无章甚至自相矛盾。

在设计类目的设置时,有如下的几个问题值得讨论:

第一,类目设置的原则。设置类目应当以现代的分类学的原理为准则。类是事物本质属性的总和,而目则是其中的分支。不仅是大的类目,就是在章、节、目中也都要体现科学性和逻辑顺序。以至于每一个标题,不但要注意语言的准确性,简单明了,还要讲究是否符合科学性。换句话说,要运用科学的准确语言。

例如旧志中大都记有境域、建置、山水等目。从现代科学的分类而言,它们都属于地理的范畴。地理学又分有自然地理、经济地理、部门地理、区域地理、历史地理等,欧美等国还有人文地理(也称人生地理)的名称。建置沿革是历史地理的具体对象,山、水、平原等属于自然地理的范畴。根据现在的科学水平,就不能像旧志那样,仅仅记述有哪些山、哪些水,各自是什么名称,再记一些名胜、古迹和物产之类,而是应参照现代自然地理学的体系,至少要分记地质、地貌、土壤、地表水与地下水等内容并应以此立目。至于日食、月食、彗星、陨石、激光、龙卷风、降雨量、水文、气候、物候以及由相关现象引发的自然灾害,大都属于天文学的范围。由于志书不宜单独设天文类,而且一地的天文现象不会很多,难以独立成卷,因而可用附录的办法记于相近的一类。因为志书所记的自然现象都集中于地理,天文也是自然现象,与经济、政治、文化等记述社会现象的篇章相比,就非地理莫属了。

一部志书,从大体上说应设大事记、地理、经济、政治、文化、人物、人民生活七个系列,还要从地情的实际依类设目。前面应有凡例、图,后附文献和杂记,并可在正文前设总序、小序。这样概括了一地的物质文明和精神文明,国民经济的总体,即第一、第二、第三产业和其他非生产部门,包括农业、林业、畜牧业、工业、建筑业、交通运输业、城乡建设、商业、信贷科学技术、文化教育、体育、卫生保健事业以及财政、人民生活等项,而后再分设子目。

由于是“官修”方志,20 世纪 80 年代的那次修志,从搜集资料到编写初稿,各省(区)、市、县大都先交给职能厅、局和相关的部门承担。因为职能部门的管辖范围与科学分类并不一致,所以各部门写成的初稿严格来说是那个部门的部门志,并且往往政权与企业不分。虽然混杂的成分不是很多,因而纠正也较为容易,但又不是轻而易举的,必须下决心、花气力去纠正。

方志的体裁要求有科学性,立类设目要符合当今的科学分类,要吸收现代科学水平的新进展,来增强志书的科学气质。但方志自身又是一门科学,自己具有独特的面貌。这就是方志不是别的学科的著作或附属物,因此,不能把相关的科学分类体系照搬于方志,而要从志书的现实出发,因志书自己的类目体系来安排。事实上,不论是哪一个地方,志书要记的内容也是不能满足其他学科那样详细的立类需要的。

第二,志书的整体性。综合型的志书,它的每一个类的篇章都具有相对的独立性。地理篇(卷)就是大小不同的一方区域地理,或为区域地理的组成部分;经济篇(卷)就是大小不同的一方经济史,或其中的一个阶段。文化、教育等类莫不如此。但绝不是各不相干的孤立的篇章,而是一个完整的整体。也就是由各个门类汇合成“一方之全史”。因此,志书的编纂必须着眼于整体性。志书的整体性有两个基本要求,一是篇目的相互之间保持逻辑的整体;一是各篇的内容应当揭示和维护内在的联系,使之成为浑然的整体。乃至立论及语言等,通体都应一致,不能自相抵牾和矛盾。

关于体裁的整体性。综合型以纲统目的方志,稍稍涉猎于我国方志的编纂源流就能清楚,是南宋周应合的《景定建康志》所始创,清章学诚又加以理论的深化。它是在并列门目体的基础上汲取纪传史体的模式演化而来的,所以有人径称之为纪传体。纪传史体的鼻祖《史记》,有本纪、表、书、世家、列传,殿以《太史公自序》。《汉书》改"书"为"志",以"世家"并入列传。其后的正史篇目都以此为蓝本。现在综合型的方志的体裁就是由史体演化而来的。明代的志家不少人一再表明要效法纪传体。固然,方志还有自己的创新传统,那就是有图和文征之类。章学诚于《永清县志舆地图序例》中抨击纪传史没有图是一大缺失,大概研习史学的人都会表示赞同的。因为任何的社会事件总离不开人和时、空的条件,而图恰是形象地表述空间环境的最好形式。方志继承秦汉以来方志的传统而有图,文征则是附以网罗具体的地方文献篇章,防止放失旧闻。但这一格局依然没有超脱纪传史体。

既然以纲统目体对纪传史体有所继承,那么,继承什么,如何继承?这就必须明辨纪传体的精华所在。对于纪传史体的特点、优点,历来的史论家作有肯定的评价。唐代大史学家刘知几于《史通·二体》篇曾概括说:

> 纪以包举大端,传以委曲细事,表以谱列年爵,志以总括遗漏。逮于天文、地理,国典、朝章,显隐必该,洪纤靡失,此其所以为长也。

这就指明了纪传史各体的地位、特点、作用及其相互关系,它们共同构成了一个整体。章学诚在《永清县志舆地图序例》中对此又作了引申:

> 史部要义:本纪为经,而诸体为纬。有文辞者曰书、曰传,无文辞者曰表、曰图,虚实相资,详略互见。

纪所"包举"的"大端",即大事,以时系事,提纲挈要。一部断代史籍的多篇"纪"连接起来,便是这个朝代纵向的编年简史。提挈纲要的"纪",在全书中是"经",其他诸体则是从横向来丰富和充实"经"所记的编年简史的,起了"纬"的作用。这样,经纬相间,纵横结合,融为一体。

试举一例。唐初,李世民与乃兄建成、乃弟元吉火并的玄武门之变,当然是一件大事。这一事件的发生,有着由来已久的多种根由,参与其事的实际上是太子建成和秦王世民为代表的两个势力集团。双方的斗争前后有一个极为复杂的过程。《旧唐书·高祖(李渊)本纪》载:武德九年(626年)"六月庚申,秦王(李世民封爵——笔者)以皇太子建成与齐王元吉同谋害己,率兵诛之。诏立秦王为皇太子,继统万机,大赦天下"。这几句话极其简括地把这一兄弟夺杀事件的时间、地点、人物、起因和结果都说明了。因为是"经"的记载,所以只是摘其大要。它的来龙去脉、涉及的人物以及过程的细节,则分别见于《太宗本纪》(载有世民接位前的事)、《文德皇后传》、《长孙无忌传》、《房玄龄传》、《尉迟敬德传》、《杜如晦传》和隐太子(建成)、巢王元吉、张公谨、敬君弘、冯立、谢叔方、魏征、薛万彻等传所载直接和间接的有关事实。至于要弄清楚当时人的职位高低、权力大小,玄武门的守卫制度,又可据《旧唐书·职官志》等加以考核。属于"纬"的诸体以至各篇章之间也不是各不相干的,而是有紧密的联系,与玄武门事件有关的许多列传和志已可洞察这种关系。至于作深入的辨析,还得参阅别的载籍。

综合型的方志体裁的整体观自然也应如此。只是纪传史的"纪"在方志中是"大事记"或者"大事年表",因为"记"都是以时系事,没有实质的分别。

说到这里,有必要对"史纵志横"一说加以辨析。"史纵志横"有说是史、志有别的标志,其依据是章学诚于《答甄秀才论修志第二书》中说的:

史体纵看,志体横看。

由此而认定:史体是纵的,志体是横的,从而发展出志书的体裁是"横分门类"、"横排竖写"。问题在于,对章学诚此话能不能作这样的理解?历来对于一个人哲学思想和学术观点的研究,有一条原则,叫做"知人论世"。即孟轲所说:"颂其诗,读其书,不知其人可乎?是以论其世也。"人所共知,章氏于方志,坚持志属史说,这是其方志理论的基础。那么,"史纵"、"志横"的提出,是否意味着章氏陷入自我矛盾之中?只要仔细读一读此篇全文,无论如何是得不出这个结论的。文中不但说"体裁宜得史法",又说"必合史例方收"。所摘的"史体纵看,志体横看",并不是一个完整句,下面还有"其为综核一也",这句话是针对旧志中的"文选"而发的。从"史"、"志"应"综核"来看,这个"纵"和"横"实际上是"经"和"纬"的同义语,那么"史"系指属于经的"记","志"乃属于"记"以外"纬"的诸体。否则,两种不同的体裁又怎么"综"而"核"呢?这又涉及文献学的一条原则,就是不能望文生义、断章取义或任意解释一切文献。这样,章学诚所论还是他的经纬合一观。既有经、纬之别,自然也就不能把经的"记"和纬的其他诸体模糊地混同了。

经(纵)与纬(横)的组合已如前述,志书的整体性还表现为横(纬)向的相互联系和相互渗透。这种情形在旧史籍中是普遍存在的。仍以唐史为例,《新唐书·食货志》载,唐朝到中叶,因租庸调法的弊坏而改为两税制:

> 自代宗(763~779年)时,始以亩定税,而敛以夏秋。至德宗(780~804年)相杨炎,遂作两税法,夏输无过六月,秋输无过十一月。置两税使以总之,量出制入。户无主、客,以居者为簿;人无丁、中,以贫富为差。商贾税三十之一,与居者均役。田税视大历十四年(779年)垦田之数为定。遣黜陟使按比诸道丁产等级,免鳏寡茕独不济者。敢有加敛,以枉法论。

实行两税法,是我国赋税史上的一件大事。推行两税是在唐德宗时,《德宗本纪》当然有记载,但连同此处所载,于税制、税率、征收对象等也只是疏略的概要,连在哪一年开始也未载明。要了解其究竟,除通读《食货志》外,还要读《宇文融传》、《杨炎传》、《陆贽传》、《刘赞传》、《齐杭传》等。而要对它作深入的研究,还得参阅其他的大量文献。

史籍是如此,方志也是如此。如清以前的《苏州府志》,记载苏州的教育,都是以北宋范仲淹父子兴学、聘著名教育家胡瑗来执教为发展的契机。从"人物"记范氏父子的事迹到"学校"记教育的不断发达与完善,再到"选举"记历代的登第人数、"风俗"记社会习尚的渐次转变,可以较为清楚地了解范仲淹任苏州太守以来教育的发展和成就。教育与人文是如此紧密地关联着的。不但如此,还应看到,教育的发展,经济条件是不可缺少的。旧志对经济记载虽然不多,但以所记苏州的赋税之重以及"学校"的经费来源互相参照,苏州教育能够发达,人的因素之外,经济的条件极为重要,可说是基础。当然,教育发达了,又对经济的发展起促进的作用。

到了现代,事物彼此联系、相互促进和相互制约的关系更为突出。例如,一个工厂效益(经济的、社会的)较好以至于最好,从主观方面说,取决于经理、厂长等主管者的才识,工程技术人员和职工的素质,文明生产的先进程度,分配制度与奖惩的合理;从客观方面说,依赖于原料的质量和供应的及时,市场流通、资金周转和交通运输、信贷、税收的合适以及政府的方针政策等。无论哪一个环节有阻梗,都将产生消极的不利的影响。如果各个环节配合得丝丝入扣,必然产生积极的有利作用。即小可以见大,由此可以及彼。每一件事物,每一个门类,无不存在这种关系。所以,编纂一节、一章而后汇成一篇,必须在谙熟资料的基础上心怀全志,成竹在胸,而后得心应手,前后关照,左右呼应。只有这样,才能将体式和内容真正地集成一个整体,从而才有可能揭示出事物发展中存在的问题及其特征乃至具有规律性的内蕴。

第三,志书的阶段性。新修志书由设目到记叙,要不要区分阶段性(分期是其表现之一)? 有这样的议论,以为若要对志书的记述给以分期,是因"史志不分所致,违背了横分门类、纵写史实的志书体例"。这种认识似乎颇有代表性。如有些已出版的县志,《凡例》便作有如此的规定:"本志根据'横排门类,纵贯时间'的原则。"既然把分不分期当做合不合志体,那就值得认真地作一番辨析,看看究竟是否合理,是否合乎编纂学的要求。

人所共知,大至社会历史,小至每一具体事物,都有着自身的发生、发展乃至消亡的过程。从发生到消亡,构成了完整的阶段。而在这个总阶段中,又有不同的若干时期,呈现出变化的阶段,成为总过程中特定的小阶段。这是客观的存在。

志体是形式,志书所记的各类事物是内容。内容(实)和形式(名)是哲学的一对范畴。古今中外的哲学家一向对此展开论述,要而言之,内容与形式的关系是辩证的统一。因为前者是事物内在诸要素的总和,而后者则是其外在的躯壳。没有无内容的形式,也没有无形式的内容。但形式依赖于内容,内容有所发展,乃至起了变化,形式必然随之而改变。当然,志书的形式也能积极或消极地影响和作用于内容的准确表达。

由此可见,志书的形式即志体应当服从于志书的内容,即所记事物的运动状态及其已经发生的变化。所以,修纂志书在确定体例时,应当注意的是,这一体例能不能准确地反映内容,而不是倒过来把内容约束于某种固定的志体。客观的事物既然存在着阶段性,反映这种阶段性也就成为必须。如果因为必须分期,而与所崇奉的志体相悖,那么,绝不是再坚持这种志体,恰恰相反,应考虑如何改变这一志体,绝不能削足适履。历史地看,没有一种凝固不变而又是适合发展变化的志体的。

从旧志的编纂来看,只要正视一下我国的方志编纂史,姑不论被持"史志有别"论者所排斥的所谓非方志的地方史,即使是宋以来盛行的并列门目体和纲目体的众多志书,都不同程度地留有分阶段的痕迹,尤其是"赋税"、"职官"、"选举"、"人物"等门,明明白白地标出"汉"、"唐"、"宋"、"元"、"明"或"国朝"的字样,应当说这是旧志有分期的确证。用现在的眼光看,在方法上还不尽恰当,但这是另外一个问题。

上次修志,一般的断限,上起辛亥革命,下迄于20世纪80年代。这段历史经历了旧民主主义革命、人民民主革命、社会主义革命和建设三个阶段,其中又可各分为不同的时期或者说小的阶段,与旧志仅记同一社会制度下乃至同一朝代的二三十年、五六十年或更长的一些时间是不能相提并论的。正因为是这样,志书更需要区分阶段,从而缕述一段历史和种种事物由量的增长发展到质的飞跃变化,各个不同时期的先后延续和质的转化以及其间的是与非、得和失、进步与反动、肯定与否定、再肯定再否定,而后透示其特征和规律。

为了增强这方面的感性认识,笔者略举数例为证。

如第三次国内革命战争时期。1945年8月抗日战争胜利了,但我们的祖国并没有获得全部的解放。国民党政府对外继续丧权辱国,对内发动内战,造成经济崩溃,物价飞涨,民生凋敝,民怨沸腾。而中国共产党领导的全国人民起而与之作坚决的斗争。一方面是荒淫与无耻,一方面是庄严与无私。面对这两种前途、两种命运的抉择,民心的向背,判若泾渭,最后以人民的胜利而告终。这是我国历史上有着翻天覆地变化的一个阶段。只有以此为特定的阶段,以各地的实情作翔实的记载,才能丰富和补充国史,才能从根本上认识旧制度、旧政权的必然败亡,认识没有中国共产党就没有新中国的真谛。

又如对中国国民党的记叙,倘使不分辨它在运动中发展的阶段性,就不能反映真实的面貌。不用说孙中山创建中国国民党成为民主革命的先导，就是两次国共合作时期，情形也有不同；至于它的反对革命，又有不同的发展阶段。只有区别各个不同的阶段，才能判明国民党的功过是非。不用说孙中山改组国民党，实行三大政策必须肯定，就是国民党抗日战争时期的主张抗日，也应如实记叙。

再如新中国成立以来的历史，倘若不分不同的时期，认真地记叙成败得失，诸如“大跃进”、“人民公社”和“反右”，尤其是“文化大革命”的失误，就不能认清中国共产党十一届三中全会以及其后拨乱反正和改革开放的历史原委，也就不可能了解共产党能够纠正自己的失误这样一个重要事实。

再以具体事物而论，如同是刑法，清代的刑部、提刑按察使司乃至县的刑房，北洋政府与国民政府的司法部及其属各级警察局、检查机构和法院，中华人民共和国的各级公安部门、检察院、法院，它们的专政对象是各不相同的。倘若不区别这种阶段性，混而共之，就不能如实地反映此中质的差别。

从已出版的有些县志来看，以“横排门类，纵贯时间”作为“原则”，其“政党社团”篇的“中国共产党”一章，先于不加标题而起着提纲挈要的《序》文里，简述党组织的始建，抗日战争和解放战争后的发展壮大，列举党员中高中以上文化程度的人数及其在总数中所占的比例，但因为不分期，连共产党何时掌握政权这样重要的事实也看不到。在正文中，罗列种种数字，有组织的变更，有各种会议，有领导人的更迭，然而，因为没有分期，读完全文，连共产党在这个县的领导地位何时确立也找不到。这样的疏忽，显然是由不分期造成的。同样的，在另外几部县志里，因为不分阶段，而事实上又存在阶段，要回避又无法回避，所以在某些章、节只好标以“明清时期”、“民国时期”、“解放以后”等小题，但又不肯放手扩大到所有的有关章节。这样就成了有的加分期的小题，有的不加。在同一部志书里出现这种不统一的状况,用编纂学的语言说,叫做体例不纯。如此,恰恰从一个侧面证明了所谓不分期的"志体"的可行性是如何的了。

更为重要的是,因为不分期,就把不同阶段的事物混杂在一起,面目不清,在记叙时也会带来麻烦。以工业为例,辛亥革命以后的旧中国与 1949 年后的新中国,在现代工业方面,相差实在太大。新中国的几十年也还要分小阶段。假使以旧中国所有的立类来看,新中国的许多工业便无类可依,当然只能以现有的工业部门立类。但倘若要加以说明,必将是处处雷同;而如果不予说明,使人尤其是后世的读者莫名究竟,要作一番考证才能明了。不但如此,还因旧中国的工业分散不集中,读者不能直接地了解不同时期的工业真相。但如分期记叙,情形就不相同,民国以来的工业和新中国的工业汇集一处,一览无余。而且,二者相比,前者薄弱得很,后者则在曲折的进程中尤其是在改革开放以来获有长足的进展,能使人产生强烈的感染力。

由此可知,无论是从编纂学的要求,还是从编写的方便以及阅读的效果来论,志书必须分阶段记载。

如何在类目上划分阶段,不必强求一致。各地的地情并非一样,编纂者的才识有差异,逻辑思维也各不相同,可以扬长避短,因地而异。大致说来,属于自然的内容,变化不会太大,可以不分期限;而"建置沿革"本身就要记述不同的时期。倘若是并列类目,以章下分期为宜;假如是以类统目,分期可置于类下。总之,要相机而行。

2. 其他体裁

综合型的志体,无论是以类(纲)统目,还是并列门目,类目非常周备。面对着社会生活愈来愈繁富的实际,当今修成的志书起码是几十万字,一百余万字的也常见,甚至有四五百万字的。从志书的利用来说,了解一地的历史,要用多少时间才能读一遍,将使部分读者为难。所以,为了适应这一需要,编写一部文约事要的简志就应当考虑也是可行的,我国方志编纂史的传统也足以证实了这一点。

还有另一种情况,就是因为志书的门类庞杂,时间跨度又长,而篇幅总得有个限度,不能无穷地扩大。纂修的时间虽然不应急功求利,草率成篇,可是也不能旷日持久,漫无终期,因而难以做到巨细无遗。这样的志书,对于要求愈详愈优的读者和了解和研究某一专项的利用者,又因为所记有缺漏而不能够得到满足。所以,要适应这一需求,就必须编写专志,这在旧志中也是屡见不鲜的。

(1)专志。对于富有地方特征,内容又很丰富,又不为新修志书所能完全容纳的事物,应当使之独立成志。专志在我国方志史上早已产生,汉魏六朝的地志、地记、耆旧志、先贤传之类,早已盛行。只要翻一翻《隋书·经籍志》"地记"和"杂传"类的著录,便可见梗概。有人不认为"地记"、"杂传"是方志,但事实又是雄辩地存在。方志史的源流不能割断,没有汉魏六朝的方志和修志的传统,也就不可能有后来的并列门目、以纲统目之类的方志。诚然,两宋以来,综合型的志书雄踞志坛,占主导的地位,然而,记叙地理、物产、水利、人物、艺文等的志书依旧不绝如缕,代不其乏。

前些年,有些省、县已在跃跃欲试地撰述专志,如南京师范大学鉴于台湾修成的《江苏艺文志》不尽如人意,确定编著《江苏艺文志》为研究项目,武进政协正在酝酿撰著《武进人物志》,前者已经出版。至于各地修志,或是全国性的专业志书,各部门由搜集资料而写成初稿,又因不能被全部采入而单独成书的,如教育志、水利志、电业志等,已经印刷出版的不在少数,可能发展成为一种趋势。

编纂各类专志,不仅是省,一些中等的市如著名的历史文化城市,撰著人物、文献、名胜古迹、园林等志更见必须。有的还可合起一起，如胜迹、园林可与旅游结合起来。现代城市和地方建设，从国外的信息可知，凡有胜迹可供旅游的，把它作为一种资源，作有计划的开发，将会有不可忽视的综合效益；又可使保存和弘扬我国传统文化与现代物质文明建设结合起来，一举而两得。至于各种工业、农业、贸易、乡镇工业，甚而可以说综合志书的许多门类都可以编写成专志，所以是大有可为的，尤其是发达和较发达的地区。这样，大量的既有深度又有较强科学性的专志必将受到多方面的欢迎。

（2）简志。专志系从某一事物的深度出发，于专中求详究备。但又不是说一切用专志取代，无须再有综合的志书了。应当看到，综合型的志书有专志所不能具有的功能。因为专志只是一地的历史和现状的某一专项，它不能反映一地的全貌。有些读者要求一地志书，能从中得到该地概略而又较全面的了解和认识，但面对一部上百万字的志书难免望而却步。为了适应这种需要，就得有这样的志书，从设目到内容，摆脱纲目体详备的窠臼，编著精练而赅要的简志。这种简志可以有较强的学术性，如清人汪中的《广陵通典》，但应当更注重于实用。撰著简志，不一定比详备的志书容易。要真正达到精而要的目的，纂修者有相应的才识是第一位的，而且还得掌握十倍的资料，又得付出辛勤的劳动才能成功。

专志所记的内容，可以是通贯古今的习惯所称的"通志"体式，也可以记一个断代或一个历史阶段。以体裁而言，可以多样，类目体、章节体都可采用，可能是章节体更便于精简。旧志的编年体、纪事本末体也不要排除，纂修者既可以是政府或有关部门组织的集体合作，也可以聘专人撰著，并应鼓励私人撰写。

至于乡镇志的编纂，在经济较发达的地区已呈现普遍开花的势头，已经出版的数量不少，大都属于"官修"的类型，体例也是市、县志的具体而微。其实也可倡导私人修纂，体例也可多样。

照此发展下去，多层次的体例多样的志书，必定在古老而崭新的方志园地上竞放异彩，开创一个繁荣的新局面，推进到一个新境界。

第三节 资料的征集、鉴别和取舍

资料对于修纂方志的重要性在前文已有所论述。修志这一工程，有了合适的总体设计和施工蓝图以及工程指导书，就得要有必需的、合格的建筑材料。如果不这样，总体设计、施工图和指导就只是空中（确切说是纸上）楼阁，至少是造不成合乎要求的大厦的。因为施工的工程师和技术工人只是“巧妇”，难为“无米之炊”。所以，在体例确定之后，资料就成为着手编纂的前提条件。资料充足的程度、全面不全面、征信与否和修志的成败、志书的质量好坏密切地关联着。

一、资料的征集

征集资料是修志的一个重环节。应当组织人力，成为一个机构，专司其事。古来史籍和方志的修撰有着成功的经验，优良的传统值得取法。刘知几于《史通·采撰》中总结了前人的经验：

> 盖珍裘以众腋成温，广厦以群材合构。自古探穴藏山之士，怀铅握椠之客，何尝不征求异说，采摭群言，然后能成一家，传诸不朽。

并且据《左传》一书所利用的资料指出：

> 盖当时有《周志》、《晋乘》、《郑书》、《楚杌》等篇，遂乃聚而编之，混成一录，向使专凭鲁策，独询孔氏，何以能殚见洽闻，若斯之博也？

《史记》的撰著也是这样，《太史公自序》称：

汉兴……百年之间,天下遗文古事靡不毕集太史公。

此外,还有档案、金石以及司马迁自己的见闻。修史是如此,纂志又何尝不是如此。一部善志引用的书籍达一百多种是常见的。史籍、方志、舆图、会典、赋役、野乘、私记、文编、稗史、家乘、档案、金石无不在收罗之列,加上个人的经历,并且还作实地调查、勘察,组织人员采访。李吉甫、乐史、宋敏求、王象之、卢熊、章学诚、洪亮吉、孙诒让等都留有可参考的经验。

所以,在修志之初,应公开向社会宣传,通过多种形式征集和采访,凡提供重要实物和文献资料的,可给予物质或精神的奖励。既要广收已经形成的多种书面资料包括已有的出版物和尚未出版的手稿,又要注重口碑资料和实地调查,必要时应录音录像。而且不是干一阵子的事,应当贯彻于修志的始终。

资料首先要博。博有两方面的意义:一是必须尽一切办法,把所有地方文献(包括相邻的地方文献)尽行搜罗;一是每一个门类的资料要搜集无遗。这就是说,整体和个体都要汇集充分的资料。

说到地方文献,现今比起旧时代有很大的扩展,大致有考古资料、各类文物、各种体裁的史籍、方志、政书、专著、笔记、宗谱、家乘、档案、报刊、图片、音像等,其中不只是公开出版的,还要注意手稿、写本。报刊、图片、音像又是极其多样的。档案也是如此,以往的档案大都是政府部门才有,而现在已普及于每一个事业、企业单位。乃至工厂的一种产品、农场的一种作物、牧场培养的一个优良品种、医院的一个病例,都有档案。所有的一切均在搜集之列。对多种口述(碑)资料以及实地的调查和勘察,应格外予以重视。出于亲身的经历和所见所闻,都是第一手资料。实地调查和勘察所得尤其是实物更见珍贵,借此往往足以纠正文字记载的疏漏和失误,因而翔实可信。

资料的搜集越多越佳,既有利于作全面而深入的鉴核,又能供编纂精选，博采而约取。

二、资料的鉴核和取舍

资料要多，而且是多多益善，这是搜集资料的着力点。但是，资料多了，不是就已经万事大吉，需用时可以信手拈来，而是需要对已搜集得到的每一种资料进行认真鉴别和整理。先是将所有的资料统归资料组（室）分类编目，妥善地予以保存和管理，而后分别地用科学方法加以整理和鉴核。大致要做好三个方面的细致的工作：

第一，对资料作科学的分类。所谓科学分类，就是应当运用文献分类学的原理，又着眼于志书所设类目的体系分门别类地加以区分。把不同类属的各种资料分立类目（可用代号）归卷，由粗到细编制目录。这样，既可避免资料的分散和杂乱无章，又便于查索，且可显示资料是否还有不足之处，甚而有缺漏，以便于继续征集。

第二，对资料的辨伪考信。人所共知，各种文字记载、口碑资料，即使是第一手的，或由于历史的局限，或因见闻不周，或出于阶级的偏见和观点的不同，因而对所反映的事物存在片面性、曲解乃至虚假、作伪的情形，在在而有。也有虽然确是亲身的经历，恰恰因为年代久远记忆不周而发生差误；有的则因没有涉及事物的全过程，或是后果尚未暴露，难免产生偏颇。甚至为着标榜个人及相关的人物，曲意作假。而志书所记，从一件事的全过程乃至一个情节、一个数据，都应当准确无误。我国的旧史学和方志学有着“直书”的优良传统，“曲笔”和“回护”历来为人所不齿，更不用说滥用不真实的资料。否则，就将影响志书的质量。

因此，对于各种资料，必须运用目录学、史料学、年代学、考据学、校勘学、辨伪学的有关知识，分别作切实的考辨，去芜存菁，舍伪选真。所以,对资料作严格而认真的鉴核,是修志工作极其重要的一个环节。不仅是采访和搜集资料时就应注意及此,而且要列为一项专门的任务去做,以至在使用资料时还要慎重从事。总而言之,要竭尽全力排除志书可能出现的错误。

第三,取舍合宜。资料已经充足丰富,并且真实可信。然而,并不是这一切都可以随手拿来,写进志书。哪些资料必须用,哪些资料可用可不用,哪些资料不必用,必然要受到修纂义例和篇幅的制约。因而,对资料就有一个取和舍的问题。如何才能做到取舍合宜,即取其所当取,舍其所当舍?这不取决于纂修者的好恶,决定因素在于纂修志书的宗旨和内容的主次、篇幅的大小和篇章之间的相对平衡以及详近略远的原则等,从全书到每一具体章、节都应保持统一。因而,必须判别资料的价值,或取或舍,有时还应作出"割爱"的选择。但是,遇有极其重要而又难得的资料,也可破常例而采用。这样,才能使修成的志书繁简允当,详略得体,而且又不舍弃有价值的内容,也就达到了资料取舍合宜的目的。

第四节　志书的记叙

体例已经确定,资料也已大体上满足需要,进入具体编纂时,又将遇到一系列的实际问题。现就综合型纲目体的有关问题,择要略述如下:

一、断限

如果说志书所记的地域范围是对空间的规定,那么,志书规定的断限则是时间的界限。因此,断限的确定,是修纂志书的一个重要问题。

关于断限,在我国史籍的传统编纂学里,很早就有"通"和"断"

的体制,而通史和断代史的代表,还得说是《史记》和《汉书》。刘知几于《史通·断限》中称:

《史记》者,载数千年之事,无所不容;《汉书》者,纪十二帝之时,有限斯极。

自汉以来,尤其是唐代确定了官修史书之后,修史总是以断代为主。而断代并不只是一个王朝,有时也可以包含几个王朝,如《南史》、《北史》、《五代史》。虽有宋人郑樵竭力主张通史,反对断代,但终究难以挽回通史史籍的发展趋势。司马光等撰通史型的《资治通鉴》以及李焘、毕沅等的续作,毕竟是少数。但是,也不必要去反对郑樵的意见,而否定通史的价值和必要性。

旧的志书,其断限属于通史型的,如汪中撰编年体《广陵通典》,就是扬州一地的通史;冯甦撰纪事本末体的《滇考》,就是云南一地的通史。至于并列门目和纲目体的志书,凡开创之作,大都是通贯古今的。例如现存的宋人朱长文的《吴郡图经续记》,所列28门,大都自汉乃至殷末周初记述起。稍后的范成大的《吴郡志》也是追记及古代。这种状况,不仅是宋人,唐以前已如此。但也有是断代的,如晋常璩的《华阳国志》,所记的时代,从公孙述、刘焉、刘璋、刘备、刘禅、西晋的统一以及李特、李雄、李寿、李势的割据称雄这一段历史。

从现存唐宋以来的志书尤其是明清时官修的省、府、州、县志来看,其中的绝大多数,由于前后两次纂修的时间距离较短,便和旧史的修撰不同,很难以一朝一代或几个朝代作为断限。因而在有些修成的志书中,尽管于古代的史事有所追溯,但其记述的重心仍然有大体的时代界限。但同时又出现了一种偏颇,就是如李吉甫于《元和郡县图志序》所指斥的那样:"搜古而略今。"这种情况到清代还出现。对此,有些方志学者如章学诚就提出"详近(今)略远(古)"的原则,这无疑是纠弊补正的有益之论。对于这一原则,应当作准确的理解,所谓“略远”或“略古”,并不是不要远、不要古,而是在编纂一段时间的志书、在作必要的历史追溯时,不能本末倒置。

还应注意的是,旧志中普遍存在一种现象:就是许多不同层次的、同一记述对象的门目体和纲目体的志书,甚而明明是续修的志书,并不是通史,但几乎千篇一律地于若干门类中上溯古代,陈陈相因。后继的志书照抄前志,甚至连错误的内容也照搬。这实在是浪费,为旧志的一大弊端。不能因为旧志沿袭已很久了,就把弊病认作好传统,以为修志自应通贯古今。其实,这何尝是通贯古今!

所以,纂志必须明确地规定断限。志书的时间断限,可以有两种类型:一是通史型。这就是于所记的对象从它建置开始,还应上溯以前的重要事迹,以迄于当前的时代。章学诚对“通”有专题的论述,以班固的《白虎通义》(又称《白虎通德论》)、应劭的《风俗通义》为“后世标通之权舆”,以萧衍撰《通史》为“史籍标通,此滥觞”。后有杜佑的《通典》、郑樵的《通志》、司马光的《资治通鉴》等,于是说:“《说文》训通为达,自此之彼之谓也。通者,所以通天下之所不通也。”“杜佑以刘秩《政典》为未尽,而上达于三五,《典》之所以名通也。”这是说杜佑《通典》命名的缘由。所以,“夫通史人文,上下千年。”(《文史通义·释通》)现在所说的通史,其界说和章氏所说是大体一致的。

因此,通史型的志书在总体上必须通贯古今,不仅仅是部分地上溯;而且,也不能随心所欲地略古。倘使略得成为很少,或者竟至没有,那么,也就说不上是“通”了。由于古今社会生活繁简有殊,其差别无法比拟,又因为越古越是史料缺乏,所以,从历史顺序说,必然是古简而今繁。即使如此,其古代部分的撰述也必定是难度很大的。当然,这并不是说近现代没有难度,是相比较而言的。

以断代型的方志为例。断代系指志书所记的时间既有上限，又有下限。对于断代，在今天自然要突破旧史以一朝或综合类似的几个王朝的概念。例如，可以从鸦片战争（1840 年）作为上限，下迄于 20 世纪 90 年代的某一年；也可以上起辛亥革命，下迄 20 世纪 90 年代的某一年；还可以起于更近一些的年代。需要说明，历史的阶段性有大阶段，如近代史；而大阶段又包含有若干小阶段，如近代史的半封建半殖民地阶段。方志修纂的时限不像撰史籍，因为纂修较为频繁，常常不能涉及一个历史的大阶段。所以，断代的断限只能是实际修纂的起讫时间，当然其间会寓有历史的大、小阶段。这种断代型的志书，规定了它所记述的时间界限。断限一经确定，在总体上应当严格遵守。所谓总体上严格遵守，并不排除某些目作必要的历史追溯，尤其是遇到旧志中有关记述的舛讹和疏漏，应予以简要补正。必要的简明扼要的追溯是允许的，因为历史不能割裂，上溯过去，正是便于认识现在，明了其间的来龙去脉，但不能过多，不能滥。如果是滥，也就没有断限可言了。尤其不能走旧志的老路，依旧连篇累牍地抄袭断限之外的人和事。对于下限，也不必机械地固守。有些事物的发展阶段性或完整的结果，乃至某些新兴的事物，不是在下限之内，而是下限之外短的二三年、十余年乃至更长的时间才显示出来，甚至在下限刚过又发生了重大的事件，为此而作少量的对下限的顺向延伸，是应当允许的，因为这对增强志书的功用是有益的。附带应当提及，抄录旧志，因古今文体不同，移译和改写又不那么容易，稍有不慎，往往纰缪时见，甚至闹成笑话。照抄原文，又将使文体不一。从这个意义上说，抄录断限之外的旧志也是不足取的。

二、大事记

这个篇目承袭自纲目体旧志，处于全志经或纲的地位，它脱胎于纪传史的“本纪”。旧时的方志编纂者,以帝王才能称纪,不敢冒此大忌,所以改为“县纪年”以至“大事记”。这是取刘知几“纪以包举大端”的意思。所谓“大端”,对于一地的志书而言,应当是一定时期内所发生的作用于全局的大事,至少是在一个范围内起作用的事件,包括成功和失误。记述这些事件,必须按照时间的先后顺序编纂,所以大事记实质上是一个地方的编年简史,并在全志起着提纲挈要的作用。因此,大事记纂修的成功与否,根本的要求在于它能够对全志提挈纲要,能够使人读完以后便能了解全志的粗略梗概。

大事记在志书中的位置,应当放在志、传、录等篇目的前面。只有这样,才是逻辑地辨别了经与纬的关系,而不是放到最后,似乎是一篇的附录。有的已出版的志书,恰是将大事记列在最末,应当说是不妥的。

对于大事记的具体记叙,完整地说,应当包含时、地、人及其发生的经过和结果。然而,并不是每一件事都能如此完整地显示。有不少的事件,经历了一个较长的过程,而结果的呈现或许还需更长的时间。这就要求在记述时应顺应时间的进展,前后照应,最终还是载明一个完整的事件。至于记叙的文字,务必简练,有较高的概括性。而详细的记叙,即刘知几所说的“委曲细事”,是由志、传等完成的。

既然大事记所记应是关系一方的大事,那么,就不应当像旧史的“本纪”那样,仅仅偏重于政治事件,它的涵盖面应当是广泛的,不但应有经济、文化范畴里的各个方面,而且也当包括建置的更改、地理的变迁、民族的居留、户口的升降、宗教的兴废、民俗的转移以及人民的生活、战争、自然灾害、疫病等。总之,凡志书所列门类中的众多大事,都在记述之列。但是,在实际编纂时,又不能先验地去作什么规定乃至分配,属于政治的大事是几条,经济的大事是几条,文化、教育的大事是几条,体育的大事几条……而是只能从客观的事实出发,只有真正是重大事件,才可以进入记载。

至于一地政府领导的任免,各种会议的召开,从现象上看,似乎是一地的大事,其实不完全是这样。有些正常的调迁,在任期内又没有多大政绩;有些会议不过是例行的,其所议事和所作决议并未产生重大的影响和作用,就无须记载,因为这不属大事之列。这些事项可以用正表和附表的方式记录,如《历任县长任免表》、《历届中共县委会议表》等。还有一些上级领导、人民代表或政协委员前来视察、调查活动,倘使只是走马观花,并未产生任何实际的效果,也不必多记,以免占据篇幅。

所以,大事记比起别的篇目来,记叙时应更多费斟酌,认真地权衡轻重。应先根据搜集到的资料编缀成长编,等到全志已初步定稿,也就是对全志所记心里大体上已有了数,而后再取舍损益,改写定稿。

还应注意的是,大事记所记,当然是以发生在记述对象境内所发生的大事,但又不能执着,胶柱鼓瑟地予以绝对化。如在现阶段,中央所制订的各项政策以及所发动的各项活动及其变化,全国省、市、县各级地方的社会生活的各个点和面,都无例外地要受到影响。因此,地方所发生的大事,往往与许多地方同其步调。所以,一个地方的大事,常常是一国大事的具体而微。当然,在程度上是参差不齐的,不能也不会是一模一样的,因为这是各个地区不平衡、条件有差别造成的。这样一类的大事,在大事记中所占的比重将是很大的。而且那些呈现为显赫而突出地位的大事,往往是与全国中枢方针政策、相关国家大事密切关联的。所以,大事记还有必要记载关联地方大事的中央的有关方针政策的出台时间。否则,对一地有些大事发生的原委就不知究竟。例如,新中国成立后新区(相对于老解放区而言)各省(区)市、县实行土地改革,当然是一件大事,必须记载。要记这件事,就有必要记及《中华人民共和国土地改革法》的颁布,因为这是土地改革的法律根据。而且还要记及土改进行过程中全国和省、地的种种政策、措施,土地改革发展的健康与否,成功和缺失,就得以这个法律和各种具体政策为准绳来衡量。老区还应依据实际情形,记及国内革命战争时中共中央发布的《中国土地法大纲》以及相关的法令和政策。又如中共中央十一届三中全会及其所制定的各项政策,对全国产生的巨大作用涉及许多方面,如政治上的拨乱反正、平反冤假错案,农业生产从此逐渐兴起的联产承包责任制,个体经营,发展乡镇工业,改革开放等,不记及十一届三中全会,后面的事实就没有根源,进展也就不会那样快。

不仅如此,当今的时代,任何一个国家生存在现代国际社会中,都不可避免地要同国际的组织和各个国家发生种种关系,不会也不可能自外于世界,孤立地存在。我国的改革开放,正是为跻身世界各国之林而迈出的步伐。因此,凡是世界上发生的重大事件,乃至经济发达国家所推行的外交政策,对其他各国(当然也包括中国)都将会产生积极的或消极的作用、有利或不利的影响。如1971年基辛格的秘密访华,1972年《中美上海公报》的发表,产生了强烈的冲击波,随之而来的是资本主义世界及第三世界承认中国的合法地位并建立正式的外交关系,一时形成了一股热潮,势不可挡。这个事实的出现,不仅使我国对外贸易开拓了宽广的境地,而且为我国的经济腾飞创造了良好的机遇。近年来海外许多国家和地区纷至沓来到中国各地投资,所兴办的外资和三资企业如雨后春笋,方兴未艾。而且,已经形成和正在建设的开发区,必将带动其他地区经济的发展。如上海开发浦东的计划,不只是对相邻的浙江、江苏等省产生连锁反应,还必然会通过长江水道给沿线的省市起到积极的作用。西部开发也会有相似的效果。因此,有关地方的志书,在大事记乃至在志文里还有必要反映与我国对外开放、外贸等有关联的国际事件。对此,绝不能以旧志所记的范围作为模式,加以非议和指责,恰恰是当前所处的时代要求这样做,必须突破。否则将会作茧自缚,必然不能反映这个时代的真实和重要的特征。

三、志

志可称专志或专项志,也有人称为专业志的(上文在讲体裁时已经论及,此处专讲专志的编纂方法)。在方志史上专记地理、人物、文献等类的专志,既有同又有异。相同的是它们所记都是一地史事的一个部分,有差异的是开始于汉魏的专志是独立成书的(今天也有独立成书的专志,如水利志、电业志、纺织志、教育志等类),这个志为全志(综合型)的构成部分。这样,首先就将面临一个问题,就是这类志在总体上要考虑所记的体例是否得当,内容是否全面,结构和比例是否允妥,从而使全书成为一个浑然的整体。因此,综合型志书里的专志,其体例、内容、文采等应纳入全志作统一的设计,要与全志完全协调。但是,又应当注意,这并不排除各专志在全志中的相对独立性,恰恰相反,各个专志依然存在着相对的独立地位。经济志就是一地志书断限以内的经济史,文化志就是一地断限以内的文化史,如此可以类推。但因为是处于全志之中,与志书的其他各篇汇合成"一方之全史",而全志又不是简单把各篇合拢而成。所以,各志不能独自为尊,必须要受到全志义例的制约,只能在统一义例的支配之下,编纂出各自的特点,首先是本质的特征。

所谓受全志义例的制约,或者说服从于全志的义例,重要的有两条:一是尽力地去阐发全志的既定宗旨;二是在体例上又应力求与全志的体裁一致,例如类目的层次应当统一,有无序、论应当统一,甚至同类的专志大体上于篇幅的规模也要考虑平衡。当然,特殊的专志可以有例外，内容很多而又重要的专志还可以设上、下卷。

所谓特点、特征，也有两个主要的方面：一是各专志所记的是不同的事物，如工业和农业就是两个不同的生产门类，当然有各自不同的特色和特征。就是同是工业，现代工业和手工业也不一样；即使同属现代工业，机械工业和电子工业也不一样。别的也都是如此。至于地质、地貌等自然现象，方言、文化、教育等社会现象，各种不同的类属，无例外地都有自己的特点、特征。专志的任务，就在于总结各事物固有的特点、特征，以至揭示其规律性。二是事物发展的状态是不平衡的，除地理中的山、水、地质、地貌等变化比较缓慢，方言虽有变化但能保持相对的凝固性之外，经济、政治、文化诸类属的事物演变得较快，甚至在一个阶段会呈现出日新月异的发展变化，乃至是突变。但是，这些众多事物的发展变化，由于历史的原因和其他条件的作用，不可能都是同一个步调，处在同一个水平上。这样就必然表现出各不相同的特点、特征。而且，可能还有一二项超过其他专项很多、很大。这是编纂志书应当予以特别重视的，必要的时候可以突破全志的体例。在旧志中也有先例，如范成大的《吴郡志》设有“山”的门目，吴郡所属诸山尤其是吴县的山尽行载入。可是另设“虎丘”一目，按照依类归属的原则，“虎丘”应当归于“山”，而不该子目（下位类）与母目（上位类）并列。章学诚的《书〈吴郡志〉后》就对这一点有所指责。然而，虎丘不仅是山，还是苏州著名的胜迹，并因此而有丰富多彩的诗、文等文化内涵，比起其他属于胜迹的山更见突出。倘使把虎丘列入“山”这个门，篇幅就很不平衡。因此，把虎丘既是山又是重要名胜这一特点、特殊地表而出之，专设一目也是可行的。不必胶着于一端，而多加指斥。当然，这样的事例不会很多。因为既然是特例，那么只能是个别的，而且要作这样的处理，必须是慎之又慎，切忌滥设。

关于志的编纂,有一些共性的问题,在讨论志书的特征和图表的运用时将要涉及,这里只论述两点:

第一,应作动态的记叙。以往的旧志,于各类目的(系指少量的自然现象之外的社会现象)具体记述,大都流于资料的编纂、资料的堆砌。就是善志,固然有一部分写得较好,但也不能避免这种弊端。这样,所记的史事让人读来,感到是平面的、静态的,看不到事物运动着的发展过程,而事物的发展又总是运动地前进的。并且,事物在运动中发展,常常不是直线上升的,而是有曲折以至反复的。一般地说,衰亡的事物总是由盛转衰,以至消亡的,虽然有时会出现"回光返照"式的暂时的复苏。如以中国的历史为例,清朝的统治,从乾隆、嘉庆时代起,社会矛盾就在逐步激化。道光时的鸦片战争,帝国主义列强纷纷入侵,清朝的统治日益腐朽,它的覆亡仅仅是一个时间问题。太平天国的农民战争,如果不是它的变更意图存在问题以及内部产生了导致失败的条件,那么,清朝的败亡是指日可待的。虽然太平天国运动被镇压而以失败告终,统治者甚嚣尘上地渲染"同治中兴",但其结果只能是虚张声势。即使后来的戊戌变法,也不过是昙花一现。辛亥武昌起义,终于摧枯拉朽一般直逼清的国家机器,终于把统治达270年的清朝湮没了,尽管辛亥革命是不彻底的。又如中华人民共和国建立后,中国共产党成为执政的党。在社会主义革命和建设的历程中,于发展前进的时候,也有曲折和失误,又于纠正失误中前进。这就构成了运动发展的全过程。

第二,应反映事物的本质。方志专志的记叙应当本质地反映事物的全貌。不仅是在钩稽历史背景时,必须要作如此动态的辨析,就是所记事物的本身,也只有动态地系统地记叙事物的全过程、数量的增或减,才能清楚地明了该事物的历史原委,辨析其来龙去脉、成败得失的所在,特征和规律性也就寓于其中。例如经济类各志，在记叙1961年中共中央关于工业“调整、巩固、充实、提高”的八字方针时，如果不记1958年“大跃进”以来所造成的问题，也就失去了工业所以要调整的依凭。又如，只有记述“文化大革命”的失误及带来的后果，才能显现“文化大革命”结束以后拨乱反正、改革开放的缘由和意义以及经济上出现的新局面，其发展的阶段性也就昭然了。新陈代谢的历史规律，是永远不可抗拒的。

其他志对一般内容的记述，也莫不如此。如人口志记载户口数，假如仅仅是照抄旧志和史籍的历代户口数，胪列新中国成立后普查人口所得的户口数，看来很具体，而且很细，既有升，又有降，似乎已是很好了，然而，仔细地探究，为什么会出现升降？大致说来，户口的升，是基于社会安定，人民的生活安稳，人口的繁殖率就高。户口的降，是因为我国实行了计划生育，才有效地控制了人口的不合理的增殖。只有对户口升降的内在原因作符合客观实际的记载，才能是知其然，又明了其所以然。至于清以前历代的户口数，并不是当时的实际户口数，而是那个时代需要纳税入册的户数和口数，并且这个数字也不完全反映实情。为了保持赋税不减少，很多时代把已流亡的户口仍然留在册中。所以，这类户数、口数是不能和新中国成立后人口普查所得的数据相提并论的。从方志记载信实的要求出发，引用这些数字时，有必要加以说明。

总而言之，志要求动态的记叙，就是要记叙一事物产生、发展、变化乃至消亡的本质的全过程，既要勾勒其发展总趋势，又要描述其曲折，从而揭示其发展的阶段性。并且，对一种现象的记叙，不但是记其然，还要揭示其所以然。

这样，在编纂的实践时，首先是要取信而可征、能够本质地反映客观事实的资料，并以此为基础，实事求是地贯穿以必要的理性分析。而所作的理性分析，必定要从客观事实出发，简明扼要，收到“画龙点睛”的效果，而不是发空论或者任意的褒贬。不但如此，在一篇一章的开头,写小段“序”文,也是不可少的。通过《序》,对篇、章所记的内容给予理性的深化,把该事物发展的全过程、阶段性、特征和规律,作言简意赅的较为有系统、有条理的论述。

方志有《序》(是指篇目的序),在旧志中是屡见不鲜的。旧志的《序》(通常是没有标题的),有的是仿效《史记·太史公自序》,说明立目的缘由,有的则是一篇短论,尤其是某些善志,写得很有见地,颇有水平。甚至有的志书在志文后列有论,连横的《台湾通史》(所列门目与综合型的志书完全相同),每一事乃至每一人物传后都有“连横曰”,实际是模仿纪传史而发的议论,大都写得较好。今天修志,只应该是有所前进,而不是取消。

编纂综合型的志,还有一个问题需要妥善处理,就是事物普遍联系的法则的作用。各志所记的事物之间,必然存在着彼此联系、互相促进和互为制约的关系。尤其是当前社会生活愈趋繁富和多样,彼此的联系更为紧密,甚至于发生互相交叉。所以,在编纂各篇志时,需要心存全志,不是孤立地各不相干地去写,而是应纳入整体,左右呼应。既见相互促进,又见相互制约。

有一点需要注意,就是各志之间,特别是关系密切的志,工业部门要记产、供、销,与商业、外贸、物资等相关志有可能甚或是不可避免地重复。这种现象在志书中应该避免。处理这种情形可以采取两种办法:一是权衡主次,除了归入主体内容的志,别的只有割爱。一是与别的志重复的内容,虽不是该志的主体,却显得极为重要,那么,只有服从依类归属的分类原则,在删去之后,记上“参见”某志,以便寻检和参阅。

四、人物

志书记人物,是一个重要的内容。因为人类社会的一切活动,人都处于中心的位置,任何一种活动都以人为主体。广义地说,志书所记，都与人有直接的或间接的关系。可是，当志书在依类记事时，往往是事作为干线，而人则是或蕴含于事中的群体中，或群体中的代表者，或事业的倡导者和开创者，也有在其中做有突出成就和重大贡献者，形形色色，林林总总。然而，大千世界，千百万人，不可能也没有必要都写进志书。但是还必须设人物的志，对各种代表人物立传，可以为不同类型的人物设专传、合传或类传。综合型的志书，人物的部分往往占有较大的篇幅。

旧志叙人物，渊源有自。《四库全书总目提要·史部·地理类·总志》"《太平寰宇记》"条以为："后来方志必列人物、艺文者，其体皆始于（乐）史。"把乐史所撰《太平寰宇记》认作是记叙人物的开端。其实，方志记人物，可以上溯至东汉初年，光武帝刘秀下诏撰《南阳风俗传》，而后群起仿效，一时记人物耆旧传、先贤传之类蜂起并作，一直影响到魏晋南北朝。如果说这是专志的话，那么，东汉时成书的《越绝书》就有以人立目的，《吴越春秋》更有以人物名篇而铺陈史事的。晋常璩的《华阳国志》的人物志、传，已占有相当的篇幅，所记的人物面也较广。至于《华阳国志·巴志》所引的汉代的《巴郡图经》，就载有"盐铁五官，各有丞史"，类似后来综合型志书的《职官》。现存的从敦煌发现的《沙州图经》残卷，其中也有专记人物的目。上述几种旧志都是应归于综合型的，《华阳国志》更是初具规模，它们都是宋以前的旧志。但是，对方志作历史的考察，综合志体的必列人物，而且所记的人物越来越多，是从宋开始才逐渐成为惯常的。

关于记叙人物，旧史与志的传统名称大都称为"传"。"传"的本义是解经的一种体式，简单地说，是转相解释的意思，如《春秋》的《公羊传》、《谷梁传》，《诗》的《毛传》。还有把记事、立说的著作称为"传"的。《史记》叙人物，本纪、世家之外就是列传，唐人司马贞的《史记索隐》解释为"列传者，谓列叙人臣事迹，令可传于后世”。西晋时于汲冢发现的《穆天子传》，研究者以为不同于史籍的传，而有小说的意味。近代，在中西文化交流中，接受西方文学样式的影响，而有传记文学的名称。过去还有记生人的事迹而称为“序”的，这在唐代已很普遍。明清以来，见于谱牒的很多。“序”为生人而写，事迹有多有少，有别于“盖棺论定”，这应是“序”和“传”的区别所在。志书既然是“生不立传”，自然不存在这个问题。旧志记人物，也有用“表”的体式，而且较为普遍，尤以职官、选举（科举中式的）为多。《职官表》记载一地的各级、各种官吏，分别职务，按次列表。一般旁行斜上地记有姓名、科第出身、到任和离任年月，有的还记及到任前的职务、任所和封爵以及离任后至何处任职、封赠或贬谪、致仕等。《选举表》载汉以来的辟召、隋唐以后的科举中式者，以等级为差。有些志书不但载明是哪一科（正科、恩科），而且还载乡试是哪一位解元的榜，殿试是哪一位状元的榜。还有名为“录”的，是因生平事迹可记的不多，因而列成名录，三言两语，着墨不多。如《同治苏州府志》所载反击太平天国而死亡者。

当今修志记叙人物，传、表、录这三种体式都可采用，而所记内容当然要从现今的实际出发，视需要而定。

先说传，传当然是记叙人物的主要体式。旧志中的人物传，两宋以来，就逐渐地向纪传史的列传靠近。旧史的人物传一般有单传，即一人一传；合传，两人和几人合一传；类传，按人物所从事的事业或个人的品德、擅长等分类；还有附传，一般是在单传后把传主的朋友、门生、亲属之类附在后面。单传的传主，应是该地的著名人士，在一个方面或几个方面做有重大贡献或有重大影响的。合传的传主，其生平的言行、事迹，就其主要的方面应当类似，或者彼此有较紧密的关系，言行和事业有着相成相因的作用。这些都可以相机采用，在立传时要确定几条原则。类传也是可以采用的，只是有一些问题要处理好。第一个会遇到的是如何立类，立哪几个类。旧志中的忠孝、节烈之类自然不可取，即使是儒林、文苑也已显得陈腐了，所以应当依照现代的分类来取代。究竟应立哪几类，只能是因地制宜。大体上可参照志书所立的门类加以区分，较为合宜，如经济、政治、文化、教育以及革命等，粗一点为好。

旧志有“流寓”一类。旧时对一个人的籍贯管理很严格，“冒籍”即随便更改籍贯是不允许的，甚至是“犯罪”的行为。因为科举时代，从府考至乡试、会试，都以县、省规定名额为准，任意报一个籍贯，将会侵占到该县、该省的定额。另外，官吏对籍贯有回避的规定，如清朝对县以上的职官，本省人不在任用之列。旧志中对于那些非本贯而寓居该地的名人，为之立传时便设“流寓”类目。现在的情形已不同了，国家的法令、政策规定，凡取得该地户籍的，就能享受选举权、被选举权、参加考试和就业等权利，因此应当是入该地的籍了。但在清末乃至民国时期，属于“流寓”一类的人物是存在的，尤其是经济、文化较为发达的地方。所以在记这一时期的人物时，也无须束缚于旧志的框框，而是应当有所变通。对著名人物，各地的志书争相立传，而原籍的志书更以“正统”自居。对于这个问题的处理，不必在籍贯的一点上多加纠缠。不属原籍的，是否立传，还是根据事实来判断。凡寓居该地有一段时间以至较长时间者，志书是否为之立传，条件不决定于此，而是要从志书的义例出发，看这个人在寓居期间是否对地方有作为、有贡献。例如李根源其人，籍贯是云南腾冲。辛亥革命前后崭露头角，与蔡锷一起反对袁世凯称帝，名倾一时。曾在北洋政府任要职，后期寓居苏州，在吴县小王山葬母，营建精舍。又关心苏州的地方文化事业，著有《吴郡西山访古记》（由《吴郡西山游记》、《虎阜金石经眼录》组成）、《洞庭山金石志》、《吴郡学府学金石》。1936 年在苏州进行支援“七君子事件”的斗争，“七七”事变后，又与张一麟等热心地开展抗日救亡运动。像这样的人，苏州修志应当为他立传。但因为是苏州的方志，所以所记的内容重点是李根源在苏州的活动及其成就，其生平只是极为简略地交待即可。这样，并不妨碍原籍志书替他立传。而且，像李根源这样的人，将来在国史中也必定会有他的传的。

立传的人物，条件在于他对那个地方所做的贡献和成就，而不在于他的地位和级别，等级观念应予突破。不用说已是在当今的社会，就是旧史学界，也没有全部受等级的束缚。以两《唐书》为例，立传的人很多。可是从高祖起到哀帝止，宰相没有全部立传。在唐代的职官中，宰相的职位不能算不高；其他职别高的官吏，不见于列传的，更是为数不少。别的史籍类似的情形是经常见到的。旧史如此，今天修志自然更应当果断一点，否则收录不严，将留下笑柄。至于事关全国的人物，撰写国史时必然有传，而在原籍，事迹很少。这样，该地修志不必费很大的精力去搜集史料，恐怕也不容易搜全。因此，要立传，则叙述其在本籍的事迹即可。至于在本籍确凿没有事迹可记，有些人出生也不在原籍，但知名度很高的，可以列入有关的人物表里，他们在志书中仍然占有位置。

入传人物的次序排列，先单传，后合传，再类传，每一类中可遵循目前通行的惯例，以生年的先后为序。附传有一人以上者，则以与所属传主的关系前后为次。

至于表和录，也都是用以记载人物的。它们和传的区别，在于传是要详记人物生平和事迹的，表与录则不是，其不记各人的生平事迹，而仅仅是记其要略。如地方的各级官员（包括已立传的），可用表的形式分级归属，就其姓名、性别、年龄、籍贯、出身、职务、任职起讫年月、离职原因、迁任何种新职等作翔实的记载。劳动模范、先进工作者也可制表。录则如烈士英名录（立传者除外）、获有高级职称者名录、享有高寿者名录等。表和录的区别，在于前者有旧史中表“谱列年爵”的意味。党政官员的表较为典型，年代和各级官员构成连续的系列，而且不因已经立传而可以除外。劳动模范和先进工作者也有类似的情形，它有全国的、省的和市县的差异，其评定有时间性，并且有固定的名额，所以也可用表来表述。而烈士、高寿者则不同，已立传者可不录，并且要略述其事迹。

方志记人物，传是主要的成分。撰写人物传，有几个实际问题需要明确：

第一，生不立传。生人不立传，这是旧史人物传的一条原则。纪传史自《史记》以来一直信守不渝，其他称"传"的记载人物也是如此，旧志也大都如此。

但是，有些志乘家对"见生之人，不当立传"的惯例主张给予突破。如章学诚以为对节妇、有政绩的去任官吏可以不受此种限制。李泰棻更大胆，以为可以扩大到一切方面，虽然也提出了理由，但总是不能无视史与志的编纂传统而不作必要的区别。其实，章学诚的主张是有条件的。从总体上说，他把"传"分作两类："盖包举一生而为之传，《史》、《汉》列传体也；随举一事而为之传，《左氏》传经体也。"（《文史通义·传记》）后者的"传"是儒家传经的传，他所举的"《左氏》传经"就是"《春秋》"的传。前者是史的人物传，人物传要"包举一生"。而生人是生命尚未结束的人，所以是不可能为"生人立传"的，要为"生人立传"便不能是"包举一生"的。所以，倘使扩展到一切方面，生人都可立传，那将会弊端丛生。其中最为重要的一点是，本来不符合入传的人物，为了附着于志书而传之久远，可以运用他自身的能量，或者假手于有地位的亲朋好友，长袖善舞，施展伎俩，或足以左右局面，或者可以暗地里塞进志书，甚或以职位压人。这类事情，旧时代修志就曾发生过，不应入志而入志了，不该立传的却立传了，达到这种目的的手法是多样的。章学诚在《修志十议》中就曾婉转地提出"绝请托"的问题。这样必然会影响志书的质量。旧方志因为这方面的问题较为严重而受到后人的指责，甚至于被斥为“秽志”。当今修志还是堵塞这个漏洞为好。

生不立传，并不限制活着的人在事业上对该地的贡献载入志书。恰恰相反，在人物以外的各个篇章，所要记的历史和现状，必然要涉及人。这就不必因“生人不立传”而有所回避，不但记其事，而且叙事时应标其姓名。当然，这需要慎重将事，不能泛滥。要防止种种不实的情事进入志书。

第二，关于褒贬。旧志对于立传人物“有褒无贬”，由来已久。虽然有的志乘家曾提出不同的主张，又在实践中有所突破，但还没有为方志学界所公认，而“有褒无贬”在修志中产生的弊病，恰是为许多评论者所历指。

当今修志，自然无须再株守旧志造成不少弊端的习惯。如前所说，褒和贬表面上是矛盾的，其实是统一概念的两个侧面，褒与贬是互相依存的。处理失当，就将产生问题。例如冯桂芬纂《苏州府志》，他对太平天国是极度仇视的，虽然没有为太平天国军的人物立传加以贬斥，但入传的人物，其中有参与镇压太平军的，以至与太平军对立者都加以褒扬；乃至一个极其普通的人，不过做了一件与太平军对立的极其细小的事，都书行记载，实在有点滥充篇幅。所以，为人物立传，没有必要在褒贬的问题上偏于一隅。

在人类社会发展前进的征途中，那种披荆斩棘、开基创业，正视矛盾、敢于改革，兢兢业业、忠于职守，孜孜兀兀、多有创获的，他们对物质文明和精神文明的建设以及促进社会的变革等方面，都付出了辛勤的劳动，甚至流血牺牲，从而才有程度不等的贡献。任何一点的社会进步，都是得来不易的，而且在主客观的方面还会遇到种种阻力。客观方面的阻力，常常也是通过不同的势力集团及其代表人物体现的。如果说记述促进社会进步的人物是褒扬的话，那么，记叙对社会发展起阻碍作用的人物则是贬斥，这二者有互相联系的缘由。记阻碍社会进步的人和事，正是足以表明促进社会发展的艰巨性。所以，对属于贬的人物，无须回避。因此，"有褒无贬"应当突破。但是，方志的记叙，对立传的人物应该审慎。应当以褒的人物为主，属于贬的只能是少量的。因为社会的前进是历史的必然趋势，曲折和反复是历史长河中暂时的现象。人物以褒为主体，正是为着把握这一历史的总趋向。

由此还应推进一步，因为旧志的"有褒无贬"既然作为一条惯例，对其他的记载也必定会产生影响。要对它作突破，自然也该注意到其他的方面。总之，志书不只是褒，还需要贬。

然而，在作具体的记叙时，又不能以先验的观念进行。褒的就一味地褒，以至于任意的加工、塑造；贬的就绝对地贬，以至于"天下之恶皆归"。应当实事求是地记载，不能任意作渲染。褒与贬，不是用一连串的美或丑的语言便算可以，以为只有这样，才表示编纂者的是非昭然，爱憎分明，而是应当把褒和贬寓于事实之中。

人的一生和其他事物一样，总是处在变动的状态中。其是非善恶不是生下来就固有的，而是和他的出身、教育、社会地位尤其是在各个不同的历史时期主观和客观条件的作用有着密切关系的。他的一言一行，如果与社会的进步合拍就是可以肯定的，否则就应否定。因为是不断发展变化的，所以既有可能由是发展得更是，善发展得更善，或由非变得更非，恶变得更恶；也有可能由是变非，由善变恶，或由非变是，由恶变善。只有根据事实，动态地记明其发展变化，才能客观地反映其本来的面目。诚然，人的一生的是非善恶有主导的方面，这就有待于"盖棺论定"。如汪精卫，在青壮年时期，参加中国同盟会，曾谋刺清摄政王载沣，慷慨激越。辛亥革命后倒向袁世凯，袁世凯失败后又投向孙中山，参与第一次国共合作。1927 年继"四一二反革命政变"之后而发动"七一五反革命政变"，宁汉合流。抗日战争后卖国投敌，成为中华民族的罪人。

虽然他一生中也做过一些好事，但无论如何也掩盖不了其“卖国”的行径。这类人物，历史上指不胜屈。由恶变善的也大有人在，较为典型的是晋人周处。其早年“纵情肆恣”，乡里人拿他和猛兽、蛟并列为三害。后来他自己悔改，射兽擒蛟，励志好学，终于成为一位名将。

如何寓褒贬于事实之中？司马迁的《史记》提供了成功的范例。如《史记·李将军列传》写“龙城虎将”李广的骁勇，选择了“射石”和“射虎”的事例，确实是最为典型的。他出战匈奴，出生入死，深受士卒的爱戴，乐效死力，多次备历艰难，以少胜多。《列传》虽没有明言汉家帝王对他的不公允待遇，但虎将的英雄本身、到老不封以至于惨死的底蕴，跃然纸上。又如《刘敬叔孙通列传》写叔孙通，开头写他对秦二世“谀词”，而使自己脱离虎口。降汉之后，明明自己是儒生，但因为刘邦憎恶儒服，他就改穿短衣。在汉王面前，他始终投其所好，以至制定朝仪，建树起所谓“汉家威仪”。尤其耐人寻味的是他去征召鲁地儒生，有二生不肯行，叔孙通讥笑他们为“鄙儒”，“不知时变”。这样，拿那时已开始形成崇尚名节、立身处世应刚正不阿的道德观来衡量，无疑是对叔孙通“面谀得贵”最切实的讽刺，也是否定。然而《史记》没有就此有一词一句，而在客观上自然产生了这种效果。当然，当今褒贬的标准不能和古代同一，而只能以修志的宗旨为准绳。

第三，人物立传的范围。志书人物的立传自然有范围。原则来说，立传的范围应遵循的有二条：一是地域的制约，二是时间的制约。

关于地区的制约，本来是毋庸讨论的。既然方志所记是以一个地区为对象，这就规定着全志无论哪一个部分，只能是这个地区以内的人和事，在主体上不能逾越，否则就不成其为一方的志书了。但是，在这个问题上，又不能只着眼于籍贯这一点。从当今的户口管理来看，与旧时的籍贯已不相同了。如果把一个人现时的户籍称为现籍的话，那么，以往的籍贯就是原籍。原籍除表示这个人的出生地之外，没有多大的法律意义。如就业、考试升学等都以现籍为准，回原籍而不迁户口就没有这种保证。但是，由于几千年来籍贯的旧观念给人的影响，人们总是忘不了自己的原籍，以为这是根。"树高千丈，叶落归根"的谚语，至今仍然给人们以强烈的感染力。所以，倘使以现籍作为入志的依据，应当是不完全行得通的。但志书又应以反映实际为主，遇到文化教育较为发达或特别发达因而人文荟萃的地方，倘使不加限制，而篇幅又有一定的限度，就会产生矛盾，所以必须有若干原则的规定才好。大致说来，可以作如下的规定：

(1)符合立传条件的，原籍和现籍又都在该地，为这样的人物立传，自然不存在什么问题。即使因为人物传的篇幅过大，需要裁削，也不应涉及这一类人物。

(2)曾经是该地的官吏，符合立传条件的，则可不受籍贯的限制。

(3)原籍在该地而事实并没有在此生活的是否立传，要分不同的情况而定。有一种情形，即为全国性的著名人物，事关一地的荣誉，就有主张立传的。其实，这些人物，原籍仅仅是一种标志，他们的言行对本地不产生直接的作用。既然他们在全国著名，国史和其他的史籍一定会详记其生平，事迹不会湮没。如若因为攸关地方的荣誉，那么将这一类和相关的人物列一个简表作为记载，并附加注明见于几种图籍，包括卷数。对于在原籍生活有一段时间或者生活的时间虽不长而在某一方面（例如对地方的革命斗争、文化建设、经济建设等）有贡献的，可以立传，但着重记的应是他与故乡有关系的事，不要求面面俱到，意义在于补充别的史籍记载的疏漏。

关于时间的制约。如若志书是通史型的,立传的人物当然古今兼备,又以远略近详为原则作妥善的安排。倘使是有断限的,既然全志规定了这个时限,那么,理所当然入志的人物也必须受到断限的约束;否则,断限的规定就失去了实际的意义。如有些志书的篇章遵守断限记事,人物传则超越于断限的范围,岂不是自乱其例,破坏了全志的整体与统一?诚然,人的生卒不会和志书的断限若合符节,那么,只要他一生的言行或者重要的事迹在断限之内,时间上前后浮动一些是允许的,也是必要的。

这样,就会遇到一个问题,就是旧时代修志,常常没有断限,因此,人物传的部分也就古今并收。即使其后名为续志,也不例外,对原有的人物依旧照立,最多只是有所损益而已,陈陈相因,造成很大的浪费。只要正视志书的体例,认真地对待断限,是应当扬弃旧志的这种办法的。可是,物理的惯性在这里也会发挥作用。尤其是对断限以上的名人不愿割爱,总以为这样做将有损方志的光彩,其实不然。凡是古代的名人,国史一般都有传,有的旧志不过是抄袭旧史而已。所以,从旧志的实用价值而言,人们重视人物传,绝不是照抄国史而来的名人传,而是国史所无的一地有作为有贡献的人物。近代方志学家瞿宣颖的《方志考稿序》,列举方志裨益于治史的有六点,其中之一便是“前代人物,不能登名于正史者,往往于方志中存其姓氏”。因此,凡是有所作为的人物而被忽略未入正史,或因被撰史者的观点所局限,或因政治等原因,正史不敢为之立传而回避的,志书可以作补。

多为古人立传,还会产生问题。因其资料来源只能从旧史、旧志中去找,所以如若照抄,实在没有多大价值。

更为重要的是,志书为人物立传,注意应放在该地在断限以内的各方面有作为的代表人物,如地方的官员、工商业者、学者、作家、教师、工程师、医生、文化人、能工巧匠、工农劳动者、宗族工作者等。有可能因古人立传的标准而影响这些人物的入传。倘使标准定得过高,因而造成遗漏,不足以较全面地反映一地的人物的全貌,那么,志书的人物传不能算是成功的。因为从全志的整体看,起码是不协调的。

五、图与表

志书应有图、表,这也是一个极为重要的手段,应当恰当地运用。

方志有图,起源很早,而且成为方志编纂比起旧史(包括编年、纪传、纪事本末三种史体)没有图是一大特点,也是一大优点。但旧志有图存在着严重的缺点,戴震于《汾州府志·例言》中指出:

检视其图,方向远迩,茫然不辨。

章学诚于《永清县志舆地图序例》一文里更具体地说出了所以然:

近代方志,往往有图,而不闻可以为典则者,其弊有二:一则逐于景物,而山水摩画,工其绘事,则无当于史裁也。一则厕于序目凡例,而视同弁髦。不为系说命名,厘定篇次,则不可以立体也。

应当是:

以开方计里为经,而以县乡村落为纬。使后之阅者,按格而稽,不爽铢黍,此图经之义也。

戴、章二氏所说的是志书中的地理图。章氏以为地图应当纳入"史裁",而不是山水景物画,并且要以科学的方法绘制,首要的是要有经纬。后来的志书修纂者绘制地理图时,接受了西方的绘图技术以及用当时政府部门的测绘所得而成,比起章学诚的要求又前进了一步。发展到今天,绘图技术又进步了,而且印刷术也有了长足的进展,所以,绘图的科学性又不是从前所能企及的。

现代的地图绘制，运用现有的科学知识及其表示手段，通过地图的语言，即图形和各种特有的符号，能够直观地展现一地的地质、地貌（形）、山、江河湖泊、土壤、植被等自然界的内容，并且还能够反映经济、政治、文化等社会诸现象的事物。无论是具体的还是抽象的内容都可以用图表示，形象直观，一目了然。这样的效果是文字的记载所不能达到的。所以，图不仅可以独立地描述一项内容，还可以配合文字的记载，增强感性的认识，并且还能节省文字的篇幅，互相配合，相得益彰。如以自然现象为例，要记述一地的山地、丘陵和河流、湖泊的分布，即使费了很多笔墨，人们在阅读后，也不是很容易能建立起山陵、河湖等分布的清晰概念的。如果配以山地、丘陵、河流、湖泊的分布图（地形图），那么，山地、丘陵、平原、河流、湖泊的地域分布规律，就能形象地一览无余，明晰可辨。

不但如此，由于地图有严格的坐标系统和测绘的控制原理，所以能够准确地判断绘图对象的空间位置。如据经纬网可以辨认该地的绝对位置即经纬度的位置，即使不加经纬网的地理，也可以判断一地的相对位置，如各个地点的方向和距离。还因为绘制地图是建立在严格的数字基础上以及采用一系列的技术措施，保证其精度，所以可以拿它来代替文字所难予表述明白的数据和实际的现象。如一个山地的海拔高度、山势不同方向的陡缓等。地图有了等高线及疏密符号和有关的记注值，就可以清楚地获得确切的概念。

至于社会现象，如志书中记载工业生产的分布状况，可以绘一分布图与文字相配合。如仅仅依赖文字记述，也难以在阅后形成工业企业地区分布规律十分明白的观念。附一张工矿企业的分布图，用不同的形状、符号表示企业的不同性质、规模及其分布的实际地点，其直观的效果将是明显而清楚的。

当今修志书,究竟应有哪些图?这就要因地而异。因为各地的实际状况有差别,只能视实际的需要而定。不论怎样,置于全志文字之前的一幅总图是不能缺的。

总图,其内容应当包括:境界、经纬度、四至八到、政区[省(市)至乡,县至村]、山系、水系、交通线[铁路、主要公路(不同级别)和水运路线]、省会、市、县、乡政府所在地等。标明图的比例,并运用不同的色彩、不同的大小符号等手段加以区别,使之清晰可辨,一目了然。

配置的图,属于自然方面的,如地貌类型图、土壤分布图、河流湖泊分布图(或水系图)、大地构造与矿藏分布图、构造体系与地震分布图等。属于社会现象方面的,如人口分布图、工业(又可分国营工业、乡镇工业、私营工业)分布图、商业网点图、交通线路分布图、农作物分布图、各级学校分布图、医疗机构分布图、名胜古迹图、方言分布图等。有的还可以一图几用,即相似的内容合于一图。印制时内容单一的用单色,内容复杂的可用彩色。至于实际的配置,不必强求一律,也无须全部照配,而是应从地方的实情出发,凡是呈现为地方特点的就必须配置。

表,旧史里的表是用来"谱列年爵"的,如《史记》的《汉兴以来将相名臣年表》、《汉书》的《百官公卿表》。旧方志当然没有这类内容可记,但有仿照这种体式的《职官表》、《选举表》(征辟、科举中式的举人、进士的历科题名)等类。其编纂形式为习惯所说的"旁行斜上"。从右至左(竖排),依照官职分类和科名的类别,以任职的先后和中式的次序排列。简单明了,眉目清晰,一览无余,查考极其方便。这样的表,新修志书还可以采用,虽科举已经废了,但职官还是应记载的,有些人物不足立传或尚无条件立传而又应入志的,可以列表,如历届劳动模范、高级知识分子、长寿者等。因印刷改横排,其形式就成为"旁行斜下"。与此相似的,如各级学校、一些分支机构、公路不同的线路等，不需要作详细记叙的，编制年表就容易收到简单明了的效果。

现代科学的各种著述中，图表又发展为另外的形式，即各种统计图（不是地图）表，方志也应合理地适当采用。这类图表的设置，既要从属所记的一个专项的科学体系，又要以统计学的理论为指导，如描述统计和推断统计的原理。因为志书所记以叙事为主，所以以描述统计为最多。例如以人口的编章而言，可以设历年户口数及人口自然增减表，并按照现代人口理论体系，于人口构成可设民族、姓氏、性别、年龄、婚姻、文化、职业等表，有的可以一表几用。余可类推，诸如经济类的各行业的生产各科指数，教育部门的各级学校及学生数的增减，医疗机构、病床的增减，金融部门的银行存款的增减，以至具体如一种疾病在一个时期的发病率等等，无不可以用表来表述，而且比起文字的记述，篇幅要节省得多。有些项目，如人口的自然增减，还可以制成曲线图，增长的高峰和减少的低潮，其间的递变，一望即知。这种功用，不是文字的记述所能比拟的，真正是简明而不繁。

这类表（图）的设置，必定是目的明确，项目精练，效果显明。不能盲目，防止过滥。这是因为志书是以文字的记叙为主，这种表（图）终究是辅助性的。虽然某些篇章的表与图可以相对多一些，但从全志而言，只能是占少量的，多了便有乖志体。

六、志书的特征

古来的修志者尤其是有识见的志家，极为用心于表现其所追求的特征。多种旧志尤其是其中的善志，只要稍加仔细阅读，就不难发现它们都有各自独具的特征。如唐李吉甫的《元和郡县图志》，因为宪宗李纯致力于平抑藩镇，而当时作者身居宰相重任，所以他在《自序》中明言，纂志的目的在于“佐明王”、“制群生”、“收地保势胜之利”。其余如李兆洛的《凤台县志》,心存佐长吏的资政;戴震的《汾阳县志》,首重辨沿革;曾国荃的《山西通志》,基于保存一方的文献等等。所有这些,都成为它们各自的特征。

反映在方志内容方面的特征,不同的志书有各不相同的侧重点。如宋宋敏求的《长安志》,因其所长,设“宫室”、“唐皇城”、“唐京城”诸目,记载又征信而翔实,成为一大特征。后人重视这部善志,就是因为它在这方面具有很高的史料价值,研究唐代的历史尤其是唐京都,不能不以此为重要的史料。又如冯桂芬的《苏州府志》,作者是清末改良派的先导,由于他对清政府统治于苏州、松江、太仓等府、州的赋税苛重不满,主张裁减,因而在志中记田亩和赋税最详。其他如洪亮吉的《登封县志》详考地理沿革,陆陇其的《灵寿县志》详于赋税,以至范成大的《吴郡志》于山的一类中析出“虎丘”作重点的记载。凡此之类,成为各志书的一大特征。

旧方志的善志从纂志的宗旨到内容和方法都有自己的特征。这就向人们昭示:纂修一部志书,视各地的实情和所拥有的资料以及修纂者的所长而定,不是平均使用力量,面面俱到,而是应当有所侧重;或者在类目设置、编纂方法上有独到的创获。这些特征无疑在今天还是值得借鉴的。当然,目前纂志的特征又不能局限于此。

当今,方志的修纂者和评论者为志书的质量进入善志的境地而提出了一个共同关注的问题:志书应如何准确地反映地方特色?

对于地方特色,议论颇多,诸如自然环境的山饶水美,经济状态的鱼米之乡,文化层积的人文荟萃。并有具体指出:苏州的地方特色是园林,洛阳的地方特色是牡丹,金华的地方特色是人才辈出,宜兴的地方特色是陶瓷工业。乃至农家的绿竹白鹅,著名的土特产,都足以代表地方特色。诚然,这些都是方志记叙不应忽略的内容,有的恰是该地的具体特征之一,但是,值得思考的是,记述了这些,是否就已满足了作为全志所具有的特征?回答是否定的。因为一地的特征,应当是概括它所区别于其他地方的根本面貌。所以,作为一方的全史,不能仅仅着眼于某些为人所称道的现象,还要必须由现象到内涵,从明显至隐微,全面而深刻地揭示其总的本质特征。社会处在不断的前进中,作为社会组成的某一个城市当然也在变化。因此,把千年传颂的某一特点如苏州园林、洛阳牡丹之类依然看成是代表该地的总"特色",显然是不恰当的。志书所体现的特征,应是全志的总特征,而不是一二项具体的特征。

对于一地的总特征,当然又不是流于空洞的概念,而是从众多的具体特征中融合升华而来。用哲学的语言说,叫做一般寓于个别之中。为此,讨论总特征,又得从具体特征入手。

第一,一切事物都有特征。任何一种事物都有自己的特征,这是一种事物所以区别于其他事物的象征和标志。就是同一件事物,在不同的地区也有不同的特征。例如已出版的一部县志的"人口"章,于"人口构成"目下有民族、性别、年龄、文化、职业、婚姻六目。"民族"一项,记有汉、回、壮、彝、蒙古、苗、满、朝鲜、黎、高山、土家11族,这反映了我国是多民族的统一国家。据1982年第三次人口普查所得,此县人口总数为1295205人,其中汉族1294876人,回族有308人,此外诸族各有1~4人。这就清楚地显示了这个县的民族构成是多民族的又以汉族为主的特征。这个特征也反映了我国整体的民族构成的特征。但在其他少数民族聚居的县、旗,其特征就可能是以维吾尔、藏、回、蒙古、壮等民族为主体了。这就是特征的差异性。

由于事物彼此的联系性,这个县志中的民族特征在相关的章、节中有所反映。如"宗教"于汉族所信奉的佛教、道教、基督教(新教与天主教)之外,还记及回族信仰的伊斯兰教。"风俗"中除大量记叙汉族的各种习俗外,还记及回族的节俗。"姓氏"里列举仅一人的姓223个,2~10人的姓203人。至于“方言”,本来各民族都有自己的语言,可是因为汉人最多,杂居其中的其他民族都通行汉语,所以就只记汉语方言。这又从几个侧面证明:这个县民族构成的特征确凿是以汉族为主体。于此可见,把握事物的特征,自觉地运用于修志是很重要的,不仅有助于深入认识事物,而且有利于处理志书的整体关系。

民族是如此,其他性别、年龄等五目只要所记真实,其特征就可剖析而得。掌握了六目的特征,“人口构成”的特征融会贯通,自然不难归结。人口构成是如此,“人口”各目、“人口”章的特征自然就可寻求。“人口”是如此,别的各章莫不如此。融合各章的特征,全志的特征就自然可得。

第二,事物的特征是处在发展变化之中的。蕴含于事物的特征不是凝固的常数,而是不断演变的变数。如一家县级市志,对于该市的工农业产值列有若干年的构成表。其中,1956年的工业总产值为10777万元,占全市工农业总产值的41.46%。由此可见,正如《概述》所说,这时,“经济仍以农业为主”。到1976年,工业总产值上升为43287万元,于全市工农业总产值里上升为53.87%。这一变化不同寻常,标志着经济由以农业为主转而为以工业为主了。发展到1985年,工业总产值的比重已上升至89.99%,大大地改变了产业的格局。

又从工业产值的构成来看,1976年的总产值,其中市属企业35333万元,乡镇企业7954万元。后者的比例仅占总产值的18.38%。发展到1985年,工业总产值上升为363299万元,乡镇企业的产值骤升至238545万元,其比重竟上升为62.74%。这样,乡镇企业已在工业中处于主导的地位了。

再以“人口”篇的“职业构成”为例,第三次人口普查所得的数据,与1948年1月的统计相比较,最为显著的变化是失业人数。

1948 年的失业率是 31.58%，而 1982 年是 0。前者从事工业的人数达就业数的 40% 左右(还不含农林牧副渔中应归入工业的)，比起后者从事于工业的仅占 6% 左右，超过约 34 个百分点。这就透示了“职业构成”的一个特征。新中国成立以后到 1982 年，不但没有失业，而且从事工业的人员比重愈来愈大。

这一彰明较著的特征，与志书中别的门类有着密切的内在联系。如就业人数的增加，是生产部门和流通领域等的发展从而导致经济发展的有力证明。尤其是工业生产，1985 年的工业产值突破 36 亿，占全市工农业总产值的近 90%。辩证地看，正是因为工业的发展，职业的变化才有可能的条件；反过来，又因为有足够的劳动力资源，工业才能如此迅速发展。

要探究并揭示事物的特征，作切实的数量分析是必要的。事物的发展变化，总是有了量的增长而后才有前进乃至导致质的飞跃。但也应看到，代表事物新质素增加的同时，必然有与之相适应的旧质减少以至消亡。最为明显的例证是：现代工业就业人数的不断增加，必定是手工业工人和农民逐渐减少，没有减也就不会有增，也就不会有新的发展。当然，发展得快的地方，还有外来劳动力即俗称“打工者”的参与。还要注意，有的数量增加，并非是好事。如事业企业单位和政府部门人员的编定增加，就会造成人浮于事、机构臃肿、财政支出扩大、工作效率下降等。又如工厂、商店的产品和商品的增加，不能及时销出，其结果是造成产品、商品的积压，资金周转失灵，这是极其浅显的道理。由此可见，对数量的增减，一定要作切实的辨析，探明其原委，这对判别事物发展变化出现的新特征是重要的。

第三，事物的特征是会有曲折的。任何有生命力的事物总是在发展前进的，但又往往不是直线上升的，相反，在某一特定的阶段会出现曲折，甚至于是暂时的逆转或倒退。对于事物所产生的曲折,也要作切合实际的辨析。如一部县志,在“人口”章的类似“小序”的文字里提到该县的人口自然增长处于不断提高的趋势(这一论断大体上只适用于计划生育之前)。其实,在提高的趋势下也有减少的时候。人口自然增长率的提高,通常由于社会安定或较为安定,经济有所发展;而人口自然增长率的递减,往往出于战争的灾难或天灾人祸所造成。有一部县志表列 1936 年的总人口数为 590146 人,至 1945 年总人口降至 570923 人。显然可知,这是抗日战争中日本侵略者造成的灾难所致。新中国成立后,1963 ~ 1967 年的出生人数为 136907 人,而 1968 ~ 1972 年降为 121490 人,到 1973 ~ 1977 年降至 70730 人,1978 ~ 1982 年又降至 67567 人,1983 ~ 1987 年底达 56355 人。这一系列的递减,是因为国家推行计划生育,控制人口增长过快的国策所导致。两种递减虽都是减,但其性质是大不相同的。这里需要说明,上列人口数变化的背景,该志并未有交待,亲历其境者自然清楚。而不了解这段历史,或者后人不作一点考证,是不知究竟的。因此,应当在“小序”之类的文字里介绍历史背景,并勾勒其间的规律性的原委。不能只是着眼于罗列现象,而无视其内在的寓有规律性的特征。

综上所述,只是从实际的事例中论证、揭示各类事物特征的相关几点。而只有对全志所记的各项个别地辨明其特征,由此而一章、一编以至全志,从个别的具体特征分别主次,层层深化,从而上升于理念,归结出全志的总特征,才能进而探求其发展过程中的本质联系和必然的趋势,也就是规律性。

七、志文的动态性

志文应作动态的记叙,而不能是静态的、平面的;只有是动态的、立体的,才能表述一事物整体的全过程。

志书的文字,图表而外,应当采用记叙文体,这是不会有异议的。但志书的记叙文不同于一般文学作品的记叙体,因为目的不同。它要为方志特定的质的属性即史的性质服务,这是必须牢牢地把握的。文学属类的记叙文,可以运用正叙、倒叙、插叙等手段,有些日记、杂记、游记也可归属这一类。方志就不同,无论是记地、记人、记事等多种内容,应当和历史的编纂同其类型,也就是说应是史裁。为了强化其可读性,应当注意文学性,但不能过分,不能变成文学作品。可以有追叙,插叙也偶尔可用。这还只是纯方法的问题,更加重要而应当强调的是:志书的文字不能像写景、状物的文学作品一样追求静态的描述,而是应注重动态的记叙。这是因为志书所记是一段史事,必须是真实的,其不同于文学记叙重视捕捉一瞬间的特定形态、渗入心理的描写以及不必追求所记事物的完整性。志书必须原原本本地翔实地记载一件史事或者地理等自然现象的全貌。

许多旧方志的普遍弊病,就在于仅仅胪列现象,堆砌资料,并举数字,篇目之间又是各自为尊,看不到彼此的内在联系,使人难以多棱地去观察,探索其固有的特征和规律。当今修志,一定要摆脱这个陈式。那么,什么才是动态的记述呢?

一是要写出各种事物的发展和变化、前进和曲折,而且又是连续的。这是最基本的一条。

志书所记,除属于自然现象方面较为稳固,发展变化比较缓慢外,属于社会现象方面的诸事物,变动是极为明显的,始终处于新陈代谢之中。而种种事物的新陈代谢,总是呈现出不同的阶段性,蕴涵着发生、发展和消亡的总过程。这样的过程,并不是所有的事物同时起步,同时发展,同时消亡。由于社会变革以及事物自身的种种原因表现出错综复杂的状态,因此志书不比断代史书。大致说来,不论是通史式,还是规定断限,阶段性的区分有下列的情形:

(1)社会革命促成旧的灭亡、新的诞生。如辛亥革命推翻清朝的统治，一方面，依附于这种制度的现象，首先是上层建筑的诸现象，随之而消亡，或者是奄奄一息，已没有生命力可言。而另一方面，许多新的事物先后跟着产生。这个阶段性是极其鲜明的。随之而来的将是促进社会的经济发生变化。但倘若因为变革不彻底，那么，这种促进作用必将受到限制。

(2)社会变革前夕引发的社会大动荡。在此之前的事物，并没有受到任何的冲击。由于变革即将到来，因某种导火线而引起的社会大动荡实际上是社会变革即将来临的先兆，预示着社会革命的山雨欲来。但也有可能是，社会动荡的出现，不是统治者已不能再统治下去，被统治者已不能照样生活下去，因而还不足以导致全面的社会革命。所以，社会动荡是暂时的。或者经统治者的镇压而平息，或者因统治者的让步而社会矛盾得以缓解，动荡也就解决了。

(3)事物自身的运动在不断地促成发展和走向消亡。辨别清楚事物不同的阶段性，而后对它们发生的原委、发展历程的数量变化以及所以消亡的本质因素如实地记载，其来龙去脉就跃然纸上，其运动状态便洞若观火。突变是从渐变而来，偶然寓于必然之中。这样不但知其然，而且知其所以然。

二是事物的运动不是孤立的，而是处在运动的社会环境之中。社会政治的、经济的、文化科学的种种条件尤其是战争，都足以对事物产生积极或消极的影响。不但如此，此一事物与彼一事物（包括政治、经济、文化、战争）也无不有直接或间接的相互促进或制约的作用。因此，记述事物的运动状态，必须要左右兼顾，彼此联系。有时客观的条件起着关键乃至决定性的作用。

如果说上述指的是一地的情状或者说是地情，那么，国情也将作用于地情，尤其是一个高度统一的国家，中央每一项法令、政策的制订，一件重大的措施，一项政治运动，都将引向地方，制约着地情。地方的每一件事物与这些条件息息相关。事物的运动当然最终决定于自身,但如果无视周围的环境和种种条件,就会超越于社会,这种运动也就失去了依傍。

三是要本质地记叙运动状态的事物,必须分清主次,紧紧抓住主导的因素,次要的可少记或不记。对于那些假象或者本来就是不真实的因素,一概予以摒弃。然后才能达到主干突出,条理清晰,层次分明,逻辑严密。

所记的事物尤其是一种社会史事,必须要交待清楚必需的因素,即:一是时间,最好是明确的年月日。如若日期不明,则月要准;月也难考,则用季或有一个概约。年就务必力求具体。做到这一点,大体上不会产生问题。可是因年代相隔已比较久,搜集到的资料又不充足,在获得的资料中可能就是没有时间。这也不能轻易放过,而要作一番考证。考证年月日是一门专学,即历史年代学。历史年代学包含好几方面的专门问题和知识,此处不作介绍。可以查阅有关的论著和工具书。至于在行文时,为了力求文字的精练,避免累赘,发生在同年的事,只要开头已交待了某一年,下文的"年"就可以省略。月、日都应如此。二是空间。空间的记叙,有一事的始发地点,如一个城市、镇或村,一个工厂、学校等有关单位,以及扩大的范围和波及的地区。记叙规模较大的战争,还应记战场上敌对两方所据守的战略要地及其变化,必要时可附以示意图。三是人物。人的活动在任何一件史事中始终处于最重要的地位。因此人是不能缺的。一个事件记人物,与"人物"篇以传、录、表等形式的记人物不同。"人物"篇是以人为主,要记一个人的生平或者某些重要的事迹。而事件记人是以事件为主体,人只是记其在这一事件中所起的积极的或消极的作用,而且是以积极的作用为主导。另,事件中的人物,有时可以仅记一个群体(政党、社团、群众运动等),有时要记及领导者或重要的代表人物。不仅是已经过世者,也可以记活着的人,这种"生人入志"与"生不立传"是两回事。当然,"生人入志"又应当谨慎从事。入志人物备列姓名的,一定要在这个事件中起领导的作用、骨干的作用或做有重大贡献的。必须依据事实,而不是以官职的级别、资历作为条件。起相反作用的即通常所说的反面人物,也可以点出重要者的姓名。但更要慎重一些。这三点,只要写来得体,力免呆板,又注意文采,不但不会损害记叙的动态性,恰恰相反,必将有助于事物的完整性,从而丰富事件发生和发展的运动状态,加强立体感。

八、总序和小序

总序和小序这个名称是沿用历史编纂的称谓的。例如纪传史的《汉书·艺文志》,所记是两汉的文化学术,可以说是西汉的文化学术简史。它开头的一段文字虽然没有加标题,但实际上具有"总序"的性质,后来的研究者都这样看待。这段"总序"言简意赅地概述先秦以来和秦焚书、汉初至成帝广征图籍,以至刘向、刘歆校理群籍,首创目录之学。全篇分六艺略、诸子略、诗赋略、兵书略、数术略和方技略六大类,略下有种。各略都有序,除《诗赋略》的几种外,各种也有序,习惯称为"小序"。这些小序,如六艺(即六经)9种,阐述圣人著述的意志、传授的源流和古今文诸家传注。诸子、数术、方技等略,先叙其学的产生和发展,并评述其长处和弊端。简而言之:"总序"对《汉书·艺文志》是提纲挈领的"纲";而"小序"则是分别概括"六略"的要点。二者结合,即宏观与微观融而为一,就构成了《汉志》的特征和规律性。至于《汉书》的全书还有"总纲"存在,就是《汉书·叙传》。它和《史记·太史公自序》一样,对撰作意志、体例作了全面的规划。

旧方志中的宋元志书,有序的很少,明以后逐渐多起来。序写得好的只是个别,不少的序仅仅说明设目的原因。值得注意的是,章学诚修志极为重视序文,也着意去撰作。他所撰的"序例"、"例议”以及“总论”，都对该门目所记的优点和缺点以及应当如何记述等，作颇具品位的论述，值得参考。

今后修志，不论是采用寓纲目的编章体，还是类似并列门目的章节体，都可以也应该继承旧史、旧志作“序”（题名或不题名）的良好传统，并加以改铸，使之深化。那么，如何写？不应有一个固定的模式。不同的编纂者的逻辑思维不一样，应当匠心独运。那种形式的总序和小序，都是编、章或节的一部分，与正文构成整体。但是两者又有所区别。它们的不同，在于正文以动态地记叙事物为职能，当然不是一点也不能发议论，一点也不要辨析，有时加以“点睛”之笔是需要的，可是其主导的成分是叙事。序文就不同，应以正文的事实为根据，极其简括地升华为理性的判断。序文不是一点也不谈事实，相反的，对于该事物的发生原委和发展的阶段应当提示，但不应在文字上与正文雷同，而是力求概括。重点在于提纲挈要地辨明所记内容呈现的特征、规律以及产生曲折的原因、长短利弊等，并把修志的宗旨融于其中。文字要短，内容要真，理要切实，忌发空谈，事、论并举，虚实融通，自然就相得而益彰。

篇章是如此，全志应不应有“总序”？回答是肯定的。再以纪传史的《史记》为例，最末一篇《太史公自序》实际上是《史记》的总序，只是司马迁接受先秦载籍的影响，把它放到全书的最后而已。《太史公自序》先是自述其家世、学历、履历，接着阐明自己的史学观点、《史记》的编纂旨要和体例，而后依次著录了每一篇的篇名和要旨。不妨举其一例：“秦失其道，豪杰并扰。项梁业之，子羽接之；杀庆（庆通卿，指卿事将军宋义）救赵（秦将章邯围赵歇称王的赵，项羽夺宋义兵权而救之），诸侯立之。诛婴（秦孺子婴）背怀（楚怀王），天下非之，作《项羽本纪》第七。”司马迁的史学思想全部蕴含于此，其他如《陈涉世家》、《货殖列传》、《游侠列传》、《酷吏列传》等也有相似之处。可以说这是后人读《史记》的导读或者说是钥匙。

旧方志中一向没有这样的篇章,民国时黄炎培纂《川沙县志》设有《概述》一目,应当说这是一次创新。作者自己说明,其目的只是在卷首作为全志的简介。从方志纂修需要多样化的角度说,这是好事,而且它也能起到一种作用。即没有时间读全志的人,读《概述》便可对全志所记有一个大致轮廓的了解。要写好"概述"是有难度的,没有相当的驾驭和概括的能力,就可能流于摘录正文,重复篇章的内容,从编纂学的观点看是不可取的。

受《史记》编纂体式的启迪,为使志的总体有《太史公自序》那样总纲性的综合文字,不必要依样画葫芦地照搬《史记》,尽可以将《川沙县志》新创的"概述"形式加以改铸,撰写成全志、编、章或明或暗的"序",并且再有所升华和提高。不仅内容,名称也可改为"绪论"列在篇首。

至于"绪论"和篇、章"序"的关系,如果说一篇、一章的"序"是个别的,那么,全志的"绪论"则是以各篇、章的"序"为基础的总论。也就是说,"序"是个性,"绪论"代表的是共性。或者说"序"是局部的、微观的,"绪论"则是整体的、宏观的。但"绪论"又不是各篇、章"序"的简单相加。

"绪论"的编写和"序"的编写,原则上是相同的,都是以事实为依据的理性升华。所不同的是:"绪论"应着眼于志书的全局,站得要高,视野应远,概括性要更强,要言不烦,主次分明,把修志的主旨贯穿其中,达到为全志灵魂所在的效果。

九、文辞

志书的记叙,除图、表部分的特殊语言(符号)之外,绝大部分的篇章都需要由文辞来表述。文辞一般简称文,有些典籍称为词章。这里所说的文辞、词章,不仅仅是指诗、文的文采。从编纂学的角度说，应是刘知几于《史通》中所称的“载文”。它不但综合语言学、逻辑学、修辞学、语法学等方面的知识和技能，而且其作用在于成为合格的史的载体。文在编纂学中有极重要的地位。“言之无文，行而不远。”（《左传·襄公二十五年》孔子语）成为此后一直广为流传的名言。这个文，系指合乎法度或规范化的文辞。“文”的本义，字形像花纹，所以是纹理，“文采”一词就是由此而引申出来的。古人的“文”与“质”相对应，有“文胜质”、“质胜文”、“文质彬彬”的议论。历来的史论家都很重视文辞，刘知几论史，所著《史通》涉及文的有十几篇，最为直接而重要的是《载文》、《言语》、《浮词》、《叙事》诸篇。他对记事的要求是：“史氏所书，固当以正为主。”“不虚美，不隐恶。”“文皆诣实，理多可信。”“拨浮华，采贞实。”记言的要求：“其理说而切，其文简而要。”“不作无益害有益。”应“以叙事为工……以简要为主”，“文约而事丰，此述作之尤美者也”。并以古经、史为例，列举“叙事之体，其别有四”：“有直纪其才行者，有唯书其事迹者，有因言语而可知者，有假赞论而自见者。”以达到“言虽简略，理皆要害，故能疏而不遗，俭而无阙”。反对记言之作的“枉饰虚言，都捐实事”、记事之作的“轻事尘点，曲加粉饰”以及余剩、重复、烦芜等种种弊端。章学诚也有相似的论述，他从强调“志为史裁”出发，以为“志中文字，俱关史法。则全书中之命辞措字，亦必有规矩准绳，不可忽也”（《与石首王明府论志例》），又具体地提出“四要”、“八忌”，即“要简、要严、要核、要雅”、“忌条理混杂，忌详略失体，忌偏尚文辞。……”（《修志十议》）要求达到既“详赡”，又“简洁”（《答甄秀才论修志第二书》），反对“记传叙述之文，全无法度。……习而不察，不惟文不雅驯，抑亦有害事理”，“纪事之文，杂入诗赋藻饰之绮语”（《与石首王明府论志例》）。

刘、章二氏对文辞的积极主张以及所反对的消极因素，在旧史、志界有广泛的代表性，到今天仍有参考价值。并且，这不是空论，在旧史、志的名著中,或是通篇,或是其中的一章一节,的确写得极其成功。众所周知,《左传》的城濮之战、崤之战一类的战争,《资治通鉴》的赤壁之战、淝水之战等,《史记》的《项羽本纪》、《廉颇蔺相如列传》和《李将军列传》等人物列传,都是传诸千古的不朽名篇。方志中的善志,佳篇有很多。如王鏊《姑苏志·城池》的"小序":

凡设险守国,必有城池。若夫支川曲渠,吐纳交贯,舟楫旁通,井邑罗络,则未有如吴城者。故虽号泽国,而未尝有垫溺之患,信智者之所经营乎。

着墨不多,却把城池经营的缘由、苏州城池的特征、城池与河川的网络以及通航、防止水患的作用囊括无遗。另外,再引一件事的记叙。李兆洛的《凤台县志·食货》有载:

郑念祖者,邑素封家也。佣一兖州人治圃,问能治几何?曰:二亩。然尚须僦一人助之。问亩之粪几何?曰:钱二千。其邻之闻者,哗曰:吾一人治地十亩,须粪不过千钱。然岁之所出,常不足以偿值。若所治少而取钱多,地将能产钱乎?郑亦不能尽信,姑给地而试之。其人辟町治畎,密其篱,疏其援。萌而培之,长而导之,熯而灌之,湿而利之。除虫蚁,驱鸟雀,虽所治少,而终日搰搰不休息。他圃未苗,而其圃蓏已实,蔬已繁矣。鬻之市,以其早也,价辄倍比他圃,入市而其所售者而偿其本。与他圃并市者,皆其赢也。又蔬蓏鲜美硕大,殊于他圃,市之即速售。岁终而会之,息数倍。其邻乃大羡,然亦不能夺其故习也。

这样富有文采的记生产,在旧志中不多见。正是这种形象而生动的记叙,勤与惰、适应不适应种植的时机、掌握不掌握生产的技能、广种薄收还是精作丰收形成了鲜明的对比。既寓科学性,又富有哲理,与柳宗元的《种树郭橐驼传》委实有异曲同工之妙!

由此可见,史籍与志书的文辞,不仅仅是工具和方法的问题,更重要的是涉及观点、信实等编纂原则的表述,最终与修成的载籍质量紧密相关。处理不当,便有可能发生问题和差错。试以纪传史的《新唐书》为例。《新唐书》的主撰人是欧阳修和宋祁。欧阳氏是宋朝第一流的古文大家,宋氏也是当时的古文名家。成书之后,曾公亮在给仁宗的进书表里称这部新修《唐书》比起后晋时修成的《旧唐书》"其事则增于前,其文则省于旧"。用现在的话说就是:文字比旧书省,而记的事比旧书多。"文省事增"当然是好事,有谁不喜欢读篇幅减少而内容丰富的书籍呢?欧阳修不愧是大手笔,确实在不少地方文字比旧书简练,又增加了旧书所缺,如增加了《宰相世系表》、《方镇表》、《兵志》等二志、四表,虽然不全出于欧阳修之手,还存在程度不等的缺失,但这都是补《旧唐书》的不足。人物传则增加了331传。但是,过分追求省,并且由于古文家本能地反对骈体文,结果把本纪里的诏令一概删掉了。《旧唐书·德宗本纪》载泾原兵变后,德宗逃往奉天,陆贽代草罪己诏以激励将士,扭转危局。《旧唐书》摘录了一部分,《新唐书》则一字不留。这样重要的史料被删,就不能理解后来出现新局面的缘由。再说宋祁写的传,《十一宗诸子·太子瑛传》有这样一段:"(张)九龄罢,李林甫专国,数称寿王(瑁)美以揠妃(武惠妃)意,妃果德之。"拿它和旧书的记载比一比,《旧唐书》玄宗废太子瑛这样记载:"李林甫代张九龄为中书令,希惠妃之旨,托意于中贵人,扬寿王瑁之美,惠妃深德之。"两书所记是同一件事,新书的文的确是省了,可是读起来有不少疑问,而旧书一看就懂。李林甫何以能"专国"?因为取代了张九龄当上宰相,只说"专国",就使人摸不着头脑。"数称寿王美",照新书的文字很容易理解成是李林甫自己。旧书交待李林甫和武惠妃之间有"中贵人"(即大宦官)做中介人。这样重要的事实,怎么能省呢?尤其是"揠"字,原是拔的意思,放在这里实在是艰涩,使人费解。又如高仙芝和封常清的传,旧书一气呵成,悲壮激越,而新书则索然无味,毫无生气。欧阳修的《新五代史》,在文辞方面历来受到的批评也不少,特别是他所主张的所谓“《春秋》笔法”。至于旧方志存在的问题,那就更多。有的连编纂学起码的常识也缺乏,甚至连文字的通顺也达不到。

笔者之所以要如此不厌其烦地引用古人对文辞的论述,并举例说明,用意在于:这些总结编纂学文辞得失的经验很值得重视,认真地去读读旧史和旧志的名著,可以汲取有益的营养。

新修志书文辞的涉及面很广,如语言、逻辑、修辞、语法等方面的种种问题。而这四个方面都是独立的学科,能够以四学科的相关理论作为指导,就能使文辞纳入科学的轨道,避免在科学性的问题上产生伤痕乃至严重的错误。这是首先应当认真对待的。

谈到志书的文辞,具体地说,重要的有三条:文简、事真、理明。

(1)文字要简明。就是要力求练达简省,尽去套话、浮词、冗繁、枝蔓、重复和堆砌辞藻。前人赞许苏轼《喜雨亭记》的文辞,文章一开头就是:“亭以雨名,志喜也。”极其精练地把题意点明了。无须多一个字,也不能少一个字。当然,又不能只讲究省,而不考虑别的。有这样一个故事:欧阳修为人作一篇《昼锦堂记》,原来的头两句是:“仕宦至将相,富贵归故乡。”文章已完成,并交驿递送走。欧阳修忽然想起还要修改,遂令快马追回驿递,但仅仅加了两个“而”字,成了“仕宦而至将相,富贵而归故乡”。“而”在这里只是语助词,表示承递的作用,有“而”和没有“而”对语意没有任何影响。欧阳修之所以如此重视,就是因为加了“而”,不但语法完美无缺,而且朗读起来,文章的气韵便大不一样了。以往有人用八股文的格式写《二郎神庙记》,以讽刺那种作文的烦冗和空虚。文字开始有:“二郎者,老郎之子,大郎之弟,三郎之兄也。……人皆以为庙前有树,吾独以为庙在树后。”读来使人为之喷饭。固然这是被夸张了的,但并不是说这种类似的笑话不会再发生。

文简的具体要求应当包括:

一是语言要准确、规范。使用语体文,这是用不着讨论的,但语言文字是颇值得讲究的。文字用简体,应当以国家规定的简化字为准,除了人的姓名、地名外,不要任意改用繁体,更不应随便造作简化以及应用异体、破体之类的文字。语言则应当以通行的书面语为准,应避免用方言和口头俗话,约定俗成的可以例外。词语也要留心,是否能为大多数人接受,生僻的艰涩的词语不要用,更不能杜撰。要注意的是随着社会的繁富,各种学科的发展,中外文化的交流,不断出现有新的语词,自然应当吸收,尤其是与相关学科有联系的内容,但不要滥,不要猎奇,也不宜用冷僻的成语和典故。如遇须用外国人名和语言,译名要标准化,并附以原文,知名度较大并且是常见的可以例外。外国语引用原文的同时应当加以汉语注译。

二是合于语法(文法)。语法包括词法和句法两个方面,涉及的内容很多。古人说"文无定法",是有道理的。这句话有两层意思:文法虽然有稳固性,但在历史的长河中总是有变化的;词法和句法的内涵极为繁复,在不少情况下不必过分拘泥,但总不能背离语法。起码应做到词义要确切,不能含混,词语在如主谓句、非主谓句、连动句、被动句等不同句型中的类别、序列、配置方式要恰当。无论是陈述句、判断句或因果句等,都应条理明晰,符合事理。语句力求简短,不要太长。有些句子的结构形式,其成分可以省略,常见的是主谓句的主语。但一定要得体,文通词顺,不能在省了主语之后,谓语所陈述或判断的不知道归属于何人何事。

(2)事真。要求所记的内容具有真实性。真实性的根本要求在于:所记的内容必须是有根有据,辨别真伪,征而可信;并且析显探隐,分清主次,本质地反映事物的面貌;同时又应敢于"直书",反对"曲笔",达到"实录"。而这些都是要通过文辞来体现的。文辞的真实,就是要贯彻实现上述的要求,尽去那些空洞浮饰的词语,不必要的形容词、副词之类,做到朴实无华。对于所记的成绩和失误、缺点、曲折,必须实事求是,不能隐恶而扬善。当然,还要分清主要和次要。即使是如此,不论什么人和什么事,也不要绝对化。倘使成绩是主要的,或优点是主要的,还不能忽视存在乃至已显露的失误和缺点;即使是记失误和缺点,也要把握它是主流和非主流的区别,不要流于概念化,或者忽略其复杂性而简单化。这就要动态地详记事实,事实才是雄辩的。至于人物的传记,更要注意其生平的言行及其变化,尤其是某些"中性"人物,好的要写,坏的也不应回避。是非、曲直、肯定与否定,作者可以有自己的倾向,但无须多下断语,加上一系列的"赞"词或"贬"语,而是应寓褒贬于事实之中。古代优秀的史籍编纂为后人提供了成功的经验,《史记》的本纪、世家、列传有许多的篇章就是范例。

(3)理明。志书的记叙,不是为记叙而记叙,而是通过所记的事实,透视其所蕴含的"理"。这个"理",具体地说,就是成绩、缺点、失误、曲折所以如此的原委,进而揭示事物的不同特征和规律。"理"比起事实来,是侧重于理性的探求。固然,"理"是以事实为依据的,但是,有些"理"是外露的,有些是内隐的。"外露"的较容易归结,而"内隐"的就需要花一番探幽析微的工夫。当探究到各个"理"之后,在表述时,文辞一定要精炼明晰,有较高度的概括性,避免繁芜和枝蔓以及事实的重复。因为是理性的概括,仅仅是文辞精练还不足,还必须对理的阐述得其要领,既要有科学性,又要言简而意赅。不是一般的套话,也不是"工作总结"之类的程式,而是纳入方志编纂学的轨道。因此,说理的文辞更应重视逻辑性,不只是文句要合乎逻辑,段落也要注意逻辑的结构和层次,各编、章的这类理性文辞也要立论一致,不能各打各的锣鼓,相互之间产生矛盾,而后才能保持志书整体的统一。